普通高等教育"十一五"国家级规划教材（第3次修订）
普通高等教育卓越工程师培养系列教材·汽车类

汽车电器设备与维修

（第4版）

主　编　舒　华　赵劲松
副主编　舒　展　王聪聪
主　审　郑召才
参　编　姚良军　李家惠

全书配套资源

北京理工大学出版社
BEIJING INSTITUTE OF TECHNOLOGY PRESS

内 容 简 介

本书主要包括汽车电气设备概述、汽车蓄电池技术、汽车交流发电机技术、汽车起动机技术、汽车照明与信号技术、汽车信息显示技术、汽车车身电子控制技术、汽车空调技术、汽车辅助电气技术、全车线路等内容。本书主要介绍了汽车电气设备的功能、分类方法、结构组成、工作原理、部件检修、故障诊断与排除方法。全书附图270余幅，每章后面附有复习题共计340余题，可谓图文并茂、通俗易懂。

本书可作为高等院校汽车类专业教材，也可供从事汽车维修、汽车营销的工程技术与管理人员阅读参考。

版权专有　侵权必究

图书在版编目（CIP）数据

汽车电器设备与维修 / 舒华，赵劲松主编. —4版. —北京：北京理工大学出版社，2019.11（2019.12重印）

ISBN 978-7-5682-7892-8

Ⅰ.①汽⋯　Ⅱ.①舒⋯　②赵⋯　Ⅲ.①汽车-电气设备-车辆修理-高等学校-教材　Ⅳ.①U472.41

中国版本图书馆 CIP 数据核字（2019）第245132号

出版发行 /	北京理工大学出版社有限责任公司
社　　址 /	北京市海淀区中关村南大街5号
邮　　编 /	100081
电　　话 /	（010）68914775（总编室）
	（010）82562903（教材售后服务热线）
	（010）68948351（其他图书服务热线）
网　　址 /	http://www.bitpress.com.cn
经　　销 /	全国各地新华书店
印　　刷 /	三河市天利华印刷装订有限公司
开　　本 /	787毫米×1092毫米　1/16
印　　张 /	23.25
字　　数 /	548千字
版　　次 /	2019年11月第4版　2019年12月第2次印刷
定　　价 /	49.80元

责任编辑 / 钟　博
文案编辑 / 钟　博
责任校对 / 周瑞红
责任印制 / 李志强

图书出现印装质量问题，请拨打售后服务热线，本社负责调换

第4版前言

DI SI BAN QIAN YAN

《汽车电器设备与维修》[①]（第1版、第2版）是普通高等教育"十一五"国家级规划教材。

本书针对汽车服务工程和汽车运用与维修技术等专业开设的"汽车电气设备构造与维修"专业课程的教学需要编写。本书主要包括汽车电气设备概述、汽车蓄电池技术、汽车交流发电机技术、汽车起动机技术、汽车照明与信号技术、汽车信息显示技术、汽车车身电子控制技术、汽车空调技术、汽车辅助电气技术、全车线路等内容，主要介绍了汽车电气设备的功能、分类方法、结构组成、工作原理、部件检修、故障诊断与排除方法。全书附图270余幅，每章后面附有复习题共计340余题，图文并茂、通俗易懂。本书推荐学时为70学时（理论教学46学时、实装实训24学时）。

本书借鉴优秀教材，特别是国外精品教材的写作思路、写作方法以及章节安排，在每一章的开头设置有学习目标和学习要求，在正文中适时插入"知识链接""特别提示""应用案例"，在每一章的末尾都附有本章小结以及单选题、多选题、判断题和简答题等4种类型的复习题，使知识点形象化、具体化，激发学生的学习兴趣，便于学生掌握本书所必需的重点基础理论、专业知识和专业技能，为培养高等职业教育的应用型人才奠定基础。

本书是作者在编写普通高等教育"十一五"国家级规划教材《汽车电器设备与维修》的基础上，根据从事汽车电气与电子技术教学与科研40余年的经验，并精选近年来编写出版的普通高等教育"十二五"卓越工程师系列教材、国家开放教育汽车类专业教材和全国汽车职业教育人才培养工程教材的有关内容修订编写而成。本书根据汽车运用与维修职业技能等级标准和培养对象的认知水平与特点，将电气技术与汽车专业知识有机结合，对教学内容进行了优化整合和深度融合，在内容编排上重点突出电气技术在汽车领域的运用，较好地体现了汽车服务工程和汽车运用与维修技术的专业性和实用性，具有较强的专业知识和技能培养针对性。

根据当代专业教育的特点，书中配有二维码，扫一扫即可观看相关的动画或视频。

本书可作为高等学校和高等专科学校汽车类专业教材，也可供从事汽车维修、汽车营销

[①] 注：根据有关标准的规定，"汽车电器设备"应为"汽车电气设备"，本书书名沿用上一版本的旧称不作更改，但正文中已改为"汽车电气设备"。特此说明。

的工程技术与管理人员阅读参考。

  本书由陆军军事交通学院的舒华教授和赵劲松副教授主编，军事科学院系统工程研究院卫勤保障技术研究所的舒展工程师和武警后勤学院学报编辑部的王聪聪编辑任副主编，解放军94938部队的郑召才高级工程师主审。参加本书编写的还有姚良军、李家惠等。全书由舒华教授统稿。在编写过程中，承蒙北京理工大学、国家开放大学和兄弟院校及企业有关同志的大力支持，在此一并表示感谢。此外，本书在编写过程中参考了大量文献资料，在此向原作者表示衷心的谢意。由于作者知识水平有限，书中难免存在疏漏之处，敬请读者批评指正。

编 者

2019年9月

目录
MU LU

- 第1章 汽车电气设备概述 (1)
  - 1.1 汽车电气系统的功能 (1)
  - 1.2 汽车电气系统的组成 (2)
  - 1.3 汽车电气系统的特点 (6)
  - 本章小结 (7)
  - 复习题 (8)
  - 复习题参考答案 (8)
- 第2章 汽车蓄电池技术 (9)
  - 2.1 蓄电池的分类与功能 (9)
    - 2.1.1 蓄电池的分类 (9)
    - 2.1.2 蓄电池的功能 (10)
  - 2.2 蓄电池的构造与型号 (10)
    - 2.2.1 极板的构造 (11)
    - 2.2.2 隔板的构造 (13)
    - 2.2.3 电解液成分 (13)
    - 2.2.4 壳体的结构 (14)
    - 2.2.5 技术状态指示器 (14)
    - 2.2.6 蓄电池型号 (15)
    - 2.2.7 卷绕式蓄电池的特点 (17)
  - 2.3 蓄电池的工作过程 (18)
    - 2.3.1 蓄电池的放电过程 (19)
    - 2.3.2 蓄电池的充电过程 (19)
  - 2.4 蓄电池的技术参数 (20)
    - 2.4.1 电解液密度 (20)
    - 2.4.2 蓄电池容量及其影响因素 (20)

2.4.3　静止电动势 ·· (24)
　　2.4.4　内阻 ··· (25)
2.5　蓄电池的工作特性 ·· (25)
　　2.5.1　蓄电池的充电特性 ·· (25)
　　2.5.2　蓄电池的放电特性 ·· (26)
2.6　燃料电池技术 ··· (28)
　　2.6.1　燃料电池的发展概况 ·· (28)
　　2.6.2　燃料电池的结构原理 ·· (30)
　　2.6.3　燃料电池的分类 ·· (32)
　　2.6.4　燃料电池的特点 ·· (34)
2.7　蓄电池的使用与维护 ··· (35)
　　2.7.1　蓄电池的维护 ··· (35)
　　2.7.2　新蓄电池的启用 ·· (35)
　　2.7.3　蓄电池的拆装 ··· (37)
　　2.7.4　蓄电池的充电 ··· (37)
2.8　蓄电池故障的判断与预防 ·· (41)
　　2.8.1　极板硫化故障的判断与预防 ·· (41)
　　2.8.2　活性物质脱落故障的判断与预防 ·· (42)
　　2.8.3　自放电故障的原因与预防 ·· (43)
本章小结 ··· (44)
复习题 ··· (45)
复习题参考答案 ·· (46)

第3章　汽车交流发电机技术 ··· (47)

3.1　汽车交流发电机的分类与型号 ··· (47)
　　3.1.1　汽车交流发电机的分类 ·· (47)
　　3.1.2　汽车交流发电机型号 ·· (48)
3.2　汽车交流发电机的基本结构 ··· (49)
　　3.2.1　转子 ··· (49)
　　3.2.2　定子 ··· (50)
　　3.2.3　整流器 ·· (52)
　　3.2.4　端盖 ··· (53)
　　3.2.5　电压调节器 ·· (54)
3.3　汽车交流发电机的结构特点 ··· (58)
　　3.3.1　8管交流发电机 ·· (58)
　　3.3.2　9管交流发电机 ·· (61)
　　3.3.3　11管交流发电机 ··· (62)
　　3.3.4　无刷交流发电机 ··· (62)

3.3.5　带泵交流发电机 …………………………………………………………………… (64)
　　3.3.6　电子调节器信号电压的取样方式 ………………………………………………… (64)
3.4　充电系统的工作特性 ………………………………………………………………………… (67)
　　3.4.1　交流发电机的输出特性 …………………………………………………………… (67)
　　3.4.2　限流保护原理 ……………………………………………………………………… (69)
　　3.4.3　电压调节器的工作特性 …………………………………………………………… (70)
3.5　充电系统的维修 ……………………………………………………………………………… (71)
　　3.5.1　充电系统的维护 …………………………………………………………………… (71)
　　3.5.2　交流发电机的分解 ………………………………………………………………… (72)
　　3.5.3　磁场绕组的检修 …………………………………………………………………… (72)
　　3.5.4　定子绕组的检修 …………………………………………………………………… (74)
　　3.5.5　整流器的检修 ……………………………………………………………………… (74)
　　3.5.6　电刷组件的检修 …………………………………………………………………… (75)
　　3.5.7　电压调节器的检修 ………………………………………………………………… (75)
　　3.5.8　交流发电机的组装 ………………………………………………………………… (76)
3.6　充电系统的试验 ……………………………………………………………………………… (76)
　　3.6.1　试验电路 …………………………………………………………………………… (76)
　　3.6.2　技术条件 …………………………………………………………………………… (77)
　　3.6.3　交流发电机试验方法 ……………………………………………………………… (79)
　　3.6.4　电压调节器试验方法 ……………………………………………………………… (80)
3.7　充电系统故障的诊断与排除 ………………………………………………………………… (81)
　　3.7.1　不充电故障的诊断与排除 ………………………………………………………… (81)
　　3.7.2　充电电流过小的诊断与排除 ……………………………………………………… (83)
　　3.7.3　充电电流过大的诊断与排除 ……………………………………………………… (84)
　　3.7.4　充电电流不稳定的诊断与排除 …………………………………………………… (85)
本章小结 ……………………………………………………………………………………………… (86)
复习题 ………………………………………………………………………………………………… (87)
复习题参考答案 ……………………………………………………………………………………… (89)

▶ **第4章　汽车起动机技术** …………………………………………………………………… (90)

4.1　起动机的分类与型号 ………………………………………………………………………… (90)
　　4.1.1　起动机的分类 ……………………………………………………………………… (91)
　　4.1.2　起动机的型号 ……………………………………………………………………… (92)
4.2　电磁式起动机 ………………………………………………………………………………… (92)
　　4.2.1　直流电动机的结构原理 …………………………………………………………… (93)
　　4.2.2　传动装置的结构原理 ……………………………………………………………… (98)
　　4.2.3　控制装置的结构原理 ……………………………………………………………… (103)
4.3　起动机的工作特性 …………………………………………………………………………… (105)

4.3.1　工作特性曲线 …………………………………………………………（105）
　　4.3.2　起动机功率的影响因素 ………………………………………………（106）
4.4　起动系统的工作过程 ……………………………………………………………（107）
　　4.4.1　起动发动机时起动系统的工作过程 …………………………………（107）
　　4.4.2　发动机起动后起动系统的工作过程 …………………………………（108）
4.5　减速式起动机 ……………………………………………………………………（108）
　　4.5.1　减速式起动机的结构组成 ……………………………………………（109）
　　4.5.2　减速装置的传动方式 …………………………………………………（109）
　　4.5.3　减速装置的结构组成 …………………………………………………（109）
　　4.5.4　减速式起动机的优点 …………………………………………………（111）
　　4.5.5　减速式起动机的减速增扭原理 ………………………………………（111）
　　4.5.6　减速式起动机的工作过程 ……………………………………………（112）
4.6　同轴移动式起动机 ………………………………………………………………（114）
　　4.6.1　同轴移动式起动机的结构特点 ………………………………………（114）
　　4.6.2　同轴移动式起动系统的工作过程 ……………………………………（117）
4.7　起动机的维护与检修 ……………………………………………………………（119）
　　4.7.1　起动机的维护 …………………………………………………………（120）
　　4.7.2　起动机的分解 …………………………………………………………（120）
　　4.7.3　起动机零部件的检修 …………………………………………………（120）
　　4.7.4　起动机的组装 …………………………………………………………（125）
　　4.7.5　起动机与起动继电器的调整 …………………………………………（125）
　　4.7.6　起动继电器的检验与调整 ……………………………………………（126）
4.8　起动机的试验 ……………………………………………………………………（127）
　　4.8.1　起动机的简易试验 ……………………………………………………（128）
　　4.8.2　起动机的性能试验 ……………………………………………………（129）
4.9　无钥匙起动系统 …………………………………………………………………（132）
4.10　起动系统故障的诊断与排除 ……………………………………………………（133）
　　4.10.1　起动机不转 ……………………………………………………………（133）
　　4.10.2　起动机空转 ……………………………………………………………（135）
　　4.10.3　起动机运转无力 ………………………………………………………（135）
　　4.10.4　起动机发出齿轮撞击声 ………………………………………………（135）
　　4.10.5　起动机发出"哒哒"声 ………………………………………………（136）
本章小结 …………………………………………………………………………………（136）
复习题 ……………………………………………………………………………………（137）
复习题参考答案 …………………………………………………………………………（139）

▶第5章　汽车照明与信号技术 ……………………………………………………（140）

5.1　照明系统 …………………………………………………………………………（140）

5.1.1　照明设备的要求 …………………………………………………………(140)
　　5.1.2　照明系统的组成 …………………………………………………………(141)
　　5.1.3　前照灯 ……………………………………………………………………(144)
　　5.1.4　防雾灯 ……………………………………………………………………(148)
　　5.1.5　牌照灯与倒车灯 …………………………………………………………(148)
　　5.1.6　顶灯与仪表灯 ……………………………………………………………(149)
5.2　灯光信号系统 ……………………………………………………………………(149)
　　5.2.1　信号系统的要求 …………………………………………………………(149)
　　5.2.2　信号灯与指示灯 …………………………………………………………(150)
　　5.2.3　闪光器 ……………………………………………………………………(151)
5.3　音响信号系统 ……………………………………………………………………(153)
　　5.3.1　电喇叭 ……………………………………………………………………(153)
　　5.3.2　倒车蜂鸣器 ………………………………………………………………(156)
　　5.3.3　语音倒车报警器 …………………………………………………………(157)
　　5.3.4　音响报警器 ………………………………………………………………(158)
5.4　照明系统故障的诊断与排除 ……………………………………………………(159)
　　5.4.1　照明系统电路 ……………………………………………………………(159)
　　5.4.2　故障的诊断与排除 ………………………………………………………(160)
5.5　信号系统故障的诊断与排除 ……………………………………………………(162)
　　5.5.1　信号系统电路 ……………………………………………………………(163)
　　5.5.2　电喇叭的调整 ……………………………………………………………(163)
　　5.5.3　故障的诊断与排除 ………………………………………………………(164)
本章小结 …………………………………………………………………………………(166)
复习题 ……………………………………………………………………………………(166)
复习题参考答案 …………………………………………………………………………(167)

▶ 第6章　汽车信息显示技术 …………………………………………………………(168)

6.1　信息显示系统的组成与分类 ……………………………………………………(168)
　　6.1.1　信息显示系统的组成 ……………………………………………………(168)
　　6.1.2　信息显示系统的分类 ……………………………………………………(170)
6.2　电磁驱动式仪表 …………………………………………………………………(170)
　　6.2.1　电磁式电流表 ……………………………………………………………(170)
　　6.2.2　电磁式燃油表 ……………………………………………………………(171)
6.3　电热驱动式仪表 …………………………………………………………………(173)
　　6.3.1　电热式油压表的结构组成 ………………………………………………(173)
　　6.3.2　电热式油压表的工作原理 ………………………………………………(173)
6.4　车速里程表与发动机转速表 ……………………………………………………(175)
　　6.4.1　磁感应式车速里程表 ……………………………………………………(175)

6.4.2　电子式车速里程表 (176)
　　6.4.3　发动机转速表 (177)
6.5　数字式汽车仪表 (179)
　　6.5.1　显示器件 (179)
　　6.5.2　驱动电路 (179)
6.6　安全报警信号装置 (182)
　　6.6.1　机油压力过低警告灯 (182)
　　6.6.2　冷却液温度过高警告灯 (183)
　　6.6.3　燃油储量过少警告灯 (183)
　　6.6.4　制动系统警告灯 (184)
6.7　信息显示系统故障的诊断与排除 (186)
　　6.7.1　电流表的检修 (186)
　　6.7.2　电压表的检修 (186)
　　6.7.3　油压表故障的检修与排除 (187)
　　6.7.4　水温表故障的检修与排除 (187)
　　6.7.5　车速里程表的检查与调整 (188)
本章小结 (188)
复习题 (189)
复习题参考答案 (191)

第7章　汽车车身电子控制技术 (192)

7.1　汽车巡航控制技术 (193)
　　7.1.1　巡航控制系统的功能与组成 (193)
　　7.1.2　巡航控制系统的控制原理与控制方式 (194)
　　7.1.3　巡航控制系统的结构原理 (196)
　　7.1.4　巡航控制系统的控制过程 (202)
7.2　车载导航与车联网技术 (206)
　　7.2.1　车载导航系统 (207)
　　7.2.2　车联网系统 (208)
7.3　汽车安全气囊技术 (208)
　　7.3.1　安全气囊系统的功能 (209)
　　7.3.2　安全气囊系统的组成 (209)
　　7.3.3　安全气囊系统的工作原理 (210)
　　7.3.4　安全气囊系统的结构原理 (212)
　　7.3.5　安全气囊系统的保险机构 (217)
7.4　安全带紧急收缩触发技术 (221)
　　7.4.1　座椅安全带紧急收缩触发系统的功用 (222)
　　7.4.2　座椅安全带紧急收缩触发系统的组成 (222)

7.4.3　安全带收紧控制过程 (224)
　　7.4.4　气囊组件报废的处理方法 (224)
　　7.4.5　安全气囊系统与座椅安全带紧急收缩触发系统的检查 (225)
7.5　汽车防盗电子控制技术 (228)
　　7.5.1　汽车防盗系统的分类 (228)
　　7.5.2　电子控制式防盗系统 (229)
7.6　中央门锁电子控制技术 (233)
　　7.6.1　中央门锁控制系统的组成 (233)
　　7.6.2　中央门锁控制系统的结构 (234)
　　7.6.3　电磁继电器控制式中央门锁控制系统 (235)
　　7.6.4　集成电路（IC）控制式中央门锁控制系统 (236)
　　7.6.5　电脑（ECU）控制式中央门锁控制系统 (238)
　　7.6.6　遥控门锁系统 (240)
本章小结 (241)
复习题 (241)
复习题参考答案 (244)

第8章　汽车空调技术 (245)

8.1　空调系统的功能与组成 (245)
　　8.1.1　空调系统的功能 (245)
　　8.1.2　空调系统的组成 (246)
8.2　制冷系统的制冷过程 (248)
　　8.2.1　物质状态的转化 (248)
　　8.2.2　制冷系统的组成 (248)
　　8.2.3　制冷循环的过程 (248)
8.3　制冷装置的结构原理 (251)
　　8.3.1　压缩机 (251)
　　8.3.2　冷凝器 (254)
　　8.3.3　储液干燥器 (255)
　　8.3.4　安全保护装置 (256)
　　8.3.5　蒸发器 (258)
　　8.3.6　热力膨胀阀 (259)
　　8.3.7　制冷剂与冷冻油 (260)
8.4　空调控制系统 (261)
　　8.4.1　蒸发器温度控制器 (261)
　　8.4.2　空调系统控制电路 (263)
8.5　自动空调系统 (265)
　　8.5.1　自动空调系统的结构组成 (266)

8.5.2　自动空调系统的控制过程……………………………………………………(273)
　8.6　空调系统的使用与维修……………………………………………………………(275)
　　8.6.1　空调系统的正确使用…………………………………………………………(275)
　　8.6.2　制冷剂与冷冻油的正确使用…………………………………………………(276)
　　8.6.3　空调系统的常规检查…………………………………………………………(277)
　　8.6.4　空调系统检修的常用设备……………………………………………………(278)
　　8.6.5　空调装置的检修………………………………………………………………(282)
　　8.6.6　空调装置的安装………………………………………………………………(283)
　　8.6.7　制冷系统检漏…………………………………………………………………(284)
　　8.6.8　制冷系统抽真空………………………………………………………………(285)
　　8.6.9　制冷剂的充注…………………………………………………………………(285)
　8.7　空调系统故障的诊断与排除………………………………………………………(287)
　　8.7.1　压缩机不转……………………………………………………………………(288)
　　8.7.2　制冷系统不制冷………………………………………………………………(288)
　　8.7.3　制冷系统冷气不足……………………………………………………………(289)
　　8.7.4　制冷系统间歇性制冷…………………………………………………………(290)
　　8.7.5　制冷系统噪声过大……………………………………………………………(290)
　本章小结……………………………………………………………………………………(293)
　复习题………………………………………………………………………………………(293)
　复习题参考答案……………………………………………………………………………(296)

▶第9章　汽车辅助电气技术……………………………………………………………(297)

　9.1　风窗玻璃刮水与洗涤系统…………………………………………………………(297)
　　9.1.1　电动刮水系统的结构组成……………………………………………………(298)
　　9.1.2　刮水电动机的变速原理………………………………………………………(298)
　　9.1.3　电动刮水系统的控制过程……………………………………………………(299)
　　9.1.4　电动刮水系统间歇刮水原理…………………………………………………(300)
　　9.1.5　电动洗涤系统的结构与工作原理……………………………………………(302)
　9.2　风窗玻璃除霜系统…………………………………………………………………(303)
　9.3　车窗玻璃升降系统…………………………………………………………………(304)
　　9.3.1　车窗玻璃升降系统的结构……………………………………………………(304)
　　9.3.2　玻璃升降系统的工作过程……………………………………………………(305)
　9.4　座椅位置调节系统…………………………………………………………………(305)
　　9.4.1　座位非电脑调节系统…………………………………………………………(306)
　　9.4.2　座位电脑调节系统……………………………………………………………(308)
　本章小结……………………………………………………………………………………(311)
　复习题………………………………………………………………………………………(312)
　复习题参考答案……………………………………………………………………………(313)

- 第10章 全车线路 ·· (314)
  - 10.1 全车线路的表达方式 ·· (314)
    - 10.1.1 线路图 ··· (315)
    - 10.1.2 原理图 ··· (315)
  - 10.2 全车线路图的识读 ·· (322)
    - 10.2.1 全车线路连接原则 ·· (322)
    - 10.2.2 全车线路图形符号 ·· (322)
    - 10.2.3 全车线路图识读方法 ·· (322)
    - 10.2.4 全车线路图识读要领 ·· (329)
  - 10.3 大众系列轿车全车线路分析 ·· (330)
    - 10.3.1 线路图的特点 ·· (330)
    - 10.3.2 字母代号的含义 ·· (332)
    - 10.3.3 大众系列轿车线路分析 ······································ (333)
  - 10.4 斯太尔系列汽车全车线路分析 ···································· (335)
  - 10.5 全车线路配电装置与器材 ·· (340)
    - 10.5.1 导线 ··· (340)
    - 10.5.2 线束 ··· (343)
    - 10.5.3 保险器 ··· (345)
    - 10.5.4 电气开关 ··· (347)
    - 10.5.5 继电器 ··· (348)
    - 10.5.6 接线盒 ··· (349)
    - 10.5.7 配件的选用 ·· (352)
  - 本章小结 ··· (353)
  - 复习题 ··· (354)
  - 复习题参考答案 ·· (356)

- 参考文献 ·· (357)

第 1 章

汽车电气设备概述

1. 认知目标

(1) 了解汽车电气系统的组成。

(2) 熟悉汽车电气系统的功能与特点。

(3) 掌握汽车电气技术的学习方法。

2. 技能目标

(1) 能够说明汽车电气系统的组成及各子系统的功能。

(2) 能够熟练地阐述汽车电气系统的特点。

本章的主要内容包括汽车电气设备的功能、汽车电气系统的组成及各子系统的功用、汽车电气部件的布置原则以及汽车电气系统的特点等。要求学生掌握汽车电气设备的相关基础知识,为继续学习相关章节打下坚实的基础。

1.1 汽车电气系统的功能

【知识链接】

汽车是由发动机、底盘、电气设备和车身四大部分组成的。汽车电气设备是由汽车电气系统和汽车电子控制系统两大部分组成的,每一部分又由若干个子系统组成。

汽车电气系统是指由电气装置或电子装置、电气开关和导线等组成,并具有特定功能的机电一体化系统,如电源系统、起动系统、点火系统、信息显示系统、照明与信号系统、辅助电气系统等。鉴于当今汽油发动机汽车已普遍采用微机控制点火系统,且其传感器大都与汽油机的燃油喷射控制系统共用,故将点火控制系统安排到《汽车电控系统结构与检修》一书中介绍。

汽车电气系统的主要功能是保证汽车正常行驶。例如,为了使发动机可靠起动,需要装备起动系统；为了保证汽车正常供电，需要装备电源系统；为了保证汽车安全行驶，需要装备信息显示系统、照明与信号系统、风窗玻璃刮水与洗涤系统；为了便于查找和排除电气装置故障，需要装备熔断器、易熔线和故障自诊断系统等。

【特别提示】

综上所述，汽车电气系统是保证汽车正常使用必不可少的组成部分。汽车配装电气设备的质量和数量，将直接影响汽车的性能、档次和使用。

1.2 汽车电气系统的组成

汽车电气系统包括电源系统、起动系统、点火系统、信息显示系统、照明与信号系统、辅助电气系统和配电装置与器材等。某型轿车部分电气部件的分布位置如图 1-1 所示。

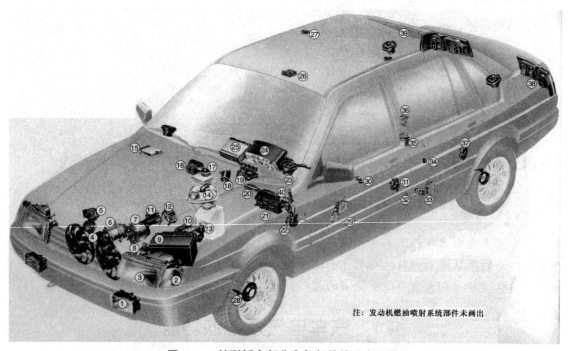

图 1-1　某型轿车部分电气部件的分布位置

1—雾灯；2—转向信号灯；3—组合前照灯；4—散热器风扇；5—双音喇叭；6—空调压缩机；7—交流发电机；
8—储液干燥器；9—蓄电池；10—ABS ECU 与液压控制器总成；11—起动机；12—点火线圈与点火控制器；
13—风窗玻璃洗涤泵；14—冷却液液位传感器；15—发动机 ECU；16—空调鼓风机；17—制动液液位传感器；
18—风窗玻璃刮水器电动机；19—空调控制器；20—车窗电动机控制按钮；21—中央接线盒；22—自动升降天线；
23—扬声器；24—组合仪表盘；25—收放机；26—内顶灯；27—阅读灯；28—轮速传感器；
29—左前车窗玻璃升降电动机；30—电动后视镜调节开关；31—中央门锁控制器；32—车门接触开关；
33—左后车窗玻璃升降电动机；34—左后车窗玻璃升降开关；35—燃油泵；36—燃油油位传感器；
37—后门锁控制电动机；38—组合后灯；39—后风窗玻璃除霜器；40—防盗器 ECU

【特别提示】

汽车电气部件的布置原则：一是满足汽车技术性能和使用性能要求；二是安装、维修与使用操作方便；三是节约连接导线。

1. 电源系统

电源系统主要由蓄电池、发电机和电压调节器组成。发电机是汽车的主要电源，蓄电池是辅助电源，电压调节器是一种电压调节装置，其功能是在发电机转速变化时自动调节发电机的输出电压并使其保持稳定。在汽车上，蓄电池与发电机并联工作，整车电气与电子设备均与两个直流电源并联连接。电源系统的功能是向整车用电设备提供电能。

【知识链接】

当今汽车普遍采用交流发电机与电子式电压调节器。不同车型采用交流发电机和电子式电压调节器的结构形式各不相同，因此，电源系统部件及线路的布置形式各有不同。按电子式电压调节器的安装方式不同，电源系统的布置形式可分为分离式和整体式两种。

当电子式电压调节器与交流发电机分离安装时，电源系统的组成与线路连接关系如图1-2所示。电子式电压调节器分离安装时，交流发电机与电子式电压调节器之间需用导线连接，因此电源系统的故障率较高。这种布置形式的优点是：当电源系统发生故障时，能够就车诊断出故障发生在交流发电机还是发生在电子式电压调节器，只需更换故障部件即可继续行驶。

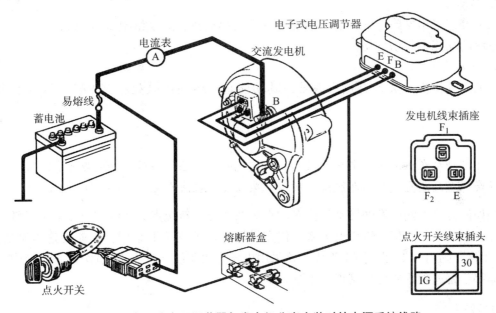

图1-2 电子式电压调节器与发电机分离安装时的电源系统线路

当电子式电压调节器安装在交流发电机上组合成整体式交流发电机时，电源系统的组成与线路连接关系如图1-3所示，这种电子式电压调节器一般采用多功能集成电路式调节器。

【特别提示】

整体式交流发电机电源系统的显著特点是：交流发电机与电子式电压调节器之间无须使用导线连接，因此电源系统线路大大简化，故障率大大降低。但是，一旦电源系统发生故障，不能就车诊断出故障发生在交流发电机还是发生在电子式电压调节器，需要更换整体式交流发电机才能继续行驶。

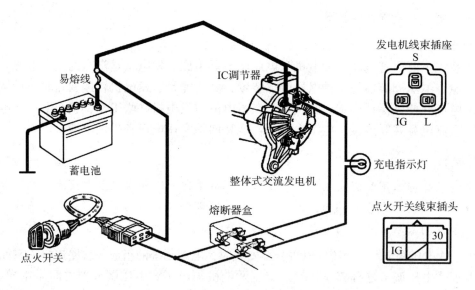

图1-3 整体式交流发电机电源系统线路

2. 起动系统

汽车普遍采用电磁控制式起动系统，主要由起动机、起动继电器和点火起动开关组成。起动系统的功能是起动发动机。

3. 点火系统

汽油发动机汽车装备有点火系统，其功能是产生高压电火花，点燃气缸内的可燃混合气。

【知识链接】

柴油发动机在压缩冲程末期，吸入缸内空气的温度已经超过柴油的燃点，从喷油器喷出的雾状柴油遇到热空气就立即燃烧，所以，柴油发动机汽车无须装备点火系统。

按控制方式不同，汽油发动机汽车的点火系统分为传统点火系统、电子点火系统和微机控制点火系统3种类型。传统点火系统仅在早期生产的汽车上采用，工业发达国家从20世纪60年代、国内从20世纪80年代开始采用电子点火系统。进入21世纪以来，国内外生产的轿车都已普遍采用微机控制点火系统。

【知识链接】

电子点火系统主要由点火信号发生器、点火控制器、点火线圈和火花塞等组成。微机控制点火系统主要由安装在发动机上的各种传感器、发动机电控单元、点火控制器、点火线圈和火花塞等组成。

4. 信息显示系统

信息显示系统主要由各种传感器、指示仪表、报警灯和电子显示器件组成。其功能是监测并显示汽车运行参数，特别是发动机工况参数和极限参数，以便驾驶人及时采取措施，防止发生人身和机械事故。随着电子技术在汽车上的广泛应用，汽车仪表电子化已经成为显示汽车信息的发展潮流。

【知识链接】

传感器有发动机润滑油压力传感器、冷却液温度传感器、燃油箱油量传感器、汽车车速传感器和发动机转速传感器等。指示仪表有电流表、电压表、油压表、温度表、燃油表、车速里程表和发动机转速表等。

报警灯主要有发动机润滑油压力过低报警灯、冷却液温度过高报警灯、燃油箱油面过低报警灯、轮胎气压过低报警灯、制动压力（油压或气压）过低报警灯、制动液液位过低报警灯以及各种电子控制系统的故障报警灯等。

电子显示器件包括发光显示器件、线条图形显示器件以及液晶显示屏等。

5. 照明与信号系统

照明与信号系统主要由车内和车外的各种照明装置组成，其功能是提供夜间或雾天安全行车必需的灯光照明。在所有照明装置中，前照灯是最重要的照明装置。信号系统由各种信号灯、闪光器、电喇叭与蜂鸣器等组成，如警车、救护车和消防车等都需加装音响警告装置。信号系统的功能是提供安全行车必需的指示与警告信号。

6. 辅助电气系统

辅助电气系统主要有风窗玻璃刮水与洗涤系统、车窗玻璃升降系统、座椅位置调节系统、风窗玻璃除霜系统、中央门锁控制系统、汽车防盗系统、进气预热系统、收录机或音响系统等。随着电子控制技术的发展与进步，汽车所采用的辅助电气装置日益增多，主要是向舒适、娱乐和安全保障等方面发展。

【知识链接】

风窗玻璃刮水与洗涤系统的功能是刮除风窗玻璃上的雨水、积雪、尘土和污物，为驾驶人提供良好的视野，确保行车安全。

车窗玻璃升降系统的功能是利用驾驶席车门上的控制开关或遥控开关，使全部车门玻璃自动升降，其操作简便且有利于安全行车，能够提高使用方便性和行车安全性。

风窗玻璃除霜系统的功能是清除风窗玻璃表面的冰霜，保证驾驶人和车内乘员具有良好的视野。

进气预热系统的功能是预热进入气缸的空气或可燃混合气，保证发动机迅速起动。

座椅位置调节系统（Seat Position Control System，SPCS 或 SPC）俗称电动座椅，其功能是通过操纵控制开关，调整座椅的前后和高低位置，也可调整头枕和靠背的倾斜角度，还可调整座椅腰垫的位置。

中央门锁控制系统（Central Locking Control System，CLCS 或 CLC）又称为集中门锁控制系统或中控门锁系统，其功能是对全车所有车门和行李舱盖的开锁或闭锁（锁止）进行集中控制，提高操控车门的方便性和人身财产的安全性。

汽车防盗系统实质上是一种安装在车上，用来增加盗车难度，延长盗车时间，防止车辆被盗（被非法占有）的财产安全主动防护系统。

7. 配电装置与器材

配电装置与器材包括各种控制开关、配电线束、保险装置（易熔线、熔断器、断路器）、继电器、插接器和中央接线盒等。配电装置的功能是根据全车线路的连接原则，将全车电气设备和电子设备连接成为一个有机的整体，从而实现各种电气系统和电子控制系统的不同功能。

1.3 汽车电气系统的特点

【特别提示】

汽车种类繁多，形式各异，但其电气装置的结构原理大同小异，汽车电气系统的特点也基本相同，具有"两个电源""低压直流""并联单线""负极搭铁"4个特点。

（1）两个电源。两个电源即蓄电池和发电机。在汽车装备的两个电源中，蓄电池是辅助电源，发电机是主要电源。蓄电池主要在起动发动机时供电，发电机在汽车运行过程中既向用电设备供电，又对蓄电池充电。

（2）低压直流。汽车电气系统的标称电压有 12 V、24 V 两种等级，汽油发动机汽车普遍采用 12 V 电气系统，柴油发动机汽车大多数采用 24 V 电气系统。12 V、24 V 电气系统的额定电压分别为 14 V 和 28 V。

【知识链接】

为了满足汽车电气装置日益增多、用电量越来越大对电源系统供电功率的要求，世界各国都在研究开发 48 V 电源系统，欧盟国家已从 2008 年开始采用 48 V 电源系统。无论电压等级为 12 V、24 V、36V 还是 48 V，都是直流电的安全电压（直流电的安全电压不超过 60 V，交流电的安全电压不超过 36 V），其主要优点是用电安全，不会导致人体触电。

【特别提示】

汽车采用直流电气系统的原因是发动机靠电力起动机起动，起动机采用直流电动机且由蓄电池供电，而蓄电池必须使用直流电充电，所以汽车电气系统为直流电系。

（3）并联单线。汽车电路均为并联电路。蓄电池与发电机并联工作，整车电气与电子控制系统均与两个直流电源并联连接。

【知识链接】

"单线"是指从电源到用电设备只用一根导线连接，并用汽车发动机、底盘或车身等金属机体作为另一根公用导线，又称为单线制。由于单线制节省导线、安装维修方便，且电气总成部件无须与车体绝缘，因此当今汽车普遍采用单线制。但是，在特殊情况下，为了保证汽车电气系统特别是电子控制系统的工作可靠性，也需采用双线制。

（4）负极搭铁。在单线制中，将电器产品的壳体与车体金属连接作为电路导电体的方法称为"搭铁"。

【知识链接】

将蓄电池和电气设备的负极连接到车体上称为"负极搭铁"；反之，将蓄电池和电气设备的正极连接到车体上则称为"正极搭铁"。根据汽车行业标准 QC/T 413—2002《汽车电气设备基本技术条件》的规定，汽车电气设备统一规定为负极搭铁。

【知识链接】

汽车电气技术是以电工电子技术、电化学技术、机械传动技术、自动控制技术、化工与橡胶技术、机械制造与热加工等技术为基础,以满足汽车技术性能和使用性能要求为目的,保证汽车正常行驶的技术。

技术是指人类在利用自然和改造自然的过程中积累起来并在生产劳动中体现出来的经验和知识,也泛指其他操作方面的技巧,如汽车驾驶技术、汽车维修技术等。

知识是指人类在社会实践中积累起来的经验的总和,是人类认识自然、认识社会和认识自身的产物,如社会知识、生活常识、汽车维修知识等。

【特别提示】

汽车技术领域的专家认为,只有熟悉结构才能进行部件检修,只有懂得原理才能分析判断故障。学习汽车电气技术,不仅需要形象思维,而且需要抽象思维。如果只有形象思维而没有抽象思维,即仅了解汽车电气系统与电子控制系统的结构特点,不了解电流的流动方向和流动路径,就不能准确判断汽车电气系统与电子控制系统发生故障的部位与故障性质。因此,对从事汽车运用与维修技术和汽车服务工程专业的人员而言,熟悉汽车电气系统与电子控制系统的结构特点、工作原理和使用维修等方面的知识,并具有一定的操作技能十分重要。

本章小结

本章主要介绍了汽车电气系统的功能、组成和特点等内容。

下列问题覆盖了本章的主要学习内容,利用以下线索可对所学内容作一次简要的回顾:

(1) 汽车电气系统的功能与组成。汽车电气系统包括电源系统、起动系统、点火系统、信息显示系统、照明与信号系统、辅助电气系统和配电装置与器材等。

(2) 汽车电气系统各子系统的功能与组成。

(3) 汽车电气部件的布置原则:一是满足汽车技术性能和使用性能要求;二是安装、维修与使用操作方便;三是节约连接导线。

(4) 汽车电气系统的特点:具有"两个电源""低压直流""并联单线""负极搭铁"4个特点。

(5) 汽车电气系统具有蓄电池和发电机两个电源。蓄电池是辅助电源,发电机是主要电源。

(6) 汽车电气系统具有低压直流的特点。汽车电气系统的标称电压都是直流安全电压(不超过60 V,交流电的安全电压不超过36 V),其主要优点是用电安全,不会导致人体触电。

(7) 汽车电气系统具有"并联单线"的特点。汽车电路均为并联电路,从电源到用电设备只用一根导线连接。

(8) 汽车电气系统具有"负极搭铁"的特点。将电器产品的壳体与车体金属连接作为电路导电体的方法称为"搭铁"。根据汽车行业标准的规定,汽车电气设备统一为负极搭铁。

复习题

一、单选题

1. 当今汽车电源系统的发展趋势之一是：采用下述电压等级的电压（　　）。
   A. 12 V　　　　　　B. 24 V　　　　　　C. 48 V　　　　　　D. 60 V
2. 将汽车电器产品的壳体与车体金属连接作为电路导电体的方法，称为（　　）。
   A. 接地　　　　　　B. 搭铁　　　　　　C. 接壳　　　　　　D. 链接
3. 直流电的安全电压不得高于（　　）。
   A. 12 V　　　　　　B. 24 V　　　　　　C. 48 V　　　　　　D. 60 V

二、多选题

1. 当今汽车电源系统是由（　　）总成部件组成的。
   A. 蓄电池　　　　　B. 交流发电机　　　C. 电压调节器　　　D. 发动机
2. 汽车电气系统的特点为（　　）。
   A. 两个电源　　　　B. 低压直流　　　　C. 并联单线　　　　D. 负极搭铁
3. 当今汽车电气系统包括（　　）等子系统。
   A. 电源系统　　　　B. 起动系统　　　　C. 照明与信号系统　D. 供油系统

三、判断题

1. 汽车电气系统的主要功能是提高汽车的整体性能。（　　）
2. 我国汽车行业标准统一规定汽车电气设备为负极搭铁。（　　）
3. 汽车蓄电池随时都能提供电能，所以说蓄电池是汽车的主要电源。（　　）
4. 在汽车上，整车电气与电子设备均与蓄电池并联连接。（　　）

四、简答题

1. 汽车电气部件的布置原则有哪些？
2. 汽车电气系统由哪些子系统组成？各子系统的功能分别是什么？
3. 汽车电气系统具有哪些特点？汽车采用低压电气系统的优点有哪些？
4. 当今汽车辅助电气系统主要有哪些？各系统的功能分别是什么？

复习题参考答案

一、单选题：1. C；2. B；3. D

二、多选题：1. ABC；2. ABCD；3. ABC

三、判断题：1. ×；2. √；3. ×；4. √

第 2 章 汽车蓄电池技术

1. 认知目标
(1) 了解蓄电池的功能、型号与分类，蓄电池的技术参数。
(2) 熟悉蓄电池的构造、放电过程与充电过程。
(3) 掌握蓄电池的充电方法与故障判断方法。

2. 技能目标
(1) 能够利用相关公式计算蓄电池的电解液密度和蓄电池容量。
(2) 能够熟练地启用新蓄电池和对蓄电池进行充电。

汽车上装备有蓄电池和发电机两个电源。其中，蓄电池是辅助电源，发电机是主要电源。本章主要内容包括蓄电池的功用、构造、型号与分类，蓄电池的放电过程、充电过程、技术参数及使用维护，蓄电池的充电方法及故障的判断与预防等。要求学生掌握汽车蓄电池的相关基础知识，为汽车蓄电池的使用与维护奠定坚实的基础。

2.1 蓄电池的分类与功能

蓄电池是一种能量转换装置，既能将化学能转换为电能，也能将电能转换为化学能。汽车蓄电池普遍采用结构简单、价格低廉的起动型铅酸蓄电池，简称蓄电池。

2.1.1 蓄电池的分类

当今汽车蓄电池均为塑料槽蓄电池，主要有干荷电和免维护两种类型。
(1) 干荷电蓄电池。干荷电蓄电池指极板在干燥状态下，能在较长时间（一般为 1 年）内保存制造过程中所得电量的蓄电池，又称为干式荷电蓄电池。
(2) 免维护蓄电池。根据国家标准 GB/T 5008.1—2013《起动用铅酸蓄电池 第 1 部分：技术条件和试验方法》的规定，免维护蓄电池是指在满足规定条件下，在使用寿命期间

（一般为 4 年）无须提供维护的微水损耗蓄电池，其英文名称是 Maintenance – Free Battery，简称 MF 蓄电池。"规定条件"指的是：蓄电池以恒压限流充电方法完全充电和水损耗试验。

根据国家标准 GB/T 5008.1—2013《起动用铅酸蓄电池 第 1 部分：技术条件和试验方法》的规定，蓄电池可按结构和水损耗进行分类。

按结构不同，汽车蓄电池分为排气式和阀控式两种类型。

（1）排气式（富液式）蓄电池。排气式蓄电池指蓄电池盖上设有一个或多个排气装置，能够析出气体产物的蓄电池，包括正常水损耗、低水损耗和微水损耗蓄电池。

（2）阀控式蓄电池。阀控式蓄电池指正常条件下是密封的，但当内部压力超过预定值时，气体复合装置能让气体析出的蓄电池。在这种蓄电池中，电解液是不流动的，在正常情况下不能添加（蒸馏）水或电解液。它又称为具有气体复合功能的蓄电池。

按水损耗不同，汽车蓄电池分为正常水损耗、低水损耗和微水损耗 3 种类型。

（1）正常水损耗蓄电池。正常水损耗蓄电池指水损耗试验时，按 20 h 率额定容量 C_n 计算，蓄电池质量损失大于 4 g/(A·h)（克每安时）的蓄电池。

（2）低水损耗蓄电池。低水损耗蓄电池指水损耗试验时，按 20 h 率额定容量 C_n 计算，蓄电池质量损失不大于 4 g/(A·h) 的蓄电池。

（3）微水损耗蓄电池。微水损耗蓄电池指水损耗试验时，按 20 h 率额定容量 C_n 计算，蓄电池质量损失不大于 1 g/(A·h) 的蓄电池。

2.1.2 蓄电池的功能

当发动机正常工作时，用电设备所需电能主要由发电机供给，蓄电池的功能有以下几项：

（1）起动供电。当起动发动机时，向起动系统和点火系统供电。

（2）备用供电。当发动机低速运转、发电机不发电或电压较低时，向交流发电机磁场绕组、点火系统以及其他用电设备供电。

（3）存储电能。当发动机中高速运转、发电机正常供电时，将发电机剩余电能转换为化学能储存起来。

（4）协同供电。当发电机过载时，协助发电机向用电系统供电。

（5）稳定电源电压，保护电子设备。蓄电池相当于一只大容量电容器，不仅能够保持汽车电气系统的电压稳定，而且还能吸收电路中出现的瞬时过电压，防止电子设备损坏。

【知识链接】

当接通起动开关起动发动机时，蓄电池在 3~5 s 内必须向起动机连续供给强大电流（汽油发动机汽车一般为 200~600 A，柴油发动机汽车一般为 800 A 以上）。由此可见，蓄电池的主要功能是起动发动机。根据蓄电池的工作特点，对汽车蓄电池的主要要求是：容量大、内阻小，以保证蓄电池具有足够的起动能力。

2.2 蓄电池的构造与型号

汽车用各型蓄电池的构造基本相同，都是由极板、隔板、电解液和壳体 4 部分组成的。干荷电蓄电池的主要特点是极板制造工艺有所不同，免维护蓄电池的主要特点是极板材料和隔板结构有所不同。干荷电蓄电池的构造如图2-1所示。

图2-1 干荷电蓄电池的构造

1—塑料槽；2—塑料盖；3—正极柱；4—负极柱；5—加液孔螺塞；
6—穿臂连条；7—汇流条；8—负极板；9—隔板；10—正极板

2.2.1 极板的构造

极板由栅架与活性物质组成，是蓄电池的关键部件。在蓄电池充电与放电过程中，电能与化学能的相互转换，依靠极板上的活性物质与电解液中的硫酸产生化学反应来实现。

1. 栅架的结构

栅架由铅锑合金或铅钙锡合金浇铸而成，并制作成放射形状，如图2-2所示。干荷电蓄电池采用铅锑合金栅架，含锑量为1.5%~2.3%。在栅架中添加金属锑的目的是提高机械强度和改善浇铸性能。免维护蓄电池采用耗水量小、导电性能好的铅钙锡合金栅架，并采用热模滚压工艺制成。

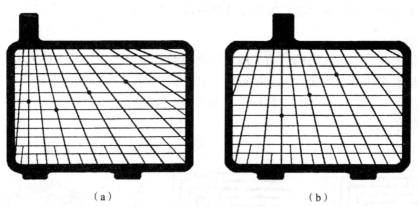

（a） （b）

图2-2 蓄电池栅架的结构

（a）汇流条连接端在栅架一角；（b）汇流条连接端靠近栅架中部

【知识链接】

耗水量（即蒸馏水的消耗量）是蓄电池的重要技术指标之一。蓄电池在使用过程中，消耗蒸馏水的途径：一是水的自然蒸发（约10%）；二是水的电解（约90%）。在化学反应过程中，栅架中的锑会不断地从正极板中析出，并迁移附着到负极板表面，使负极板的氢过电位大大降低，从而使蓄电池的电动势降低，充电电流增大，蒸馏水电解速度加快。为了减少耗水量，干荷电蓄电池普遍采用铅锑合金栅架，免维护蓄电池普遍采用铅钙锡合金栅架。

2. 活性物质的成分

活性物质是指极板上参与化学反应的工作物质，主要由铅粉与一定密度的稀硫酸混合而成。铅粉是活物质的主要原料，由铅块放入球磨机研磨而成。

3. 极板的结构特点

极板分为正极板和负极板两种。将铅粉与稀硫酸混合成膏状涂在栅架上即可得到生极板，生极板经热风干燥，再放入稀硫酸中进行化成（在蓄电池生产工艺中，对极板进行充电的过程称为"化成"，一般充电 18～20 h）处理便可得到正极板和负极板。

在充电的过程中，连接充电机正极的极板为正极板，其活性物质为二氧化铅（PbO_2），呈深棕色；连接充电机负极的极板为负极板，其活性物质为海绵状铅（Pb），呈深灰色。目前国内外都已采用厚度为 1.1～1.5 mm、能提高蓄电池比能量（即单位质量所提供的电量）和起动性能的薄型极板。

【知识链接】

干荷电蓄电池与免维护蓄电池都需采用干荷电极板。因为二氧化铅的化学活性在空气中比较稳定，所以正极板的荷电性能能够保持较长时间。由于海绵状铅的表面积大、化学活性高，因此当接触空气或水时容易发生氧化，使其荷电性能降低。为了提高负极板的荷电性能，得到干荷电极板，在制作负极板的工艺中采取了以下 3 项措施：

（1）在铅膏中添加松香、油酸和硬脂酸等抗氧化剂。

（2）在化成时至少进行一次深度充放电循环，使极板深层的活性物质能形成海绵状铅。

（3）化成后的负极板先用清水冲洗，然后放入抗氧化剂溶液（硼酸与水杨酸混合液）中进行浸渍处理，再放入抽成真空或充入惰性气体的干燥罐中进行干燥处理，使抗氧化剂在海绵状铅的表面形成一层保护膜，以防止负极板被空气氧化。

4. 极板组的结构

单片极板的荷电量是有限的，为了增大蓄电池的容量，将多片正、负极板分别并联，并用汇流条焊接起来便分别组成正、负极板组，其结构如图 2-3 所示。汇流条上浇铸有极柱，各片极板之间留有空隙。安装时，各片正、负极板相互嵌合，中间插入隔板后装入电池槽内便可形成单格电池。

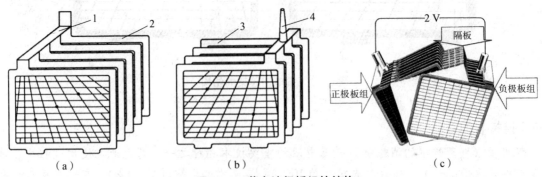

图 2-3 蓄电池极板组的结构

(a) 负极板组；(b) 正极板组；(c) 极板组嵌合情况

1—汇流条；2—负极板；3—正极板；4—极柱

【知识链接】

在每个单格电池中，负极板总比正极板多一片。这是因为正极板上的化学反应比负极板上的化学反应剧烈，所以将正极板夹在负极板之间，可使其两侧放电均匀，防止活性物质体积变化不一致而造成极板拱曲。将一片正极板和一片负极板浸入电解液中，便可得到 2 V 左右的电压。汽车蓄电池由 6 个单格电池串联成 12 V 电池供汽车选用，如图 2-4 所示。12 V 电气系统汽车选用一只电池，24 V 电气系统汽车选用两只电池。

2.2.2 隔板的构造

隔板的功能是将正、负极板隔开，防止相邻正、负极板接触而短路。为了减小蓄电池内阻和尺寸，正、负极板应尽可能靠近。微孔塑料和微孔橡胶隔板的结构如图 2-5（a）所示。

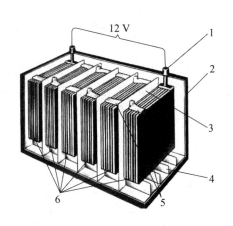

图 2-4　12 V 蓄电池极板组的结构
1—极柱；2—电池槽；3—隔壁；4—沉淀池壁；
5—汇流条；6—极板组

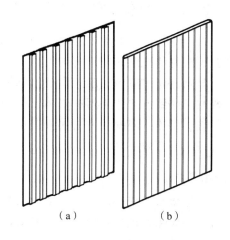

图 2-5　蓄电池隔板结构
（a）微孔塑料（微孔橡胶）隔板；
（b）袋式隔板

安装隔板时，带槽一面应面向正极板，且沟槽必须与壳体底部垂直。因为正极板在充、放电过程中的化学反应剧烈，沟槽能使电解液上下流通，也能使气泡沿槽上升，还能使脱落的活性物质沿槽下沉。

【知识链接】

隔板应具有多孔性，以便电解液渗透，还应具有良好的耐酸性和抗氧化性。微孔橡胶和微孔塑料隔板耐酸、耐高温性能好，寿命长，且成本低，因此广泛使用。免维护蓄电池普遍采用聚氯乙烯袋式隔板，其结构如图 2-5（b）所示。使用时，正极板被隔板袋包住，脱落的活性物质保留在袋内，这不仅可以防止极板短路，而且在壳体底部无须设置凸起的筋条，使极板上部容积增大，从而增大电解液的储存量。

2.2.3 电解液成分

电解液是蓄电池进行电能转换必不可少的物质。汽车蓄电池的电解液由密度为

1.84 g/cm³ 的浓硫酸与蒸馏水按一定比例配制而成。电解液中的硫酸成分所占的比例，称为电解液的密度。根据国家标准 GB/T 5008.1—2013《起动用铅酸蓄电池第 1 部分：技术条件和试验方法》的规定，汽车起动用排气式蓄电池完全充电时的电解液密度，在 25 ℃ 条件下应保持在 1.27 ~ 1.30 g/cm³ 范围内。

【特别提示】

电解液纯度是影响蓄电池电气性能和使用寿命的重要因素。因此，蓄电池用电解液和蒸馏水必须符合机械行业标准 JB/T 10052—2010《铅酸蓄电池用电解液》和 JB/T 10053—2010《铅酸蓄电池用水》的规定，所用硫酸必须符合化工行业标准 HG/T 2692—2015《蓄电池用硫酸》的规定。由于普通工业用硫酸和普通水中含铜、铁等杂质较多，会加速蓄电池自放电，因此不能用于蓄电池。

2.2.4　壳体的结构

蓄电池壳体由电池槽和电池盖两部分组成。壳体的功能：一是盛装电解液和极板组；二是便于蓄电池充电和使用维护。

蓄电池壳体应当耐酸、耐热、耐振动、耐冲击。目前使用的干荷电蓄电池与免维护蓄电池普遍采用聚丙烯透明塑料壳体，电池槽与电池盖之间采用热压工艺黏合为整体结构。其不仅耐酸、耐热、耐振动冲击，而且壳壁薄而轻（厚约 2 mm）、易于热封合、外形美观、成本低廉、生产效率高。

【知识链接】

电池槽由隔壁分成 6 个互不相通的单格，底部制作有凸起的筋条，以便放置极板组。筋条与极板底缘组成的空间可以积存从极板脱落的活性物质，防止正、负极板短路。对于采用袋式隔板的免维护蓄电池，因为脱落的活性物质存积在袋内，所以不必设置筋条。蓄电池各单格电池之间采用铅质连接条串联连接。干荷电蓄电池与免维护蓄电池普遍采用穿壁式点焊连接，所用连接条尺寸很小，并设置在壳体内部。

【特别提示】

电池盖上设有加液孔，并用螺塞或盖板密封，防止电解液溢出。旋下加液孔螺塞或打开加液孔盖板，即可加注电解液和检测电解液密度。在加液孔螺塞和盖板上设有通气孔，以便排出化学反应放出的氢气和氧气。在使用过程中，加液孔必须保持畅通，以防止壳体胀裂或发生爆炸事故。

2.2.5　技术状态指示器

如今使用全密封型免维护蓄电池的汽车越来越多，由于这种蓄电池盖上没有设置加液孔，不能用密度计测量电解液密度，为此在这种蓄电池盖上设有一个结构如图 2-6（a）所示的蓄电池技术状态指示器（Maintenance-Free Battery Indicator），用其指示蓄电池的技术状态。

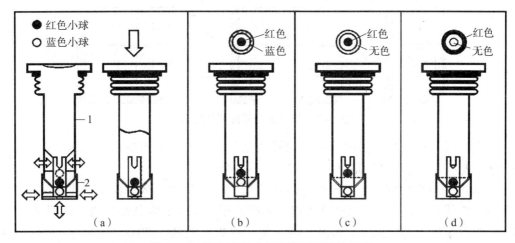

图 2-6 蓄电池技术状态指示器结构原理
(a) 指示器结构；(b) 存电充足；(c) 充电不足；(d) 电解液不足
1—透明塑料管；2—指示器底座

蓄电池技术状态指示器又称为内装式密度计，由透明塑料管、底座和两个小球（一个为红色，另一个为蓝色）组成，借助螺纹安装在蓄电池盖上，两个颜色不同的小球安放在透明塑料管与底座之间的中心孔中，红色小球在上，蓝色小球在下。两个小球是由密度不同的材料制成的，可随电解液密度变化而上下浮动。

【知识链接】

(1) 蓄电池技术状态指示器是根据光学折射原理来反映蓄电池技术状态的。当蓄电池存电充足、电解液密度大于 1.22 g/cm^3 时，两个小球向上浮动到极限位置，经过光线折射小球的颜色，从指示器顶部观察到的结果如图 2-6 (b) 所示，中心呈红色圆点，周围呈蓝色圆环，表示蓄电池技术状态良好，英文标示为"OK"。

(2) 当蓄电池充电不足、电解液密度过低时，蓝色小球下移到极限位置，观察结果如图 2-6 (c) 所示，中心呈红色圆点，周围呈无色透明圆环，表示蓄电池充电不足，应及时补充充电，英文标示为"Charging necessary"。

(3) 当电解液液面过低时，两个小球都将下移到极限位置，观察结果如图 2-6 (d) 所示，中心呈无色透明圆点，周围呈红色圆环，表示电解液不足，蓄电池无法继续使用，必须更换。如果这种指示器安装在干荷电蓄电池上，则以上现象表示必须添加蒸馏水，英文标示为"Add distilled water"。

2.2.6 蓄电池型号

按照我国机械行业标准 JB/T 2599—2012《铅酸蓄电池名称、型号编制与命名办法》的规定，蓄电池型号由 3 部分组成，各部分之间用短线分开，型号排列及其含义如图 2-7 所示。

(1) 串联单格电池数。串联单格电池数指一个整体壳体内所包含的单格电池数目，用阿拉伯数字表示。

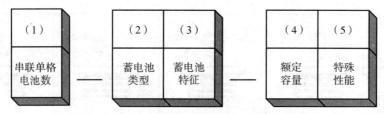

图 2-7 蓄电池型号排列及其含义

（2）蓄电池用途代号。蓄电池用途代号根据蓄电池的主要用途进行划分。起动型蓄电池用"Q"表示，代号"Q"是汉字"起"的第一个拼音字母。

（3）蓄电池结构特征代号。蓄电池结构特征代号为附加部分，仅在同类用途的产品具有某种结构特征，而在型号中又必须加以区别时采用。如为干荷电蓄电池，则用汉字"干"的第二个拼音字母"A"表示；如为无须（免）维护蓄电池，则用"无"字的第一个拼音字母"W"表示，如表 2-1 所示。

表 2-1 蓄电池结构特征代号

序号	蓄电池特征	代号	汉字	及拼音或英文字头
1	密封式	M	密	mi
2	免维护	W	维	wei
3	干式荷电	A	干	gan
4	湿式荷电	H	湿	shi
5	微型阀控式	WF	微阀	wei fa
6	排气式	P	排	pai
7	胶体式	J	胶	jiao
8	卷绕式	JR	卷绕	juan rao
9	阀控式	F	阀	fa

（4）额定容量。额定容量是指 20 h 率额定容量，用阿拉伯数字表示，单位为安培·小时（A·h），单位在型号中可略去不写。

（5）特殊性能。在产品具有某些特殊性能时，可用相应的代号加在型号末尾表示。如"G"表示薄型极板的高起动率蓄电池，"S"表示采用工程塑料外壳与热封合工艺的蓄电池。

常用蓄电池的品种规格如表 2-2 所示，使用中可参考选用。

【应用案例】

案例 2-1：大众车系用 6-QA-60 型蓄电池：表示由 6 个单格电池组成，额定电压为 12 V，额定容量为 60 A·h 的起动型干荷电蓄电池。

案例 2-2：解放车系用 6-QA-100 型蓄电池：表示由 6 个单格电池组成，额定电压为 12 V，额定容量为 100 A·h 的起动型干荷电蓄电池。

案例 2-3：斯太尔车系用 6-QW-180 型蓄电池：表示由 6 个单格电池组成，额定电压为 12 V，额定容量为 180 A·h 的起动型免维护蓄电池。

表 2-2 常用蓄电池的品种规格

序号	额定电压 /V	20 h 率额定容量 C_n/(A·h)	储备容量 t_r/min	起动电流 I_s/A	最大外形尺寸/mm		
					长	宽	高
1	12	30	43	120	187	127	227
2	12	35	52	144	197	129	227
3	12	40	59	160	238	138	235
4	12	45	67	180	238	129	227
5	12	50	76	200	260	173	235
6	12	60	94	240	270	173	235
7	12	70	113	280	310	173	235
8	12	75	123	300	310	173	235
9	12	80	133	320	310	173	235
10	12	90	154	315	380	177	235
11	12	100	175	350	410	177	250
12	12	105	187	368	450	177	250
13	12	120	223	420	513	189	260
14	12	135	260	405	513	189	260
15	12	150	300	450	513	223	260
16	12	165	342	495	513	223	260
17	12	180	386	540	513	223	260
18	12	195	432	585	517	272	260
19	12	200	441	600	521	278	270
20	12	210	450	630	521	278	270
21	12	220	460	660	521	278	270

2.2.7 卷绕式蓄电池的特点

众所周知，传统的铅酸蓄电池为平板叠片式结构，卷绕式铅酸蓄电池的显著特点是其极板为螺旋形结构，如图 2-8 所示。宝马、丰田、克莱斯勒、大众、奔驰、福特、沃尔沃、日产、道依茨等汽车都已采用卷绕式蓄电池。

卷绕式蓄电池为阀控式蓄电池，其栅架采用比较柔软的纯铅或铅锡合金材料制成，不仅利于卷绕加工，而且能够最大限度地抑制负极板上氢离子的析出。

卷绕式蓄电池的电解液为固态酸，正极板套装在袋式隔板内，正、负极板与固态酸一起捆绑并卷绕成螺旋结构，卷绕后的每层极板都与汇流条连接。正极产生的氧离子通过气体复合装置与负极产生的氢离子发生反应生成水，可使内部气体复合以防止水耗，实现免维护功能。当蓄电池内部气体压力超过预定值时，蓄电池盖上的安全阀能让气体析出，防止发生膨胀或爆炸事故。

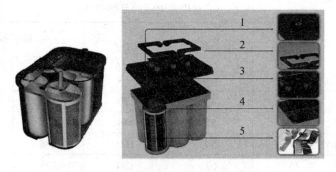

图 2-8 卷绕式铅酸蓄电池的内部结构
1—极柱孔；2—电池把手；3—安全阀；4—极柱；5—袋式隔板

【特别提示】

卷绕式蓄电池的突出优点：一是无漏液之忧，因此安装方便，既可以任何角度或方式固定，也可倒置安放；二是耐振动冲击，能承受 4G（33 Hz）震动 12 h 以及 6 G 振动 4 h；三是适用范围广，适用于水、陆、空各领域交通运输工具，特别是军事领域中的各类交通运输工具。

【知识链接】

当今汽车电子设备越来越多，对蓄电池电压的稳定性和供电可靠性提出了更高的要求，很多高档轿车都采用了双电池供电方案，即一只大容量铅酸蓄电池用于起动发动机以及对灯光、车身电器等设备供电，另一只小容量的镍氢或锂离子蓄电池用于维持车载电脑和其他控制器的供电。

2.3 蓄电池的工作过程

蓄电池的工作过程就是化学能与电能的转换过程。放电时，蓄电池将化学能转换为电能供用电设备使用；充电时，蓄电池将电能转换为化学能储存起来备用。

蓄电池充、放电过程中发生的化学反应是可逆的。自 1859 年法国科学家加斯顿·普莱特发明铅酸蓄电池以来，关于蓄电池的化学反应过程有各种不同的理论，普遍认为格拉斯顿和特拉普两位科学家于 1882 年创立的双极硫酸盐化理论（简称"双硫化理论"）能较确切地说明蓄电池的化学反应过程。

根据双硫化理论，铅酸蓄电池正极板上的活性物质是二氧化铅（PbO_2），负极板上的活性物质是海绵状铅（Pb），电解液是硫酸水溶液（H_2SO_4）。如果不考虑化学反应的中间过程，则其化学反应方程式如下：

$$\underset{\text{正极板}}{PbO_2} + \underset{\text{电解液}}{2H_2SO_4} + \underset{\text{负极板}}{Pb} \underset{\text{充电}}{\overset{\text{放电}}{\rightleftharpoons}} \underset{\text{正极板}}{PbSO_4} + \underset{\text{电解液}}{2H_2O} + \underset{\text{负极板}}{PbSO_4}$$

当接通蓄电池与负载的电路放电时，正极板上的二氧化铅和负极板上的海绵状铅都将转变成硫酸铅（$PbSO_4$），电解液中的硫酸减少，电解液密度减小。当接通蓄电池与直流电源的电路充电时，正、负极板上的硫酸铅又将分别恢复成原来的二氧化铅和海绵状铅，电解液中的硫酸增多，电解液密度增大。在充、放电过程中，蓄电池内部物质的变化情况如图2-9所示。

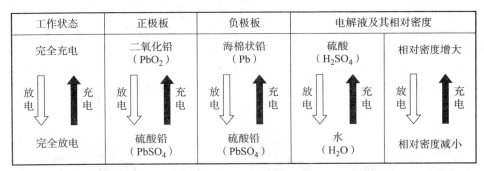

图2-9 蓄电池充、放电过程中内部物质的变化

2.3.1 蓄电池的放电过程

将蓄电池的化学能转换成电能的过程称为放电过程，如图2-10（a）所示。蓄电池的单格电池是由浸渍在电解液中的正极板和负极板组成的，电解液是硫酸水溶液。当放电尚未开始时，正极板是二氧化铅，负极板是纯铅，电解液是硫酸溶液。由于正、负两极板上的不同活性物质与电解液发生化学反应，使正极板具有正电位，约为2.0 V，使负极板具有负电位，约为-0.1 V。正、负两极间的电动势E为

$$E = 2.0 - (-0.1) = 2.1 (V)$$

当放电电路接通时，在电动势的作用下，电流从正极流出，经过灯丝流回负极。电流流经灯丝会使灯丝发热，当电流足够大时，便使灯丝炽热而发出亮光。在放电过程中，由于正极板上的活性物质二氧化铅和负极板上的活性物质纯铅不断与电解液发生化学反应，因此，二氧化铅和纯铅逐渐转变成硫酸铅，正极电位逐渐降低，负极电位逐渐升高，使正、负极间的电位差逐渐降低；电解液中的硫酸成分逐渐减少、水分逐渐增多，使电解液密度逐渐减小。

理论上，放电过程将进行到正、负极板上的活性物质全部转变为硫酸铅为止。但是实际上，由于电解液不能渗透到活性物质最内层，因此，所谓完全放电，事实上只有20%～30%的活性物质转变为硫酸铅。要提高活性物质的利用率，就必须增大活性物质与电解液的接触面积，常用措施是采用薄型极板和增大活性物质的孔率。

【特别提示】

当电位差降低时，流过灯丝的电流就会减小，灯丝发热量相应减少，灯泡亮度变弱，直到不能发光为止，如图2-10（b）所示。蓄电池放电终了的特征：一是电解液密度降低到最小允许值；二是蓄电池端电压降低到放电终止电压。

2.3.2 蓄电池的充电过程

将电能转换成蓄电池的化学能的过程称为充电过程。充电时，蓄电池应当连接直流电源，电池正极接电源正极，将电池负极接电源负极，如图2-10（c）所示。

将完全放电的蓄电池与直流电源接通时，电流就会按与放电时相反的方向流过蓄电池。此时蓄电池内部将发生与放电过程相反的化学反应，正、负极板上的硫酸铅将分别还原为二氧化铅和纯铅，电解液中的硫酸成分逐渐增多而水分逐渐减少，电解液密度逐渐增大。充电将一直进行到极板上的活性物质完全恢复到放电前的状态为止。

【特别提示】

蓄电池充电终了的特征：一是蓄电池内产生大量气泡，即出现"沸腾"现象；二是蓄电池端电压和电解液密度均上升至最大值，且在 2~3 h 内不再上升。

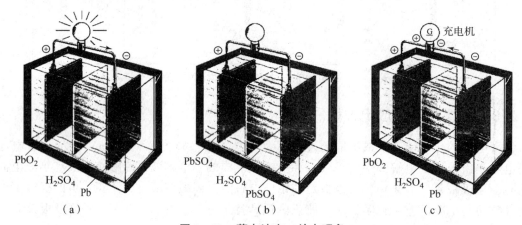

图 2-10 蓄电池充、放电现象
(a) 放电过程；(b) 放电终了；(c) 充电过程

2.4 蓄电池的技术参数

蓄电池的技术参数有电解液密度、静止电动势、电压、容量和内阻等。其中，与使用维护密切相关的技术参数是电解液密度、电压、内阻和容量。

2.4.1 电解液密度

电解液密度是指电解液中硫酸成分所占的比例，通常简称为电解液密度或密度。因为密度与温度密切相关，所以实际测量密度时应同时测量电解液的温度，并按下式换算成标准温度（25 ℃）时的密度 $\rho_{25℃}$：

$$\rho_{25℃} = \rho_T - \beta(T-25) \tag{2-1}$$

式中：ρ_T——实测电解液密度（g/cm³）；

T——实测电解液温度（℃）；

β——密度温度系数（$\beta = 0.0007$），即温度每升高 1 ℃，密度将降低 0.0007 g/cm³。

2.4.2 蓄电池容量及其影响因素

蓄电池容量是指在规定的放电条件（放电温度、放电电流和终止电压）下，蓄电池能够输出的电量，用 C 表示。当恒流放电时，蓄电池容量等于放电电流与放电时间之积，即

$$C = I_f \cdot t_f \tag{2-2}$$

式中：C——蓄电池容量（A·h）；

　　　I_f——放电电流（A）；

　　　t_f——放电时间（h）。

【特别提示】

容量是反映蓄电池对外供电能力、衡量蓄电池质量优劣以及选用蓄电池的重要指标。容量越大，可提供的电能越多，供电能力也就越大；反之，容量越小，则供电能力就越小。

蓄电池容量与电解液温度、放电电流、放电终止电压和放电时间有关。所以，蓄电池出厂时规定的20 h率额定容量C_n和额定储备容量$C_{r,n}$都是在规定的电解液温度［恒温（25±2）℃］、规定的放电电流（20 h率放电电流I_n，数值为$I_n = \frac{C}{t_f} = \frac{C_n}{20} = 0.05C_n$；额定储备容量放电电流$I_r = 25$ A）和规定的终止电压［（10.50±0.05）V］下测得的容量。

1. 20 h率容量C_e

20 h率是20 h放电率的简称。放电率即放电速率，放电电流越大，则放电速率越快，连续放电至终止电压的时间就越短；反之，放电电流越小，连续放电至终止电压的时间就越长。

20 h率容量是指：蓄电池完全充电后，在恒温（25±2）℃的条件下，以20 h率放电电流I_n连续放电至电压降到（10.50±0.05）V时输出的容量。

国家标准GB/T 5008.1—2013《起动用铅酸蓄电池第1部分：技术条件和试验方法》规定，20 h率容量试验是在蓄电池完全充电结束后1~5 h内，将其放置在（25±2）℃的恒温水浴槽中（其端子高出水面15~25 mm，如有多只蓄电池，则蓄电池及其槽壁之间的距离应不小于25 mm），以20 h率放电电流I_n（A）放电，放电期间电流值的变化应不大于±2%，放电过程中每隔2 h记录一次蓄电池电压，每隔4 h记录一次电池温度。当电压降到10.80 V时，每隔5 min记录一次蓄电池电压，当电压降到（10.50±0.05）V时，停止放电并记录放电时间和温度，然后按下式换算到标准温度25 ℃时的实际容量：

$$C_{e25℃} = I_n \times t[1 - \lambda(T - 25)] \qquad (2-3)$$

式中：$C_{e25℃}$——25 ℃时的实际容量（A·h）；

　　　t——放电时间（h）；

　　　T——最终温度（℃）；

　　　λ——温度修正系数（℃$^{-1}$），$\lambda = 0.01$。

2. 20 h率额定容量C_n

20 h率额定容量C_n是在规定的试验条件下测得的，并由制造商宣称的蓄电池的容量值。国家标准GB/T 5008.1—2013规定，20 h率实际容量$C_{e25℃}$应在第三次或之前的20 h率容量试验时，达到20 h率额定容量C_n。

【应用案例】

额定容量是检验蓄电池质量的重要指标。新蓄电池必须达到该指标，否则就为不合格产品。例如，在电解液温度为（25±2）℃的条件下，对新产6-QA-105型蓄电池以I_n（=5.25 A）电流连续放电至端电压降到（10.5±0.05）V时，若放电时间大于或等于

20 h，则其容量为 $C = I_n t_f \geq 105$ A·h，达到或超过了额定容量105 A·h，因此该蓄电池为合格产品；若放电时间小于20 h，则其容量为 $C = I_n t_f < 105$ A·h，低于额定容量105 A·h，因此为不合格产品。

3. 储备容量 $C_{r,e}$

国际蓄电池协会和美国汽车工程师协会（SAE）规定蓄电池容量用储备容量表示。储备容量是指：蓄电池完全充电后，在恒温（25±2）℃的条件下，以25 A电流连续放电至电压降到（10.50±0.05）V时输出的容量。

国家标准GB 5008.1—2013《起动用铅酸蓄电池第1部分：技术条件和试验方法》对储备容量的试验方法已有明确规定，即储备容量试验是在蓄电池完全充电结束后1~5 h内，将其放置在（25±2）℃的恒温水浴槽中（其端子高出水面15~25 mm，如有多只蓄电池，则蓄电池及其槽壁之间的距离应不小于25 mm），以 I_r（=25 A）电流放电，放电期间电流值的变化应不大于±1%，放电过程中每隔10 min记录一次蓄电池电压，当电压降到11 V时，每隔1 min记录一次蓄电池电压，当电压降到（10.50±0.05）V时，停止放电并记录放电时间和温度，然后按下式换算到标准温度25 ℃时的实际储备容量：

$$C_{r,e25℃} = C_{r,eT}[1 - \lambda_1(T - 25)] \tag{2-4}$$

式中：$C_{r,e25℃}$——25 ℃实际储备容量（min）；
$C_{r,eT}$——最终温度实际储备容量（min）；
T——最终温度（℃）；
λ_1——温度修正系数（℃$^{-1}$），$\lambda_1 = 0.009$。

4. 额定储备容量 $C_{r,n}$

额定储备容量 $C_{r,n}$ 也是在规定的试验条件下测得的，并由制造商宣称的蓄电池的容量值。国家标准GB/T 5008.1—2013规定，实际储备容量 $C_{r,e25℃}$ 应在第三次或之前的储备容量试验时达到额定储备容量 $C_{r,n}$。

【特别提示】

储备容量表达了在汽车充电系统失效的情况下，蓄电池能为照明、仪表和点火系统等用电设备提供25 A恒定电流的能力。

5. 20 h率额定容量与额定储备容量的关系

按国家标准规定的试验条件下测得的20 h率额定容量与额定储备容量之间可以进行换算。额定储备容量与20 h率额定容量的换算公式为

$$C_{r,n} = \beta(C_n)^\alpha \tag{2-5}$$

式中：α——1.182 8（富液式蓄电池）或 α——1.120 1（阀控式蓄电池）；
β——0.773 2（富液式蓄电池）或 β——1.133 9（阀控式蓄电池）。

20 h率额定容量与额定储备容量的换算公式为

$$C_n = \delta(C_{r,n})^\gamma \tag{2-6}$$

式中：γ——0.845 5（富液式蓄电池）或 γ——0.892 8（阀控式蓄电池）；
δ——1.242 9（富液式蓄电池）或 δ——0.893 9（阀控式蓄电池）。

6. 影响容量的使用因素

蓄电池容量并不是一个固定不变的常量，而是与很多因素有关的量，这些因素归纳起来

可分为两类：一类是与生产工艺及产品结构有关的因素，如活性物质的数量、极板的厚薄、活性物质的孔率等；另一类是使用因素，如放电电流、电解液温度和电解液密度等。

1）放电电流

放电电流大，极板表面活性物质的孔隙很快就被生成的硫酸铅堵塞（硫酸铅的摩尔体积为二氧化铅的1.86倍，为海绵状铅的2.68倍），使极板内层的活性物质不能参加化学反应，活性物质的利用率降低，因此蓄电池容量减小。

当电解液温度为30℃时，试验测得6-Q-75型蓄电池容量与放电电流的关系如图2-11所示。可见，放电电流越大，则蓄电池容量越小。

放电电流越大，则电压下降越快，容易出现放电"终了"现象，试验测得不同放电电流时6-Q-135型蓄电池的放电特性如图2-12所示，如果继续放电，则将导致过度放电而影响蓄电池的使用寿命。

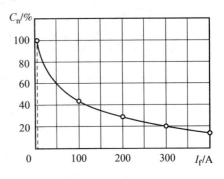

图2-11 蓄电池容量与放电电流的关系（6-Q-75型蓄电池）

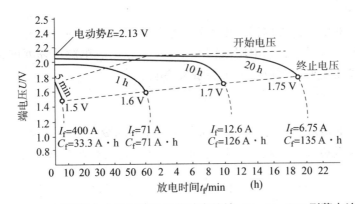

图2-12 不同放电电流时蓄电池的放电特性（6-Q-135型蓄电池）

【特别提示】

在起动发动机时，蓄电池放电电流很大（汽油发动机汽车一般为200~600A；柴油发动机汽车一般为800A以上）。因此，必须严格控制起动时间，每次起动时间不得超过5s，再次起动应间隔15s以上。

2）电解液温度

温度降低，则蓄电池容量减小，这是由于温度降低时，电解液的黏度增大，电解液渗入极板内部困难，使离子扩散速度和化学反应速度降低；同时电解液电阻增大，使蓄电池内阻增加，电动势消耗在内阻上的压降增大，蓄电池端电压降低，允许放电时间缩短，因此蓄电池容量减小。

在电解液温度分别为+30℃和-18℃的情况下，6-Q-75型蓄电池以225A电流放电时的端电压与放电时间的关系如图2-13所示。6-Q-75型蓄电池以225A电流放电时，在不同温度条件下的输出容量如图2-14所示。可见，温度越高，则输出容量越大。

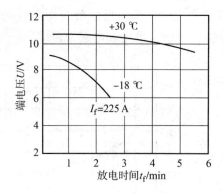 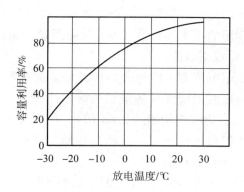

图 2-13　温度对放电特性的影响　　　　图 2-14　温度对输出容量的影响
（6-Q-75 型蓄电池）　　　　　　　　　（6-Q-75 型蓄电池）

【特别提示】

温度对蓄电池输出容量的影响给我国北方寒冷地区冬季汽车运行带来了一定困难，因此，冬季需要加强蓄电池的保温工作。

3）电解液密度

适当增大电解液密度，可以提高电解液的渗透速度和蓄电池电动势，也能减小内阻，使蓄电池输出容量增大。但是，当电解液密度超过一定值时，电解液黏度增大，使浸透速度降低，内阻和极板硫化增加，蓄电池输出容量又会减小。

【知识链接】

试验证明，当电解液密度为 1.23 g/cm³ 时，蓄电池输出容量最大。综合考虑电解液密度对蓄电池性能的影响，车用起动型蓄电池一般使用充足电时密度为 1.26~1.30 g/cm³ 的电解液。

2.4.3　静止电动势

静止电动势 E_s 是指蓄电池在静止状态（不充电，也不放电）时，正、负极板之间的电位差（即开路电压）。静止电动势的高低与电解液密度和温度有关，当电解液密度为 1.05~1.30 g/cm³ 时，静止电动势的近似值计算如下：

$$E_s = 0.85 + \rho_{25℃} \qquad (2-7)$$

式中，E_s 的单位为 V。

汽车蓄电池电解液的密度在充电时增大，在放电时减小，变化范围为 1.12~1.30 g/cm³，其静止电动势相应地在 1.97~2.15 V 范围内变化。

【应用案例】

今有一只大众车系用 6-QW-60 型蓄电池，当环境温度为 -5℃ 时，其电解液密度为 1.13 g/cm³，请问其开路电压应为多少？

正确回答此问题的关键是：首先需要根据式（2-1），把电解液密度换算为标准温度 25℃ 时的密度 $\rho_{25℃}$，然后再根据式（2-7）求得开路电压，即

$$\rho_{25\ ℃} = \rho_T - \beta(T-25) = 1.13 - 0.000\ 7(-5-25) = 1.151(\text{g/cm}^3)$$

单格电池的静止电动势为

$$E_s = 0.85 + \rho_{25\ ℃} = 0.85 + 1.151 = 2.001(\text{V}) \approx 2.0(\text{V})$$

该蓄电池有 6 个单格电池，则其开路电压为

$$U = E_s \times 6 = 2.001 \times 6 = 12.006 \approx 12(\text{V})$$

2.4.4 内阻

蓄电池内阻的大小反映了蓄电池带负载的能力。在一定条件下，内阻越小，输出电流越大，蓄电池带负载的能力越强。蓄电池的内阻为极板电阻、隔板电阻、电解液电阻和连接条电阻的总和，用 R_0 表示。

极板电阻很小，且随极板上活性物质的变化而变化。充电时极板电阻变小；放电时极板电阻变大，特别是在放电终了时，活性物质转变为导电性能极差的硫酸铅，因此，蓄电池内阻显著增大。

隔板电阻与其材料的孔径和孔率有关。木质隔板比微孔塑料、微孔橡胶和聚氯乙烯袋式隔板的电阻大。此外，隔板越薄，则其电阻越小。

电解液电阻随温度和密度的变化而变化。例如，6-Q-75 型蓄电池在温度为 40 ℃ 时，其内阻约为 0.010 Ω，但在 -20 ℃ 时，其内阻则为 0.019 Ω。可见，内阻随温度降低而增大。电解液密度为 1.20 g/cm³（25 ℃）时，硫酸的离解度最好，黏度较小，电阻最小。

连接条电阻与蓄电池单格之间的连接形式有关。内部穿壁式和跨越式连接的电阻比表面外露式连接的电阻要小。

总而言之，汽车蓄电池的内阻很小，因此，蓄电池能够提供强大的电流来起动发动机。对于完全充足电的蓄电池，在标准温度 25 ℃ 时的内阻 R_0 可按下述经验公式计算：

$$R_0 = \frac{U_e}{17.1 C_n} \tag{2-8}$$

式中：U_e——蓄电池的额定电压（V）；

C_n——20 h 率额定容量（A·h）。

2.5 蓄电池的工作特性

蓄电池的工作特性是指其电动势、电压、电流和电解液密度等技术参数随充、放电时间而变化的规律。

2.5.1 蓄电池的充电特性

蓄电池的充电特性是指在恒流充电过程中，蓄电池的端电压 U_c 和电解液密度 $\rho_{25\ ℃}$ 等参数随充电时间 t_c 变化的规律。

在对放完电的蓄电池以恒定电流 I_c 进行充电的过程中，每隔一定时间（一般为 2 h）测量其单格电池的平均电压 U_c、电解液密度 $\rho_{25\ ℃}$ 等工作参数，并将其描绘在坐标纸上，即可得到蓄电池的充电特性曲线，如图 2-15 所示。

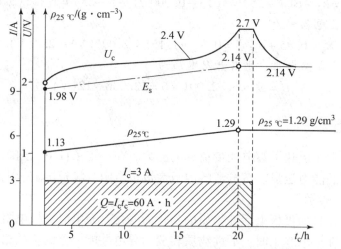

图 2-15　6-QA-60 型蓄电池的充电特性曲线

在恒流充电过程中，由于充电电流不变，即单位时间内生成硫酸的数量相等，因此，电解液密度 $\rho_{25℃}$ 随时间增长而线性上升，静止电动势 E_s 也随密度的上升而升高。

蓄电池充电时，因为充电电压 U_c 必须克服蓄电池的静止电动势 E_s 和内阻产生的电压降 I_cR_0 之后才能在电路中形成电流，所以充电电压始终高于电动势，即

$$U_c = E_s + I_cR_0 \tag{2-9}$$

在充电初期，蓄电池端电压迅速上升。这是因为充电时，活性物质与电解液发生化学反应首先是在极板孔隙中进行，生成的硫酸使孔隙内的电解液密度迅速增大。随着硫酸的增多，并不断向周围扩散，当极板孔隙内生成硫酸的速度与向外扩散的速度达到动态平衡时，端电压便随整个电池槽内电解液密度的升高而逐渐上升。

当端电压达到 2.4 V 左右时，电解液中开始产生气泡，此现象说明蓄电池充电已基本充足，极板上的活性物质已基本转变为 PbO_2 和 Pb，部分充电电流已用于电解水，产生氢气与氧气。随着充电时间的增长，电解水的电流增大，产生的氢气和氧气增多，呈现所谓的"沸腾"现象。由于氢离子在极板上与电子的结合速度比较缓慢，在靠近负极板处会积存较多的 H^+，从而使极板与溶液之间产生附加电位差（称为氢过电位，约为 0.33 V），进而使端电压急剧升高至 2.7 V 左右。此时，如果继续对蓄电池进行充电，则称为过充电。过充电时，极板内部产生大量气泡，形成局部压力，加速活性物质脱落而使极板过早损坏，因此，应尽量避免长时间过充电。在实际充电中，为了保证蓄电池充电充足，通常需要进行 2~3 h 的过充电。

在全部充电过程中，极板孔隙内的电解液密度比电池槽中的稍大一些。因此，蓄电池的电动势总是高于静止电动势。停止充电后，极板孔隙内、外的电解液也逐渐混合均匀，蓄电池端电压逐渐降低，最终等于静止电动势。

蓄电池充电终了的特征如下：

（1）蓄电池内产生大量气泡，即出现所谓的"沸腾"现象。

（2）蓄电池端电压和电解液密度均上升至最大值，且在 2~3 h 内不再增大。

2.5.2　蓄电池的放电特性

蓄电池的放电特性是指在恒流放电过程中，蓄电池的端电压 U_f 和电解液密度 $\rho_{25℃}$ 等参

数随放电时间 t_f 变化的规律。

在对完全充足电的蓄电池以 20 h 放电率的电流 I_f 进行恒流放电的过程中,每隔一定时间(一般为 2 h)测量其单格电池的平均电压 U_f、电解液密度 ρ_T 等参数,将其描绘在坐标纸上可得蓄电池的放电特性曲线,如图 2-16 所示。

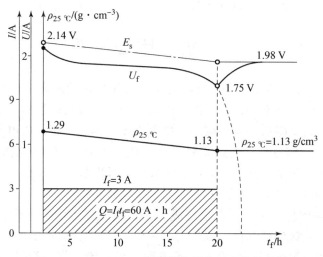

图 2-16　6-QA-60 型蓄电池的放电特性曲线

在放电过程中,因为放电电流恒定,即单位时间内消耗硫酸的数量相同,所以电解液密度随放电时间的增长而线性下降。因此,在使用过程中,通过测量电解液密度可以判断蓄电池的放电程度。一般情况下,电解液密度每下降 0.04 g/cm³,蓄电池放电约为 25%。

放电时,由于蓄电池内阻上有电压降,蓄电池端电压总是低于电动势。端电压在放电初期迅速下降,这是极板孔隙中的硫酸迅速消耗,密度迅速降低所致。随着极板孔隙内、外密度差的不断增大,硫酸向孔隙内扩散的速度加快,放电电流得以维持。当扩散与渗透到极板孔隙内的硫酸与孔隙内消耗的硫酸趋于一致时,端电压将随整个电池槽内电解液密度的降低而缓慢下降。放电接近终了时,化学反应已深入极板内层,由于极板上生成的硫酸铅的摩尔体积比活性物质的体积大(为二氧化铅的 1.86 倍,为海绵状铅的 2.68 倍),硫酸铅聚集在极板表面和孔隙内使电解液渗入困难,极板孔隙内消耗的硫酸难以得到补充,孔隙内的电解液密度迅速下降,因此端电压急剧下降。

当端电压下降到规定的放电终止电压(20 h 放电率的放电终止电压为 1.75 V)时,应当停止放电,若继续放电则为过度放电,这不仅没有实用意义(试验证明,3~5 min 内电压就会下降到 0),而且不利于蓄电池充电时活性物质的还原。放电终止电压与放电电流的大小有关,如表 2-3 所示。放电电流越大,则放完电的时间越短,允许放电的终止电压就越低。

表 2-3　起动型蓄电池的放电电流与终止电压的关系

放电率	20 h	10 h	3 h	30 min	5 min
放电电流/A	$0.05C_n$	$0.1C_n$	$0.25C_n$	C_n	$3C_n$
单格电池终止电压/V	1.75	1.70	1.65	1.55	1.50

停止放电后，蓄电池的内压降随之消失，极板孔隙中的电解液与电池槽中的电解液趋于平衡，因此，端电压稍有回升。

蓄电池放电终了的特征如下：
（1）电解液密度降低至最小允许值；
（2）蓄电池端电压降至放电终止电压。

2.6 燃料电池技术

20世纪70年代以来，由于受到内燃机污染和能源危机的冲击，世界各国都在大力开发研究新型电池。用电池代替发动机作为汽车的动力源，不仅可以节约石油，而且可使汽车的传动系统大大简化，污染降低，噪声减小，操纵方便。但是，铅酸蓄电池的比能量仅为40～50 W·h/kg，质量大，容量小，而且需要经常充电。因此，用作长途电动汽车的动力源很不适宜。需要研制比能量达140 W·h/kg，充放电循环次数量达800次以上，充电一次可使电动汽车行驶400 km以上的新型电池。

2018年5月，美国特斯拉公司在上海成立了特斯拉（上海）有限公司。特斯拉公司正式宣布：在上海浦东新区修建除美国以外的第一个工厂，厂名定为"无畏战舰"，将在同一地方进行车辆装配和电池生产。其电池技术堪称世界一绝，汽车行驶48万km后，电池衰减不到5%。此款新型电池汽车必将引领我国新能源汽车的新时代，并助力广袤国土的蓝天保卫战。

在新型电池的研究方面，当今世界各国都把重点集中在燃料电池的集智攻关上。

2.6.1 燃料电池的发展概况

燃料电池（Fuel Cell，FC）是一种将储存在燃料和氧化剂中的化学能直接转化为电能的"发电装置"。

1839年，英国物理学家威廉·格拉夫（William R. Grove）爵士发表了世界上第一篇关于燃料电池的研究报告，即在实验室里利用电解水的逆反应成功地得到了电流。格拉夫研制的单体燃料电池采用镀制的铂（platinum，Pt）作电极，以氢气为燃料，以氧气作氧化剂。报告指出——强化气体、电解液与电极三者之间的相互作用，是提高电池性能的关键，从此拉开了研制燃料电池的序幕。

1923年，施密特（A. Schmid）提出了多孔气体扩散电极的概念。英国的培根（F. T. Bacon）教授在此基础上又提出了双孔结构电极的概念，并采用非贵金属催化剂和自由电解质，成功开发了中温（200 ℃）型（即培根型）碱性燃料电池（Alkaline Fuel Cell，AFC）。

1960—1965年间，美国普拉特·惠特尼（Pratt-Whitney）公司受美国国家航空航天局（National Aeronautics and Space Administration，NASA）委托，在培根型AFC的基础上，为"阿波罗（Apollo）"登月飞行成功开发了PC3A型碱性燃料电池系统。PC3A电池组正常输出功率可达1.5 kW，过载能力可达2.3 kW。到1990年，54套PC3A型碱性燃料电池系统9次用于"阿波罗"登月飞行、太空实验室（sky-lab）以及Apollo-Soyus飞行的总工作时间达10 750 h。

20世纪70年代，美国联合技术公司（United Technology Corporation，UTC）在NASA的支持下，成功开发了航天飞机使用的石棉膜型碱性燃料电池系统，并于1981年4月首次用于航天飞机飞行。

20世纪70年代以后，由于燃料电池在航天飞行上的成功应用和世界性的能源危机，提高燃料有效利用率的呼声日益高涨。此时，科学家们从20世纪60年代的研究经验认识到，化石燃料只有经过重整或汽化转化为富氢燃料之后，才适用于燃料电池发电。因此，各国研究的重点转移到了以净化重整气为燃料的磷酸型燃料电池（Phosphoric Acid Fuel Cell，PAFC）和以净化煤气、天然气为燃料的熔融碳酸盐型燃料电池（Molten Carbonate Fuel Cell，MCFC）。至今已有近百台PC25磷酸型燃料电池电站（200 kW）在世界各地运行。实践证明，这种电池发电运行高效可靠，能够广泛作为各种应急电源和不间断电源使用。熔融碳酸盐型燃料电池已有2 MW实验电站正在运行，目前此类燃料电池正处于商品化的前夜。

在固体氧化物型燃料电池（Solid Oxide Fuel Cell，SOFC）的研究方面，西门子-西屋动力公司（Siemens Westinghouse Power Corporation，SWPC）是管式高温SOFC技术的先锋。我国正在进行平板型SOFC的开发与研究，中国科学院上海硅酸盐研究所在"九五"期间，已经成功研制800 W的平板型高温固体氧化物燃料电池组。SOFC采用固体氧化物膜作为电解质，在800～1 000 ℃工作，直接采用天然气、煤气和碳氢化合物作燃料，利用余热与燃气、蒸汽轮机构成联合循环发电。SWPC已经制造和运行了多套标称功率达220 kW的完整电站系统。1998年3月，SWPC生产的25 kW联合循环SOFC发电系统已在美国新泽西州中部的埃迪逊（Edison）投入使用；2001年，SWPC在荷兰成功地完成了100 kW SOFC电站连续16 612 h运行试验。

在质子交换膜型燃料电池（Proton Exchange Membrane Fuel Cell，PEMFC）的研究方面，早在20世纪60年代初期，美国通用电气公司就研制出了以离子交换膜为电解质的隔膜，并用聚苯乙烯磺酸膜成功研制了PEMFC，该电池于1960年10月首次用于"双子星座（Gemini）"号宇宙飞船上作为飞船的主电源。使用中发现聚苯乙烯磺酸膜在电池工作过程中会发生降解，不仅导致电池寿命缩短，而且还会污染电池的生成水，使宇航员无法饮用。尽管美国通用电气公司后来采用杜邦（Du Pont）公司成功开发的含氟磺酸膜，延长了电池寿命（这种PEMFC的运行寿命超过57 000 h），解决了电池的生成水被污染的问题，并用小电池在生物实验卫星上进行了搭载试验，但在美国航天飞机用电源的竞标中，PEMFC仍因成本和技术方面的原因而未能逃脱失败的厄运，让位于石棉膜型碱性氢氧燃料电池，致使PEMFC的研究跌入低谷。

到1983年，加拿大国防部看到这种在室温条件下就能快速启动的PEMFC具有广泛的军用价值，便斥资资助巴拉德动力系统股份有限公司（Ballard Power System Incorporated，BPSI）进行PEMFC的研究。在加拿大、美国等国科学家的共同努力下，PEMFC技术取得了突破性进展。首先，采用薄（50～150 μm）而电导率高的Nation和Dow全氟磺酸膜，使电池性能提高数倍。接着又采用铂/碳催化剂代替纯铂黑，在电极催化层中加入全氟磺酸树脂，实现了电极的立体化，并将阴极、阳极与膜热压到一起，组成电极-膜-电极"三合一"组件（Membrane-Electrode-Assembly，MEA）。这种工艺减少了膜与电极的接触电阻，并在电极内建立起质子通道，扩展了电极反应的三相界面，增加了铂的利用率，不但大幅度提高了电池性能，而且使电极的铂用量降至低于0.5 mg/cm^2而大大降低了成本，电池输出功率密度高达 0.5~2 W/cm², 电池组的质量比功率和体积比功率分别达到 700 W/kg 和 1 000 W/L。目前, Ballard 公司已和美国三大汽车公司、奔驰汽车公司、沃尔沃汽车公司、日本马自达汽车公司、三菱汽车公司和日产汽车公司等合作, 组成跨国公司制造 PEMFC 和 SOFC, 成为世界上最大的燃料电池供应商。

PEMFC 除具有能量转化效率高 (40%~60%)、无污染等一般燃料电池的特点之外, 还具有可在室温下快速起动、无电解液流失、水易排出、寿命长、比功率与比能量高等突出特点。因此, 它特别适合用作可移动动力源, 是电动汽车和不依靠空气推进潜艇的理想电源之一。目前, 各种以 PEMFC 为动力的试验样车已在运行, 其性能不仅可与内燃机汽车媲美, 而且没有污染。

2.6.2 燃料电池的结构原理

燃料电池也是一种能量转换装置, 其与普通蓄电池的根本区别在于燃料电池的燃料和氧化剂不是储存在电池内部, 而是储存在电池外部的储存罐中, 当燃料电池工作 (输出电流并做功) 时, 需要不间断地向电池内输入燃料和氧化剂, 同时排出反应生成物 (即排出水)。只要不断地向电池内输入燃料和氧化剂, 电池就能不断地产生电能, 故称为燃料电池。因此, 从工作方式上看, 其类似于常规的汽油发电机或柴油发电机。

燃料电池工作时需要连续不断地向电池内输入燃料和氧化剂, 因此, 燃料电池使用的燃料和氧化剂均为流体 (气体和液体)。最常用的燃料为纯氢气、各种富含氢的气体 (如煤气、天然气、重整气等) 和某些液体 (如甲醇水溶液)。常用的氧化剂为纯氧气、净化空气等气体和某些液体 (如过氧化氢和硝酸的水溶液等)。

燃料电池是按电化学原理, 即原电池 (如日常生活中所用的锌 – 锰干电池) 的工作原理, 等温地将储存在燃料和氧化剂中的化学能直接转化为电能。燃料电池种类很多, 下面以使用较多的碱性燃料电池为例说明其结构组成。

1. 碱性燃料电池的结构组成

碱性燃料电池以强碱 (如氢氧化钾溶液、氢氧化钠溶液) 为电解质, 以氢气为燃料, 以纯氧气或脱除微量二氧化碳的空气为氧化剂, 采用对氧电化学还原具有良好催化活性的铂/碳 (Pt/C)、银 (Ag)、银 – 金 (Ag – Au)、镍 (Ni) 等为催化剂制备的多孔气体扩散电极为氧电极, 以铂/碳 (Pt/C)、铂 – 钯/碳 (Pt – Pd/C)、镍 (Ni) 或硼化镍等具有良好催化性能的催化剂制备的多孔气体电极为氢电极, 以无孔炭板、镍板或镀镍, 甚至镀银、镀金的各种金属 (如铝、镁、铁等) 板为双极板材料, 在板面上加工各种形状的气体流动通道 (又称为流场) 构成双极板。

碱性石棉膜型氢氧燃料电池单元电池的结构原理示意如图 2 – 17 所示。预先把燃料转化为氢气, 然后与氧气分别在电池的两极发生氧化和还原反应, 从而产生电能。

图 2 – 17 中, A 是氧气腔, 氧气由高压氧气筒供给, 工作压力为 666~1 333 kPa; E 是氢气腔, 氢气由高压氢气筒供给; 正极 B 是多孔氧电极 (活性炭电极), 并以钴和钯的混合物作为催化剂; 负极 D 是多孔氢电极 (活性炭电极), 以铂或钯作催化剂; C 是饱含电解液的石棉膜, 电解液是 30%~35% 的氢氧化钾溶液, 由液压泵使其循环。

2. 碱性燃料电池的工作原理

碱性燃料电池的化学反应过程如下:

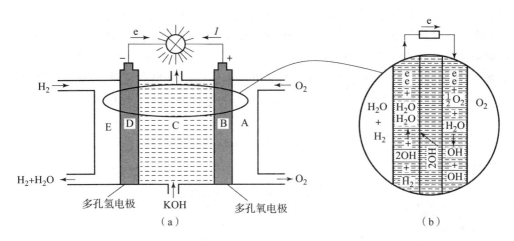

图 2-17 碱性石棉膜型氢氧燃料电池单元电池的结构原理示意
(a) 单元电池结构示意图；(b) 电化学反应原理
A—氧气腔；B—正极（多孔氧电极）；C—饱含电解质的石棉膜；D—负极（多孔氢电极）；E—氢气腔

在负极 D（氢电极）处，氢气与强碱溶液中的氢氧根离子（OH^-）在负极 D 上的催化剂的作用下，发生氧化反应生成水并放出电子，即

$$H_2 + 2OH^- \rightarrow 2H_2O + 2e \quad (负极电位为 \varphi^- = -0.828 \text{ V})$$

在正极 B（氧电极）处，电子通过外电路到达正极，在正极 B 上的催化剂的作用下，参与氧气的还原反应，即

$$\frac{1}{2}O_2 + H_2O + 2e \rightarrow 2OH^- \quad (正极电位为 \varphi^+ = 0.401 \text{ V})$$

生成的氢氧根离子（OH^-）通过饱浸碱液的多孔石棉膜迁移到氢电极，使反应继续进行。

电池总反应为

$$H_2 + \frac{1}{2}O_2 = H_2O$$

在反应过程中，氢气和氧气不断消耗并生成水。因此，为了保持电池连续工作，除了需要与电池消耗氢气、氧气等速地供应氢气、氧气之外，还需要连续、等速地从负极 D（氢电极）排出电池反应生成的水以维持电解液中碱浓度的恒定。此外，还需排除电池反应产生的废热以维持电池工作温度的恒定。照此办理，反应就能继续进行，并不断地产生电能向外电路供电，电动汽车就能连续行驶。

【特别提示】

一节单元电池（简称"单池"）的电动势为 1.229 V [$E = \varphi^+ - \varphi^- = 0.401 + 0.828 = 1.229(\text{V})$]，工作电压仅有 0.6~1.0 V。为了满足使用要求，需要将多节单池组合起来构成一个电池组。首先，依据使用对象对电池工作电压的需求，确定电池组单池的节数；其次，依据使用对象对电池组的功率、效率、质量比功率和体积比功率等要求，综合考虑确定电池的电极工作面积。

燃料电池的比能量可达 200~500 W·h/kg，为铅酸蓄电池的 4~7 倍，且无须充电，只要不断供应燃料就可继续使用,因此,燃料电池适合作为电动汽车的动力源。其缺点是需要以贵金属作为催化剂,成本高,且燃料的储藏和运输都有一定困难,有待进一步解决。

3. 酸性燃料电池的工作原理

20 世纪 70 年代,各国开始研究以酸为导电电解质的酸性燃料电池。当酸性燃料电池以氢气为燃料,以氧气为氧化剂时,在电池内部发生的电极反应和总反应如下:

负极(氢电极)反应为

$$H_2 \rightarrow 2H^+ + 2e$$

正极(氧电极)反应为

$$\frac{1}{2}O_2 + 2H^+ + 2e \rightarrow H_2O$$

电池总反应为

$$H_2 + \frac{1}{2}O_2 = H_2O$$

由此可见,酸性燃料电池的反应过程与碱性燃料电池类似,也是氢气和氧气不断地消耗并生成水。

2.6.3 燃料电池的分类

在各国科学家的共同努力下,迄今为止人们已研制出多种类型的燃料电池。最常用的分类方法是按燃料电池所采用的导电电解质分类。此外,还可按燃料电池的工作温度和燃料类型等进行分类。常用燃料电池的技术性能与应用领域如表 2-4 所示。

表 2-4 常用燃料电池的技术性能与应用领域

类型	电解质	导电离子	工作温度/℃	燃料	氧化剂	技术性能	可能的应用领域
碱性燃料电池	KOH	OH^-	50~200	纯氢	纯氧	1~100 kW,高度发展,高效节能	航天、特殊地面应用
质子交换膜型燃料电池	全氟磺酸膜	H^+	室温~100	氢气,重整气	空气	1~300 kW,高度发展。攻关:降低成本	电动车辆、潜艇、可移动电源
直接甲醇燃料电池	全氟磺酸膜	H^+	室温~100	CH_3OH 等	空气	1~1 000 W,正在开发。攻关:高活性醇氧化电催化剂;阻醇渗透质子交换膜;微型电池结构	微型移动电源
磷酸型燃料电池	H_3PO_4	H^+	100~200	重整气	空气	1~2 000 kW,高度发展,成本高,余热利用价值低	特殊需求、区域性供电

续表

类型	电解质	导电离子	工作温度/℃	燃料	氧化剂	技术性能	可能的应用领域
熔融碳酸盐型燃料电池	$(Li,K)_2CO_3$	CO^{2-}	650~700	净化煤气,天然气,重整气	空气	250~2 000 kW,现场试验阶段。攻关:延长寿命	区域性供电
固体氧化物型燃料电池	氧化钇,稳定的氧化锆YSZ	O^{2-}	900~1 000	净化煤气,天然气	空气	1~200 kW,攻关:电池结构设计,降低成本	区域性供电、联合循环发电

1. 按采用电解质分类

按采用电解质不同,燃料电池可分为培根型(碱性)、磷酸型、质子交换膜型、熔融碳酸盐型、固体氧化物型等。

培根型碱性燃料电池一般以氢氧化钾为电解质。

磷酸型燃料电池以浓磷酸(100%磷酸)为电解质。

质子交换膜型燃料电池以全氟或部分氟化的磺酸型质子交换膜为电解质。

熔融碳酸盐型燃料电池以熔融的锂-钾碳酸盐或锂-钠碳酸盐为电解质。

固体氧化物型燃料电池以固体氧化物为电解质。

【知识链接】

目前广泛使用的电解质材料是具有立方萤石结构的氧化钇(Y_2O_3)、稳定的氧化锆(ZrO_2)(YSZ),固体氧化物型燃料电池按结构又分为管型和平板型两种。在这些燃料电池中,质子交换膜型燃料电池具有可在室温快速起动,适合用作可移动电源的特点,是燃料电池电动汽车(FCEV)理想的候选电源。

2. 按电池工作温度分类

按工作温度不同,燃料电池可分为低温型、中温型和高温型3种。

低温型燃料电池的工作温度低于100 ℃,如质子交换膜型燃料电池。这种燃料电池可在常温下工作,燃料的化学能绝大部分都能转化为电能,只产生少量的废热和水,不产生污染大气环境的氮氧化物,不需要废热能量回收装置,体积较小,质量较轻。但其需要采用贵金属作为催化剂,催化剂铂会与工作介质中的一氧化碳(CO)发生作用后产生"中毒"现象而失效,使燃料电池效率降低或完全损坏,且铂的价格很高,增加了燃料电池的成本。

中温型燃料电池的工作温度在100~300 ℃范围内,包括培根型碱性燃料电池和磷酸型燃料电池。

高温型燃料电池的工作温度在600~1 000 ℃范围内,包括熔融碳酸盐型燃料电池和固体氧化物型燃料电池。这类燃料电池不需要采用贵金属作为催化剂,但是由于工作温度高,需要采用废热回收装置来利用废热,因此体积大、质量重,主要适合大功率的发电厂使用。

3. 按燃料类型分类

按燃料类型不同,燃料电池可分为氢燃料、甲醇燃料、甲烷燃料、乙烷燃料、甲苯燃料、丁烯燃料、丁烷燃料等有机燃料电池以及汽油燃料、柴油燃料和天然气燃料等气体燃料电池。有机燃料和气体燃料必须经过"重整器"重整为氢气之后才能作为燃料电池的燃料。最实用的燃料电池是以氢气或富含氢的气体为燃料的。但在自然界里,氢气是不能直接获得的,通常都是以石油、甲醇、乙醇、沼气、天然气和煤气经过重整、裂解等化学处理之后,制取富含氢的气体燃料。氧化剂采用氧气或空气,最常用的氧化剂是空气。

2.6.4 燃料电池的特点

1. 无污染

当燃料电池以富含氢的气体为燃料时,因为富含氢的气体是通过矿物燃料来制取的,所以燃料电池不仅具有较高的能量转换效率,而且二氧化碳的排放量将比热机过程减少40%以上,这对缓解地球的温室效应具有重要意义。此外,燃料电池的燃料气体在反应前必须脱除硫与硫化物,加上燃料电池是按电化学原理发电,不经过热机的燃烧过程,因此几乎不排放氮氧化物和硫化物,大大减轻了对大气的污染。

【特别提示】

当燃料电池以纯氢气为燃料时,电化学反应的产物仅为水,从根本上消除了氮氧化物、硫化物和二氧化碳等有害气体的排放。

2. 高效

人类社会发展至今,绝大部分能量的转换方式都是通过热力发动机将燃料的热能转换为机械能。由于热机转换过程受"卡诺循环"的限制,转化效率低(12%~15%),这不仅造成了能源浪费,而且会产生大量粉尘、二氧化碳、氮氧化物和硫氧化物等有害物质以及噪声,由此造成的大气、水质、土壤等污染严重破坏了人类的生存环境。

燃料电池是一种按电化学原理等温地将化学能直接转化为电能的能量转换装置,因此,其不受"卡诺循环"的限制。理论上的热电转化效率可达85%~90%,但实际上,燃料电池在工作时由于受到各种极化的限制,目前各类燃料电池实际的能量转化效率均为40%~60%。若实现热电联供,燃料的总利用率可高达80%以上。

3. 噪声小

燃料电池按电化学原理工作,运动部件很少,因此,工作时产生的噪声很低。试验表明,距离40 kW 磷酸型燃料电池发电站4.6 m 的噪声水平为60 dB;4.5 MW 和11 MW 的大功率磷酸型燃料电池电站的噪声水平也不高于55 dB。

4. 可靠性高

航天飞机、燃料电池发电站、燃料电池大客车、燃料电池小客车以及通用公司的"氢动一号"(HydroGen-1 FCEV)、福特公司的P2000型FCEV、戴姆勒-奔驰公司的NECAR系列FCEV、丰田公司的RAV4-FCEV等燃料电池电动汽车实际运行的结果证明:燃料电池工作可靠，可作为各种应急电源、不间断电源和电动汽车的动力电源使用。

【特别提示】

氢气遇到火源就会产生爆炸，所以燃料电池面临的最大问题就是氢气的储存问题。

2.7 蓄电池的使用与维护

【知识链接】

汽车在使用过程中，消耗维修费用最多的部件一是蓄电池，二是车轮轮胎。汽车蓄电池的电气性能和使用寿命不仅取决于产品的结构和质量，还取决于能否正确使用与维护。

2.7.1 蓄电池的维护

在蓄电池使用过程中，为使其经常处于完好状态，延长其使用寿命，汽车每行驶 6 000～7 500 km 或 30～45 d，需要进行以下维护工作：

（1）检查蓄电池槽表面有无电解液溢出。

（2）清除蓄电池盖上的灰尘和泥土，擦去蓄电池盖上的电解液；清除极柱和电缆接头上的氧化物。

（3）检查蓄电池在车上安装是否牢靠，电缆接头与极柱连接是否紧固。

（4）检查加液孔盖或螺塞上的通气孔是否畅通。

（5）检查调整电解液的液面高度。

2.7.2 新蓄电池的启用

目前，新蓄电池在首次使用之前，加注规定密度和液量的电解液并静止放置 15 min 后即可装车使用。

在启用新蓄电池时，需要注意以下几点：

（1）蓄电池型号规格必须符合汽车设计要求。一是要考虑蓄电池的容量，容量过小则无法起动发动机；二是要考虑蓄电池的外形尺寸，尺寸过大则无法安装。

（2）必须取下加液孔盖上密封通气孔的不干胶带。蓄电池在存储过程中，为了防止空气进入蓄电池内部而导致极板氧化失效，其加液孔盖上的通气孔均用不干胶带粘贴密封。启用新蓄电池时，必须取下不干胶带。否则，蓄电池充放电产生的气体会使壳体胀裂或导致蓄电池爆炸事故。

（3）电解液密度必须符合本地区使用要求。电解液密度过低容易结冰而导致蓄电池壳体胀裂，密度过高会加速极板和隔板腐蚀而缩短蓄电池的使用寿命。因此，启用新蓄电池时，电解液密度必须根据不同地区和气温条件进行选择，如表 2-5 所示。寒冷地区应当使用密度较高的电解液，同一地区冬季电解液密度应比夏季高 0.02～0.04 g/cm³。

表 2-5　不同地区和气温条件下电解液密度的选择范围　　　　　　　　　g/cm³

气候条件	完全充电蓄电池在 25 ℃时的电解液密度	
	冬季	夏季
冬季气温低于 -40 ℃的地区	1.30	1.26
冬季气温高于 -40 ℃的地区	1.28	1.25
冬季气温高于 -30 ℃的地区	1.27	1.24
冬季气温高于 -20 ℃的地区	1.25	1.23
冬季气温高于 0 ℃的地区	1.23	1.23

【知识链接】

电解液密度可用吸式密度计或光学检测仪进行检测。用吸式密度计检测电解液密度的方法如图 2-18 所示，先用拇指适当压下橡皮囊后再将密度计的橡皮吸管插入电解液中，然后缓慢放松拇指，使电解液吸入玻璃管中，吸入电解液的多少以使浮子浮起为准，此时液面与浮子相交的刻度即电解液密度值。因为密度大小与温度 T 密切相关，所以在测量密度的同时必须测量电解液的温度，并将实测密度换算成标准温度（25 ℃）时的密度值。

（4）电解液液面高度必须符合规定要求。电解液液面高度是指电解液液面高出隔板或保护网的高度。液面过高时，电解液容易溢出；液面过低时，露出液面的部分极板不能参加化学反应，蓄电池输出容量就会降低。在蓄电池静置 15 min 后，由于部分电解液渗透到极板内部，因此，电解液液面高度会有所降低，此时应补充到规定高度。在启用新蓄电池时，电解液液面高度应保持在壳体上标示的上液面线位置。

当壳体上没有液面线或液面不清楚时，可用孔径为 3～5 mm 的玻璃管或塑料管进行测量，方法如图 2-19 所示。先将测量管垂直插入蓄电池加液孔内，直到与保护网或隔板上缘接触为止，然后用拇指堵住管口，再取出测量管。此时，管内吸取的电解液高度即液面高度，其值应为 10～15 mm。

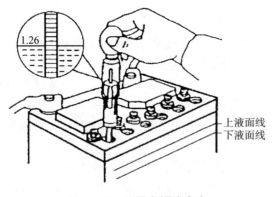

图 2-18　测量电解液密度

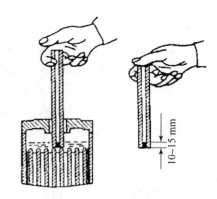

图 2-19　测量液面高度

（5）存放时间过长的蓄电池需要充电之后再装车使用。干荷电蓄电池和免维护蓄电池的有效存储时间为 1 年。当存放时间超过规定期限时，极板在干燥状态下的荷电性能受空气氧化的影响会大大降低，蓄电池的供电能力减小，甚至不能提供足够的电流来起动发动机。

因此，必须至少充电 15 min 之后再装车使用。

2.7.3 蓄电池的拆装

【特别提示】

在将蓄电池安装到汽车上时，应先连接正极电缆，后连接负极电缆。如果先连接负极电缆，那么在连接正极电缆时，万一扳手搭铁造成蓄电池短路放电，不仅会因放电电流大而产生大量火花，而且还有引着蓄电池产生的氢气而发生爆炸的危险（实践证明，蓄电池大电流放电时也会电解水而产生氢气）。同理，在拆卸蓄电池时，应先拆卸负极电缆，后拆卸正极电缆。

1. 蓄电池的拆卸

从汽车上拆卸蓄电池时，应按下述步骤进行：

（1）将点火开关置于"断开（OFF）"位置。
（2）拆下蓄电池固定夹板的固定螺栓，取下固定夹板。
（3）拆卸蓄电池电缆。先拆卸负极柱上的电缆接头，后拆卸正极柱上的电缆接头。
（4）从汽车上取下蓄电池。
（5）检查蓄电池壳体上有无裂纹和电解液渗漏痕迹，若发现裂纹和渗漏则应更换蓄电池。

2. 蓄电池的安装

将蓄电池安装到汽车上时，应按下述步骤进行：

（1）检查蓄电池型号和规格是否适合该型汽车使用。
（2）检查电解液密度和液面高度是否符合技术要求，若不符合应予调整。
（3）根据正、负极柱和正、负电缆接头的相对位置，将蓄电池安放到固定架上。
（4）连接电缆。先连接正极柱上的电缆接头，后连接负极柱上的电缆接头。
（5）在正、负极柱及其电缆接头上涂抹一层润滑脂，以防止极柱氧化和腐蚀。
（6）安装固定夹板，拧紧夹板固定螺栓。

2.7.4 蓄电池的充电

将电源的电能转换为蓄电池的化学能的过程称为充电。为使蓄电池保持一定容量和延长蓄电池的使用寿命，无论是干荷电蓄电池还是免维护蓄电池，在使用过程中都应进行补充充电。

1. 蓄电池的充电方法

蓄电池充电的方法有恒压充电、恒流充电、恒压限流充电和脉冲充电 4 种。其中，常用的是恒压充电、恒流充电和恒压限流充电。

1）恒压充电

在充电过程中，充电电压恒定不变的充电称为恒压充电。蓄电池在汽车上由发电机对其充电就属于恒压充电，其充电电压由充电系统的电压调节器控制。汽车蓄电池采用恒压充电时，单格电池的充电电压一般按基本充足电的特征电压 2.4 V 进行选定。如在汽车上，根据全车电系电压等级不同，其电压调节器控制的发电机输出电压就分别选定为 14 V 和 28 V 左右。

【知识链接】

恒压充电的优点是：在充电初期，充电电流较大，充电速度较快，充电 4～5 h，蓄电池的容量即可恢复 80% 以上，因此充电时间较短。同时，充电电流能随电动势的上升而逐渐减小到零，使充电自动停止，这就不必由人工调节充电电流。

恒压充电的缺点是：由于充电电流大小不能调整，因此不能保证蓄电池彻底充足电，也不能用于蓄电池去硫化充电。对于就车使用的蓄电池，为了防止其产生硫化故障，需要定期（一般为两个月）拆下用恒流充电方法充电一次。

2）恒流充电

在充电过程中，充电电流恒定不变的充电称为恒流充电。汽车蓄电池的实际恒流充电过程分为两个阶段，称为改进恒流充电，其充电电路与充电特性曲线如图 2-20 所示。

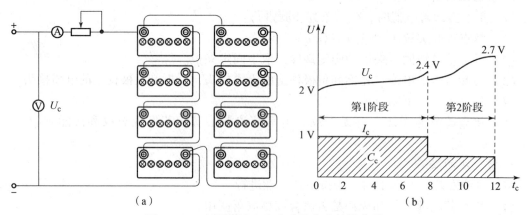

图 2-20 实际恒流充电电路及充电特性曲线
(a) 充电电路；(b) 充电特性曲线

在恒流充电过程中，随着蓄电池电动势的上升，要想保持充电电流恒定，就需要调高充电电压。在充电第 1 阶段，用较大电流进行恒流充电，当单格电池电压上升到 2.4 V 左右、电解液中开始产生气泡时，将充电电流减小一半，转入第 2 阶段恒流充电，直到蓄电池完全充足电为止，这种充电方法又称为改进恒流充电或两阶段恒流充电。由于第 2 阶段充电电流较小，既可减少活性物质脱落，又能保证蓄电池彻底充足，因此，在充电时恒流充电被广泛采用。

【知识链接】

恒流充电的优点是：充电电流可以任意选择，有益于延长蓄电池的使用寿命。由于充电电流可以任选，因此，其既适用于蓄电池补充充电，也适用于去硫化充电。

恒流充电的缺点是：充电时间长，充电电流需要人工进行调节。

【特别提示】

实际恒流充电普遍采用两阶段恒流充电方法的原因是：当蓄电池单格电池的充电电压达到 2.4 V 时，蓄电池已基本充足电，极板上的活性物质已基本转变为二氧化铅和纯铅，部分充电电流已用于电解水，产生氢气与氧气。此时若不减小充电电流，电解水的电流就会随着充电时间的延长而增大，不仅浪费电能，而且产生的大量气泡会导致极板上的活性物质加速脱落而缩短蓄电池的使用寿命。

3) 恒压限流充电

国家标准 GB/T 5008.1—2013《起动用铅酸蓄电池第 1 部分：技术条件和试验方法》规定，在进行 20 h 率容量、储备容量和水损耗试验时，对于不能确定结构或制造商没有明确说明结构的蓄电池，充电应以恒压限流方法进行。

恒压限流充电是指：蓄电池在 (25 ± 10)℃条件下，以表 2-6 所示电压 U_1（V）和电流 I_1（A）进行充电后，再以 I_2（A）电流充电 4 h。

表 2-6 蓄电池恒压限流充电参数

蓄电池类型	U_1/V	I_1/A	I_2/A	充电时间/h	起动后充电时间/h
正常水损耗蓄电池	14.80 ± 0.10	$5I_n$	I_n	20	10
低水损耗蓄电池	15.20 ± 0.10	$5I_n$	I_n	20	10
微水损耗蓄电池	16.00 ± 0.10	$5I_n$	I_n	20	10
阀控式蓄电池	14.40 ± 0.10	$5I_n$	$0.5I_n$	20	10

注：I_n 为 20 h 率放电电流，数值为 $C_n/20$，单位为安培（A）；C_n 为 20 h 率额定容量。

水损耗试验是指：蓄电池先以恒压限流充电方法完全充电，擦净全部表面，干燥并称量质量 W_1，然后保持在 (40 ± 2)℃的恒温水浴槽中（其端子高出水面 15~25 mm，如有多只蓄电池，则蓄电池及其槽壁之间的距离应不小于 25 mm），以 (14.40 ± 0.05) V 的电压恒压充电 500 h，再擦净全部表面，干燥并称量质量 W_2。水损耗量按下述公式计算：

$$W = \frac{W_1 - W_2}{C_n} \tag{2-10}$$

式中：W——水损耗量 $[g/(A \cdot h)]$；

W_1——充电开始时蓄电池质量（g）；

W_2——充电后蓄电池质量（g）；

C_n——20 h 率额定容量（A·h）。

【知识链接】

蓄电池的水损耗量按 20 h 率额定容量 C_n 计算，正常水损耗蓄电池的水损耗量大于 $4 g/(A \cdot h)$，低水损耗蓄电池的水损耗量不大于 $4 g/(A \cdot h)$，微水损耗蓄电池的水损耗量不大于 $1 g/(A \cdot h)$。

2. 蓄电池的充电工艺

根据蓄电池技术状态不同，其充电工艺可分为初充电、补充充电和去硫化充电 3 种。对新蓄电池或更换极板后的蓄电池进行的首次充电，称为初充电。蓄电池使用后的各次充电，称为补充充电。消除硫化的充电工艺称为去硫化充电（简称"去硫充电"）。

各种充电工艺的过程基本相同，主要区别在于充电电流大小的选择有所不同。下面以补充充电工艺为例，说明蓄电池的充电工艺。

（1）清洁蓄电池，检查电解液液面高度。将电解液液面高度调整到高出隔板或保护网 15 mm 位置或与蓄电池壳体上的上液面线平齐。当电解液液面过低时，只需添加蒸馏水。

(2) 选择补充充电电流。补充充电电流的选择方法是：第 1 阶段充电电流为：$I_{C1} = 2I_n$（A）；第 2 阶段充电电流为：$I_{C2} = I_n$（A）。

【特别提示】

蓄电池的容量不同，充电电流的大小也不相同。当同一充电支路中各串联蓄电池的容量不同时，其充电电流则应按容量最小者进行选择。当小容量蓄电池充足电后，应随即摘除，再继续给大容量蓄电池充电。这样既能保证各蓄电池都能充足电，又能避免小容量蓄电池过量充电。

(3) 连接蓄电池。在连接蓄电池之前，应先根据充电机的额定电压和额定电流计算出一台充电机一次充电所能连接的蓄电池总数。根据充电机的额定电流 I_R 和第 1 阶段充电电流 I_{C1}，确定蓄电池并联充电支路数 i，即

$$i = \frac{I_R}{I_{C1}} \text{（取整数）}$$

根据充电机的额定电压 U_R 和单格电池充足电时的电压（为了保证充电充足，单格电压按 2.75 V 计算），确定每一条充电支路串联蓄电池只数 m，即

$$m = \frac{U_R}{2.75n} = \frac{U_R}{2.75 \times 6} = \frac{U_R}{16.5} \text{（取整数）}$$

式中：n——蓄电池的单格电池数（对于汽车蓄电池，$n = 6$）。

一台充电机一次充电最多允许连接蓄电池总数 N 为

$$N = mi \text{（只）}$$

【知识链接】

当一条充电支路中串联蓄电池的只数大于 m 时，由于充电机电压不足，因此蓄电池不能彻底充足电。当有两条或两条以上并联支路同时充电时，各支路串联蓄电池的单格电池总数必须相等，否则就会导致串联单格电池总数少的蓄电池过量充电。

连接蓄电池时，先连接串联支路，再将各支路并联连接，最后将蓄电池充电支路的正极与充电机正极相连，将充电支路的负极与充电机负极相接。

(4) 接通充电电路充电。在充电过程中，每隔 2～3 h 应测量一次充电电压和电解液密度。当单格电压达到 2.4 V 时，应及时转入第 2 阶段充电，直到充足电为止。在充电过程中，还应经常测量电解液温度。当其升到 40 ℃时，应将充电电流减半。当温度继续升高到 45 ℃时，应暂停充电，待温度降到低于 40 ℃后，方可继续充电。

【应用案例】

例如：在对一批 6 - QA - 60 型、6 - QA - 100 型和 6 - QA - 180 型蓄电池进行补充充电时，首先，第 1 阶段充电电流就应按 6 - QA - 60 型蓄电池的额定容量 60 A·h 进行选择，即 $I_{C1} = 2I_n = 2 \times \frac{60}{20} = 6$（A）。当 6 - QA - 60 型蓄电池单格电池的充电电压达到 2.4 V 时，就应转入第 2 阶段充电，其充电电流也应按 6 - QA - 60 型蓄电池的额定容量 60 A·h 进行选择，即 $I_{C2} = I_n = \frac{60}{20} = 3$（A），直到充足电为止，并将 6 - QA - 60 型蓄电池摘除。

然后，继续对6-QA-100型和6-QA-180型蓄电池进行充电。此时第1阶段充电电流应按6-QA-100型蓄电池的额定容量100 A·h进行选择，即 $I_{C1}=2I_n=2\times\frac{100}{20}=10$（A）。当6-QA-100型蓄电池单格电池的充电电压达到2.4 V时，转入第2阶段充电，其充电电流应按6-QA-100型蓄电池的额定容量100 A·h进行选择，即 $I_{C2}=I_n=\frac{100}{20}=5$（A），直到6-QA-100型蓄电池充足电为止，并将6-QA-100型蓄电池摘除。

最后，对6-QA-180型蓄电池继续进行充电。这时第1阶段充电电流按其额定容量180 A·h进行选择，即 $I_{C1}=2I_n=2\times\frac{180}{20}=18$（A）。当6-QA-180型蓄电池单格电池的充电电压达到2.4 V时，转入第2阶段充电，其充电电流按其额定容量180 A·h进行选择，即 $I_{C2}=I_n=\frac{180}{20}=9$（A），直到6-QA-180型蓄电池充足电为止。

（5）调整电解液密度。充电结束15 min后，测量电解液密度，如不符合规定，则应进行调整。若电解液密度偏低，应补充适量密度为1.40 g/cm^3 的稀硫酸溶液；反之，应补充蒸馏水进行调整。调整后的电解液密度是否符合规定，要待充电2 h后再复查一次。各单格电池之间的密度差不得超过0.01 g/cm^3。电解液密度调好后应做记录，以备使用参考。补充充电的全部充电时间为13～16 h。

2.8 蓄电池故障的判断与预防

蓄电池在使用中出现的故障，除材料和工艺方面的因素之外，多数情况都是由使用、维护不当造成的。蓄电池常见的外部故障有壳体裂纹、极柱腐蚀或松动等，内部故障有极板硫化、活性物质脱落、正极板栅架腐蚀、内部短路、自放电等。其中，极板硫化和活性物质脱落是导致蓄电池寿命终止的根本原因。

2.8.1 极板硫化故障的判断与预防

极板上生成白色粗晶粒硫酸铅（霜状物）的现象，称为硫酸铅硬化，简称"硫化"。极板硫化主要是负极板硫化，它是蓄电池过早损坏的主要原因之一。

【知识链接】

极板硫化的特征是内阻显著增大。粗晶粒硫酸铅的导电性能很差，在正常充电时很难还原为二氧化铅和海绵状铅，其由于晶粒粗、体积大，会堵塞活性物质的孔隙，阻碍电解液的渗透和扩散。因此，蓄电池的内阻显著增大，起动时不能供给大电流，以致不能起动发动机。

1. 故障现象

蓄电池极板硫化后，由于内阻增大，在放电时电压会急剧下降，不能持续供给起动电流，在充电时充电电压会显著升高，12 V蓄电池的充电电压高达16.8 V以上。

【特别提示】

极板硫化越严重，充电电压越高，实测表明：充电电流为2 A时，极板硫化严重的蓄电池的充电电压在一开始充电时就高达 30 V 以上。同时由于粗晶粒硫酸铅的还原性差，因此电解液密度上升很慢，而温度上升很快，且在很短时间内就会产生大量气泡而出现"沸腾"现象。

2. 故障原因

极板硫化的主要原因有以下几点：

（1）蓄电池长期充电不足或放电后未及时充电。当温度变化时，硫酸铅发生再结晶是形成硫化的根本原因。在正常情况下放电时，极板上生成的硫酸铅晶粒较小，导电性能相对较好，充电时能够还原为二氧化铅和海绵状铅。但是，当长期处于放电状态时，极板上的硫酸铅将部分溶解，温度越高，溶解度越大；当温度降低时，溶解度随之减小，以致出现过饱和现象，这时部分硫酸铅就会从电解液中析出，并再次结晶生成更大晶粒的硫酸铅附着在极板表面而形成硫化。

（2）蓄电池电解液液面过低。当电解液液面过低时，在汽车行驶过程中，由于电解液上下波动，极板（主要是负极板）露出液面部分与空气接触而被氧化，极板氧化部分与波动的电解液接触，就会逐渐形成粗晶粒硫酸铅硬化层而使极板上部产生硫化。

（3）电解液密度过高、电解液不纯和气温剧烈变化。电解液密度过高时，蓄电池内部化学反应加快，活性物质变成硫酸铅的速度加快，所以容易形成硫化。电解液不纯会加速蓄电池自放电生成硫酸铅。气温剧烈变化会加速硫酸铅再次结晶形成硫化。

3. 极板硫化的判断

在使用过程中，蓄电池极板硫化是不可避免的，硫化达到一定程度时，供给的电流就不足以起动发动机，这正是干荷电蓄电池只能使用 2 年左右，免维护蓄电池只能使用 4 年左右的根本原因之一。判断蓄电池是否出现严重极板硫化的方法如下：

（1）利用蓄电池检测器进行检测。先将蓄电池充足电，然后用蓄电池检测器检测其供电能力，如果放电电压在 3 s 内低于 9 V，说明极板硫化严重，需要更换新品。

（2）利用充电进行判断。当按正常充电电流充电时，如果在开始充电时电压在 16.8 V 以上，并大量冒气泡，在充电过程中电解液温升很快，密度基本不变，说明蓄电池已严重硫化。

4. 极板硫化的预防

避免蓄电池极板硫化的关键是：保持蓄电池经常处于充足电状态和电解液液面高度符合规定标准。主要措施如下：

（1）充电指示灯常亮时，应及时排除故障。

（2）发现交流发电机或电压调节器故障时，应及时排除故障或更换新品。

（3）及时充电。蓄电池在汽车上虽有发电机对其充电，但只能保证基本充足，因此应定期（两个月）拆下送充电间彻底充电。

（4）放完电的蓄电池应及时补充充电。

（5）对极板硫化轻微的蓄电池，可用较小电流充电排除。若极板硫化严重，则只能更换新品。

2.8.2 活性物质脱落故障的判断与预防

活性物质脱落主要是正极板上的活性物质脱落，它是蓄电池过早损坏的主要原因之一。

1. 故障现象

活性物质大量脱落的特征是：电解液中有沉淀物，充电时电解液浑浊，液体呈棕色；蓄电池输出容量显著减小。

2. 故障原因

蓄电池在充电过程中,极板上活性物质的体积随时都在膨胀或收缩;蓄电池充足电时,极板孔隙中逸出大量气泡,在极板内部形成一定压力,从而导致活性物质容易脱落。因此,如果使用不当,就会造成活性物质大量脱落。

【知识链接】

导致活性物质大量脱落的原因是:极板质量差;充、放电电流大;充电时间过长;低温大电流放电。大电流放电,特别是低温大电流放电时,极板上的化学反应不均匀而造成拱曲变形,从而导致活性物质脱落。在起动汽车发动机时,因为起动机的起动电流很大,所以蓄电池活性物质脱落是不可避免的。

3. 活性物质脱落的判断

活性物质是否严重脱落,可在充电时进行判断。如果电解液浑浊(液体呈棕色),充电终了现象提早出现,说明活性物质严重脱落。

4. 活性物质脱落的预防

蓄电池活性物质脱落的预防措施主要是保证充电电流不能过大。在实际充电中,当蓄电池基本充足电时,应将充电电流减小一半。在时间允许的前提下,可始终以小于第 2 阶段充电电流值的电流进行充电。

2.8.3 自放电故障的原因与预防

充足电的蓄电池在无负载状态下,电量自行消失的现象,称为自行放电或自放电。因为蓄电池的栅架、活性物质和电解液等不可能绝对纯净,所以自放电是不可避免的。对于充足电的蓄电池,若一昼夜容量损失不超过 0.7%,则属于正常自放电。若一昼夜容量降低超过 2%,则为故障性自放电。

1. 自放电的原因

自放电是蓄电池构造因素造成的一种不可避免的现象。造成故障性自放电的原因很多,主要有以下几个方面:

(1)电解液含杂质过多。这些杂质在极板周围形成局部电池而产生自放电。如当电解液中含铁量达 1% 时,一昼夜就会将蓄电池全部放电。

(2)蓄电池内部短路引起自放电。如隔板或壳体隔壁破裂、极板活性物质大量脱落而沉积于极板下部,都将使正、负极板短路而引起自放电。

(3)蓄电池盖上洒有电解液。蓄电池盖上电解液与尘土形成酸泥后,就会将正、负极连通而造成自放电,同时还会腐蚀极柱。

2. 自放电的预防

避免蓄电池产生自放电故障需要注意以下几点:

(1)蓄电池用电解液和蒸馏水符合标准。必须使用符合机械行业标准规定的电解液和蒸馏水。因为普通工业用硫酸和普通水中含铜、铁等杂质较多,会加速蓄电池自放电,所以不能用于蓄电池。

(2)蓄电池加液孔螺塞要盖好,以免掉入杂质。

(3) 蓄电池表面经常保持清洁。如有酸泥等脏物，要用清水冲洗干净。

本章小结

本章主要介绍了汽车蓄电池的功能、构造、型号与分类，蓄电池的放电过程与放电终了的特征、充电过程与充电终了的特征，蓄电池的电解液密度、容量、静止电动势和内阻等技术参数，蓄电池的充、放电特性，燃料电池技术，蓄电池的维护、启用和拆装方法，蓄电池的充电方法与充电工艺；蓄电池极板硫化、活性物质脱落和自放电等故障的判断方法与预防措施等内容。

下列问题覆盖了本章的主要学习内容，利用以下线索可对所学内容作一次简要的回顾：

(1) 蓄电池按结构和水损耗进行分类。

(2) 蓄电池的功能：起动供电、备用供电、存储电能、协同供电、稳定电源电压保护电子设备，主要功能是起动发动机。

(3) 汽车蓄电池的构造。各型蓄电池都是由极板、隔板、电解液和壳体 4 部分组成的。极板由栅架与活性物质组成，是蓄电池的关键部件。干荷电蓄电池和免维护蓄电池的结构特点。蓄电池型号的含义。

(4) 蓄电池的工作过程。放电时，正极板上的二氧化铅和负极板上的海绵状铅都将转变成硫酸铅（$PbSO_4$），电解液中的硫酸减少，电解液密度减小。充电时，正、负极板上的硫酸铅又将分别恢复成原来的二氧化铅和海绵状铅，电解液中的硫酸增多，电解液密度增大。

(5) 蓄电池的技术参数。电解液密度和容量，20 h 率额定容量 C_n 和额定储备容量 $C_{r,n}$ 及其换算关系。容量与电解液温度、放电电流、放电终止电压和放电时间有关。

(6) 蓄电池的充、放电特性。蓄电池充电终了的特征是：蓄电池内产生大量气泡，即出现所谓的"沸腾"现象；蓄电池端电压和电解液密度均上升至最大值，且在 2～3 h 内不再增大。放电终了的特征是：电解液密度降低至最小允许值；蓄电池端电压降至放电终止电压。

(7) 燃料电池技术和蓄电池的维护、启用和拆装方法。拆卸蓄电池时，应先拆卸负极柱上的电缆接头，后拆卸正极柱上的电缆接头；安装时，应先连接正极柱上的电缆接头，后连接负极柱上的电缆接头。

(8) 蓄电池的充电方法和补充充电工艺。蓄电池充电的方法有恒压充电、恒流充电、恒压限流充电和脉冲充电 4 种。充电工艺可分为初充电、补充充电和去硫化充电 3 种。当蓄电池电解液液面过低时，只需添加蒸馏水。充电电流应按容量最小者进行选择。在连接蓄电池之前，应先根据充电机的额定电压和额定电流计算出一台充电机一次充电所能连接的蓄电池总数。先连接串联支路，再将各支路并联连接，最后将蓄电池充电支路的正、负极与充电机的正、负极分别连接。充电结束 15 min 后，测量电解液密度，如不符合规定，则应进行调整。

(9) 蓄电池极板硫化、活性物质脱落、自放电等故障的现象、原因、判断方法及预防措施。极板硫化和活性物质脱落是导致蓄电池寿命终止的根本原因。

复习题

一、单选题

1. 将一片正极板和一片负极板插入电解液时,在正、负极板之间可得电压为(   )。
   A. 1.2 V   B. 2.1 V   C. 2.4 V   D. 2.7 V

2. 免维护蓄电池的设计寿命一般为(   )。
   A. 1 年   B. 2 年   C. 4 年   D. 8 年

3. 起动发动机时,为了延长蓄电池的使用寿命,每次接通起动机的时间应不超过(   )。
   A. 15 min   B. 5 min   C. 15 s   D. 5 s

4. 蓄电池使用中消耗水的途径主要是自然蒸发和电解。其中,水的电解占比约为(   )。
   A. 10%   B. 30%   C. 60%   D. 90%

5. 如果一只蓄电池的正极板有 6 片,那么其负极板应该有(   )。
   A. 5 片   B. 6 片   C. 7 片   D. 8 片

6. 在标准温度(25 ℃)条件下,汽车蓄电池的电解液密度一般为(   )。
   A. $1.05 \sim 1.30 \text{ g/cm}^3$ B. $1.27 \sim 1.30 \text{ g/cm}^3$
   C. $1.13 \sim 1.29 \text{ g/cm}^3$ D. $1.20 \sim 1.31 \text{ g/cm}^3$

7. 汽车蓄电池的核心部件是(   )。
   A. 极板   B. 隔板   C. 电解液   D. 壳体

8. 按国家标准规定进行水损耗试验时,正常水损耗蓄电池的水损耗量为(   )。
   A. >4 g/(A·h)   B. ≤4 g/(A·h)   C. ≤1 g/(A·h)   D. ≤0.1 g/(A·h)

9. 试验证明,蓄电池输出容量最大时的电解液密度为(   )。
   A. 1.13 g/cm^3 B. 1.23 g/cm^3 C. 1.26 g/cm^3 D. 1.30 g/cm^3

10. 按国家标准规定进行水损耗试验时,微水损耗蓄电池的水损耗量为(   )。
    A. >4 g/(A·h)   B. ≤4 g/(A·h)   C. ≤1 g/(A·h)   D. ≤0.1 g/(A·h)

二、多选题

1. 蓄电池在汽车上具有(   )功能。
   A. 起动供电   B. 协同供电   C. 存储电能   D. 稳定电压

2. 对汽车蓄电池的要求是(   )。
   A. 体积小   B. 质量轻   C. 容量大   D. 内阻小

3. 汽车蓄电池主要由(   )组成。
   A. 极板   B. 隔板   C. 电解液   D. 壳体

4. 蓄电池输出容量的大小与(   )有关。
   A. 放电电流   B. 电解液温度   C. 电解液密度   D. 极板厚薄

5. 汽车蓄电池常用的充电方法有(   )。
   A. 恒压充电   B. 恒流充电   C. 恒压限流充电   D. 去硫化充电

6. 根据蓄电池技术状态不同,其充电工艺可分为(   )。
   A. 恒压充电   B. 初充电   C. 补充充电   D. 去硫化充电

7. 汽车蓄电池的内阻包括（　　　　）。
   A. 极板电阻　　　B. 隔板电阻　　　C. 电解液电阻　　　D. 连接条电阻
8. 按工作温度不同，燃料电池可分为（　　　　）。
   A. 低温型　　　B. 中温型　　　C. 常温型　　　D. 高温型
9. 按采用燃料的类型不同，燃料电池可分为（　　　　）。
   A. 氢燃料　　　B. 甲醇燃料　　　C. 甲烷燃料　　　D. 乙烷燃料
10. 燃料电池具有（　　　　）等优点。
    A. 无污染　　　B. 高效　　　C. 噪声小　　　D. 储存方便

三、判断题

1. 蓄电池相当于一个大容量电容器，能够吸收电路中产生的瞬时过电压。（　　）
2. 干荷电蓄电池的水损耗量比免维护蓄电池的水损耗量大。（　　）
3. 按结构不同，汽车蓄电池可分为排气式（富液式）和阀控式两种类型。（　　）
4. 阀控式蓄电池的电解液可以流动，因此在使用中需要添加蒸馏水或电解液。（　　）
5. 将蓄电池极板制作成极板组的目的是提高蓄电池的输出电压。（　　）
6. 蓄电池隔板的功能是防止相邻单格电池之间的正极板接触而短路。（　　）
7. 汽车蓄电池储备容量的单位是 A·h。（　　）
8. 蓄电池放电电流越大，则其输出容量也越大。（　　）
9. 汽车蓄电池的电解液液面高度应当高出保护网或隔板上缘 10～15 mm。（　　）
10. 在对 6-QA-60 型蓄电池进行补充充电时，第 1 阶段的充电电流应当选择 6 A。（　　）

四、简答题

1. 汽车蓄电池的功能有哪些？其主要功能是什么？
2. 蓄电池 20 h 率额定容量与额定储备容量的实用意义各是什么？怎样进行换算？
3. 启用新蓄电池时，需要注意哪些问题？
4. 在蓄电池充电时，其极板上的工作物质怎样变化？
5. 在蓄电池放电时，其极板上的工作物质怎样变化？
6. 在蓄电池充电和放电时，其电解液怎样变化？
7. 在蓄电池充电末期，电解液中产生大量气泡的原因是什么？
8. 蓄电池充电终了的特征是什么？其放电终了的特征又是什么？
9. 为什么蓄电池补充充电工艺普遍采用两阶段恒流充电方法进行充电？
10. 蓄电池补充充电工艺流程有哪些？各工艺的主要工作是什么？

复习题参考答案

一、单选题：1. B；2. C；3. D；4. D；5. C；6. B；7. A；8. A；9. B；10. C

二、多选题：1. ABCD；2. CD；3. ABCD；4. ABC；5. ABC；6. BCD；7. ABCD；8. ABD；9. ABCD；10. ABC

三、判断题：1. √；2. √；3. √；4. ×；5. ×；6. ×；7. ×；8. ×；9. √；10. √

第 3 章

汽车交流发电机技术

1. 认知目标

(1) 了解汽车交流发电机的功能与分类方法。

(2) 熟悉汽车交流发电机的结构特点和电压调节器的工作过程。

(3) 掌握充电系统的使用、维护检修、试验方法及其故障的诊断与排除方法。

2. 技能目标

(1) 能够说明汽车交流发电机的结构特点和电压调节器的工作过程。

(2) 能够熟练地检修汽车交流发电机和诊断排除充电系统的常见故障。

汽车交流发电机是用二极管整流,输出为直流电的发电机。因为采用硅二极管整流,故又称为硅整流发电机。本章主要内容包括交流发电机的基本结构,不同交流发电机的结构特点,充电系统的工作特性、维护检修、试验方法以及故障的诊断与排除方法等。要求学生掌握汽车交流发电机的相关知识,为使用和维修奠定坚实的基础。

3.1　汽车交流发电机的分类与型号

汽车交流发电机的功能是:当发动机在怠速以上转速运转时,向除起动机以外的用电设备供电,同时向蓄电池充电。

3.1.1　汽车交流发电机的分类

汽车交流发电机种类繁多、形式各异,可按总体结构、整流器结构和磁场绕组搭铁形式进行分类。

1. 按总体结构分类

按总体结构不同,汽车交流发电机可分为以下几种类型。

(1) 普通交流发电机。既无特殊装置,也无特殊功能和特点的汽车交流发电机,称为普通交流发电机，如东风系列汽车用 JF132N 型交流发电机。

（2）整体式交流发电机。整体式交流发电机即机体上装有电压调节器的交流发电机，如大众车系用 JFZ1913Z 型 14 V 90 A 交流发电机。

（3）无刷交流发电机。无刷交流发电机即没有电刷和集电环的交流发电机，如东风车系用 JFW2621 型 28 V 45 A 整体式发电机和斯太尔（STEYR）车系用 JFW2518A 型 28 V 27 A 整体式发电机。

（4）带泵交流发电机。带泵交流发电机即带真空制动助力泵的交流发电机，如 JFB1712 型交流发电机。

2. 按整流器结构分类

按整流器结构不同，汽车交流发电机可分为以下几种类型：

（1）6 管交流发电机。6 管交流发电机即整流器总成由 6 只整流二极管组成三相桥式全波整流电路的交流发电机，如解放车系用 JF1522A、JF1518、JF1526 型 14 V 55 A 交流发电机。

（2）8 管交流发电机。8 管交流发电机即整流器总成由 8 只整流二极管组成的交流发电机，如 JFZ1542 型 14 V 45 A 交流发电机。

（3）9 管交流发电机。9 管交流发电机即整流器总成由 9 只整流二极管组成的交流发电机，如斯太尔（STEYR）车系用 JFZ2518A 型 28 V 27 A 整体式发电机。

（4）11 管交流发电机。11 管交流发电机即整流器总成由 11 只整流二极管组成的交流发电机，如大众车系用 JFZ1913Z 型 14 V 90 A 发电机和东风车系用 JFW2621 型 28 V 45 A 发电机。

3. 按磁场绕组搭铁形式分类

按磁场绕组搭铁形式不同，汽车交流发电机分为以下几种类型：

（1）内搭铁型交流发电机。内搭铁型交流发电机即发电机磁场绕组的一端与发电机壳体连接的交流发电机，如东风车系用 JF132N 型交流发电机。

（2）外搭铁型交流发电机。外搭铁型交流发电机即磁场绕组的一端经调节器后搭铁的交流发电机，如大众车系用 JFZ1913Z 型 14 V 90 A 发电机和东风车系用 JFW2621 型 28 V 45 A 发电机。

目前，大多数汽车都采用外搭铁型交流发电机。

3.1.2 汽车交流发电机型号

目前，汽车电气产品仍按行业标准 QC/T 73—1993《汽车电气设备产品型号编制方法》的规定进行型号编制。汽车交流发电机型号组成如图 3-1 所示，图中代号含义如下：

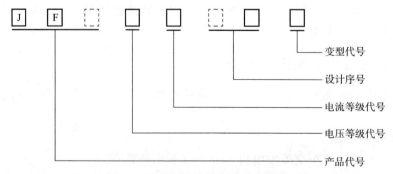

图 3-1 汽车交流发电机型号组成

(1) 产品代号：汽车交流发电机的产品代号为 JF、JFZ、JFB、JFW 四种，分别表示普通交流发电机、整体式交流发电机、带泵交流发电机和无刷交流发电机（字母"J""F""Z""B""W"分别为"交""发""整""泵""无"字的汉语拼音第一个大写字母）。

(2) 电压等级代号：根据汽车行业标准 QC/T 413—2002《汽车电气设备基本技术条件》规定，电压等级代号用 1 位阿拉伯数字表示，数字"1"表示 12 V，数字"2"表示 24 V。

(3) 电流等级代号：用 1 位阿拉伯数字表示，其含义如表 3-1 所示。

表 3-1 汽车交流发电机电流等级　　　　　　　　　　　　　　　　　A

产品名称＼电流等级	1	2	3	4	5	6	7	8	9
普通交流发电机	~19	≥20~29	≥30~39	≥40~49	≥50~59	≥60~69	≥70~79	≥80~89	≥90
整体式交流发电机									
带泵交流发电机									
无刷交流发电机									
永磁式交流发电机									

(4) 设计序号：按产品设计先后顺序，用 1~2 位阿拉伯数字表示。

(5) 变型代号：汽车交流发电机以调整臂位置作为变型代号。从驱动端看，在中间不加标记；在右边时用 Y 表示；在左边时用 Z 表示。

【应用案例】

案例 3-1：JF152 型表示电压等级为 12 V、电流等级为 50~59 A、第 2 次设计的普通交流发电机。

案例 3-2：JFZ1913Z 型表示电压等级为 12 V、电流等级大于 90 A、第 13 次设计、调整臂在左边的整体式交流发电机。

3.2 汽车交流发电机的基本结构

汽车交流发电机都是由转子、定子、整流器和端盖 4 部分组成。整体式交流发电机在基本结构的基础上增设了电压调节器，且都采用集成电路（Integrated Circuit，IC）调节器。整体式交流发电机零部件的组成如图 3-2 所示。

3.2.1 转子

汽车交流发电机为三相同步交流发电机，其转子的功能是产生磁场。转子由两块爪极、磁场绕组、铁芯和集电环组成，如图 3-3 所示。爪极有两块，每块爪极上制有 6 个鸟嘴形磁极。两块爪极压装在转子轴上，爪极间的空腔内装有铁芯，铁芯压装在转子轴上，磁场绕组绕在铁芯上。

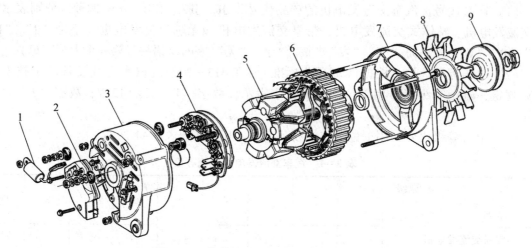

图 3-2 整体式交流发电机零部件的组成

1—抗干扰电容器；2—IC 调节器与电刷总成；3—电刷端盖；4—整流器；
5—转子；6—定子；7—驱动端盖；8—风扇；9—驱动带轮

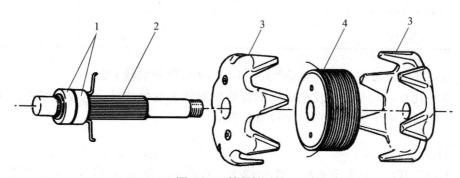

图 3-3 转子的结构

1—集电环；2—转子轴；3—爪极；4—磁场绕组与铁芯

集电环又称为滑环，由彼此绝缘的两个铜环组成。集电环压装在转子轴的一端并与转子轴绝缘。磁场绕组的两端分别焊接在两个集电环上。两个铜环分别与发电机后端盖上的两只电刷接触。当两只电刷与直流电源接通时，磁场绕组中便有电流流过，并产生轴向磁通，使一块爪极磁化为北极（即 N 极），使另一块爪极磁化为南极（即 S 极），从而形成 6 对相互交错的磁极，如图 3-4 所示。

3.2.2 定子

定子由定子铁芯与定子绕组组成，如图 3-5 所示，其功能是产生交流电。铁芯由内圆带槽的环状硅钢片叠压而成。定子绕组为三相绕组，并按一定规律对称安放在定子铁芯槽内。

绕制三相绕组的要求是：使三相绕组产生频率相同、幅值相等、相位互差 120°电角度的三相对称电动势。为此在绕制三相绕组时，应合理确定绕组的安放位置。当采用 Y 形连接时，定子绕组的展开图如图 3-6 所示。

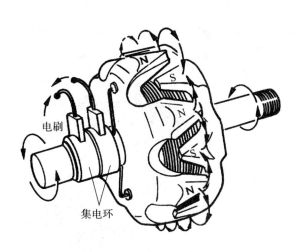

图 3-4 转子的磁场

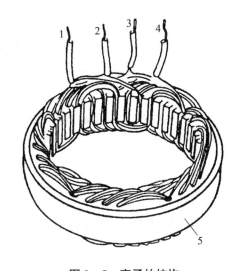

图 3-5 定子的结构

1，2，3，4—绕组引线；5—定子铁芯

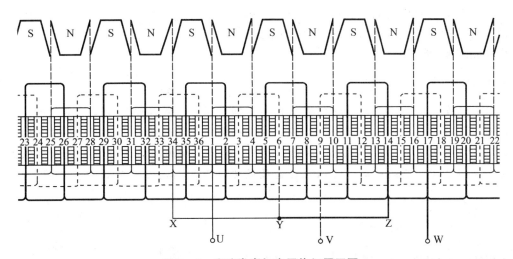

图 3-6 交流发电机定子绕组展开图

三相绕组的连接方法有星形连接（简称"Y形连接"）和三角形连接（简称"△形连接"）两种，如图 3-7 所示。当采用 Y 形连接时，三相绕组的 3 个末端 X、Y、Z 连接在一起，称为中性点，三个始端 U、V、W 作为交流发电机的输出端，如图 3-7（a）所示。当采用△形连接时，一相绕组的始端与另一相绕组的末端连接，共有 3 个接点，这 3 个接点即交流发电机的输出端，如图 3-7（b）所示。

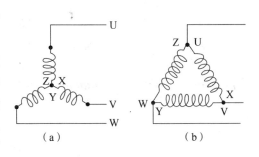

图 3-7 三相绕组的连接方法

（a）Y 形连接；（b）△形连接

【特别提示】

试验表明，在不改动交流发电机基本结构的情况下，可以利用中性点输出的交流电压来增加其输出电流，从而增大交流发电机的输出功率。因此，当今汽车交流发电机定子绕组普遍采用 Y 形连接。

交流发电机转子的磁极对数决定了三相定子绕组线圈的个数和定子铁芯的槽数。转子上每对磁极必须对应分布在定子铁芯槽中 3 个线圈的下面，以便产生三相交流电。定子线圈嵌入铁芯槽中用以切割磁力线而产生感应电动势的边称为有效边，每个线圈的两个有效边应分别嵌入定子铁芯的两个槽中，以便获得感应电动势。

3.2.3 整流器

汽车交流发电机整流器的作用是将三相定子绕组产生的交流电变换为直流电。整流器由整流二极管和二极管的散热板组成。大众与奥迪等轿车用整流器总成的结构如图 3-8 所示。

图 3-8 整流器总成的结构
1—"B+" 输出端子；2—"D+" 输出端子；
3—正整流板；4—抗干扰电容器连接插片；
5—电刷架压紧弹片；6—磁场二极管；
7—输出整流二极管

【特别提示】

汽车交流发电机整流二极管的内部结构和工作原理与一般工业二极管基本相同，但其外形结构却与一般二极管不同。有的将二极管外壳锡焊到金属散热板上，有的将 PN 结直接烧结在金属散热板上，如图 3-9（b）所示；有的将二极管做成扁圆形焊在金属散热板上或夹在两块金属板之间，有的将二极管压装在金属散热板上的二极管安装孔中，如图 3-9（c）所示。

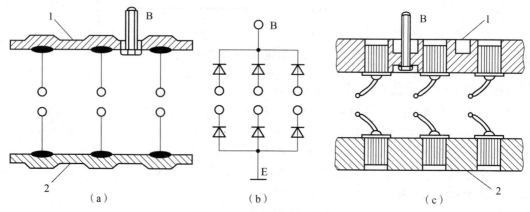

图 3-9 二极管安装示意
(a) 焊接式；(b) 电路图；(c) 压装式
1—正整流板；2—负整流板

汽车交流发电机整流二极管的显著特点是：工作电流大、反向电压高。根据汽车行业标准 QC/T 422—2000《机动车用硅整流二极管》的规定：ZQ50 型二极管的正向平均电流为 50 A，峰值电流为 600 A；反向重复峰值电压为 270 V，反向不重复峰值电压为 300 V。

【知识链接】

汽车交流发电机的整流二极管有正极管与负极管之分。一只普通交流发电机具有 3 只正极管和 3 只负极管。引出电极为二极管正极的称为正极管，其上标有红色标记；引出电极为二极管负极的称为负极管，其上标有绿色或黑色标记。安装二极管的铝质散热板称为整流板，安装 3 只正极管的整流板称为正整流板，安装 3 只负极管的整流板称为负整流板。

在正整流板上制有一个螺孔，称为"输出"端子安装孔，螺栓由此从后端盖引出，作为交流发电机的"输出"端子，该端子为交流发电机的正极，标记为"B""B+""A"或"+"。

整流器总成的形状有长方形、马蹄形、半圆形和圆形等，定子绕组与整流器的连接关系如图 3-10 所示。

3.2.4 端盖

交流发电机端盖的功能是支承转子和定子，并用螺栓将转子和定子等部件连接成为一个整体。交流发电机的前、后端盖均用铝合金卷压焊接或用砂模铸造而成。因为铝合金为非导磁材料，所以铝合金端盖能减少漏磁，且质量轻，散热性能好。后端盖上安装有电刷组件。

电刷组件由电刷、电刷架和电刷弹簧组成，如图 3-11 所示。每台交流发电机有两只电刷。电刷用铜粉和石墨粉模压而成，电刷架用酚醛玻璃纤维塑料模压而成。电刷安装在电刷架的孔内，借弹簧张力使电刷与集电环保持良好接触。

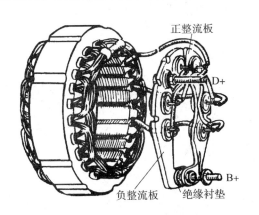
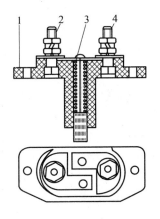

图 3-10 定子绕组与整流器的连接关系

图 3-11 电刷组件
1—电刷架；2, 4—"磁场"端子；3—电刷与弹簧

前端盖（即驱动端盖）外侧装有驱动带轮，由发动机通过驱动带驱动旋转，转子随驱动带轮一同转动。通风散热依靠风扇来完成，在前、后端盖上制有通风口，当风扇与驱动带轮一同转动时，空气便从进风口流入，经内部空间从出风口流出，由此带走内部热量，达到散热的目的。

汽车交流发电机是由三相同步交流发电机和三相桥式整流器组成的，输出为直流电的发电机，其工作原理分为发电原理和整流原理。相关知识在《汽车电工电子基础》教材的交流发电机工作原理和整流电路部分都有介绍，故本书不再赘述。

3.2.5 电压调节器

在汽车行驶过程中，发动机按固定的传动比驱动交流发电机旋转。由于发动机的转速随时都在发生变化，交流发电机的转速也随之改变（变化范围为 0~18 000 r/min），交流发电机的输出电压也随转速的变化而变化。因此，为了防止交流发电机输出电压过高而损坏电气设备，交流发电机必须配装电压调节器。目前，汽车交流发电机都已配装电子式电压调节器，简称"电子调节器"或"调节器"。

1. 电压调节器的功能

汽车交流发电机电压调节器的功能是：当交流发电机转速变化时，自动调节交流发电机的输出电压，防止输出电压过高而损坏电气设备，避免蓄电池过量充电。

2. 电压调节原理与调节方法

由电工学可知，交流发电机空载输出电压 U 与其感应电动势 E_Φ 成正比，而感应电动势 E_Φ 与交流发电机转速 n 和每极磁通 Φ 成正比，即

$$U \propto E_\Phi = C_e \Phi n \tag{3-1}$$

式中：C_e——交流发电机的结构常数。

由上式可见，当交流发电机转速变化时，要保持交流发电机输出电压恒定，就必须改变磁极磁通。

【特别提示】

电压调节器调节电压的原理是：通过调节磁场电流来调节磁极磁通，使交流发电机的输出电压保持恒定。

当交流发电机转速一定时，电压调节过程如图 3-12 所示。

当交流发电机转速 n 达到一定值（即 $n = C = $ 常数）、其输出电压 U 达到调节电压上限值 U_2 时，电压调节器开始进行调节并使磁场电流 I_f 减小，磁通 Φ 减少，电动势 E_Φ 下降，U 随之下降。

当输出电压降到调节电压下限值 U_1 时，电压调节器又进行调节并使磁场电流 I_f 增大，磁通 Φ 增多，电动势 E_Φ 升高，输出电压随之升高。

当 U 再次升高到上限值 U_2 时，电压调节器重复上述调节过程，使交流发电机的输出电压 U 在

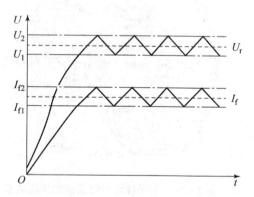

图 3-12 交流发电机转速一定时的电压调节过程

调节电压上下限值 U_2、U_1 之间脉动，从而保持平均电压 U_r 不变。电压调节过程表达如下：

$$n\uparrow = C \rightarrow U\uparrow = U_2 \xrightarrow{调节} I_f\downarrow \rightarrow \Phi\downarrow \rightarrow E_\Phi\downarrow \rightarrow U\downarrow = U_1 \xrightarrow{调节} I_f\uparrow$$
$$\longleftarrow E_\Phi\uparrow \longleftarrow \Phi\uparrow$$

【特别提示】

各种电压调节器都是通过调节磁场电流使磁极磁通改变来控制交流发电机的输出电压。电子式电压调节器的调节方法是：利用三极管的开关特性，使磁场电流接通与切断来调节交流发电机磁场电流。

3. 电压调节器的基本结构

汽车交流发电机有内搭铁型与外搭铁型之分，因此与之匹配使用的电压调节器也有内搭铁型与外搭铁型两类，分别如图3-13和图3-14所示。

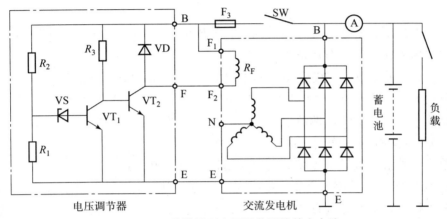

图3-13 外搭铁型电压调节器的基本电路

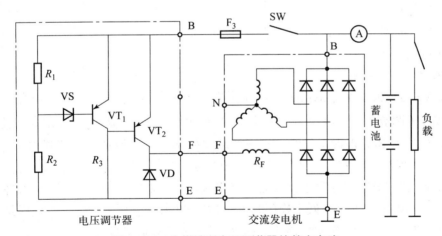

图3-14 内搭铁型电压调节器的基本电路

【特别提示】

内搭铁型电压调节器的显著特点是接通与切断磁场电流的大功率三极管VT_2为PNP型三极管，且串联在磁场绕组与电压调节器电源端子B之间；外搭铁型电压调节器的显著特点是接通与切断磁场电流的大功率三极管VT_2为NPN型三极管，且串联在磁场绕组与电压调节器的搭铁端子E之间。

下面以图3-13所示外搭铁型电压调节器的基本电路为例说明。

基本电路由信号电压监测电路、信号放大与控制电路、功率放大电路以及保护电路4部分组成。信号电压监测电路由电阻 R_1、R_2 和稳压二极管 VS 构成。稳压二极管（简称"稳压管"）VS 是传感元件，一端连接三极管 VT_1 的基极，另一端接在分压电阻 R_1、R_2 之间，VS 与三极管 VT_1 的发射极串联后再与分压电阻 R_1 并联，从而监测交流发电机电压的变化，并控制三极管 VT_1 导通与截止。电阻 R_1、R_2 串联在交流发电机输出端子 B 与搭铁端子 E 之间，构成一只分压器，直接监测交流发电机输出电压 U 的变化，从分压电阻 R_1 上取出交流发电机输出电压 U 的一部分 U_{R_1} 作为电压调节器的输入信号电压，R_1 上的分压为

$$U_{R_1} = \frac{R_1}{R_1 + R_2} U \tag{3-2}$$

由上式可见，交流发电机电压 U 升高时，分压电阻 R_1 上的分压值 U_{R_1} 升高；反之，当交流发电机电压 U 下降时，分压值 U_{R_1} 下降。

信号放大与控制电路由三极管 VT_1 和电阻 R_3 构成。其功能是将信号电压监测电路输入的信号进行放大处理后，控制功率三极管 VT_2 导通与截止。电阻 R_3 既是三极管 VT_1 的负载电阻，又是功率三极管 VT_2 的偏流电阻。三极管 VT_1 为小功率三极管，接在大功率三极管 VT_2 的前一级，起功率放大作用，也称为前级放大。

功率放大电路由大功率三极管（通常采用达林顿三极管）VT_2 构成。外搭铁型电压调节器的 VT_2 为 NPN 型大功率三极管，串联在磁场绕组与搭铁端子之间，这是外搭铁型电压调节器的显著特点。磁场绕组的电阻为 VT_2 的负载电阻。VT_2 导通时，磁场电流接通；VT_2 截止时，磁场电流切断。因此，通过控制三极管 VT_2 导通与截止，就可改变磁场电流使交流发电机的输出电压稳定。

保护电路由续流二极管 VD 构成，其功能是防止磁场绕组产生的自感电动势击穿功率三极管 VT_2 而造成损坏。

4. 稳压管的工作条件

稳压管 VS 与三极管 VT_1 的发射结串联后再与分压电阻 R_1 并联，所以当交流发电机电压 U 高于或等于调节电压上限值 U_2，分压电阻 R_1 两端的分压值 U_{R_1} 达到或超过稳压管 VS 的稳定电压 U_w（稳压管正常工作时，管子两端保持不变的电压值称为稳压管的稳定电压）与三极管 VT_1 发射结压降 U_{be1}（锗管：$U_{be1} = 0.2 \sim 0.3$ V；硅管：$U_{be1} = 0.6 \sim 0.7$ V）之和时，稳压管 VS 和三极管 VT_1 导通；反之，当交流发电机电压 U 下降到调节电压下限值 U_1，分压电阻 R_1 两端的分压值 U_{R_1} 低于稳压管 VS 的稳定电压 U_w 与三极管 VT_1 发射结压降 U_{be1} 之和时，稳压管 VS 和三极管 VT_1 截止，即稳压管 VS 的导通条件与截止条件如下：

【特别提示】

稳压管 VS 的导通条件：

$$U_{R_1} = \frac{R_1}{R_1 + R_2} U_2 \geqslant U_w + U_{be1} \tag{3-3}$$

稳压管 VS 的截止条件：

$$U_{R_1} = \frac{R_1}{R_1 + R_2} U_1 < U_w + U_{be1} \tag{3-4}$$

5. 电压调节器的工作过程

电子式电压调节器是利用三极管的开关特性，将大功率三极管作为一只开关串联在交流发电机磁场电路中，根据交流发电机的输出电压高低，控制三极管导通与截止来调节交流发电机磁场电流，从而使交流发电机的输出电压稳定在某一规定的范围之内。

交流发电机输出电压的调节过程如下：

（1）接通点火开关 SW，交流发电机电压 U 低于蓄电池电压时，三极管 VT_1 截止，三极管 VT_2 导通，磁场电流 I_f 接通，交流发电机他激发电，即磁场电流由蓄电池供给。

当点火开关 SW 接通，交流发电机未转动或转速低，电压 U 低于蓄电池电压时，蓄电池电压经点火开关 SW 加在分压电阻 R_1、R_2 两端。由于交流发电机电压低于调节电压上限值，因此分压电阻 R_1 上的分压值 U_{R_1} 小于稳压管 VS 的稳定电压 U_w 与三极管 VT_1 发射结压降 U_{be1} 之和，由稳压管的导通条件可知，VS 处于截止状态，VT_1 基极无电流流过，也处于截止状态。此时蓄电池经点火开关、电阻 R_3 向三极管 VT_2 提供基极电流，VT_2 导通并接通磁场电流，其电路为：蓄电池正极→电流表 A→点火开关 SW→熔断器 F_3→交流发电机磁场端子 F_1→交流发电机磁场绕组 R_F→交流发电机磁场端子 F_2→电压调节器磁场端子 F→三极管 VT_2（c→e）→电压调节器搭铁端子 E→交流发电机搭铁端子 E→蓄电池负极。此时若交流发电机转动，则其电压将随转速的升高而升高。

（2）当交流发电机电压上升到高于蓄电池电压但尚低于调节电压上限值 U_2 时，交流发电机自激发电，即磁场电流由交流发电机自己供给。

当交流发电机电压高于蓄电池电压但低于调节电压上限值 U_2 时，VS 与 VT_1 仍然截止，VT_2 保持导通。此时磁场电路为：交流发电机定子绕组→正极管→交流发电机输出端子 B→点火开关 SW→熔断器 F_3→交流发电机磁场端子 F_1→交流发电机磁场绕组 R_F→交流发电机磁场端子 F_2→电压调节器磁场端子 F→三极管 VT_2（c→e）→电压调节器搭铁端子 E→交流发电机搭铁端子 E→交流发电机负极管→定子绕组。

（3）当交流发电机电压随转速的升高而升高到调节电压上限值 U_2 时，VS、VT_1 导通，VT_2 截止，磁场电流切断，交流发电机电压降低。

当交流发电机电压升高到调节电压上限值 U_2 时，由稳压管导通条件可知，此时 VS 导通，其工作电流从三极管 VT_1 基极流入，并从 VT_1 发射极流出。因为 VS 的工作电流就是 VT_1 的基极电流，所以 VT_1 导通。当 VT_1 导通时，VT_2 发射结几乎被短路，流过电阻 R_3 的电流经 VT_1 集电极和发射极构成回路，VT_2 因无基极电流而截止，磁场电流被切断，磁极磁通迅速减少，交流发电机电压迅速下降。

（4）当交流发电机电压降到调节电压下限值 U_1 时，VS、VT_1 截止，VT_2 导通，磁场电流接通，交流发电机电压升高。

当交流发电机电压降到调节电压下限值 U_1 时，由稳压管截止条件可知，VS 截止，VT_1 随之截止，其集电极电位升高，交流发电机又经 R_3 向 VT_2 提供基极电流使 VT_2 导通，磁场电流接通，磁极磁通增多，交流发电机电压又升高。

当交流发电机电压再次升高至调节电压上限值 U_2 时，调节器重复（3）、（4）工作过程，将交流发电机电压控制在某一平均值 U_r 不变。

在 VT_2 由导通转为截止的瞬间，磁场绕组产生的自感电动势（F 端为正，B 端为负）经二极管 VD 构成放电回路，防止 VT_2 击穿。因为放电电流流经 VD，所以 VD 称为续流二极管。

【特别提示】

在使用中，外搭铁型电压调节器只能与外搭铁型交流发电机配用，内搭铁型电压调节器只能与内搭铁型交流发电机配用。否则，交流发电机的磁场绕组将与电压调节器的大功率三极管并联连接，磁场绕组将无电流流过，交流发电机将只靠剩磁发电而不能正常输出电压。

3.3　汽车交流发电机的结构特点

随着汽车交流发电机技术的发展与进步，国内外都开发出了结构先进、性能优良的交流发电机，主要有8管、9管、11管、无刷交流发电机，水冷式交流发电机（从2000年开始，奔驰、宝马、奥迪、路虎等汽车已经采用），发电与起动一体机等。

3.3.1　8管交流发电机

在普通（6管）交流发电机的基础上加装两只整流二极管，就变成了8管交流发电机。连接在交流发电机中性点 N 与输出端子 B 以及与搭铁端子 E 之间的两只整流二极管，称为中性点二极管，如图 3-15 中的 VD_7、VD_8。

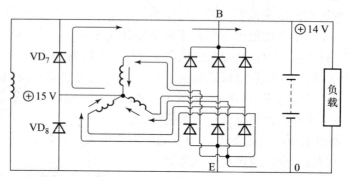

图 3-15　中性点瞬时电压 u_N 高于输出电压 U 时的电流路径

【知识链接】

1. 中性点输出电压分析

在定子绕组采用 Y 形连接的交流发电机中，其中性点 N 不仅具有直流电压，而且包含交流电压成分。其原因是当交流发电机空载时，鸟嘴形磁极使磁场分布近似为正弦曲线，从而使三相感应电动势的波形接近正弦波。

当交流发电机输出电流时，电枢反应（定子绕组输出电流产生的磁场对磁场电流产生的磁场的影响称为电枢反应）、漏磁通、铁磁物质的磁饱和以及整流二极管的非线性特性等因素，将会导致交流发电机内部磁通的分布变为非正弦分布，从而造成交流发电机感应电动势和输出电压的波形产生畸变，相电压的实际波形如图 3-16（a）所示。利用数学方法可以分析证明，输出电压畸变的波形可以认为是由图 3-16（b）所示的正弦基波和图 3-16（c）所示的三次谐波（波形频率为基本频率3倍的波）叠加而成的。

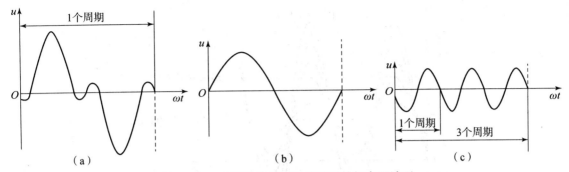

图 3-16　交流发电机输出电流时的相电压波形

(a) 相电压畸变波形；(b) 相电压正弦基波波形；(c) 三次谐波波形

如果将交流发电机三相绕组输出电压波形进行分解，就可得到图 3-17 所示的三相电压的基波电压和三次谐波电压波形。由图可见，尽管三相电压的基波相位差为 120°（电角度），各相的三次谐波之间的相位是相同的（相位差为 0）。

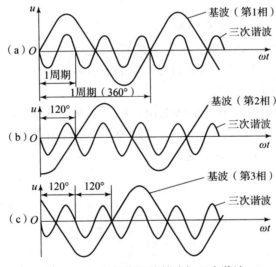

图 3-17　各相绕组的基波与三次谐波

(a) 第 1 相波形；(b) 第 2 相波形；(c) 第 3 相波形

当三相绕组采用 Y 形连接时，因为线电压（输出电压）是两相电压之差，而三次谐波电压大小相等，相位相同，可以互相抵消，所以交流发电机对外输出的电压反映不出三次谐波电压。但相电压可以反映出三次谐波电压，且该三次谐波电压的幅度随交流发电机转速的升高而增大，如图 3-18 所示。

由图 3-18 可见，中性点电压是由三相正弦基波电压整流得到的直流电压 U_N 和三次谐波电压（交流电压）u_N 叠加而成的。当交流发电机转速升高到一定程度（超过 2 000 r/min）时，交流电压的最高瞬时值就可能超过交流发电机的直流输出电压 U，最低瞬时值则可能低于搭铁端电压（0）。如果在中性点与交流发电机输出端子 B 以及与搭铁端子 E 之间分别连接一只整流二极管，那么，当交流电压高于交流发电机输出电压 U 或低于 0 时就可向外输出电流。

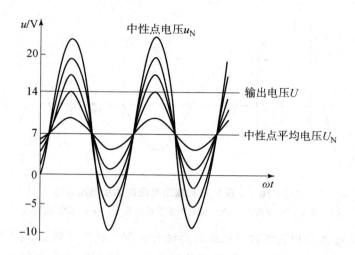

图 3-18 不同转速时中性点电压波形

2. 增大输出功率的原理

8 管交流发电机增大输出功率原理如下：

当中性点的瞬时电压 u_N 高于输出电压平均值 U 时，二极管 VD_7 导通，从中性点输出的电流如图 3-15 中箭头方向所示。其电路为：定子绕组→中性点二极管 VD_7→输出端子 B→负载和蓄电池→负极管→定子绕组。

当中性点瞬时电压 u_N 低于 0（搭铁电位）时，二极管 VD_8 导通，流过中性点二极管 VD_8 的电流如图 3-19 中箭头方向所示。其电路为：定子绕组→正极管→输出端子 B→负载和蓄电池→中性点二极管 VD_8→定子绕组。

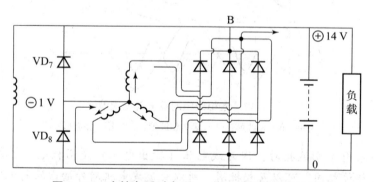

图 3-19 中性点瞬时电压 u_N 低于 0 时的电流路径

由此可见，只要在中性点处连接两只整流二极管，就可利用中性点输出的交流电压来增加交流发电机的输出电流，如图 3-20 所示，从而增大交流发电机的输出功率。

【特别提示】

试验表明，在不改变交流发电机基本结构的情况下，加装两只整流二极管后，当交流发电机中高速（交流发电机转速超过 2 000 r/min，发动机转速大约超过 800 r/min）时，其输出功率与额定功率相比就可增大 11%~15%。

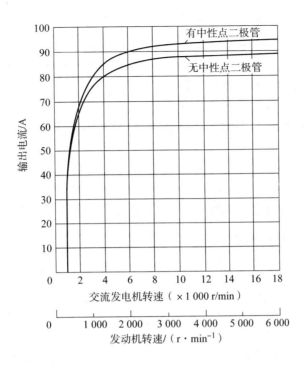

图3-20 交流发电机输出电流比较

3.3.2 9管交流发电机

在普通（6管）交流发电机的基础上增设3只小功率二极管VD_7、VD_8、VD_9，即可组成9管交流发电机。9管交流发电机充电系统电路如图3-21所示。

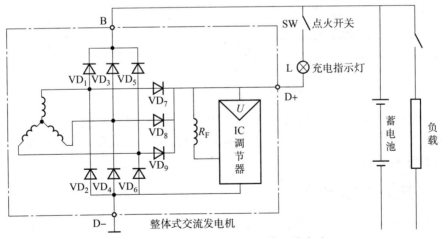

图3-21 9管交流发电机充电系统电路

当交流发电机工作时，定子绕组产生的三相交流电动势经6只整流二极管$VD_1 \sim VD_6$组成的三相桥式全波整流电路整流后，输出直流电压U_B向负载供电并向蓄电池充电。VD_7、VD_8、VD_9与3只负极管VD_2、VD_4、VD_6组成三相桥式整流电路，专门供给磁场电流，故增设的3只小功率二极管称为磁场二极管。9管交流发电机不仅可以控制充电指示灯来指示蓄电池的充电情况,而且能够指示充电系统是否发生故障。

当接通点火开关 SW 时,蓄电池电流便经点火开关 SW→充电指示灯→发电机"D+"端子→磁场绕组 R_F→电压调节器内部大功率三极管→搭铁→蓄电池负极构成回路。此时充电指示灯发亮,指示磁场电流接通并由蓄电池供电。

当发动机起动后,随着交流发电机转速升高,交流发电机"D+"端电压也升高,充电指示灯两端的电位差降低,充电指示灯亮度变暗。当交流发电机电压升高到蓄电池端电压时,交流发电机"B"端与"D+"端电位相等,充电指示灯两端电位差降低到零而熄灭,指示交流发电机已正常发电,磁场电流由交流发电机自己供给。

当交流发电机高速运转,充电系统发生故障而导致交流发电机不发电时,因为"D+"端无电压输出,所以充电指示灯两端电位差增大而发亮,警示驾驶人应当及时排除故障。

3.3.3 11 管交流发电机

整流器总成具有 3 只正极管 VD_1、VD_3、VD_5,3 只负极管 VD_2、VD_4、VD_6,3 只磁场二极管 VD_7、VD_8、VD_9 和 2 只中性点二极管 VD_{10}、VD_{11} 的交流发电机,即 11 管交流发电机,其充电系统电路如图 3-22 所示。

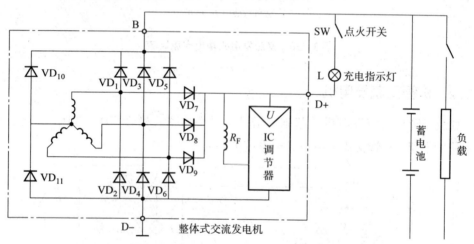

图 3-22 11 管交流发电机充电系统电路

11 管交流发电机是综合 8 管交流发电机和 9 管交流发电机的优点而设置的,不仅具有提高输出功率的功能,而且还有反映充电系统工作情况的功能,原理如上所述的 8 管交流发电机和 9 管交流发电机。

3.3.4 无刷交流发电机

无刷交流发电机是指没有电刷和集电环的交流发电机。东风车系用 JFW2621 型 28 V 45 A 整体式发电机和斯太尔(STEYR)车系用 JFW2518A 型 28 V 27 A 整体式交流发电机,均为无刷交流发电机。

1. 无刷交流发电机的结构特点

普通交流发电机是依靠磁场绕组随转子轴一同旋转,形成旋转磁场使定子绕组切割磁力线而发出交流电的,因此,必须用电刷和集电环(滑环)才能将磁场电流引入磁场绕组。

实践证明,集电环与电刷在使用中必然产生机械磨损而导致接触不良,造成磁场电流不稳定或交流发电机不发电等故障。为了克服这些不足,国内外都研制开发了结构新颖、性能优良、维修方便的无刷交流发电机,其显著特点是交流发电机内部没有集电环和电刷,特别适用于使用环境条件恶劣的汽车。

车用无刷交流发电机分为爪极式无刷交流发电机和永磁式无刷交流发电机两种类型。当今汽车大多采用爪极式无刷交流发电机。

爪极式无刷交流发电机的结构与普通交流发电机基本相同,也是由转子、定子、整流器和端盖4部分组成。其不同之处在于,其磁场绕组是静止的且不随转子转动,因此磁场绕组两端的引线可直接引出,从而省去了集电环和电刷,形成无刷结构,其剖面结构如图3-23所示。

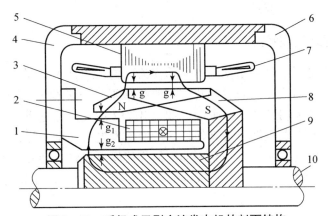

图3-23 爪极式无刷交流发电机的剖面结构
1—磁轭托架;2—磁场绕组;3,8—爪形磁极(爪极);4,6—端盖;
5—定子铁芯;7—定子绕组;9—转子磁轭;10—转子轴

在两个爪极3和8中,只有爪极8直接固定在交流发电机转子轴上,另一爪极3一般用非导磁材料焊接(铜焊)在爪极8上,也可用非导磁连接环固定在爪极8上。

在爪极3的轴向制有一个大圆孔,磁轭托架1由此圆孔伸入爪极的空腔内。磁场绕组2固定在磁轭托架1上,磁轭托架1固定在端盖4上。

在磁轭托架1与爪极3(图中N极)和转子磁轭9之间分别设有附加间隙g_1和g_2,以便转子转动。

2. 无刷交流发电机的工作原理

任何交流发电机的工作原理都是建立在电磁感应的基础上的,无刷交流发电机也不例外。当磁场绕组接通直流电流时,因为爪形磁极的N极与S极之间的气隙(在爪形磁极圆周上用铜焊焊接的气隙)大于N极或S极与定子铁芯之间的主气隙g,所以,其主磁通路径为:转子磁轭→附加间隙g_2→磁轭托架→附加间隙g_1→N极→主气隙g→定子铁芯→主气隙g→S极→转子磁轭,从而形成闭合回路。

由主磁通路径可见,爪形磁极的磁通是单向通道,即左边爪极3的磁极全是N极,右边爪极8的磁极全是S极。当磁场电流的方向改变时,爪形磁极的磁通方向也随之改变,即左边爪极3的磁极全都变为S极,右边爪极8的磁极全都变为N极。

当交流发电机的驱动带轮带动转子轴旋转时,爪极8就带动爪极3一同转动,爪极上的

N极和S极就在磁场绕组的外围与定子铁芯5之间旋转,其磁力线便交替穿过定子铁芯5,定子槽中三相定子绕组的磁通量随之发生变化。根据法拉第电磁感应定律可知,在定子绕组中会感应产生交变电动势,形成的三相交流电经整流器整流后,即可变为直流电供用电设备使用。

3. 无刷交流发电机的优、缺点

爪极式无刷交流发电机的优点:结构简单,维护工作量小,工作可靠性高,可在潮湿和多尘环境中使用;工作时无火花,减小了无线电干扰,这是因为无刷交流发电机没有集电环和电刷,不存在集电环与电刷接触不良所导致的发电不稳或不发电等问题。

爪极式无刷交流发电机的缺点:由于主磁通路径中增加了两个附加间隙g_1和g_2,因此在交流发电机输出功率相同的情况下,必须增大通过磁场绕组的电流,这就对控制磁场电流的电压调节器提出了更高的要求。

3.3.5 带泵交流发电机

带泵交流发电机是指带真空制动助力泵的交流发电机。其主要用于没有真空来源的柴油发动机汽车(汽油发动机汽车可直接从进气歧管处取得真空来助力),作为真空助力制动系统的真空动力源以及其他用途的真空来源,如JFB1712型交流发电机。

带泵交流发电机的发电机部分与其他形式的交流发电机完全一样,仅其转子轴较长并从后端盖中心伸出,用以安装真空泵,利用伸出的交流发电机转子轴外花键与真空泵转子的内花键连接。当交流发电机旋转时,交流发电机转子便带动真空泵一同旋转,从而形成一个真空源。

3.3.6 电子调节器信号电压的取样方式

当今汽车普遍采用整体式交流发电机,其充电系统(由交流发电机和电压调节器组成的系统,通常称为充电系统)的充电性能和工作可靠性,与电压调节器信号电压监测电路电压取样点的选取密切相关。取样点位置不同,信号电压的取样方式和取样电路也不相同。

集成电路调节器采用的信号电压取样方式分为发电机电压取样、蓄电池电压取样和综合电压取样3种。

1. 发电机电压取样

发电机电压取样是指电压调节器信号电压监测电路的取样电压直接取样于交流发电机输出电压(U_B或U_{D+})。采用这种取样方式时,电压调节器配用交流发电机的类型不同,其取样电路也不相同。

当电压调节器与9管或11管交流发电机匹配使用时,其信号电压的取样电路如图3-24所示,取样点为交流发电机输出端子D+。大众轿车、东风系列汽车和斯太尔系列汽车的电压调节器采用了这种取样方式,其信号电压U_P为

$$U_P = \frac{R_1}{R_1 + R_2} U_{D+} \qquad (3-5)$$

当电压调节器与无磁场电流整流电路的交流发电机(如6管或8管交流发电机)匹配使用时,信号电压的取样点只能选在交流发电机输出端子B,取样电路如图3-25所示。其信号电压U_P为

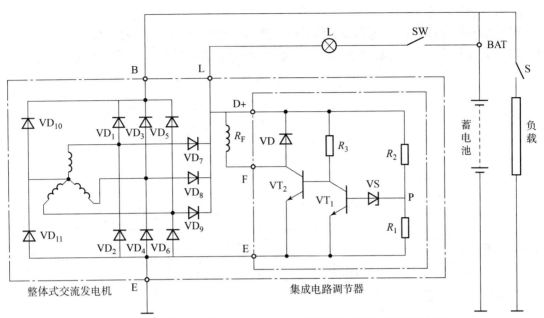

图 3-24　9 管或 11 管交流发电机电压调节器的信号电压取样电路

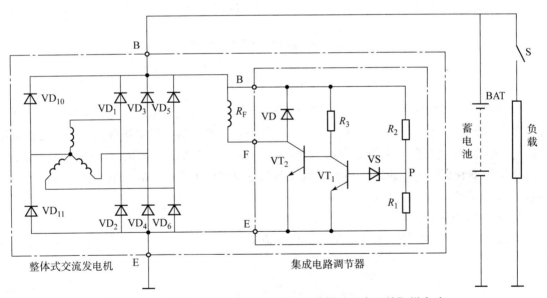

图 3-25　6 管或 8 管交流发电机电压调节器信号电压的取样电路

$$U_P = \frac{R_1}{R_1 + R_2} U_B \tag{3-6}$$

发电机电压取样方式的优点是工作可靠性高,即当交流发电机输出端子 B 与蓄电池正极柱 BAT 之间的导线断路或接触不良时,在电压调节器的控制下,交流发电机电压不会失控。其缺点是电压调节器的负载特性较差,特别是当充电电流较大时,因为交流发电机输出端子 B 与蓄电池正极柱 BAT 之间的电压降较大,所以蓄电池充电电压将会偏低,蓄电池将充电不足。因此,大功率交流发电机不宜采用发电机电压取样。

2. 蓄电池电压取样

蓄电池电压取样是指电压调节器信号电压监测电路的取样电压直接取样于蓄电池端电压（U_{BAT}）。其取样点为蓄电池正极柱 BAT，取样电路如图 3-26 所示，信号电压 U_P 为

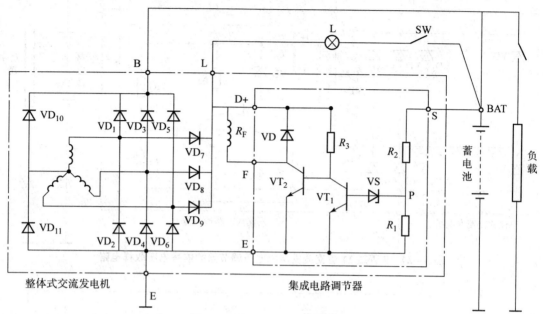

图 3-26 蓄电池电压取样电路

$$U_P = \frac{R_1}{R_1 + R_2} U_{BAT} \tag{3-7}$$

与发电机电压取样相比，蓄电池电压取样的优点是没有充电电流变化带来的线路压降干扰，蓄电池始终处于良好的充电状态。其缺点是当电压调节器信号电压取样端子 S 与蓄电池正极柱 BAT 之间或交流发电机输出端子 B 与蓄电池正极柱 BAT 之间的导线断路时，由于监测电路检测不到交流发电机端电压，交流发电机电压将会失控，因此，电压调节器一般不采用这种取样方式。

3. 综合电压取样

综合电压取样是一种集发电机电压取样和蓄电池电压取样优点的取样方式。综合电压取样电路如图 3-27 所示，其信号电压 U_P 为

$$U_P = \frac{R_1}{R_1 + R_2} U_{BAT} \tag{3-8}$$

综合电压取样方式利用了蓄电池电压取样之长来保证蓄电池充电良好。此外，即使交流发电机输出端子 B 与蓄电池正极柱 BAT 之间的导线断路，信号电压 U_P 仍符合式（3-8）。尽管蓄电池充电电流大大减小，但交流发电机电压不会失控。

当电压调节器端子 S 与蓄电池正极柱 BAT 之间的导线断路时，信号电压 U_P 为

$$U_P = \frac{R_1}{R_1 + R_2 + R_4} U_B \tag{3-9}$$

由式（3-9）可见，设计时合理选择电阻 R_4 的阻值，电压调节器仍能正常工作，蓄电池仍可处于良好的充电状态。因此，当今汽车用电压调节器大多数采用综合电压取样方式。

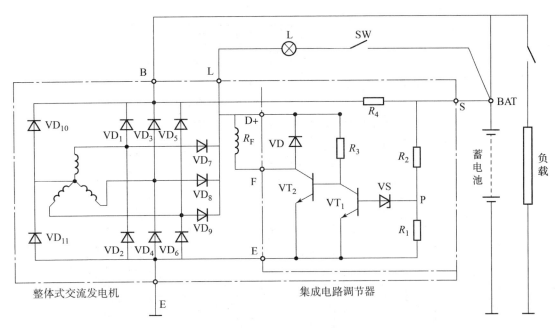

图 3-27 综合电压取样电路

3.4 充电系统的工作特性

汽车交流发电机与发动机之间的传动比为 2.5 左右,当发动机怠速运转时,即可对蓄电池进行充电。因此,汽车电源系统通常又称为充电系统。

汽车交流发电机的转速变化范围很大,其工作特性的表示方法与工业交流发电机有所不同,它是以转速为基准的输出特性来表示的。

3.4.1 交流发电机的输出特性

交流发电机的输出特性是指交流发电机电压维持在试验电压 U_t 时,输出电流 I 与转速 n 之间的关系,故又称为电流-转速特性,如图 3-28 所示。由特性曲线可见,当交流发电机电压一定时,输出电流的变化规律是随转速的升高和负载的增加而增大,且在转速达到一定值后不再增大。

试验电压是测试输出电流时规定的电压值。根据我国汽车行业标准的规定,对于配用电子式电压调节器的交流发电机,为使电压调节器处于非工作状态,即防止电压调节器工作对交流发电机输出电流产生影响,将 12 V 交流发电机的试验电压规定为 13.5 V;将 24 V 交流发电机的试验电压规定为 27.0 V。

【知识链接】

汽车交流发电机的性能用空载转速 n_A、零电流转速 n_0、最小工作电流 I_L、额定电流 I_R 和最大电流 I_{max} 等 5 个指标来描述。

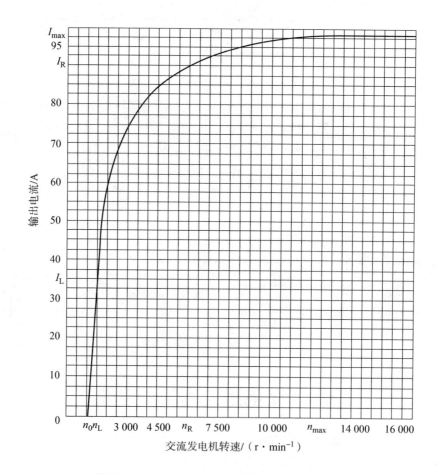

图 3-28　JFZ1913Z 型交流发电机的输出特性

1. 空载转速 n_A

空载转速是指交流发电机转速逐渐升高到充电指示灯（或电流表）指示充电开始时的转速。交流发电机转速 n 低于空载转速 n_A 时，其端电压低于蓄电池电压，交流发电机不能对外（用电设备）输出电流，只有当 $n > n_A$ 时，交流发电机才能对外输出电流，因此将转速 n_A 称为空载转速。

【特别提示】

空载转速 n_A 的实用意义：它是选择交流发电机与发动机之间传动比的主要依据。

空载转速的高低取决于励磁功率（输入）、转速变化率、蓄电池电压和转子的剩余磁通密度。由于充电指示灯的额定功率直接影响励磁电流的大小，其额定功率值规定为 2 W。

2. 零电流转速 n_0

零电流转速是指交流发电机电压达到规定的试验电压，但尚无电流输出时的转速。在电流-转速特性曲线上，该点与横坐标相交。

3. 最小工作电流 I_L

最小工作电流是指交流发电机在试验电压 U_t、转速 $n_L = 1\,500$ r/min 时的输出电流。转速 n_L 称为最小工作转速，相当于发动机怠速时交流发电机的转速。

【知识链接】

最小工作电流反映了交流发电机低速充电性能的好坏。当今汽车选用的蓄电池的容量越来越小，要求怠速时交流发电机应对蓄电池充电。因此，最小工作电流越大，交流发电机的低速充电性能越好。

4. 额定电流 I_R

额定电流是指交流发电机在试验电压 U_t、额定转速 n_R 时输出的最小电流。额定电流值由交流发电机制造厂规定，并标示在交流发电机铭牌上。额定转速 n_R 是交流发电机在环境温度为 (23 ± 5)℃和试验电压 U_t 下，输出额定电流时允许的最高转速。汽车行业标准规定额定转速 n_R 为 6 000 r/min。

5. 最大电流 I_{max}

最大电流是指交流发电机在试验电压 U_t、最高工作转速 n_{max} 时的输出电流。最高工作转速是交流发电机在环境温度为 (23 ± 5)℃、试验电压 U_t 和输出最大电流的条件下，至少正常并连续工作 15 min 的转速。汽车行业标准规定的最高工作转速：12 V 电气系统为 15 000 r/min，24 V 电气系统为 12 000 r/min。实际最高工作转速由交流发电机制造厂根据交流发电机的实际情况确定，一般都高于行业标准，常见的最高工作转速有 15 400 r/min、16 000 r/min 和 18 200 r/min。

3.4.2 限流保护原理

汽车交流发电机的转速达到一定值后，输出电流不再随转速的升高而增大，这表明其自身具有限制输出电流的能力，可避免用电设备接通过多、输出电流过大导致交流发电机过载而损坏。限流保护原理如下。

1. 定子绕组的阻抗 Z 随转速的升高而增大

交流发电机定子绕组的阻抗 Z 由绕组电阻 R 和感抗 X_L 合成，即

$$Z = \sqrt{R^2 + X_L^2} \tag{3-10}$$

$$X_L = 2\pi f L \tag{3-11}$$

式中：L——交流发电机定子绕组的电感 [H（亨利）]；

f——感应电动势的频率，$f = Pn/60$；

P——交流发电机磁极的对数（对于普通电流发电机，$P=6$）；

n——交流发电机转速（r/min）。

由上式可见，阻抗 X_L 与转速 n 成正比，而绕组电阻 R 又很小（200～800 mΩ），当交流发电机高速时，R 与 X_L 相比可以忽略不计。因此，定子绕组的阻抗与转速成正比。

2. 电枢反应增强使磁场削弱

电枢反应是指定子绕组电流产生的磁场对转子磁场的影响。当交流发电机输出电流

增大时,定子绕组的电流增大,因此电枢反应增强,磁场削弱,使定子绕组感应产生的电动势降低。

由此可见,当交流发电机输出电流增大到一定值后,随着转速的继续升高,尽管定子绕组中的感应电动势增加,但是定子绕组阻抗增大使内压降增大,同时电枢反应使感应电动势降低,因此输出电流不再增大。

3.4.3 电压调节器的工作特性

电压调节器的工作特性是指电压调节器控制的调节电压 U_r 和磁场电流 I_f 随交流发电机转速 n 变化的关系。研究电压调节器的工作特性,可用示波器检测电压调节器端子 F 的电压波形,根据大功率三极管的开关规律进行分析。

【特别提示】

实测电压调节器端子 F 输出电压的波形和大功率三极管的开关时间分别如图 3-29 和表 3-2 所示。

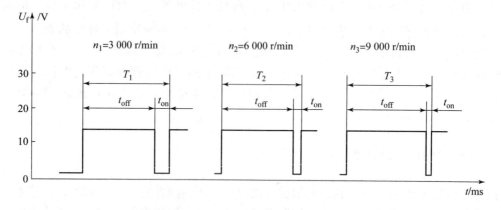

图 3-29 不同转速时三极管的开关波形

表 3-2 不同转速时三极管的开关时间

发电机转速 $n/(\text{r}\cdot\text{min}^{-1})$	导通时间 t_{on}/ms	截止时间 t_{off}/ms	开关周期 T/ms	相对导通率 τ_{on}	相对截止率 τ_{off}
3 000	4	19	23	0.17	0.83
6 000	2	20	22	0.09	0.91
9 000	1	23	24	0.04	0.94

由图 3-29 和表 3-2 可见,三极管的开关规律是,交流发电机转速升高时,导通时间缩短,相对导通率减小;截止时间增长,相对截止率增大。反之,交流发电机转速降低时,导通时间增长,相对导通率增大;截止时间缩短,相对截止率减小。

将实际测量的调节电压和磁场电流与交流发电机转速之间的关系描绘成曲线,如图 3-

30所示,图中n_s为开始工作转速,称为工作下限。当交流发电机转速超过工作下限时,由三极管开关规律可知,转速升高,相对导通率减小。因为大功率三极管导通时,磁场电流接通,所以交流发电机转速升高时,磁场电流减小。

【特别提示】

电子式电压调节器是利用三极管的开关特性来调节交流发电机电压的,当大功率三极管截止时,磁场电流被切断,交流发电机仅靠剩磁发电,因交流发电机剩磁磁通很少,所以电子式电压调节器的工作上限很高,调节范围很大。

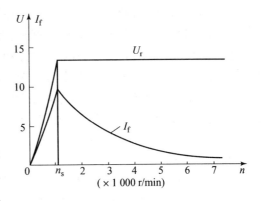

图3-30 电压调节器的工作特性曲线

3.5 充电系统的维修

汽车交流发电机和电压调节器组成的系统通常称为充电系统。为了保证汽车蓄电池储存有足够的电能来随时起动发动机,充电系统必须随时保证技术状态良好。因此,必须正确维护与检修交流发电机和电压调节器。

3.5.1 充电系统的维护

【特别提示】

汽车每行驶75 000 km,应将交流发电机从车上拆下检修一次,主要检查电刷和轴承磨损情况。新电刷高度为14 mm,磨损至7~8 mm时,应当更换新电刷;轴承如有显著松动,应更换新品。汽车每行驶15 000 km,应当进行以下检查。

(1)检查驱动带的外观。检查方法如图3-31所示,用肉眼观察驱动带有无裂纹和破损现象,如有则应更换驱动带。驱动带安装情况应当符合图3-31(b)所示要求,如果安装情况如图3-31(c)所示,则应更换驱动带。

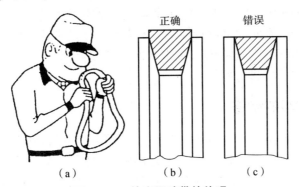

图3-31 检查驱动带的外观
(a)检查外观;(b)安装正确;(c)安装错误

(2) 检查驱动带挠度。检查方法如图 3-32 所示。检查时，在两个驱动带轮之间驱动带的中央部位施加 100 N 压力，此时驱动带的挠度应符合规定指标。新驱动带（即从未用过的驱动带）一般为 5~7 mm，旧驱动带（即装车随发动机转动过 5 min 或 5 min 以上的驱动带）一般为 10~14 mm。具体指标以车型手册规定为准，挠度不符合规定应予调整。

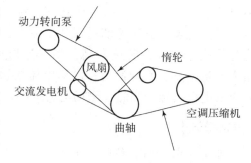

图 3-32 检查驱动带的挠度

(3) 检查导线连接。一是检查各导线的连接部位是否正确；二是交流发电机 B 端子必须加垫弹簧垫圈；三是对于采用线束连接器连接的交流发电机，其插头与插座必须用锁紧卡簧锁紧，不得有松动现象。

(4) 检查有无噪声。在交流发电机出现故障，特别是机械故障（如轴承破碎、转子轴弯曲等）后，当交流发电机运转时会发出异常响声。检查时，逐渐加大发动机油门，同时监听交流发电机有无异常响声。如有异常响声，则需拆下交流发电机分解检修。

3.5.2 交流发电机的分解

交流发电机种类繁多、形式各异，但检修方法大同小异，主要是磁场绕组、定子绕组和整流器的检修。JFZ1913Z 型整体式交流发电机的分解步骤与方法如下：

(1) 拆下固定电刷组件和电压调节器总成的两个固定螺钉，取下电刷组件和电压调节器。

(2) 分别用直径为 14 mm 和 8 mm 的套筒扳手拆下输出端子（B+）和磁场输出端子（D+）上的固紧螺母（注意：勿用开口扳手拆卸，以免损坏绝缘架）。

(3) 拆下绝缘架固定螺钉，取下绝缘架。

(4) 拆下防干扰电容器（2.2 μF/100 V）固定螺钉，拔下电容器引线插头，取下电容器。

(5) 拆下前、后端盖连接螺栓（6个），分离前、后端盖，并使定子与后端盖在一起。

(6) 拆下整流器总成固定螺钉（6个），从后端盖上取下整流器与定子总成。

(7) 用 30 W/220 V~50 W/220 V 电烙铁焊开定子绕组引线与整流二极管引出电极间的 4 个焊点，即图 3-33 中 P_1、P_2、P_3、P_4 4 个焊点，使定子总成与整流器总成分离。

在一般情况下，分解到此即可进行检测。不必分解传动带轮、风扇和前端盖等部件。交流发电机分解后，应用压缩空气将内部灰尘吹净，并用汽油清洗各部件（磁场绕组、电刷组件除外）的油污，然后再进行检修。

3.5.3 磁场绕组的检修

磁场绕组的故障有短路、断路和搭铁 3 种。在使用过程中，其端头的焊点易受振动影响而发生断路故障。因此可用万用表（指针式拨到 $R \times 1\ \Omega$ 挡，数字式拨到 OHM $\times 200\ \Omega$ 挡）进行检测，检测磁场绕组断路故障的方法如图 3-34（a）所示。若阻值符合标准数值（12 V 交流发电机为 3~5 Ω，24 V 交流发电机为 8~10 Ω），说明磁场绕组良好；若阻值为无穷大，说明磁场绕组断路；若阻值小于标准阻值，说明磁场绕组匝间短路。

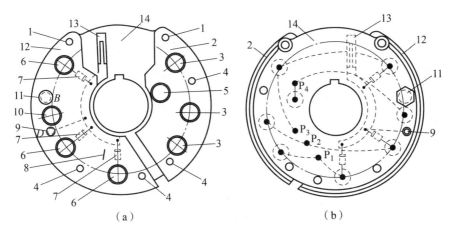

图 3-33　JFZ1913Z 型交流发电机整流元件的安装位置
(a) 从后端盖一侧视；(b) 从前端盖一侧视
1—IC 调节器安装孔（2 个）；2—负整流板；3—负极管（3 只）；4—整流器总成安装孔（4 个）；
5—中性点二极管（负极管）；6—正极管（3 只）；7—磁场二极管（3 只）；
8—防干扰电容器连接插片；9—"D+"端子；10—中性点二极管（正极管）；
11—"B+"端子；12—正整流板；13—电刷架压紧弹片；14—硬树脂绝缘胶板

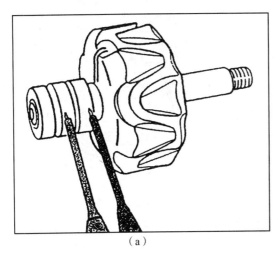 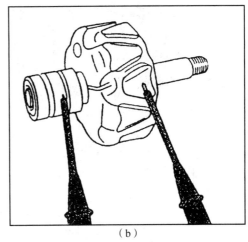

图 3-34　磁场绕组的检测
(a) 检测磁场绕组断路故障；(b) 检测磁场绕组搭铁故障

检测磁场绕组与转子铁芯之间绝缘电阻的方法如图 3-34（b）所示。如万用表不导通（即阻值为无穷大），说明磁场绕组与转铁芯绝缘良好；如万用表导通（即阻值不为无穷大），说明磁场绕组或集电环搭铁。

【特别提示】

当磁场绕组断路故障发生在端头焊接处时，可用 200 W/220 V 电烙铁重新焊接排除。若断路、短路和搭铁故障无法排除，则需更换转子总成。

3.5.4 定子绕组的检修

定子绕组的故障有短路、断路和搭铁3种。因为定子绕组的电阻很小，一般仅为200～800 mΩ，所以测量电阻难以检测有无短路故障。定子绕组有无短路，最好是在交流发电机分解之前，通过台架试验检测其输出功率进行判断。

检测定子绕组断路故障的方法如图3-35（a）所示。检测时，将指针式万用表拨到$R×1\ \Omega$挡（数字式万用表拨到OHM×200 Ω挡），两只表笔分别接定子绕组的两个引出端子进行检测。如万用表均导通，说明定子绕组良好；如万用表有一次不导通（即阻值为无穷大），说明定子绕组有断路故障。如能找到断路部位，可用50 W/220 V电烙铁焊接修复；如找不到断路部位，则需更换定子绕组或定子总成。

检测定子绕组搭铁故障的方法如图3-35（b）所示。检测时，将指针式万用表拨到$R×1\ \Omega$挡（数字式万用表拨到OHM×200 Ω挡），两只表笔一只接定子绕组的任意一个引出端子，另一只接定子铁芯进行检测。如万用表不导通，说明定子绕组良好；如万用表导通，说明定子绕组有搭铁，需更换定子绕组或定子总成。

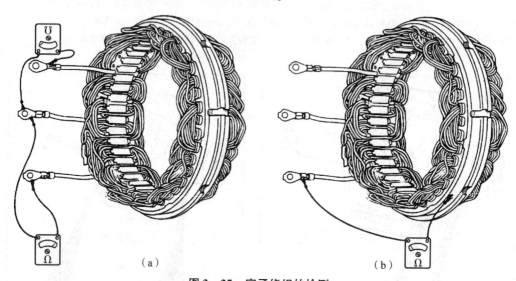

图3-35 定子绕组的检测
（a）检测定子绕组断路故障；（b）检测定子绕组搭铁故障

3.5.5 整流器的检修

整流器的检修主要是整流二极管的检修。当二极管的引出端头与定子绕组的引线端子拆开后，即可用万用表对每只二极管进行检测。由于二极管的阻值随外加电压的高低而发生变化，因此在检测时，指针式万用表应置于$R×1\ \Omega$挡，数字式万用表应置于OHM×200 Ω挡，否则检测结果就会出现较大偏差。

检测二极管时，先将万用表的两只表笔分别接在被测二极管的两极上检测一次，然后交换两表笔的位置再检测一次。若两次测得阻值为一大（10 kΩ以上）一小（8～10 Ω），说明该二极管良好；若两次测得阻值均为无穷大，则说明该二极管断路；若两次测得阻值均为零，则被测二极管短路。

【知识链接】

当今汽车常用整流二极管的安装方式有焊接式和压装式两种。对于二极管为焊接式的整流器，只要有一只二极管短路或断路，该二极管所在的正整流板总成或负整流板总成就需要更换新品；对于二极管为压装式的整流器，当二极管短路或断路后，只需更换故障二极管即可。更换整流板总成或二极管之前，需要特别注意二极管的极性。

各型交流发电机整流器的检修方法基本相同，但检测位置可能有所不同，下面以奥迪、大众系列轿车用交流发电机整流器总成检修为例说明。检测其整流器可参考图3-33进行，检测正极管和正极型中性点二极管时，先将万用表（$R \times 1 \Omega$ 挡）红表笔接正整流板12，将黑表笔分别接二极管电极引线 P_1、P_2、P_3、P_4 端，万用表均应导通，如不导通，说明该正极管断路，应予更换整流器总成；再调换两表笔检测部位进行检测，此时万用表应不导通，如导通，说明该正极管短路，亦应更换整流器总成。

检测负极管和负极型中性点二极管时，先将万用表黑表笔接负整流板2，将红表笔分别接负极管引线 P_1、P_2、P_3、P_4 端，万用表均应导通，如不导通，说明该负极管断路，应予更换整流器总成；再调换两表笔检测部位进行检测，此时万用表应不导通，如导通，说明该负极管短路，亦应更换整流器总成。

检测磁场二极管时，万用表红表笔接电刷架压紧弹片13，黑表笔分别接整流二极管引线 P_1、P_2、P_3 端，万用表均应导通，如不导通，说明该二极管断路，应予更换整流器总成；再调换两表笔检测部位进行检测，此时万用表应不导通，如导通，说明该二极管短路，亦应更换整流器总成。

3.5.6 电刷组件的检修

电刷与电刷架应无破损或裂纹，电刷在电刷架中应能活动自如，不得出现发卡现象。电刷长度又叫电刷高度，是指图3-36所示电刷露出电刷架的长度 l。

电刷长度可用钢板尺或游标卡尺测量，更换电刷的方法如图3-36所示，先将电刷弹簧和新电刷装入电刷架，然后用鲤鱼钳或尖嘴钳夹住电刷引线，使电刷露出高度符合规定数值（一般为14 mm左右），再用电烙铁将电刷引线与电刷架焊牢即可。

3.5.7 电压调节器的检修

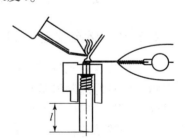

图3-36 电刷高度及其更换方法

当充电系统出现故障，经检查确认交流发电机工作正常时，应将电压调节器拆下进行检修。电压调节器的检测分为搭铁形式检测和技术状况检测，可用专用检测仪或可调直流电源进行检测。检测搭铁形式时，可按图3-37（a）所示线路进行检测，具体方法与步骤如下：

（1）将电源电压 U 调到12 V（28 V调节器调到24 V）。

（2）接通开关，若小灯泡发亮，则为外搭铁型电压调节器。若小灯泡不亮，则为内搭铁型电压调节器。

检测电压调节器技术状况好坏时，外搭铁型电压调节器按图3-37（a）所示线路连接；

内搭铁型电压调节器按图 3-37（b）所示线路连接。检测线路接好后，先接通开关，然后由零逐渐调高直流电源电压，此时小灯泡的亮度应随电源电压的升高而增强。

当电压调高到调节电压值 [14 V 调节器为（14.2±0.25）V，28 V 调节器为（28±0.3）V] 或略高于调节电压值时，若小灯泡熄灭，则电压调节器技术状况良好；若小灯泡始终发亮，说明电压调节器已经损坏，可能是大功率三极管短路或前级驱动电路断路，若装车使用，则磁场电流将始终接通，交流发电机电压将随转速的升高而失控，具有损坏用电设备的危险。

在上述检测过程中，若小灯泡始终熄灭（灯泡未坏），则电压调节器已损坏，可能是大功率三极管断路或前级驱动电路短路。若装车使用，则磁场电路不能接通，交流发电机仅靠剩磁发电而不能对外供电，长期使用就会导致蓄电池亏电。

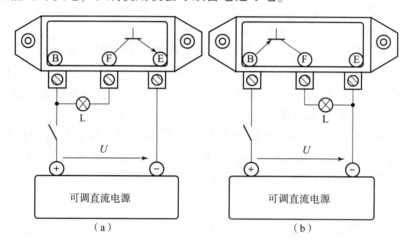

图 3-37　电子式电压调节器检测电路
(a) 外搭铁型电压调节器；(b) 内搭铁型电压调节器

3.5.8　交流发电机的组装

装复交流发电机各零部件之前，先将轴承填充规定型号的润滑脂（1~3号复合钙钠基润滑脂或2号低温润滑脂），填充量为轴承空间的2/3为宜。若过量则易溢出，溅到滑环上会导致电刷与滑环接触不良。装复交流发电机的步骤与分解时相反，装复后，用手转动驱动带轮，检查转动是否灵活自如，再用万用表检测各接线端子间的阻值是否符合标准值要求。

3.6　充电系统的试验

台架试验是检测交流发电机与电压调节器性能和质量的有效手段。交流发电机与电压调节器性能的优劣以及修理质量的高低，均应通过交流发电机与电压调节器试验台检测确定。如无试验台，则需装车进行检验。

3.6.1　试验电路

根据国家汽车行业标准《汽车交流发电机用电子电压调节器技术条件》（QC/T 774—

2006）的规定，汽车交流发电机与电压调节器的性能试验应按图 3-38 所示电路进行。

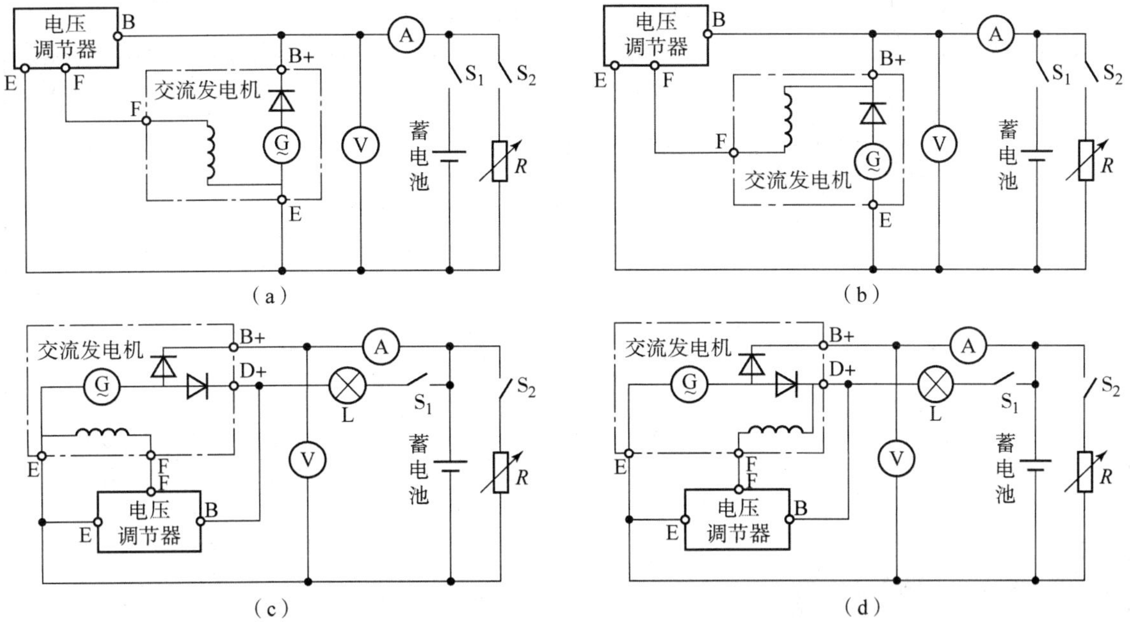

图 3-38　汽车交流发电机与电压调节器性能试验电路
（a）内搭铁型（外装式）调节器；（b）外搭铁型（外装式）调节器；
（c）内搭铁型（内装式）调节器；（d）外搭铁型（内装式）调节器

3.6.2　技术条件

根据国家汽车行业标准规定，汽车交流发电机在环境温度为 (23±5)℃ 条件下，其性能应当符合表 3-3 所示规定；电压调节器在环境温度为 (23±5)℃ 条件下，其性能应当符合表 3-4 所示规定。

表 3-3　汽车交流发电机技术条件

规　格	试验电压/V		零电流转速（最高）/(r·min^{-1})	1 500 r/min 时的输出电流（最小）/A	2 000 r/min 时的输出电流（最小）/A	6 000 r/min 时的输出电流（最小）/A
14 V 35 A	13.5	冷态	1 050	16	25	40
		热态	1 100	14	20	35
14 V 45 A	13.5	冷态	1 050	20	35	50
		热态	1 100	17	30	45
14 V 55 A	13.5	冷态	1 050	25	40	60
		热态	1 100	20	35	55
14 V 65 A	13.5	冷态	1 050	32	45	72
		热态	1 100	25	40	65

续表

规 格	试验电压/V	零电流转速(最高)/(r·min^{-1})		1 500 r/min 时的输出电流(最小)/A	2 000 r/min 时的输出电流(最小)/A	6 000 r/min 时的输出电流(最小)/A
14 V 80 A	13.5	冷态	1 050	37	55	90
		热态	1 100	32	45	80
14 V 90 A	13.5	冷态	1 100	42	70	104
		热态	1 150	38	60	90
14 V 105 A	13.5	冷态	1 100	45	80	120
		热态	1 150	40	70	105
14 V 120 A	13.5	冷态	1 100	50	90	140
		热态	1 150	45	80	120
14 V 140 A	13.5	冷态	1 100	58	110	160
		热态	1 200	50	100	140
14 V 160 A	13.5	冷态	1 100	65	125	180
		热态	1 200	58	115	160
14 V 180 A	13.5	冷态	1 100	70	140	200
		热态	1 200	62	125	180
28 V 30 A	27.0	冷态	1 100	14	20	35
		热态	1 150	12	16	30
28 V 35 A	27.0	冷态	1 100	16	25	40
		热态	1 150	14	20	35
28 V 45 A	27.0	冷态	1 100	20	35	50
		热态	1 150	17	30	45
28 V 55 A	27.0	冷态	1 150	25	40	60
		热态	1 200	20	35	55
28 V 65 A	27.0	冷态	1 150	32	45	72
		热态	1 200	25	40	65
28 V 90 A	27.0	冷态	1 150	40	70	104
		热态	1 250	35	60	90
28 V 120 A	27.0	冷态	1 150	50	90	140
		热态	1 250	45	80	120
28 V 140 A	27.0	冷态	1 150	58	110	160
		热态	1 250	50	100	140
28 V 160 A	27.0	冷态	1 150	65	125	180
		热态	1 250	58	115	160

注：1 500 r/min 与 2 000 r/min 时的输出电流可任意选择。

表 3-4　电压调节器的技术条件

试验项目	电压等级/V	试验条件	调节电压或调节电压差/V
调节特性	12	$n = 6\ 000$ r/min； $I = 10\% I_R$（I 不小于 5 A）	14.5 ± 0.25
	24		28.5 ± 0.30
转速特性	12	$I = 10\% I_R$（I 不小于 5 A） $n_1 = 1\ 500$ r/min $n_2 = 10\ 000$ r/min	$\|\Delta U\| \leq 0.3$
	24		
负载特性	12	$n = 6\ 000$ r/min $I_1 = 10\% I_R$（I_1 不小于 5 A） $I_2 = 90\% I_R$	$\|\Delta U\| \leq 0.5$
	24		

由表 3-3 和表 3-4 可见，汽车交流发电机与电压调节器在使用过程中，不仅需要对其进行空载转速、零电流转速、最小工作电流（1 500 r/min 时的输出电流）和额定转速试验，还需要对电压调节器进行调节特性、转速特性和负载特性试验。

3.6.3　交流发电机试验方法

1. 空载转速试验

对交流发电机进行空载转速试验的方法如下：

（1）按试验要求将交流发电机和电压调节器与试验台连接。

（2）断开开关 S_2，再接通开关 S_1，使蓄电池向交流发电机提供磁场电流。

（3）起动驱动电动机，并缓慢升高交流发电机的转速，当充电指示灯熄灭（或电流表读数为 0）时，交流发电机的转速即空载转速。该转速应当低于表 3-3 规定的零电流转速。

2. 零电流转速试验

交流发电机的零电流转速是利用图解外延法获得的，试验方法如下：

（1）按试验要求将交流发电机和电压调节器与试验台连接。

（2）断开开关 S_2，再接通开关 S_1，使蓄电池向交流发电机提供磁场电流。

（3）起动驱动电动机，先将交流发电机的转速升高至 1 000 r/min 以上，然后缓慢降低交流发电机的转速，直至输出电流介于额定电流的 5% 和 2 A 之间（但不能低于 2 A），记录其转速和电流以供图解零电流转速使用。

【知识链接】

在交流发电机的输出特性（电流-转速特性）曲线上，将曲线延长至与横坐标相交，该交点的转速即零电流转速。

3. 最小工作电流试验

对交流发电机进行最小工作电流（1 500 r/min 时的输出电流）试验的方法如下：

（1）按试验要求连接交流发电机、电压调节器和试验台。

（2）断开开关 S_2，再接通开关 S_1，使蓄电池向交流发电机提供磁场电流。

（3）起动驱动电动机，将交流发电机的转速升高至 1 500 r/min 并保持不变。

（4）接通开关S_2，逐渐调小负载电阻，使负载电流增大，此时交流发电机输出电压将会降低。当电压降低至试验电压（12 V交流发电机规定为13.5 V；24 V交流发电机规定为27.0 V）时，电流表指示的输出电流应当符合表3-3中的规定。

【知识链接】

由于交流发电机的性能与磁场电流大小有关，试验规定：电压调节器大功率三极管的管压降应低于或等于1.5 V。这是因为管压降越高，磁场电流越小，空载转速就越高。如果空载转速高于规定数值，则说明交流发电机有故障；如果磁场电路接触不良、定子绕组断路、整流二极管断路或短路，需拆开交流发电机进行检修。

将12 V交流发电机的试验电压规定为13.5 V，24 V交流发电机的试验电压规定为27 V的目的是使电压调节器处于非调节状态。

4. 额定输出电流试验

交流发电机的某些故障会导致其输出的额定电流降低，因此，需要进行额定输出电流试验。方法如下：

（1）按试验要求连接交流发电机、电压调节器和试验台。
（2）断开开关S_2，再接通开关S_1，使蓄电池向发电机提供磁场电流。
（3）起动拖动电动机，将交流发电机的转速升高至6 000 r/min并保持不变。
（4）接通开关S_2，逐渐调小负载电阻，使负载电流增大，此时交流发电机输出电压将会降低。当输出电压降低至试验电压（12 V交流发电机规定为13.5 V；24 V交流发电机规定为27 V）时，电流表指示的输出电流应当符合表3-3中的规定。

若电流能够达到额定输出电流值，说明交流发电机性能良好；若电流低于表3-3中规定的数值，则说明交流发电机性能降低或有故障，应修理或更换交流发电机。

5. 最大电流试验

最大电流试验的方法如下：

（1）按试验要求连接交流发电机、电压调节器和试验台。
（2）断开开关S_2，再接通开关S_1，使蓄电池向交流发电机提供磁场电流。
（3）起动拖动电动机，将交流发电机的转速升高至最高工作转速并保持不变。
（4）接通开关S_2，逐渐调小负载电阻，使负载电流增大，此时交流发电机输出电压将会降低。当输出电压降低至试验电压（12 V交流发电机规定为13.5 V；24 V交流发电机规定为27 V）时，电流表指示的输出电流即最大电流。

【知识链接】

最大电流是交流发电机出厂检验的指标之一，新品出厂时必须达到该指标的要求。随着汽车配装的电气与电控设备的不断增多和负载电流的不断增大，最大电流也是整车设计时交流发电机选型的依据之一。

3.6.4 电压调节器试验方法

电压调节器的特性试验包括调节特性、转速特性和负载特性3项内容。

1. 调节特性试验

调节特性试验的目的是检测电压调节器的调节电压是否符合国家标准的规定。试验方法如下：

（1）根据试验电路将电压调节器和交流发电机与试验台连接。

（2）接通开关 S_1，起动拖动电动机，将交流发电机的转速升高至 6 000 r/min 并保持不变。

（3）接通开关 S_2，调节负载电阻使交流发电机输出电流达到 10% I_R（但不小于 5 A），此时电压表指示的读数即电压调节器的调节电压值，其值应当符合表 3-4 中的规定。

2. 转速特性试验

转速特性试验的目的是检测电压调节器随交流发电机的转速变化时，调节电压的变化幅度。其试验电路与调节特性试验相同，试验方法如下：

（1）根据试验电路将电压调节器和交流发电机与试验台连接。

（2）接通开关 S_1，起动拖动电动机，并将交流发电机的转速升高至 1 500 r/min。

（3）接通开关 S_2，调节负载电阻，使交流发电机输出电流达到 10% I_R（但不小于 5 A）并保持不变，并记录此时电压表指示的交流发电机输出电压值。

（4）将交流发电机的转速从 n_1 = 1 500 r/min 逐渐升高至 n_2 = 10 000 r/min，同时读取电压表指示的电压值。在两种转速时调节电压的差值应当符合表 3-4 中的规定。

3. 负载特性试验

负载特性试验的目的是检测交流发电机的带负载能力（负载变化时调节电压的变化幅度）。其试验电路与调节特性试验相同，试验方法如下：

（1）根据试验电路将电压调节器和交流发电机与试验台连接。

（2）接通开关 S_1，起动拖动电动机，将交流发电机的转速升高至 6 000 r/min 并保持不变。

（3）接通开关 S_2，调节负载电阻，使交流发电机输出电流达到 I_1 = 10% I_R（I_1 不小于 5 A），并记录此时电压表指示的交流发电机电压值。

（4）将负载电流从 I_1 = 10% I_R 增大到 I_2 = 90% I_R，此时读取电压表指示的电压值。在两种负载电流时调节电压的差值应当符合表 3-4 中的规定。

3.7 充电系统故障的诊断与排除

在充电系统中，无论是交流发电机故障，还是电压调节器故障，最终都会导致发动机无法起动，汽车不能行驶。充电系统的常见故障有不充电，充电电流过小、过大，充电电流不稳定等。

3.7.1 不充电故障的诊断与排除

当充电系统正常时，发动机转速升高到比怠速转速稍高时，交流发电机输出电压即可达到调节电压并对蓄电池充电。

1. 故障现象

交流发电机中速运转时，充电指示灯仍然发亮或电流表仍指示放电，则说明充电系统不充电。

2. 故障原因

（1）交流发电机驱动带过松。需要检查调整交流发电机驱动带的挠度。

（2）充电系统线路故障。一是交流发电机 B（输出）端子至电流表之间的连线断路或松脱。这样即使交流发电机发出电能，也不能向蓄电池充电。二是交流发电机与电压调节器之间的连线接错。当连线接错使交流发电机磁场绕组短路时，交流发电机因无磁场电流而只靠剩磁发电。由于交流发电机剩磁微弱，因此在中速时不能输出电压。三是交流发电机与电压调节器之间的连线断路或松脱。当交流发电机 F（磁场）端子与电压调节器 F（磁场）端子之间的连线断路或松脱时，交流发电机因无磁场电流而不能发电；当交流发电机 N（中性点）端子与电压调节器 N（中性点）端子之间的连线断路或松脱时，电压调节器内部充电指示控制器丧失控制能力，充电指示灯就不会熄灭。

（3）交流发电机故障。导致交流发电机不发电的原因：一是整流二极管短路、断路；二是磁场绕组断路、搭铁；三是定子绕组断路、搭铁；四是电刷在电刷架中卡住。

（4）电压调节器故障。一是控制磁场电流的大功率三极管（达林顿三极管）断路；二是电压调节器前级驱动电路的三极管短路。

3. 故障诊断与排除方法

充电系统不充电故障的排除程序如图 3-39 所示，排除方法如下：

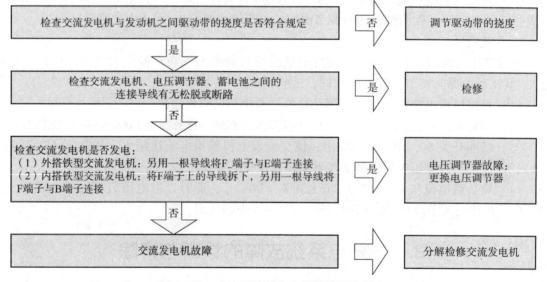

图 3-39 充电系统不充电故障的排除程序

（1）检查交流发电机驱动带轮与发动机曲轴驱动带轮之间的驱动带挠度是否符合规定。方法是在驱动带上施加 100 N 压力，新驱动带挠度为 5~7 mm，旧驱动带挠度为 10~14 mm。如挠度过大应进行调整或更换驱动带。

（2）检查交流发电机 B（输出）端子至蓄电池之间的线路导线有无松脱或断路。检查断路时，可用 12 V 试灯（该车仪表灯亦可）一端搭铁，另一端接发电机 B 端子以及线路各个连接点进行检查。如灯亮，则线路良好；若灯不亮，则有断路故障，应予以检修或更换导线。

（3）检查交流发电机与电压调节器之间的接线是否正确，导线端子有无松脱或断路。

（4）检查交流发电机是否发电。对于内搭铁型交流发电机，将交流发电机 F 端子上的导线拆下，另用一根导线将 F 端子与 B 端子连接；对于外搭铁型交流发电机，则另用一根导线将两个磁场端子 F_+ 和 F_- 中与电压调节器连接的 F_- 端子与 E 端子连接；起动发动机并接通大灯远光挡位,将发动机转速提高到 1 500~2 000 r/min。如果电压表、电流表或充电指示灯指示充电,说明故障发生在电压调节器上,应予更换新品;如果电压表、电流表或充电指示灯指示放电,则说明故障发生在交流发电机上,分解检修即可。

3.7.2 充电电流过小的诊断与排除

在汽车行驶过程中,交流发电机向蓄电池充电属于定压充压,充电电流大小随充电时间的增长而减小,其变化规律大致是:在起动发动机后的短时间(3~5 min)内,由于起动机在起动发动机时消耗了大量电能,使蓄电池端电压降低很多,因此充电电流较大。重复使用起动机次数越多,蓄电池的技术状况越差,充电电流就越大,一般为 10~25 A。随着充电时间即汽车行驶时间的增长,蓄电池电压将逐渐升高,充电电流将逐渐减小。如果蓄电池的技术状况正常,那么充电电流一般为 2~5 A。当蓄电池基本充足电时,如果电压调节器的调节电压正常,那么充电电流很小或接近零。

1. 故障现象

在蓄电池存电不足的情况下,当交流发电机高速运转时,电流表或充电指示灯指示充电电流过小,则说明充电系统有故障。

2. 故障原因

(1) 交流发电机驱动带挠度过大而出现打滑现象。
(2) 充电线路或磁场线路接线端子松动而接触不良。
(3) 电压调节器的调节电压过低。
(4) 交流发电机故障。一是个别整流二极管断路;二是一相定子绕组连接不良或断路;三是电刷磨损过多、集电环油污或锈蚀导致电刷与集电环接触不良;四是磁场绕组匝间短路。

3. 故障排除方法

充电电流过小故障的排除程序如图 3-40 所示,排除方法如下:

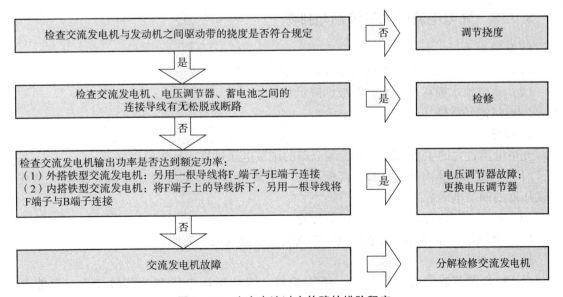

图 3-40 充电电流过小故障的排除程序

（1）检查交流发电机驱动带挠度是否符合规定。

（2）检查充电线路和磁场线路连接是否牢靠。

（3）利用直流电压表（量程不小于30 V）和直流电流表（量程不小于30 A）就车检测交流发电机输出功率是否达到额定输出功率，方法如下：

①拆下交流发电机B端子上的电源线，将电流表串接在电源线与发电机B端子之间，电流表正极接交流发电机B端子，负极接刚拆下的电源线端子。如果原车充电系统电路中已有电流表，则可直接借用该表检测，不必拆线另接。

②将电压表正极接交流发电机B端子，负极接交流发电机E（搭铁）端子，如原车已有电压表（如切诺基吉普车），则可借用，不必另接；查看电压表读数（若利用原车电压表或电流表检测，则接通点火开关才能读数），此时指示的电压为蓄电池端电压，汽油发动机汽车约为12 V，柴油发动机汽车约为24 V。

③起动发动机，稍微加大油门，接通前照灯"远光"挡位，使发动机转速提高到1 500～2 000 r/min（转速需用非接触式光电转速表检测，否则只能凭经验判断），同时观察电流表和电压表读数。在上述转速下，电流表应该指示充电，充电电流大小依车型和蓄电池的技术状况而异，一般情况下充电电流为10～25 A；电压表读数应高于蓄电池端电压，汽油发动机汽车应为（14.2±0.25）V，柴油发动机汽车应为（28.0±0.30）V。如电压或电流达不到上述标准数值，说明交流发电机或电压调节器故障。

（4）诊断排除交流发电机或电压调节器故障。对于内搭铁型交流发电机，将发电机F端子上的导线拆下，另用一根导线将F端子与B端子连接；对于外搭铁型交流发电机，则另用一根导线将两个磁场端子F_+和F_-中与电压调节器连接的F_-端子与E端子连接；起动发动机并接通大灯"远光"挡位，将发动机转速提高到1 500～2 000 r/min，同时查看电流表读数能否达到10～25 A。如充电电流能够达到10～25 A，说明交流发电机能够输出额定功率，故障发生在电压调节器；如充电电流达不到10～25 A，说明交流发电机故障，应当拆下交流发电机进行检修。

3.7.3 充电电流过大的诊断与排除

1. 故障现象

（1）汽车行驶时，充电电流始终保持在10 A以上且不减小。

（2）蓄电池水损耗量增大，即液面降低快。

（3）灯泡经常烧坏。

2. 故障原因

充电电流过大的主要原因是电压调节器的调节电压过高。具体原因如下：

（1）电压调节器内部电路参数匹配不当（主要是分压电阻和稳压管匹配不当）造成电压调压器的调节电压过高。

（2）控制磁场电流的大功率三极管短路。

（3）电压调节器前级驱动电路断路造成交流发电机电压失控。

3. 故障排除

由于电压调节器采用树脂封装，不能检修，因此确认电压调节器故障后，只能更换新品。

3.7.4 充电电流不稳定的诊断与排除

1. 故障现象

汽车行驶时，如果电流表或充电指示灯指示充电，但电流表指针左右摆动或充电指示灯闪烁，则说明充电电流不稳定。

2. 故障原因

（1）发电机驱动带过松而打滑。

（2）充电线路连接松动、接触不良。

（3）交流发电机内部接触不良，如电刷弹簧弹力过弱、电刷磨损过度、磁场绕组端头焊点松脱、集电环表面过脏。

（4）电压调节器内部元件虚焊。

3. 故障诊断与排除

充电电流不稳故障的排除程序如图3-41所示，排除方法如下：

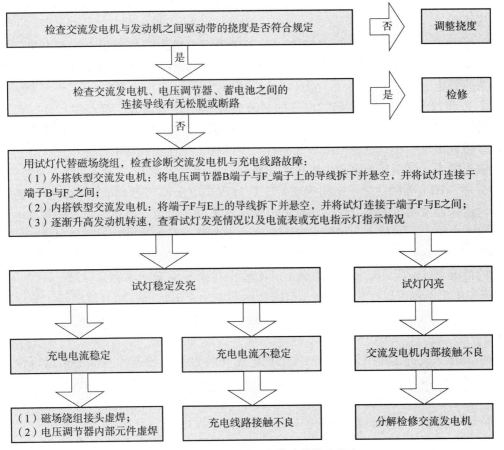

图3-41 充电电流不稳故障的排除程序

（1）检查交流发电机驱动带挠度是否符合规定。

（2）检查充电线路和磁场线路连接是否牢靠。

（3）用试灯代替磁场绕组，以便检查诊断交流发电机与充电线路故障。对于外搭铁型交流发电机，将电压调节器 B 端子与 F_ 端子上的连接导线拆下并悬空；对于内搭铁型交流发电机，将 F 端子与 E 端子上的导线拆下并悬空。

（4）逐渐升高发动机转速，查看试灯发亮情况以及电流表或充电指示灯指示情况。如试灯稳定发亮且充电电流稳定，说明磁场绕组接头焊点虚焊或电压调节器内部元件焊点虚焊；如试灯稳定发亮但充电电流不稳定，说明充电线路接触不良；如试灯闪烁，说明交流发电机内部接触不良，应予以检修。

本章小结

本章主要介绍了汽车交流发电机的功能、分类、型号编制方法、结构组成与特点；充电系统的工作特性、维护修理、试验方法及其故障的诊断与排除方法等内容。

下列问题覆盖了本章的主要学习内容，利用以下线索可对所学内容作一次简要的回顾：

（1）汽车交流发电机的分类方法。内搭铁型交流发电机是指磁场绕组的一端与交流发电机壳体连接的交流发电机；外搭铁型交流发电机是指磁场绕组的一端经电压调节器后搭铁的交流发电机。

（2）交流发电机的结构组成及特点。汽车交流发电机为三相同步交流发电机，其转子的功能是产生磁场，定子的功能是产生交流电。整流器的作用是将三相定子绕组产生的交流电变换为直流电。

（3）整流器的特点。其整流二极管的显著特点是工作电流大，反向电压高。引出电极为二极管正极的称为正极管，其上标有红色标记；引出电极为二极管负极的称为负极管，其上标有绿色或黑色标记。在正整流板上制有一个螺孔，螺栓由此从后端盖引出，作为交流发电机的输出端子，该端子为交流发电机的正极，标记为"B""B+""A"或"+"。

（4）电压调节器的功能、结构组成及工作过程。电压调节器调节电压的原理是通过调节磁场电流来调节磁极磁通，使交流发电机输出电压保持恒定。电压调节器的基本电路由信号电压监测电路、信号放大与控制电路、功率放大电路以及保护电路4部分组成。

（5）8管、9管和11管，无刷和带泵交流发电机的结构特点。在不改变交流发电机基本结构的情况下，8管交流发电机中高速时的输出功率与额定功率相比可增大11%～15%。9管交流发电机不仅可以控制充电指示灯来指示蓄电池充电情况，而且能够指示充电系统是否发生故障。11管交流发电机不仅具有提高输出功率的功能，还有反映充电系统工作情况的功能。

（6）充电系统的工作特性。交流发电机的工作特性是以转速为基准的输出特性，输出电流的变化规律是随转速的升高和负载的增多而增大，且在转速达到一定值后不再增大。其自身具有限制输出电流的能力的原因：一是定子绕组的阻抗 Z 随转速的升高而增大，二是电枢反应增强使磁场削弱。空载转速 n_A 是选择交流发电机与发动机之间传动比的主要依据。电子式电压调节器是利用三极管的开关特性来调节发电机电压的，当大功率三极管截止时，磁场电流被切断，交流发电机仅靠剩磁发电，因交流发电机剩磁磁通很少，所以电子式电压调节器的工作上限很高，调节范围很大。

（7）充电系统的维护与检修方法。磁场绕组的阻值，12 V 交流发电机为 3～5 Ω，24 V 交流发电机为 8～10 Ω。定子绕组的电阻很小，一般仅为 200～800 mΩ。整流器的检修主要是整流二极管的检修。新电刷露出电刷架的长度应为 14 mm 左右,磨损至 7~8 mm 时应更换新电刷。

(8) 充电系统的试验。交流发电机与电压调节器在使用过程中,不仅需要对其进行空载转速、零电流转速、最小工作电流(1 500 r/min 时的输出电流)和额定转速试验,还需要对电压调节器进行调节特性、转速特性和负载特性试验。12 V 交流发电机的试验电压为 13.5 V;24 V 交流发电机的试验电压为 27.0 V;12 V 电压调节器的调节电压为 (14.5 ± 0.25) V;24 V 电压调节器的调节电压为 (28.5 ± 0.30) V。

(9) 充电系统不充电,充电电流过小、过大,充电电流不稳定等常见故障的现象、原因及排除方法。

复习题

一、单选题

1. 汽车交流发电机转子上的磁极对数一般都为 (   )。
   A. 1 对   B. 2 对   C. 4 对   D. 6 对
2. 汽车交流发电机转子的功能是产生 (   )。
   A. 交流电   B. 整流   C. 磁场   D. 电压
3. 当今汽车交流发电机三相定子绕组的连接方式大都采用 (   )。
   A. X 形连接   B. Y 形连接   C. Z 形连接   D. △形连接
4. 汽车交流发电机定子的功能是产生 (   )。
   A. 交流电   B. 整流   C. 磁场   D. 电压
5. 汽车交流发电机整流器的功能是产生 (   )。
   A. 交流电   B. 整流   C. 磁场   D. 电压
6. 汽车使用的一台普通交流发电机,具有 (   ) 只正极管。
   A. 11   B. 9   C. 6   D. 3
7. 交流发电机电压调节器调节电压的原理是:通过调节磁场电流来调节 (   )。
   A. 磁极对数   B. 磁极电流   C. 磁极磁通   D. 磁极电压
8. 检查交流发电机驱动带的挠度时,需要施加的压力为 (   )。
   A. 10 N   B. 100 N   C. 1 000 N   D. 10 kN
9. 汽车用 12 V 交流发电机磁场绕组的电阻值 (   )。
   A. 3~5 Ω   B. 3~5 kΩ   C. 8~10 Ω   D. 8~10 kΩ
10. 汽车用 24 V 交流发电机磁场绕组的电阻值为 (   )。
    A. 3~5 Ω   B. 3~5 kΩ   C. 8~10 Ω   D. 8~10 kΩ

二、多选题

1. 按总体结构不同,汽车交流发电机可分为 (   )。
   A. 普通式   B. 整体式   C. 无刷式   D. 带泵式
2. 不同汽车交流发电机整流器采用二极管的数量,分别有 (   )。
   A. 6 只   B. 7 只   C. 8 只   D. 9 只

3. 汽车交流发电机的基本结构都是由（　　　　）组成的。
   A. 转子　　　　　　B. 定子　　　　　　C. 整流器　　　　　D. 端盖
4. 汽车交流发电机正极输出端子的代号分别有（　　　　）。
   A. B　　　　　　　B. B+　　　　　　　C. +　　　　　　　D. E
5. 汽车交流发电机转子的组成部件有（　　　　）。
   A. 铁芯　　　　　　B. 磁场绕组　　　　C. 爪极　　　　　　D. 集电环
6. 汽车交流发电机电刷组件是由（　　　　）组成的。
   A. 集电环　　　　　B. 电刷　　　　　　C. 电刷架　　　　　D. 电刷弹簧
7. 汽车交流发电机整流器上的二极管又被分别称为（　　　　）。
   A. 整流管　　　　　B. 正极管　　　　　C. 负极管　　　　　D. 续流管
8. 描述汽车交流发电机的性能时，可使用的技术指标有（　　　　）。
   A. 空载转速　　　　B. 零电流转速　　　C. 额定电流　　　　D. 最大电流
9. 汽车交流发电机电压调节器的特性试验项目包括（　　　　）。
   A. 调节特性　　　　B. 转速特性　　　　C. 输出特性　　　　D. 负载特性
10. 汽车交流发电机电压调节器的转速特性试验条件包含的技术参数为（　　　　）。
    A. $I = 10\% I_R$　　B. $n_1 = 1\,500$ r/min　　C. $n_2 = 10\,000$ r/min　　D. $|\Delta U| \leq 0.3$

三、判断题

1. 交流发电机磁场绕组的一端经电压调节器后搭铁的，即外搭铁型交流发电机。（　　）
2. 交流发电机磁场绕组的一端与交流发电机壳体连接的，即内搭铁型交流发电机。（　　）
3. 汽车交流发电机的功能是：在发动机怠速时，向起动机供电。（　　）
4. 在交流发电机机体上装有整流器的交流发电机，即整体式交流发电机。（　　）
5. 汽车交流发电机为三相同步交流发电机，因此其定子绕组输出的是交流电。（　　）
6. 汽车交流发电机用整流二极管的结构原理与一般工业二极管基本相同。（　　）
7. 各种电压调节器都是通过调节磁场电流使磁极磁通改变来控制交流发电机的输出电压。（　　）
8. 试验证明，汽车用8管交流发电机转速达到1 000 r/min后，能够提高输出功率。（　　）
9. 汽车交流发电机定子绕组的电阻很小，一般仅为200～800 mΩ。（　　）
10. 检修汽车交流发电机时，若其电刷磨损至7～8 mm，则应更换新品。（　　）

四、简答题

1. 为什么汽车交流发电机必须配装电压调节器？
2. 汽车交流发电机电压调节器的功能是什么？它怎样调节交流发电机的输出电压？
3. 试画出外搭铁型电子式电压调节器的基本电路，并分析说明交流发电机电压 U 低于蓄电池电压 U_{BAT} 时电压调节器的工作情况。
4. 为什么8管和11管交流发电机能够提高其输出功率？
5. 试画出外搭铁型电子式电压调节器的基本电路，并分析说明交流发电机电压 U 上升

到高于蓄电池电压 U_{BAT} 但尚低于调节电压上限值 U_2 时电压调节器的工作情况。

6. 试画出外搭铁型电子式电压调节器的基本电路，并分析说明交流发电机电压 U 随转速的升高而升高到调节电压上限值 U_2 时电压调节器的工作情况。

7. 分析说明汽车交流发电机自身具有限流输出电流的能力。

8. 汽车交流发电机空载转速的实用意义是什么？影响空载转速的因素有哪些？

9. 汽车交流发电机电压调节器的负载特性试验条件包含哪些技术参数？

10. 充电系统不充电的现象是什么？故障原因有哪些？怎样诊断与排除故障？

复习题参考答案

一、单选题：1. D；2. C；3. B；4. A；5. B；6. D；7. C；8. B；9. A；10. C

二、多选题：1. ABCD；2. ACD；3. ABCD；4. ABC；5. ABCD；6. BCD；7. ABC；8. ABCD；9. ABD；10. ABCD

三、判断题：1. √；2. √；3. ×；4. ×；5. √；6. √；7. √；8. ×；9. √；10. √

第 4 章 汽车起动机技术

1. 认知目标

（1）了解起动机的分类与型号。
（2）熟悉不同起动机的结构特点和工作过程。
（3）掌握起动机的检修方法与故障的诊断与排除方法。

2. 技能目标

（1）能够说明各种起动机的结构特点和工作过程。
（2）能够熟练地检修汽车起动机和诊断、排除起动系统的常见故障。

本章主要内容包括起动机的分类与型号，电磁式、减速式和同轴移动式起动机的结构特点，起动系统故障的诊断与排除等。要求学生掌握汽车起动机的相关知识，为使用和维修奠定坚实的基础。

4.1 起动机的分类与型号

汽车发动机由静止状态转为运转状态的过程称为起动。发动机进入正常工作循环之前，必须借助外力来起动。起动机的功能就是起动发动机。

起动系统主要由蓄电池、起动机、起动继电器和点火起动开关（通常简称"点火开关"）等组成，如图 4-1 所示。蓄电池是动力电源，起动机是将电能转换为机械能并将机械能传递到发动机飞轮的装置，起动继电器和点火起动开关是控制装置。

起动系统的功能是在控制装置的控制下，以蓄电池为动力电源，通过离合器将电动机的电磁转矩传递给飞轮，使发动机起动。电磁控制式起动系统是借起动开关或起动按钮来控制电磁铁，再由电磁铁控制电动机主电路接通或切断来起动发动机。因为电磁控制可以实现远距离控制，且操作简便省力，所以当今汽车普遍采用电磁控制式起动系统。

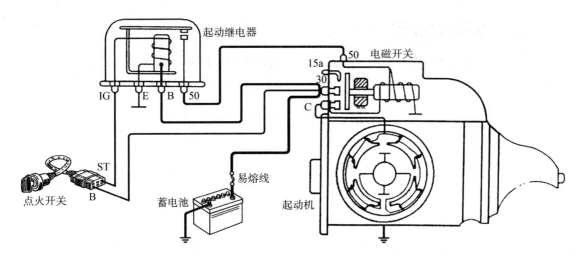

图 4-1 电磁控制式起动系统的组成

4.1.1 起动机的分类

汽车起动机种类繁多，形式各异，分类方法各不相同。可按起动机的总体结构和传动机构的啮入方式进行分类。

1. 按起动机的总体结构分类

按总体结构不同，起动机可分为电磁式、减速式和永磁式3种类型。

(1) 电磁式起动机，即电动机的磁场为电磁场的起动机。电磁场是指由绕组通电而在铁芯中产生的磁场，如大众车系用 QD1225 型、东风车系用 QD2623 型 24 V 4.5 kW 起动机与 QD1212 型起动机以及解放车系用 QD1215 型起动机等均为电磁式起动机。

(2) 减速式起动机，即传动机构设有减速装置的起动机。其电动机一般采用高速小型电动机，质量和体积比电磁式起动机减小 30%~35%，但结构和工艺比较复杂，主要用于小轿车和轻型越野汽车，如大众车系用 DW1.4 型起动机。

(3) 永磁式起动机，即电动机磁场由永久磁铁产生永磁磁场的起动机。由于磁极采用永磁材料（铁氧体或钕铁硼等）制成，无须磁场绕组，因此电动机结构简化、体积小、质量小。它主要用于小轿车和轻型越野汽车，如 DW1.4 型起动机。

2. 按传动机构的啮入方式分类

按传动机构的啮入方式不同，起动机可分为强制啮合式、电枢移动式和同轴移动式3种类型。

(1) 强制啮合式起动机，即利用电磁力拉动杠杆机构，使驱动齿轮强制啮入飞轮齿圈的起动机。它的主要优点是工作可靠性高，因此当今汽车广泛采用。

(2) 电枢移动式起动机，即利用磁极产生的电磁力使电枢产生轴向移动，从而将驱动齿轮啮入飞轮齿圈的起动机。其特点是结构比较复杂，主要用于起动大功率汽车发动机。

(3) 同轴移动式起动机，即利用电磁开关推动电枢轴孔内的啮合推杆移动，使驱动齿轮啮入飞轮齿圈的起动机。它主要用于起动大功率汽车发动机，如斯太尔车系用 QD2745 型 24 V 5.4 kW 起动机和奔驰车系用 KB 型起动机。

4.1.2 起动机的型号

目前,汽车起动机的型号仍按汽车行业标准 QC/T 73—1993《汽车电气设备产品型号编制方法》的规定进行编制,型号的组成如图 4-2 所示,各代号的含义如下:

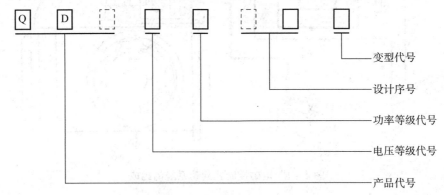

图 4-2 起动机型号的组成

(1) 产品代号:有 QD、QDJ、QDY 三种,分别表示普通电磁式起动机、减速式起动机、永磁式起动机或永磁式减速起动机。字母"Q""D""J""Y"分别为汉字"起""动""减""永"汉语拼音的第一个大写字母。

(2) 电压等级代号:用 1 位阿拉伯数字表示,数字"1"表示 12 V,数字"2"表示 24 V。

(3) 功率等级代号:用 1 位阿拉伯数字表示,含义如表 4-1 所示。

表 4-1 起动机功率等级代号的含义

功率等级代号	1	2	3	4	5	6	7	8	9
电磁式起动机功率/kW	≤1	>1~2	>2~3	>3~4	>4~5	>5~6	>6~7	>7~8	>8
减速式起动机功率/kW									
永磁式起动机功率/kW									

(4) 设计序号:按产品设计的先后顺序,以 1~2 位阿拉伯数字组成。

(5) 变型代号:在主要电气参数和基本结构不变的情况下,一般电气参数的变化和结构的某些改变称为变型,以汉语拼音大写字母 A、B、C…的顺序表示。

【应用案例】

案例 4-1:QD1225 型起动机表示额定电压为 12 V、功率为 1~2 kW、第 25 次设计的起动机。

案例 4-2:QDJ1317 型起动机表示额定电压为 12 V、功率为 2~3 kW、第 17 次设计的减速型起动机。

4.2 电磁式起动机

各型起动机的结构大同小异,如图 4-3 所示。由图 4-3 可见,电磁式起动机主要由直流电动机(右下部分)、传动装置(左下部分的单向离合器和移动叉)和控制装置(上半部分的电磁开关）3 部分组成。

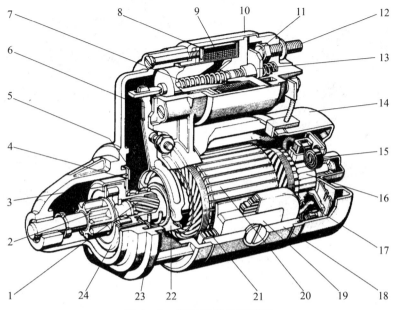

图 4-3 起动机结构剖视图

1—电枢轴螺旋键槽；2—驱动齿轮；3—离合器驱动座圈；4—离合器制动盘；5—啮合弹簧；6—移动叉；
7—复位弹簧；8—保持绕组；9—吸引绕组；10—电磁开关壳体；11—电动机开关触点；
12—接线端子"30"；13—开关触盘；14—换向器端盖；15—电刷弹簧；16—换向器；
17—电刷；18—电动机壳体；19—磁极；20—电枢；21—磁场绕组；
22—滑环；23—驱动端盖；24—单向离合器

4.2.1 直流电动机的结构原理

起动机用直流电动机也是由磁极、电枢、电刷组件和外壳等部件组成的。

1. 直流电动机的结构特点

起动机用直流电动机的显著特点是磁极多、磁场绕组和电枢绕组的横截面积大，其目的是增大起动机的电磁转矩。

1）磁极的结构特点

磁极由铁芯和磁场绕组两部分组成。铁芯用低碳钢制成马蹄形，并用螺钉固定在电动机壳体的内壁上，如图 4-4 所示，磁场绕组套装在铁芯上。

磁极的功能是产生磁场。直流电动机的磁场为电磁场，当磁场绕组接通电流时，在磁极的铁芯中就会产生磁场（即电磁场）。

电动机壳体的功能是构成导磁回路，其一般用铸铁浇铸而成，壳体上设有一个磁场绕组引线端子，该端子与电动机壳体绝缘，代号为"C"，一般都称为起动机磁场端子"C"。磁场绕组的一端与磁场端子"C"连接，另一端则与正电刷引线连接。

【知识链接】

永磁式起动机的电动机壳体一般用低碳钢板卷焊而成，因为永磁式电动机没有磁场绕组，所以，电动机壳体上引出的电缆引线就是正电刷引线，引线的另一端直接连接正电刷。

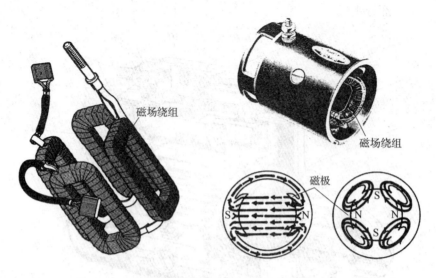

图 4-4 直流电动机磁极的结构

【特别提示】

起动机一般采用 4 个磁极，功率超过 7 kW 的起动机一般采用 6 个磁极。磁场绕组一般用矩形漆包铜线绕制，如 QD124 型起动机采用 1.25 mm × 6.0 mm 矩形漆包铜线，QD1215 型起动机采用 1.25 mm × 5.5 mm 矩形漆包铜线，并与电枢绕组串联，如图 4-5 所示。

磁场绕组的连接方式有两种：一种是 4 个磁场绕组串联后再与电枢绕组串联，如图 4-5（a）所示；另一种是两个磁场绕组串联后再并联，然后再与电枢绕组串联，如图 4-5（b）所示，目的是减小电路总电阻，增大电流和电磁转矩，汽车起动机普遍采用后一种连接方式。无论采用哪一种连接方式，其磁场绕组通电产生的磁极都必须满足 N、S 极相间排列的要求。

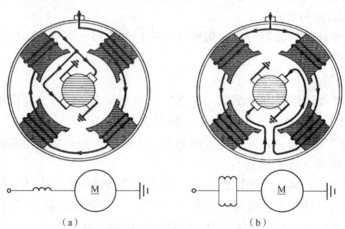

图 4-5 磁场绕组连接方式
（a）串联电路；（b）先串联后并联电路

2) 电枢的结构特点

电枢的功能是产生电磁转矩，其结构如图 4-6（a）所示，主要由电枢铁芯、电枢绕组和换向器组成。

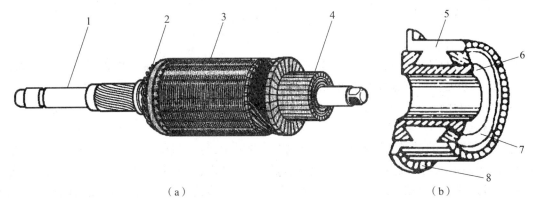

图 4-6 起动机电枢的结构
（a）电枢总成；（b）换向器结构
1—电枢轴；2—电枢绕组；3—铁芯；4—换向器；5—换向片；
6—轴套；7—压环；8—焊线凸缘

电枢铁芯呈圆柱状，由相互绝缘的硅钢片叠装而成，其圆周上制有安放电枢绕组的线槽，内孔借花键槽压装在电枢轴上。电枢绕组绕制在电枢铁芯的线槽内，绕组两端分别焊接在换向器的铜片上。

【特别提示】

汽车起动机为了获得较大的电磁转矩，流经电枢绕组的电流很大（小功率起动机为 300 A 左右，大功率起动机在 800 A 以上）。因此，电枢绕组也采用横截面积较大的矩形或圆形漆包铜线绕制。

换向器的功能是保证电枢绕组产生的电磁转矩的方向保持不变。换向器由截面呈燕尾形的铜片围合而成，如图 4-6（b）所示。燕尾形铜片称为换向片，换向片与换向片之间以及换向片与轴套、压环之间均用云母绝缘。

3) 电刷组件的结构特点

电刷组件固定在换向器端盖（即前端盖）上，由电刷、电刷架和电刷弹簧组成，结构如图 4-7 所示。电刷组件的功能是将直流电引入电枢绕组，把转动的电枢绕组与外电路连接起来。

电刷安装在电刷架内，借弹簧张力紧压在换向器表面，电刷弹簧的压力一般为 12~15 N。

电刷有正电刷和负电刷之分。正电刷安装在正电刷架内，正电刷架与换向器端盖之间安装有绝缘垫片；负电刷安装在负电刷架内，负电刷架直接固定在换向器端盖上。

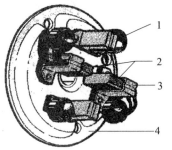

图 4-7 电刷组件的结构
1—电刷弹簧；2—电刷；
3—电刷架；4—电刷端盖

【特别提示】

一台电动机一般设有 4 只电刷，其中，正电刷和负电刷各 2 只。电刷用铜粉与石墨粉模压而成，起动机电刷的铜含量为 80% 左右，石墨含量为 20% 左右。加入较多铜粉的目的是减小电阻，提高导电性能。

4) 外壳的结构特点

电动机外壳的功能是支撑和固定机件。外壳主要由换向器端盖（即前端盖）、驱动端盖（即后端盖）和电动机壳体组成，电枢的换向器一端支撑在换向器端盖的铜套内，另一端支撑在驱动端盖的铜套内。电动机壳体上固定有磁极，驱动端盖上固定有电磁开关总成。

2. 直流电动机的工作原理

电磁式起动机的磁场是由磁场绕组通电产生的电磁场，如图 4-8（a）所示。如果将通电线圈放入磁场中，并使电流从 B 边流入，从 A 边流出，如图 4-8（b）所示，那么根据左手定则可以判定线圈的 A 边将向上运动，B 边将向下运动。直流电动机就是根据载流导体在磁场中就会受到电磁力作用的原理而工作的，如图 4-9 所示。

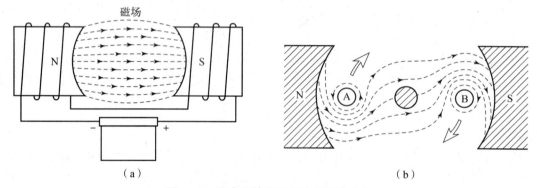

图 4-8 通电导体在磁场中的受力方向
(a) 电磁场的产生；(b) 受力方向

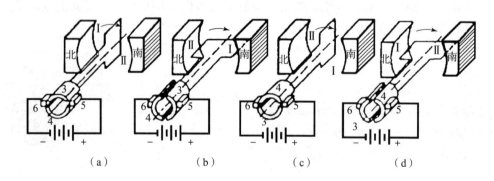

图 4-9 直流电动机的工作原理
(a) 静止状态；(b) 顺时针转动；(c) 惯性转过；(d) 顺时针转动

当电枢绕组处于图 4-9（a）所示的垂直位置时，由于电刷 5、6 没有接触换向片 3、4，因此线圈中没有电流流过，线圈不受力的作用而静止不动。

如将线圈稍微向顺时针方向转动，电刷 5、6 便分别与换向片 3、4 接触，如图 4-9

(b) 所示，此时电枢绕组中便有电流流过，电流路径由蓄电池正极，经电刷 5、换向片 3、电枢绕组、换向片 4、电刷 6 回到蓄电池负极。根据左手定则可以判定，线圈 I 边将向下运动，线圈 II 边将向上运动，整个线圈将沿顺时针方向转动。

当线圈旋转到图 4-9（c）所示的垂直位置时，电刷 5、6 又不能接触换向片 3、4，线圈中没有电流流过，线圈将在惯性力矩的作用下转过此位置。

当线圈转过垂直位置时，电刷 5、6 便分别与换向片 4、3 接触，如图 4-9（d）所示，线圈中又有电流流过，电流路径由蓄电池正极，经电刷 5、换向片 4、线圈、换向片 3、电刷 6 回到蓄电池负极。由左手定则可知，此时线圈 I 边向上运动，线圈 II 边向下运动，整个线圈仍沿顺时针方向转动。

【知识链接】

在换向片的作用下，S 极下面导线中的电流始终由电池正经电刷流入，N 极下面导线中的电流始终由导线经电刷流回电池负极。由于磁场方向和每个磁极下面导线中的电流方向都保持不变，因此由左手定则可知电枢绕组受力而形成的电磁力矩方向不变。如果电流不断通入电枢绕组，电枢就会不停地旋转。当电动机有负载时，就可将电源的电能转换为机械能。

图 4-9 所示的电枢绕组虽然能按一定的方向转动，但是每当转到垂直位置时，都是依靠惯性转过，转动很不平稳，电磁力产生的电磁转矩也很小。为了增大电磁转矩和提高电动机的平顺性，实际使用的电动机采用了多组电枢绕组和多对磁极。

对于结构一定的电动机，其电磁转矩 T 与磁极磁通 Φ 和电枢电流 I_a 成正比，其数学表达式为

$$T = K_T \Phi I_a \tag{4-1}$$

式中：K_T——电动机的结构常数。

3. 直流电动机转矩自动调节原理

直流电动机具有随负载变化而自动调节转矩和转速的特性。

1) 电压平衡方程式

当直流电动机接通电流时，电枢绕组（载流导体）就会产生电磁转矩使电枢旋转。在电枢旋转的同时，电枢绕组又会切割磁力线而产生感应电动势，电动势的方向可用右手定则判定，如图 4-10 中虚线方向所示。由于感应电动势的方向与线圈电流的方向相反，因此称为反电势。反电势 E 的大小与磁极磁通 Φ 和电枢转速 n 成正比，即

$$E = K_E \Phi n \tag{4-2}$$

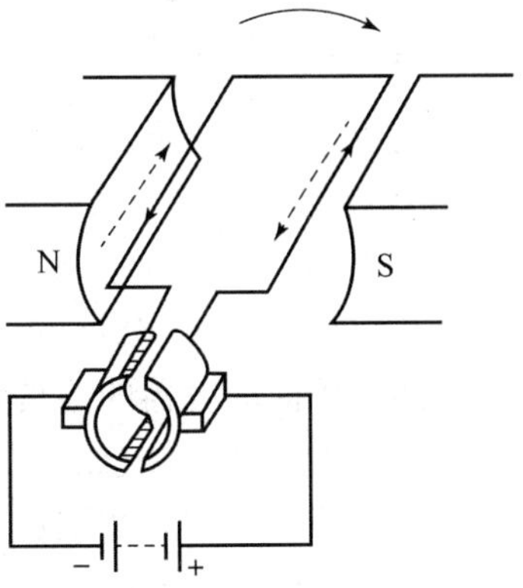

图 4-10 直流电动机的反电势
—→电流方向；
……→反电势方向

式中：K_E——电动机的结构常数。

由此可见，外加在电枢上的电源电压 U，一部分消耗在电枢绕组的电阻 R_a 上，另一部分则用来平衡电动机的反电势 E，即

$$U = E + I_a R_a \tag{4-3}$$

上式为直流电动机运转时必须满足的基本条件，称为电压平衡方程式。

2）转矩自动调节过程

由电压平衡方程式（4-3）可知，电枢电流 I_a 为

$$I_a = \frac{U-E}{R_a} = \frac{U-K_E\Phi n}{R_a} \tag{4-4}$$

当电动机负载增大时，电枢轴上的阻力转矩增大，电枢转速降低，反电势随之减小，电枢电流增大，因此，电磁转矩将随之增大，直至电动机的电磁转矩增加到与阻力转矩相等为止，此时电动机将在较大的负载下以比原转速低的转速平稳运转。反之，当电动机负载减小时，电枢轴的阻力矩减小，电枢转速升高，反电势增大，电枢电流减小，电磁转矩随之减小，直至电动机的电磁转矩减小到与阻力转矩相等为止，这时电动机将在较小的负载下以比原转速高的转速平稳运转。

【特别提示】

当负载发生变化时，电动机的转速、电流和转矩将自动发生相应的变化，以满足负载变化的需要，这就是直流电动机的转矩自动调节过程。

4.2.2 传动装置的结构原理

起动机的传动装置由单向离合器和移动叉组成。移动叉如图4-3中部件6所示，安装在离合器的滑环与电磁开关的活动铁芯之间，相当于一根杠杆。

单向离合器的功能是单方向传递力矩，即起动发动机时将电动机的驱动转矩传递给发动机曲轴（传递动力）；当发动机起动后自动打滑（切断动力），以免损坏电动机。

【知识链接】

发动机飞轮与起动机驱动齿轮之间的传动比为1:10～1:15，当发动机起动后，如果动力联系不及时切断，飞轮就会带动电枢以8 000～15 000 r/min的转速高速旋转，从而导致电枢绕组从铁芯槽中甩出而损坏电枢。

起动机采用的单向离合器有滚柱式、弹簧式和摩擦片式3种。

1. 滚柱式单向离合器

汽车用功率较小的起动机，普遍采用滚柱式单向离合器。

1）滚柱式单向离合器的结构特点

滚柱式单向离合器的结构如图4-11所示，其主要由滑环、驱动弹簧、传动导管、驱动座圈、驱动齿轮和滚柱总成等组成。

传动导管与驱动座圈制成一体，驱动座圈内圆制成"+"字形空腔。驱动齿轮另一端的内座圈伸入驱动座圈的空腔内，将"+"字形空腔分割成楔形腔室，如图4-12所示。

传动导管套装在电枢轴上，导管内圆制有内螺旋键槽，与电枢轴上的外螺旋键槽配合传递动力。驱动齿轮与内座圈制成一体，并套装在电枢轴的光轴部分，既可轴向移动，也可绕轴转动。

滚柱总成由滚柱、压紧弹簧和弹簧帽组成。滚柱有4～6只，安放在楔形腔室内。弹簧一端套有弹簧帽，并安放在驱动座圈的径向小孔中。弹簧帽压在滚柱上，弹簧另一端压在铁皮外壳上，铁皮外壳将驱动座圈和内座圈卷压包装在一起。当起动机尚未投入工作时，弹簧

张力将滚柱压向楔形腔室较窄的一端。

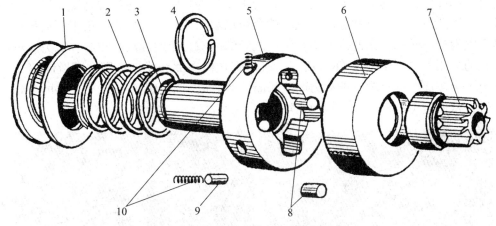

图4-11 滚柱式单向离合器的结构
1—滑环；2—驱动弹簧；3—传动导管；4—卡环；5—驱动座圈；
6—壳体；7—驱动齿轮；8—滚柱；9—弹簧帽；10—压紧弹簧

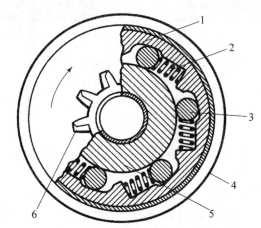

图4-12 滚柱式单向离合器楔形槽的结构
1—驱动座圈；2—滚柱弹簧；3—滚柱；4—壳体；5—内座圈；6—驱动齿轮

2) 滚柱式单向离合器的工作过程

(1) 起动发动机时传递动力。起动发动机时，驾驶人操纵点火起动开关，在控制装置的作用下，移动叉下端便拨动离合器向车后移动，驱动齿轮与发动机飞轮齿圈进入啮合。

当电动机驱动转矩小于发动机阻力矩时，电枢轴仅带动传动导管与驱动座圈转动，此时驱动齿轮、内座圈和飞轮并不转动，在内座圈与滚柱之间的摩擦力矩和弹簧力矩的作用下，滚柱滚向楔形腔室较窄的一侧并将驱动座圈与内座圈卡成一体，如图4-13(a)所示，动力便经电枢轴、传动导管和驱动座圈、滚柱、内座圈和驱动齿轮传递到发动机飞轮齿圈。

【特别提示】

当电动机驱动转矩达到或超过发动机阻力矩时，驱动齿轮便带动飞轮旋转，直到发动机被起动为止。

在起动发动机时，离合器驱动齿轮为主动部件，发动机飞轮为被动部件。

（2）起动发动机后切断动力。发动机起动后，曲轴在活塞的作用下高速旋转，发动机飞轮转为主动部件，单向离合器驱动齿轮转为被动部件。由于飞轮齿圈与驱动齿轮之间的传动比较大，因此发动机一旦被起动，飞轮就会带动驱动齿轮高速旋转。由于驱动齿轮的转速远远高于电枢轴的转速，因此内座圈与滚柱之间的摩擦力矩便使滚柱克服弹簧力矩滚向楔形腔室较宽的一侧，如图4-13（b）所示，滚柱将在内座圈和驱动座圈之间跳跃滚动，发动机的动力不会传递给电枢轴，即动力联系切断。此时电枢轴仅由电枢绕组产生的电磁转矩驱动而空转，从而避免电枢超速旋转而损坏。

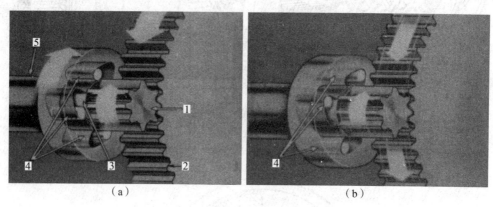

图4-13　滚柱式单向离合器的工作原理
(a) 传递动力；(b) 切断动力
1—驱动齿轮；2—发动机飞轮齿圈；3—楔形槽；4—滚柱；5—电枢轴

2. 弹簧式单向离合器

弹簧式单向离合器的结构简单、成本低廉、工作可靠，但其扭力弹簧轴向尺寸较大，因此一般仅在体积较大的起动机中采用。

1）弹簧式单向离合器的结构特点

弹簧式单向离合器的结构如图4-14所示，主要由驱动齿轮、扭力弹簧、传动导管、缓冲弹簧和移动滑环等部件组成。

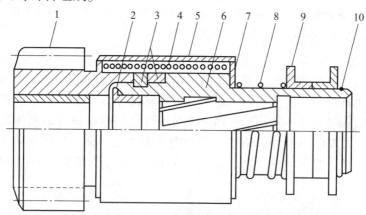

图4-14　弹簧式单向离合器的结构
1—驱动齿轮；2，7—挡圈；3—月牙形垫圈；4—扭力弹簧；5—护套；
6—传动导管；8—缓冲弹簧；9—移动滑环；10—卡环

传动导管内缘制作有内螺旋键槽，套装在电枢轴的外螺旋键上。驱动齿轮套装在起动机电枢轴的光轴上。在驱动齿轮与传动导管之间，采用两个月牙形垫圈进行连接，其目的是在驱动齿轮与传动导管之间只能产生相对转动，不能产生轴向移动。扭力弹簧安放在驱动齿轮与传动导管的外缘上。扭力弹簧两端分别箍紧在驱动齿轮尾部与传动导管上。

2) 弹簧式单向离合器的工作过程

当起动发动机时，电枢轴的电磁转矩通过其外螺旋键和传动导管的内螺旋键槽传递到传动导管。因为扭力弹簧两端分别箍紧在驱动齿轮尾部与传动导管上，所以，当电枢轴的电磁转矩小于发动机的阻力矩时，电磁转矩就会通过传动导管使扭力弹簧张紧，并使驱动齿轮与传动导管连成一体，动力便经电枢、电枢轴外螺旋键、传动导管内螺旋键槽、传动导管、扭力弹簧和驱动齿轮传递到发动机飞轮齿圈。

【特别提示】

当电磁转矩达到或超过发动机阻力矩时，驱动齿轮便带动飞轮旋转，直到发动机被起动为止。

在起动发动机时，离合器驱动齿轮为主动部件，发动机飞轮为从动部件。

当发动机起动后，发动机飞轮转为主动部件，驱动齿轮转为从动部件。由于飞轮齿圈与驱动齿轮之间的传动比较大，因此，发动机飞轮就会带动驱动齿轮高速旋转，扭力弹簧就会放松，使驱动齿轮与传动导管之间的动力联系切断，防止电枢超速运转而损坏。此时驱动齿轮将随发动机飞轮旋转，电枢轴仅由电枢绕组产生的电磁转矩驱动空转。

3. 摩擦片式单向离合器

柴油发动机汽车功率较大，其起动机普遍采用摩擦片式单向离合器。

1) 摩擦片式单向离合器的结构特点

摩擦片式单向离合器的结构如图 4-15 所示，主要由传动导管与主动盘、被动盘、主动摩擦片、被动摩擦片、锥面盘、保险弹性垫圈、驱动齿轮轴套等部件组成。

传动导管 2 内缘制有螺旋键槽，套装在制有外螺旋键槽的电枢轴上，既可随电枢轴转动，也可在电枢轴上作轴向移动。主动盘的一端制有 4 个缺口，主动摩擦片 8 外缘的 4 个凸起安放在主动盘的缺口内，以便主动盘驱动主动摩擦片转动。被动盘 5 内缘制有螺旋键槽，套装在驱动齿轮轴套 10 的外螺旋键槽上。被动盘 5 外缘制有 4 个凹槽，被动摩擦片 9 内缘的 4 个凸起分别安放在被动盘 5 的 4 个凹槽内，以使被动盘 5 能随被动摩擦片 9 一起转动。主动摩擦片 8 与被动摩擦片 9 相间排列，并能在主动盘与被动盘 5 上作轴向移动。

驱动齿轮轴套 10 套装在电枢轴的光轴部分。轴套的一端（图中右端）制有驱动齿轮，另一端（图中左端）制有螺旋键槽。在螺旋键槽的端部制有环槽，以便锁圈 4、卡环 3 将被动盘 5 上的零部件锁住。锥面盘 13、保险弹性垫圈 15 和承推环 16 依次套装在驱动齿轮轴套 10 的外螺旋键槽上，保险弹性垫圈 15 一侧（图中右侧）装有卡环 14，用以限定保险弹性垫圈 15 的安装位置。保险弹性垫圈 15 一面（图中右面）中央部分靠在锥面盘 13 上，另一面（图中左面）靠在承推环 16 的凸起上。在被动盘 5 上装套有压盘 6，压盘 6 与摩擦片之间装有调整垫圈 7。

2) 摩擦片式单向离合器的工作过程

摩擦片式单向离合器装配示意如图 4-16 所示。起动发动机时，在控制装置的作用下，

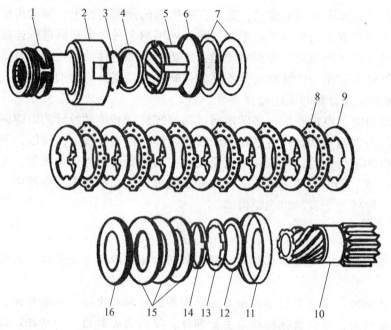

图 4-15 摩擦片式单向离合器的结构

1—拨叉环；2—传动导管与主动盘；3，14—卡环；4—锁圈；5—被动盘；6—压盘；7—调整垫圈；
8—主动摩擦片；9—被动摩擦片；10—驱动齿轮轴套；11—后端盖；
12—挡圈；13—锥面盘；15—保险弹性垫圈；16—承推环

拨叉推动离合器右移，使离合器驱动齿轮与发动机飞轮齿圈进入啮合。

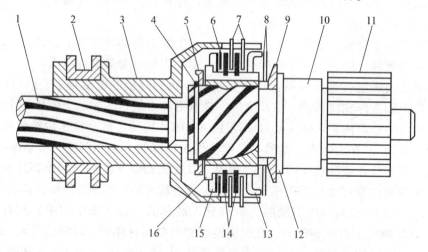

图 4-16 摩擦片式单向离合器装配示意

1—电枢轴；2—拨叉环；3—传动导管与主动盘；4—卡环；5—锁圈；6—调整垫圈；
7—主动摩擦片；8—保险弹性垫圈；9—锥面盘；10—驱动齿轮轴套；11—驱动齿轮；
12—挡圈；13—承推环；14—被动摩擦片；15—压盘；16—被动盘

当起动机电枢转动时，电枢轴便通过传动导管带动主动盘和主动摩擦片转动，主动摩擦片与被动摩擦片之间的摩擦力便将电动机动力传递到被动摩擦片和被动盘。在起动开关刚刚接通时，发动机阻力矩很大，驱动齿轮及轴套并不转动。因此，主、被动摩擦片之间的摩擦力就会使被动盘沿驱动齿轮轴套上的螺旋键槽转动（从驱动齿轮一端查看，被动盘沿顺时针方向转动）。如果把被动盘看作螺母，把驱动齿轮轴套上的螺旋键槽看作螺栓，那么被动盘沿顺时针方向转动相当于拧紧螺母，并沿轴向右移。因为保险弹性垫圈右侧装有卡环限位，所以被动盘右移将使主、被动摩擦片之间的正向压力增大，能够传递的摩擦力矩也随之增大。

【特别提示】

当摩擦片间传递的摩擦力矩达到或超过发动机阻力矩时，被动盘将停止轴向移动，并随主动盘一起转动，电动机产生的电磁转矩即可通过主、被动摩擦片和驱动齿轮带动发动机飞轮旋转，当转速达到起动转速（汽油发动机为 30~50 r/min，柴油发动机为 150~200 r/min）时，即可起动发动机。

保险弹性垫圈的拱曲变形量取决于发动机阻力矩的大小。在被动盘压紧摩擦片的同时，作用在承推环上的压力将使保险弹性垫圈产生拱曲变形。发动机阻力矩越大，被动盘轴向右移量就越大，保险弹性垫圈的拱曲变形量也越大，摩擦片间的正压力也越大，摩擦片能够传递的转矩也就越大。反之，发动机阻力矩越小，保险弹性垫圈的拱曲变形量也越小。

摩擦片式单向离合器能够传递的最大驱动转矩取决于被动盘的最大轴向移动量。当被动盘轴向右移到极限位置（即被动盘右端抵住保险弹性垫圈的内缘）时，主、被动摩擦片间的压力将达到极限值，离合器所能传递的驱动转矩也达到最大值。如果发动机阻力矩超过这一极限值，那么主、被动摩擦片之间将产生滑摩现象，从而避免电枢轴超负荷而折断，同时也防止电动机长时间处于制动状态而烧坏。

【知识链接】

摩擦片式单向离合器能够传递的最大转矩又称为打滑力矩。因为打滑力矩取决于被动盘的最大轴向移动量，所以，通过增加或减少调整垫圈，就可调整离合器的打滑力矩。在使用过程中，主、被动摩擦片都会磨损，摩擦片厚度会变薄，被动盘轴向右移量会减小，摩擦片间的正压力也会减小，从而导致离合器的打滑力矩减小。因此，可以增加调整垫圈进行调整。

【特别提示】

发动机起动后，若未及时断开点火起动开关，驱动齿轮将被飞轮带动高速旋转，其转速将远远高于电枢转速。此时被动盘在惯性作用下，将在驱动齿轮轴套的螺旋键槽上沿逆时针方向转动，并沿轴向左移。被动盘将沿螺旋键槽向左退出，相当于拧松螺母，摩擦片间的压力消失使离合器分离，切断飞轮与电枢之间的动力联系。

4.2.3 控制装置的结构原理

起动机的控制装置包括电磁开关、起动继电器和点火起动开关等，其中电磁开关与起动机制作在一起。各型汽车起动机的控制电路大同小异，QD124 型电磁式起动机的控制电路如图 4-17 所示。

1. 电磁开关

电磁开关的功能是控制电动机主电路的接通与切断。

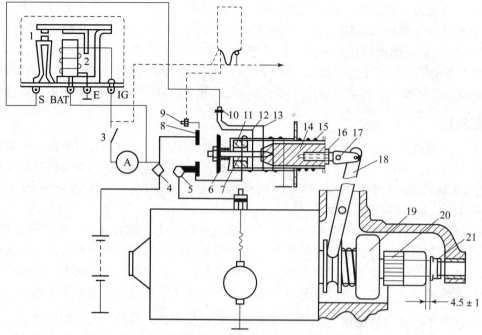

图4-17 QD124型电磁式起动机的控制电路

1—起动继电器触点；2—继电器绕组；3—点火起动开关；4—起动机电源端子"30"；5—起动机磁场端子"C"；6—电动机开关触盘；7—推杆；8—电动机开关触点；9—附加电阻短路开关接线端子"15a"；10—吸引绕组与保持绕组接线端子"50"；11—固定铁芯；12—吸引绕组；13—保持绕组；14—活动铁芯；15—复位弹簧；16—调节螺钉；17—连接销；18—移动叉；19—单向离合器；20—驱动齿轮；21—止推垫圈

1) 电磁开关的结构特点

电磁开关主要由电磁铁机构和电动机开关两部分组成。电磁铁机构由固定铁芯、活动铁芯、吸引绕组和保持绕组等组成。固定铁芯与活动铁芯安装在一个铜套内，固定铁芯固定不动，活动铁芯可在铜套内作轴向移动。活动铁芯前端固定有推杆，推杆前端安装有电动机开关触盘；活动铁芯后端用调节螺钉和连接销与移动叉连接。铜套外面安装有一个复位弹簧，其作用是使活动铁芯等可移动部件复位。电磁开关接线座上一般设有4个接线端子，如图4-18所示。

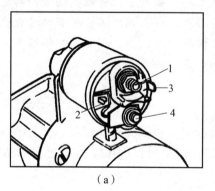
(a)

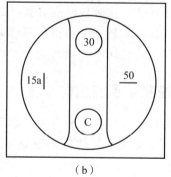
(b)

图4-18 电磁开关端子位置

1—"30"端子；2—"15a"端子；3—"50"端子；4—"C"端子

电动机开关由开关触盘和开关触点组成。开关触盘固定在活动铁芯推杆的前端；两个开关触点分别与起动机磁场端子"C"和电源端子"30"的螺柱制成一体。在开关触点旁边设有一个小铜片制成的附加电阻短路开关，并与接线端子"15a"相连，该铜片的端面应稍微偏后于开关触点所在的平面，以便开关触盘接通开关触点时，短路开关能可靠接通，附加电阻能被可靠短路。

2）电磁开关的工作原理

由图4-17所示的起动机控制电路可见，当吸引绕组和保持绕组通电产生的磁通方向相同时，其电磁吸力便吸引活动铁芯向前移动，直到推杆前端的开关触盘将开关触点接通进而使电动机主电路接通为止。

当吸引绕组和保持绕组通电产生的磁通方向相反时，其电磁吸力相互抵消，在复位弹簧的张力作用下，活动铁芯等可移动部件自动复位，开关触盘与开关触点断开，电动机主电路切断。

2. 起动继电器

起动继电器的结构简图如图4-17左上角部分所示，其由电磁铁机构和触点总成组成。绕组分别与壳体上的点火开关端子"IG"和搭铁端子"E"连接，固定触点与起动机端子"S"连接，活动触点经触点臂和支架与电池端子"BAT"连接。

【特别提示】

起动继电器触点为常开触点，当绕组通电时，起动继电器铁芯便产生电磁吸力将触点吸闭，从而将起动继电器控制的吸引绕组和保持绕组电路接通。起动继电器触点的闭合电压，12 V电气系统为6.0~7.6 V，24 V电气系统为14~16 V；断开电压，12 V电气系统为3.0~5.5 V，24 V电气系统为4.5~8 V。

4.3 起动机的工作特性

起动机的转速 n、电磁转矩 T、功率 P 与电枢电流 I_a 之间的关系，称为起动机的工作特性。起动机的功率 P 可用下式计算：

$$P = \frac{T_s n_s}{9\,550} \tag{4-5}$$

式中：P——起动机的功率（kW）；

T_s——起动机输出转矩（N·m）；

n_s——起动机转速（r/min）。

4.3.1 工作特性曲线

起动机的功率、转速和电磁转矩都是由直流电动机输出的，因此，由式（4-5）和串励直流电动机的转矩特性及机械特性可得起动机的工作特性曲线。车用QD124系列电磁式起动机的工作特性曲线如图4-19所示。

当起动机空载（$T_s=0$）运行时，流过起动机的电流称为空载电流，用 I_0 表示，一般 $I_0 \leq 90$ A，起动机转速达到最大值，称为空载转速，用 n_0 表示（一般 $n_0 \geq 5\,000$ r/min）。此时起动机对外尚无转矩输出，空载电流产生的电磁转矩用于克服起动机自身的摩擦力

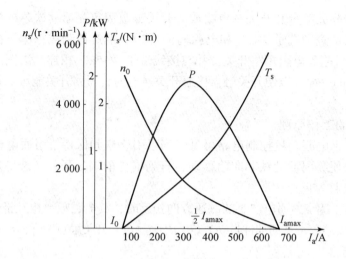

图4-19 车用QD124系列电磁式起动机的工作特性曲线

矩和惯性力矩。

当起动机完全制动（$n_s = 0$，相当于刚刚接通起动机）时，电枢电流最大（$I_a = I_{amax}$，I_{amax}称为制动电流，一般$I_{amax} \geq 600$ A），电磁转矩达到最大值（$T_s = T_{smax}$，T_{smax}称为制动转矩）。

当起动机完全制动（$n_s = 0$）和空载（$T_s = 0$）时，起动机的功率为0。而在电枢电流略大于制动电流的一半（$I_a = 0.5 I_{amax}$）时，起动机的输出功率最大。汽车起动机工作时间很短（3～5 s），允许以最大功率运转，因此，通常将起动机的最大功率确定为起动机的额定功率。

【特别提示】

在生产与使用过程中，通常进行空载与制动两项试验来检验汽车起动机的技术状态。

4.3.2 起动机功率的影响因素

起动机工作时电流很大，因此，起动电路电阻、蓄电池容量和环境温度对起动机的输出功率影响很大。

1. 起动电路电阻的影响

起动电路电阻包括导线电阻和接触电阻。接触电阻包括起动电路的电缆端子与蓄电池极柱之间、电缆端子与起动机电源端子"30"之间、搭铁电缆端子与汽车车体之间、电动机电刷与换向器之间、电动机开关触盘与开关触点之间的接触电阻等。接触电阻大、电缆截面积过小，都会造成较大的电压降而使起动机的输出功率下降。

2. 蓄电池容量的影响

蓄电池容量越小，其内阻越大，内压降也就越大，施加在起动机上的端电压越低，这样会使起动机的输出功率下降。当蓄电池使用时间增长，极板硫化程度增大时，其内阻相应增大，蓄电池输出容量减小，起动机的输出功率下降，因此发动机就不易起动。

3. 环境温度的影响

环境温度低时，蓄电池电解液的黏度和内阻增大，蓄电池容量和端电压下降，起动机的输出功率下降。因此,冬季寒冷时,应对蓄电池采取保温措施。

4.4 起动系统的工作过程

汽车起动系统的工作过程大同小异,现以图 4-17 所示电磁控制式起动机的控制电路为例说明。

4.4.1 起动发动机时起动系统的工作过程

(1) 接通点火起动开关,起动继电器工作,电磁开关电路接通。

当点火起动开关未接通"起动"挡时,起动机驱动齿轮与发动机飞轮处于分离状态,如图 4-20 (a) 所示。

当起动发动机时,将点火起动开关转到起动位置,起动继电器绕组电路接通。由图 4-17 可见,其电路为:蓄电池正极→起动机电源端子"30"(图中代号 4)→电流表→点火起动开关→起动继电器"IG"端子→起动继电器绕组→起动继电器"E"端子→蓄电池负极。

电流流过起动继电器绕组使铁芯磁化,电磁吸力将触点臂吸下,触点闭合接通电磁开关吸引绕组和保持绕组电路。吸引绕组电路为:蓄电池正极→起动机电源端子"30"→起动继电器"BAT"端子→继电器支架、触点臂→继电器触点→继电器"S"端子→起动机"50"端子→吸引绕组 12→起动机磁场端子"C"→起动机磁场绕组、电枢绕组→搭铁→蓄电池负极。

保持绕组电路为:蓄电池正极→起动机电源端子"30"→起动继电器"BAT"端子、支架、触点→继电器"S"端子→起动机"50"端子(图中代号 10)→保持绕组 13→搭铁→蓄电池负极。

(2) 电磁开关与传动机构工作,起动机主电路接通并起动发动机。

当吸引绕组和保持绕组刚刚接通电流时,两绕组产生的磁通方向相同,使固定铁芯和活动铁芯磁化,在其磁力的共同作用下,活动铁芯 14 向前移动(图中为向左移动),并带动移动叉绕支点(支撑螺栓)转动,移动叉下端便拨动离合器 19 向右移动,离合器驱动齿轮 20 便与飞轮齿圈进入啮合,如图 4-20 (b) 所示。

【知识链接】

当驱动齿轮后移与飞轮齿圈发生抵住现象时,移动叉下端将先推动右半滑环压缩锥形弹簧继续向后移动,待电动机主电路接通使电枢轴稍微转动,驱动齿轮的轮齿与飞轮齿圈的齿槽对正时,即可进入啮合。

当驱动齿轮与飞轮齿圈接近完全啮合(啮合尺寸约为驱动齿轮齿宽的 2/3)时,活动铁芯带动推杆前移使开关触盘将起动机主电路(即电枢和磁场绕组电路)接通,起动机主电路为:蓄电池正极→起动机电源端子"30"→电动机开关触盘 6→起动机磁场端子"C"(图中代号 5)→磁场绕组→正电刷→电枢绕组→负电刷→搭铁→蓄电池负极。

起动机主电路接通时,电枢绕组和磁场绕组通过的电流很大(QD124、QD1212 型起动机为 600 A 左右),当电枢产生的电磁转矩超过发动机阻力矩时,就会驱动飞轮旋转,如图 4-20 (c) 所示。当转速达到一定值时,发动机便被起动。当驱动齿轮沿电枢轴的螺旋键槽向后移动（实为既转动又移动）时具有惯性力作用，后移至抵住安装在电枢轴上的止推垫圈 21 为止。止推垫圈内装卡环，卡环安装在电枢轴上，因此止推垫圈的作用是：将驱动齿轮向后移动的惯性冲击力加到电枢轴上，防止冲击力作用到后端盖上而打坏端盖。

（3）当主电路接通时，吸引绕组被开关触盘短路，保持绕组继续工作。

在开关触盘 6 将电动机开关触点接通（即将起动机端子"30"与"C"接通）之前，吸引绕组的电流是从起动机"30"端子经起动继电器触点、起动机"50"端子、吸引绕组 12 流到起动机"C"端子。当开关触盘将电动机端子"30"与"C"直接连通时，吸引绕组 12 便被开关触盘短路，吸引绕组没有电流流过而磁力消失。此时保持绕组继续通电。因为此时活动铁芯 14 与固定铁芯 11 之间的气隙（空气间隙）很小，所以保持绕组 13 的磁力能够将活动铁芯保持在吸合位置，故将绕组 13 称为保持绕组。

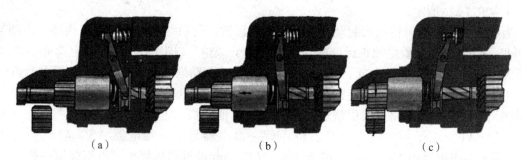

图 4-20 起动机的工作过程

(a) 初始状态齿轮分离；(b) 齿轮进入啮合；(c) 驱动飞轮旋转

4.4.2 发动机起动后起动系统的工作过程

（1）断开点火起动开关，起动继电器触点断开。

当发动机起动后，放松点火钥匙，点火起动开关将自动转回一个角度，切断起动继电器绕组电路。继电器绕组电流切断后，磁力消失，在继电器支架的弹力作用下，触点迅速断开。

（2）吸引绕组电流改道，电动机开关断开，齿轮分离。

当起动继电器触点刚刚断开时，吸引绕组 12 中的电流电路改道，其电路为：蓄电池正极→起动机电源端子"30"→电动机开关触点 8→开关触盘 6→起动机磁场端子"C"（图中代号 5）→吸引绕组 12→起动机"50"端子→保持绕组 13→搭铁→蓄电池负极。可见，此时吸引绕组 12 重又通电，但其电流和磁通方向与起动时相反。由于保持绕组 13 的电流和磁通方向没有改变，因此两个绕组产生的磁力相互抵消。在复位弹簧 15 的作用下，活动铁芯 14 立即右移复位，并带动推杆和开关触盘向右移动，使起动机主电路切断而停转。与此同时，移动叉带动单向离合器 19 向左移动，使驱动齿轮与飞轮齿圈分离，起动过程结束。

4.5 减速式起动机

在传动装置中设有减速装置的起动机称为减速式起动机，简称"减速起动机"。减速式起动机的直流电动机一般采用永磁磁极，故又称为永磁式减速起动机。

4.5.1 减速式起动机的结构组成

减速式起动机除减速装置之外，其他零部件的结构原理与电磁式起动机基本相同。典型的永磁式减速起动机的零部件组成如图 4-21 所示。

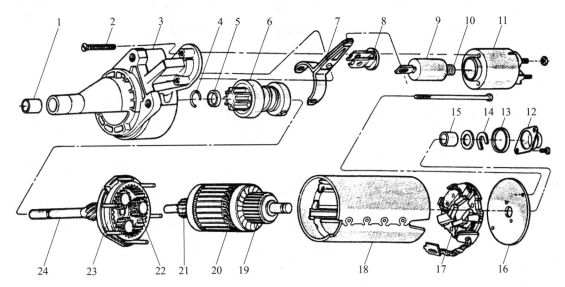

图 4-21 典型的永磁式减速起动机的零部件组成

1，15—铜衬套；2—固定螺栓；3—驱动端盖；4—卡环；5—止推垫圈；6—单向离合器；7—移动叉；
8—移动叉支点衬垫；9—活动铁芯；10—复位弹簧；11—电磁开关绕组总成；12—防尘盖；13—密封圈；
14—锁紧卡片；16—换向器端盖；17—电刷总成；18—电动机壳体；19—换向器；20—电枢；
21—减速器太阳轮；22—行星齿轮；23—内齿圈；24—减速器输出轴

4.5.2 减速装置的传动方式

减速装置安装在电枢轴与单向离合器之间，按传动方式不同分为平行轴圆柱齿轮外啮合传动式（如电装 12V11E1.4 型减速式起动机）、平行轴圆柱齿轮内啮合传动式（如 QD254 型减速式起动机）和同心轴行星齿轮传动式（如 DW1.4 型、QDJ124 型永磁式减速起动机）。

减速装置的3种减速传动方式如图 4-22 所示，技术性能如表 4-2 所示。在3种减速传动方式中，行星齿轮减速装置相对较好，这是因为行星齿轮减速装置具有以下优点：

(1) 负载平均分配在行星齿轮上，内齿圈可用塑料制成，可减小质量和降低噪声。
(2) 电枢轴和轴承上无径向负载，因此振动较小。
(3) 减速比大时，只影响起动机轴向长度。

4.5.3 减速装置的结构组成

QDJ124 型永磁式减速起动机行星齿轮式减速装置的结构如图 4-23 所示，它由内齿圈、3个行星齿轮、1个太阳轮（电枢轴齿轮）、1个固定行星齿轮的支架（即行星架）和减速器支架组成，各齿轮的啮合关系如图 4-24 所示。

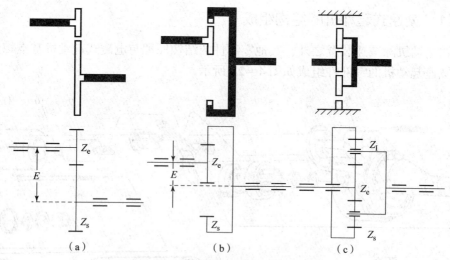

图4-22 减速装置的减速传动方式
(a) 外啮合式；(b) 内啮合式；(c) 行星齿轮式
E—中心距；Z_e—主动齿轮齿数；Z_s—从动齿轮齿数；Z_1—行星齿轮齿数

表4-2 起动机减速装置的性能比较

传动方式	外啮合式	内啮合式	行星齿轮式
齿轮数量	2	2	5
中心距	$E = \frac{m}{2}(Z_s + Z_e)$（大）	$E = \frac{m}{2}(Z_s - Z_e)$（小）	$E = 0$
传动比 i	$i = \frac{Z_s}{Z_e}$（较小）	$i = \frac{Z_s}{Z_e}$（较大）	$i = 1 + \frac{Z_s}{Z_e}$（较大）
减速比 j	$1 < j < 5$（j大时E大）	$2.5 < j < 5$（j大时E大）	$j > 3.8$（j大时体积大）
噪声	低	高	低
可靠性	高	高	低（原因：高速旋转零件多、磨损导致不平衡）

注：m为齿轮模数。

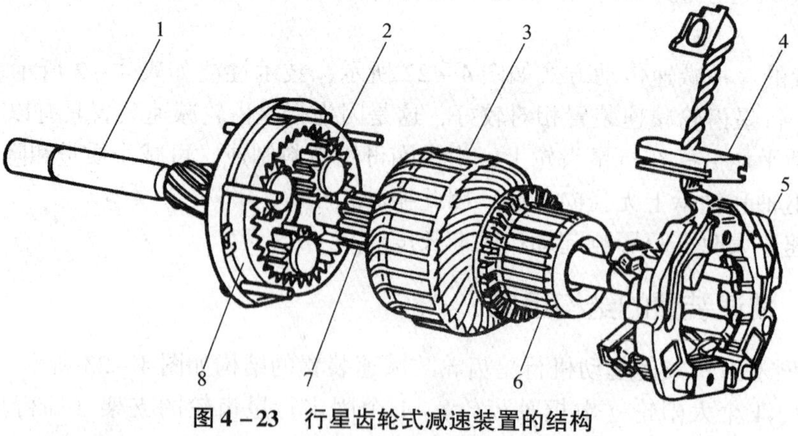

图4-23 行星齿轮式减速装置的结构
1—减速器输出轴；2—行星齿轮；3—电枢；4—橡胶定位块；5—电刷总成；
6—换向器；7—太阳轮（电枢轴齿轮）；8—内齿圈

行星架是一个圆盘，在圆盘上压装有 3 根行星齿轮轴，行星齿轮 2、3、4 可在轴上灵活转动。减速器输出轴与圆盘制成一体，输出轴上制有外螺旋键槽，以便与单向离合器传动导管的内螺旋键槽配合。内齿圈用塑料铸塑而成（部分国产配件用钢材制成），内齿圈与减速器支架制成一体，支架上制有 4 个定位销，以便安装定位。

当减速装置工作时，3 个行星齿轮在内齿圈内滚动。太阳轮为主动齿轮，制作在电枢轴的一端，并与 3 个行星齿轮保持啮合状态。太阳轮齿数 $Z_e = 11$ 个，内齿圈齿数 $Z_s = 37$ 个，减速比 j 为

$$j = 1 + \frac{Z_s}{Z_e} = 1 + \frac{37}{11} = 4.36$$

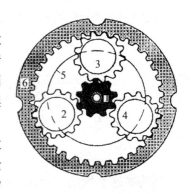

图 4 – 24　各齿轮的啮合关系
1—太阳轮；2，3，4—行星齿轮；
5—行星架；6—内齿圈

【特别提示】

由上述可见，减速装置输出轴上的转矩为电枢轴输入减速装置转矩的 4.36 倍，即电动机的输出功率经过减速装置减速增扭后，转速降低了 4.36 倍，转矩增大了 4.36 倍，从而达到减速式起动机减速增扭的目的。

4.5.4　减速式起动机的优点

与电磁式起动机相比，减速式起动机具有以下优点：

（1）起动转矩增大，起动可靠性高，有利于低温起动。

（2）比功率（即单位质量输出的功率）大，质量小。在输出功率相同的情况下，质量可减小 25% ~ 35%。

（3）外部尺寸小，其总长度可缩短 20% ~ 30%。因此，其在汽车上所占空间可大大缩小。

（4）减速增扭作用减轻了蓄电池的负荷，可相对延长蓄电池的使用寿命。

4.5.5　减速式起动机的减速增扭原理

减速式起动机采用的是高速、小型、低转矩直流电动机，其转速可达 15 000 ~ 20 000 r/min，通过减速装置降低电动机转速使输出转矩增大。其减速增扭原理如下：

电动机输出功率 P_i 等于电枢轴输入减速装置的转矩 T_i 与电枢轴的角速度 ω_i 之积，即

$$P_i = T_i \omega_i \tag{4-6}$$

减速装置输出轴上的功率 P_0 等于减速装置输出轴上的转矩 T_0 与其角速度 ω_0 之积，即

$$P_0 = T_0 \omega_0 \tag{4-7}$$

如果忽略减速装置的机械损失，则减速装置输出轴上的功率应当等于电动机输入减速装置的功率，即

$$P_0 = P_i \text{ 或 } T_0 \omega_0 = T_i \omega_i$$

$$T_0 = \frac{\omega_i}{\omega_0} T_i \tag{4-8}$$

由齿轮传动关系可知，处于啮合中的两个齿轮的角速度与两齿轮的齿数成反比，即

$$\frac{\omega_i}{\omega_0} = \frac{2\pi n_i}{2\pi n_0} = \frac{Z_0}{Z_i} \text{或} \frac{\omega_i}{\omega_0} = \frac{n_i}{n_0} = \frac{Z_0}{Z_i} \tag{4-9}$$

式中：Z_i、n_i——减速装置主动齿轮的齿数与转速（即电枢轴转速）；

Z_0、n_0——减速装置从动齿轮的齿数与转速。

将式（4-9）代入式（4-8），得

$$T_0 = \frac{n_i}{n_0} T_i = \frac{Z_0}{Z_i} T_i \tag{4-10}$$

因为减速装置的传动比 j（$j = 3 \sim 5$）为

$$j = \frac{n_i}{n_0} = \frac{Z_0}{Z_i} \tag{4-11}$$

将式（4-11）代入式（4-10），得

$$T_0 = jT_i = (3 \sim 5)T_i \tag{4-12}$$

【特别提示】

由此可见，减速装置输出轴上的转矩 T_0 为电枢轴输入减速装置转矩 T_i 的 3~5 倍，即电动机的输出功率经过减速装置减速增扭之后，转速降低了 3~5 倍，转矩增大了 3~5 倍，从而达到减速式起动机减速增扭的目的。

4.5.6 减速式起动机的工作过程

减速式起动机的工作过程与电磁式起动机基本相同，但是由于减速式起动机大都采用永磁式直流电动机，因此没有磁场绕组，其电磁开关接线座上的"C"端子直接与电动机的正电刷引线连接，如图 4-25 所示。因此，减速式起动机的控制电路与电磁式起动机略有不同。

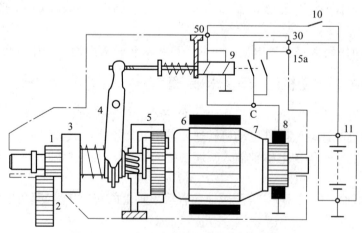

图 4-25 永磁式减速起动机的控制电路

1—驱动齿轮；2—飞轮齿圈；3—滚柱式单向离合器；4—移动叉；5—行星齿轮减速装置；
6—永久磁铁；7—电枢；8—正电刷；9—电磁开关；10—点火起动开关；11—蓄电池

1. 起动发动机时起动系统的工作情况

（1）接通点火起动开关，电磁开关绕组电路接通。当点火起动开关转到起动"START"

位置时，起动机电磁开关吸引绕组和保持绕组的电路接通。吸引绕组电流电路为：蓄电池正极→点火起动开关→起动机"50"端子→电磁开关的吸引绕组→起动机"C"端子→正电刷→电枢绕组→负电刷→搭铁→蓄电池负极。

保持绕组电流电路为：蓄电池正极→点火起动开关→起动机"50"端子→电磁开关的保持绕组→搭铁→蓄电池负极。

（2）电磁开关与传动机构工作，起动机主电路接通并起动发动机。电磁开关的吸引绕组和保持绕组通电后，其磁通使固定铁芯与活动铁芯磁化。由于此时两绕组产生的磁通方向相同，因此磁场叠加，固定铁芯与活动铁芯的磁力增强。在其磁力的共同作用下，活动铁芯向右移动，并通过拉杆带动挂在拉杆左端方形小孔上的移动叉绕支点转动，移动叉下端便拨动单向离合器向左移动，使驱动齿轮与发动机飞轮齿圈进入啮合。

当吸引绕组电流流过电枢绕组时，电枢轴便以较慢的速度旋转，以便驱动齿轮与飞轮齿圈啮合。

当驱动齿轮左移与飞轮齿圈发生抵住现象时，移动叉下端则先推动左半滑环压缩锥形弹簧继续向左移动，待电动机主电路接通使电枢轴稍微转动，驱动齿轮的轮齿与飞轮齿圈的齿槽对正时，即可进入啮合。在移动叉下端拨动离合器向左移动的同时，活动铁芯克服复位弹簧的弹力并推动开关触盘及开关触盘推杆向右移动。

当驱动齿轮与飞轮齿圈接近完全啮合时，开关触盘将起动机"30"端子与"C"端子接通，使电动机主电路接通，其电路为：蓄电池正极→起动机"30"端子→电动机开关触盘→起动机"C"端子→正电刷→电枢绕组→负电刷→搭铁→蓄电池负极。

电动机主电路接通时，电枢绕组中通过的电流很大（小轿车起动机稳定运转时为 160 A 左右），电动机产生电磁转矩经减速装置和离合器传给发动机飞轮齿圈。动力传递路径为：电枢轴齿轮（太阳轮）→行星齿轮→行星架→输出轴外螺旋键槽→离合器传动导管→离合器滚柱→离合器驱动齿轮→发动机飞轮。当电枢轴上的转矩经行星齿轮减速装置减速增扭后，并使单向离合器驱动齿轮上的驱动转矩超过发动机阻力矩时，便驱动飞轮旋转，使发动机起动。

【特别提示】

当单向离合器驱动齿轮沿减速器输出轴螺旋键槽向左移动（实为既转动又移动）时具有惯性力作用。左移极限位置是抵住安装在输出轴上的止推垫圈为止。因此，止推垫圈的作用是：将驱动齿轮移动的惯性冲击力加到输出轴上，防止冲击力作用到驱动端盖上而打坏驱动端盖。

（3）当主电路接通时，吸引绕组被开关触盘短路，保持绕组继续工作。在开关触盘将电动机开关触点"30"与"C"端子接通之前，吸引绕组的电流是从点火起动开关经起动机"50"端子流至起动机"C"端子。当开关触盘将起动机端子"30"与"C"直接连通时，吸引绕组便被开关触盘短路，吸引绕组无电流流过而磁力消失。此时保持绕组继续通电，因为此时活动铁芯与固定铁芯之间的气隙很小（约为 0.6 mm，静态时约为 6.2 mm），所以保持绕组的磁力能够将活动铁芯保持在吸合位置。

2. 发动机起动后起动系统的工作情况

当发动机起动后放松点火钥匙时，点火起关开关将自动转回一个角度并切断开关电路，此时吸引绕组电流方向将改变，其电路为：蓄电池正极→起动机"30"端子→开关触盘→

起动机"C"端子→吸引绕组→起动机"50"端子→保持绕组→搭铁→蓄电池负极。可见，此时吸引绕组重又通电，但其电流和磁通方向与起动时相反。由于保持绕组的电流和磁通方向并未改变，因此两个绕组产生的磁力相互抵消。在复位弹簧弹力的作用下，活动铁芯立即左移复位，开关触盘在复位弹簧的弹力作用下迅速向左移动，使起动机主电路切断。与此同时，移动叉绕支点转动，其下端带动离合器向右移动，使驱动齿轮与飞轮齿圈分离，起动过程结束。

4.6 同轴移动式起动机

利用电磁开关推动电枢轴孔内的啮合推杆移动，使驱动齿轮同步移动而啮入飞轮齿圈的起动机，称为同轴移动式起动机。

4.6.1 同轴移动式起动机的结构特点

同轴移动式起动机可以传递较大的扭矩，一般装备在功率较大的柴油发动机汽车上，如斯太尔 SX2190 车系、奔驰 Benz2026 型和陕汽 SX2150K 型汽车起动机。

【特别提示】

同轴移动式起动机虽然也是由直流电动机、传动装置和控制装置3部分组成的，但是由于起动机功率较大，因此电动机一般采用复励式直流电动机（即磁场绕组与电枢绕组的连接方式既有串联连接，也有并联连接），传动装置一般采用摩擦片式单向离合器，控制装置的起动继电器一般与起动机制作成一体。

QD2745 型同轴移动式起动机的结构如图 4-26 所示，零部件组成如图 4-27 所示。起动机的额定电压为 24 V，最大输出功率为 5.4 kW，其显著特点：一是起动机的轴向尺寸较大；二是由吸引绕组、保持绕组和铁芯等组成的联动继电器 11 安装在起动机电枢轴的一端，以便推动电枢轴孔内的啮合推杆移动使驱动齿轮啮入飞轮齿圈。

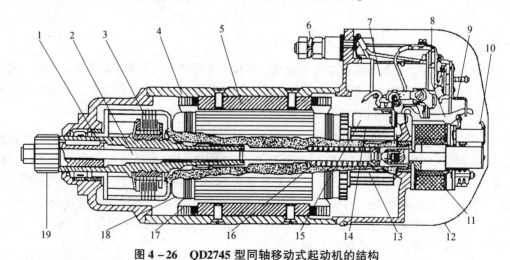

图 4-26　QD2745 型同轴移动式起动机的结构

1—驱动齿轮轴套导向轴；2—啮合推杆；3—摩擦片式单向离合器；4—电动机壳体；5—磁极；6—接线端子；7—起动继电器；8—锁止臂；9—移动臂；10—解脱凸缘；11—联动继电器；12—防护罩；13—换向器；14—电刷；15—电刷架；16—电枢轴；17—磁场绕组；18—电枢；19—驱动齿轮

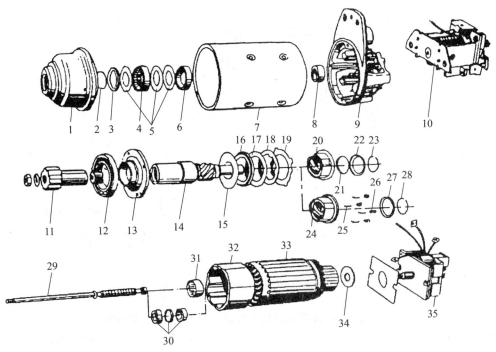

图 4-27　QD2745 型同轴移动式起动机的零部件组成

1—后端盖；2—卡簧；3—油封；4—轴承；5—挡油环；6，8—衬套；7—壳体；9—电刷架；10—起动继电器；
11—驱动齿轮；12—轴承；13—离合器盖板；14—导向轴；15—垫片；16—碟形垫片；17—调整垫片；
18—被动摩擦片；19—主动摩擦片；20，24—被动鼓；21—预紧弹簧圈；22，27—卡簧座圈；
23，28—卡簧；25—弹簧销；26—预紧弹簧；29—啮合推杆；30—衬套；31—轴承；
32—离合器主动鼓；33—电枢；34—轴端绝缘垫片；35—联动继电器

1. 直流电动机的结构特点

QD2745 型同轴移动式起动机采用复励式直流电动机，主要由电动机壳体、磁极、电枢、换向器和电刷组件等组成，其结构特点如下：

（1）电动机为四极四刷可变励磁方式（由串励式变换为复励式）直流电动机。电动机结构简图与控制电路如图 4-28 所示，设有 4 个磁极、4 只电刷，每个磁极上都绕制有主磁场绕组和副磁场绕组。

主磁场绕组 10 用矩形漆包铜线绕制，导线截面大，可以通过较大的电流。4 个主磁场绕组两两串联而后并联，一端连接在下触点 6 上，另一端连接正电刷，正电刷安放在正电刷架（绝缘电刷架）内。副磁场绕组 9 用较细的漆包铜线绕制，匝数较多；4 个副磁场绕组串联连接，一端连接在小触点 5 上，另一端经双触点 13 的常闭触点连接正电刷。当双触点 13 的常闭触点闭合时，电动机为串励式电动机；当双触点 13 的常开触点闭合时，副磁场绕组一端直接搭铁并与电枢绕组并联，电动机因此转变为复励式电动机，以便限制电枢转速，防止转速过高而损坏。

（2）电枢轴为空心结构，啮合推杆穿过电枢中心孔。如图 4-26 所示，啮合推杆 2 的一端固装驱动齿轮 19，另一端经过一只钢球与联动继电器 11 的顶杆接触。钢球用于定心传力，保证作用力作用在啮合推杆中心。当联动继电器绕组通电时，铁芯产生的电磁力将推动顶杆移动，顶杆通过钢球推动啮合推杆与驱动齿轮移动，使驱动齿轮与发动机飞轮进入啮合。

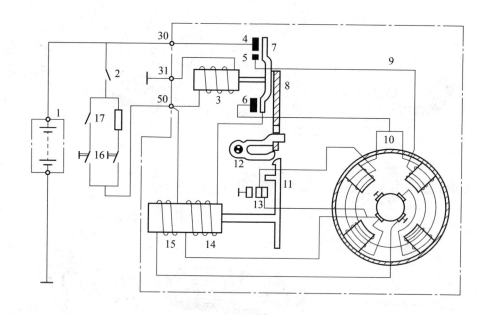

图 4-28　QD2745 型同轴移动式起动机组成的起动系统控制电路

1—蓄电池；2—电源开关；3—起动继电器绕组；4—上触点；5—小触点；6—下触点；7—接电桥；8—移动臂；9—副磁场绕组；10—主磁场绕组；11—解脱凸缘；12—锁止臂；13—双触点；14—吸引绕组；15—保持绕组；16—起动按钮（驾驶室内和发动机上各1个）；17—空挡起动开关

（3）离合器主动鼓与电枢制成一体。如图 4-27 所示，摩擦片式单向离合器的主动鼓 32 与电枢 33 的驱动端（靠近驱动齿轮一端）制成一体，主动鼓 32 的盖板（即离合器盖板 13）上制作有轴承座，离合器盖板用螺钉固装在主动鼓上。

2. 离合器的结构特点

离合器为摩擦片式单向离合器，结构如图 4-29 所示。离合器由主动鼓（如图 4-27 中部件 32 所示）、驱动齿轮轴套导向轴、碟形垫片、主动摩擦片、被动摩擦片、调整垫片和被动鼓等组成。

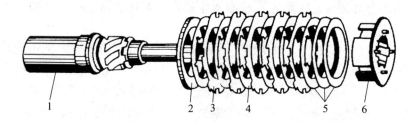

图 4-29　摩擦片式单向离合器的结构

1—驱动齿轮轴套导向轴；2—碟形垫片；3—主动摩擦片；4—被动摩擦片；5—调整垫片；6—被动鼓

主动鼓与电枢制成一体，被动鼓 6 通过内螺旋键槽与导向轴 1 上的外螺旋键槽配合。导向轴与驱动齿轮轴套用花键连接。除主动鼓外，离合器其他部件均可随啮合推杆轴向移动。

碟形垫片用来限制最大扭矩，防止起动机负荷过大而损坏。

3. 控制装置的结构特点

(1) 起动继电器与起动机安装在一起,以便控制电动机电路。同轴移动式起动机的工作特点与电磁式起动机有所不同,由控制电路(图4-28)可见,其电动机的主磁场电路和副磁场电路是由起动继电器和联动继电器(相当于电磁开关)协同控制。由于电动机工作电流较大(800 A以上),因此将起动继电器制作在起动机内,以便控制电动机电路。

(2) 联动继电器安装在电枢轴的一端。同轴移动式起动机工作时,依靠联动继电器顶杆推动啮合推杆移动,从而使驱动齿轮与飞轮啮合,其电枢不会移动。因此需要将联动继电器安装在起动机电枢轴的一端。

(3) 设有两条起动控制电路。由于驾驶室可以倾翻,为了便于检修发动机时起动试车,设有两条起动控制电路,如图4-28所示,其中一条控制电路的起动按钮设在仪表台上,供正常起动时使用;另一条控制电路的起动按钮设在发动机第五缸气门罩附近,供驾驶室倾翻后起动发动机使用。为了保证安全,在驾驶室倾翻后的起动控制电路中,串联有一只空挡开关。空挡开关17安装在变速器侧盖上,仅当变速器换挡杆处于空挡位置时,空挡开关才能接通,发动机才能起动。当换挡杆拨入任一前进挡或倒挡时,空挡开关将处于断开状态,起动机不可能运转,从而保证人车安全。

4.6.2 同轴移动式起动系统的工作过程

QD2745型同轴移动式起动机组成的起动系统控制电路如图4-28所示,起动继电器通过操纵接电桥7来控制吸引绕组14和副磁场绕组9的电路,并协同联动继电器控制电动机主磁场绕组10的电路(主电路)。起动继电器绕组3一端连接起动机壳体上的起动按钮接线端子"50",另一端连接搭铁端子"31"。起动机壳体上共设电源端子"30"、起动按钮端子"50"和搭铁端子"31"3个接线端子。端子"30"与"31"直径较大,端子"50"直径较小。"30"端子上设有红色标记,连接蓄电池正极。

【知识链接】

联动继电器既协同起动继电器控制电动机主电路,又直接控制啮合推杆和驱动齿轮移动。联动继电器铁芯上绕制有两个绕组,吸引绕组一端连接接电桥,另一端连接正电刷。当接电桥与上触点4(连接蓄电池正极)接通时,吸引绕组电路接通,并经电枢绕组搭铁;当接电桥与下触点6(连接主磁场绕组10)接触时,主磁场绕组电路接通,吸引绕组则被主磁场绕组短路。保持绕组15与起动继电器绕组并联,其电路的接通与切断受起动按钮控制。

起动继电器和联动继电器协同控制锁止臂12、解脱凸缘11和移动臂8,使接电桥7动作分两步进行,第一步是接通吸引绕组电路,使驱动齿轮与飞轮进入啮合;第二步是接通起动机主电路起动发动机。除此之外,还可改变副磁场绕组的连接方式。

1. 起动发动机时起动系统的工作过程

(1) 按下起动按钮时,起动继电器绕组和保持绕组电路接通。起动继电器绕组电路为:蓄电池正极→电源开关2→起动按钮16(驾驶室倾翻时,还经过空挡起动开关17)→起动机按钮接线端子"50"→起动继电器绕组3→搭铁→蓄电池负极。

保持绕组电路为:蓄电池正极→电源开关2→起动按钮16(驾驶室倾翻时,还经过空挡起动开关17)→起动机按钮接线端子"50"→联动继电器保持绕组15→搭铁→蓄电池负极。

(2) 接电桥使上触点和小触点闭合，副磁场绕组和吸引绕组电路接通。起动继电器绕组接通电流后铁芯磁化，产生电磁吸力吸引接电桥7（相当于触点臂）移动。由于移动臂8下端被锁止臂12顶住，因此接电桥下端不能移动，其上端移动使上触点4与小触点5接通，如图4-30所示，从而将副磁场绕组和吸引绕组电路接通。副磁场绕组电路为：蓄电池正极→起动机电源端子"30"→起动继电器上触点4→接电桥7→小触点5→副磁场绕组9→双触点13的常闭触点→正电刷→电枢绕组→负电刷→搭铁→蓄电池负极。

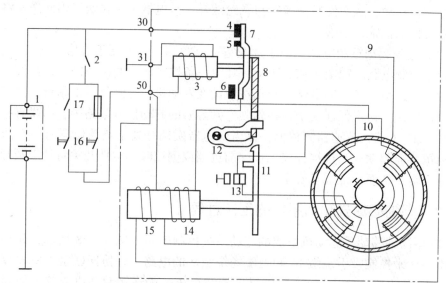

图4-30 上触点4和小触点5接通，副磁场绕组和吸引绕组电路接通
1—蓄电池；2—电源开关；3—起动继电器绕组；4—上触点；5—小触点；6—下触点；7—接电桥；8—移动臂；9—副磁场绕组；10—主磁场绕组；11—解脱凸缘；12—锁止臂；13—双触点；14—吸引绕组；15—保持绕组；16—起动按钮；17—空挡起动开关

吸引绕组电路为：蓄电池正极→起动机电源端子"30"→起动继电器上触点4→接电桥7→吸引绕组14→正电刷→电枢绕组→负电刷→搭铁→蓄电池负极。

【特别提示】

由上述可见，当按下起动按钮时，吸引绕组和保持绕组同时通电，联动继电器铁芯将产生较大的电磁吸力，并克服复位弹簧的弹力推动顶杆、啮合推杆与驱动齿轮向左移动。与此同时，吸引绕组和副磁场绕组电流流经电枢绕组使电动机缓慢转动，有助于驱动齿轮与发动机飞轮齿圈进入啮合。

(3) 锁止臂将移动臂释放，电动机主电路接通，发动机起动。当联动继电器铁芯使顶杆、啮合推杆和驱动齿轮等部件向左移动到接近极限位置时，铁芯上的解脱凸缘11将锁止臂12向上顶起使移动臂释放，接电桥7下端与下触点6接通，如图4-31所示，电动机主电路接通，发动机起动。主磁场绕组电路为：蓄电池正极→起动机电源端子"30"→起动继电器上触点4→接电桥7→下触点6→主磁场绕组10→正电刷→电枢绕组→负电刷→搭铁→蓄电池负极。

(4) 电动机主电路接通时，双触点的搭铁触点闭合，电动机转变为复励式电动机。在解脱凸缘11向左移动将锁止臂12向上顶起的同时，还将副磁场绕组电路中双触点的常闭触点顶开，并使常开触点（搭铁触点）闭合，如图 4-31 所示，副磁场绕组直接搭铁，并与电枢绕组形成并联电路，电动机由串励式转变为复励式，从而达到限制电枢轴最高转速的目的。

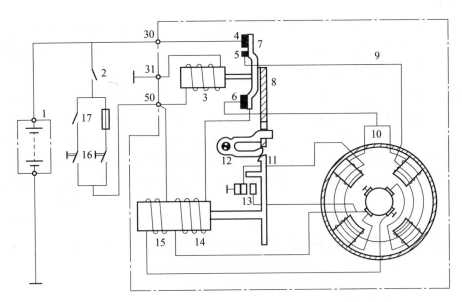

图 4-31 移动臂释放，接电桥 7 与下触点 6 接通，电动机主电路接通

1—蓄电池；2—电源开关；3—起动继电器绕组；4—上触点；5—小触点；6—下触点；7—接电桥；8—移动臂；9—副磁场绕组；10—主磁场绕组；11—解脱凸缘；12—锁止臂；13—双触点；14—吸引绕组；15—保持绕组；16—起动按钮；17—空挡起动开关

【特别提示】

在接电桥移动使下触点闭合时，吸引绕组与主磁场绕组组成并联电路。由于主磁场绕组的阻值远远小于吸引绕组的阻值，因此吸引绕组电流很小，联动继电器铁芯主要由保持绕组产生的电磁吸力保持在吸合后的位置，使驱动齿轮与飞轮保持啮合。

在起动过程中，如果发动机阻力矩过大而超过起动机最大转矩时，离合器的碟形垫片将产生变形，使主、被动摩擦片打滑来限制起动机的最大转矩，以免损坏起动机。

2. 发动机起动后起动系统的工作过程

放松起动按钮时，起动继电器绕组和联动继电器保持绕组电路切断，联动继电器铁芯磁力消失，接电桥在复位弹簧张力的作用下复位，吸引绕组与主、副磁场绕组电路切断，联动继电器铁芯和顶杆复位，电动机停止转动。啮合推杆和驱动齿轮在复位弹簧张力的作用下右移复位，齿轮分离，起动系统恢复初始状态。

4.7 起动机的维护与检修

为了保证汽车发动机能够随时顺利起动，除了保证蓄电池具有充足的电能之外，还必须保证起动机的技术状态良好。

4.7.1 起动机的维护

【特别提示】

起动机工作时,电流大,转速高。因此,在使用起动机时,每次接通起动机的时间不得超过 5 s,连续两次接通起动机应间歇 15 s 以上;当连续 3 次接通起动机仍不能起动发动机时,应查明原因并排除故障后再使用起动机。

起动机的维护工作包括下述几项:

(1) 汽车每行驶 6 000~7 500 km,应检查起动机工作是否正常,有无异常噪声。

(2) 汽车每行驶 12 000~15 000 km,应检查起动机外观、导线连接与紧固情况。

(3) 接通起动机并稳定运转 5 s 时,检测 12 V 蓄电池的端电压应不低于 9.6 V。如果端电压低于 9.6 V,说明蓄电池存电不足或有极板硫化、短路等故障,应及时补充充电或更换新品。

4.7.2 起动机的分解

各型起动机的分解程序大同小异,装复时按相反顺序进行即可。下面以 QD1255 型起动机为例说明。

(1) 拆下电磁开关固定螺钉,取下电磁开关总成。

(2) 拆下电动机夹紧螺栓和换向器端盖固定螺钉,取下换向器端盖。

(3) 适当移动电刷架位置,以便检测电刷弹簧压力,并拆下电刷总成。

(4) 拆下磁场绕组与电动机壳体总成。

(5) 拆下移动叉支点螺栓,取下移动叉、电枢总成和离合器。

(6) 拆下电枢轴上的限位卡环,将电枢总成与离合器分离。

【特别提示】

分解起动机时,需要注意以下几点:

(1) 电磁开关、减速装置一般无须分解。如检测结果需要分解电磁开关时,应当使用 50 W/220 V 电烙铁先将端盖上的引线焊点焊开之后才能进行分解。

(2) 电枢绕组、磁场绕组、电刷和离合器不能用清洗油清洗,只能用棉纱蘸少量汽油擦拭清洁。

(3) 分解时,注意换向器轴前端的绝缘垫圈、中间支撑板后面的绝缘垫圈或金属垫圈以及止推垫圈是否完好,否则应予以更换。

4.7.3 起动机零部件的检修

起动机零部件的检修项目、检修方法与技术要求如表 4-3 所示。

1. 磁极部分的检修

磁极部分的检修主要是检测磁场绕组有无断路、搭铁和短路故障。此外,磁极表面如有磨损痕迹或划痕,说明电枢有"扫膛"现象(即电枢与磁极发生摩擦的现象)。一方面需要检查换向器端盖和驱动端盖上电枢轴端部的铜质衬套是否过度磨损;另一方面需要注意检查电枢轴的弯曲度。

表 4-3 起动机零部件的检修项目、检修方法与技术要求

	检修项目	检测方法	技术要求	处理方法
磁极部分	磁场绕组	目测	无断路	焊接
		12 V 直流电	无短路	更换
		交流试灯	无搭铁	更换
电枢部分	电枢绕组	目测	无断路	焊接
		电枢检测仪	无短路	更换
		交流试灯	无搭铁	更换
	换向器	千分表测	失圆度不大于 0.05 mm	车圆
		目测	无烧蚀、脏污	磨光
	换向器铜片厚度	直尺测	不小于 2 mm	更换
	电枢轴弯曲度	千分表测	摆差不大于 0.15 mm	校直
电刷组件	电刷高度	直尺测	不小于 7 mm	换新
	电刷接触面	目测	不小于 60%	磨合
	电刷弹簧压力	弹簧秤	12~15 N	校正或换新
电磁开关	触点	目测	无烧蚀	磨光
		交流试灯	绝缘良好	更换
	触盘	直尺测	不小于 1.5 mm	换新
		目测	无烧蚀、脏污	磨光
	保持绕组	万用表	(0.97±0.10) Ω	焊接或换新
	吸引绕组	万用表	(0.6±0.05) Ω	换新
单向离合器	驱动齿轮	直尺测	齿长不小于 16 mm	换新
	单向滑轮	扭力扳手	不小于 29.4 N	换新

1) 磁场绕组断路故障的检修

起动机磁场绕组断路故障可用万用表或 220 V 交流试灯进行检测。方法如图 4-32 所示,两只表笔分别连接磁场绕组引线端头和正电刷,试灯应当发亮或万用表指示的阻值应当接近零。如试灯不亮(或阻值为无穷大),说明磁场绕组断路。

【特别提示】

断路故障一般是磁场绕组与电刷引线连接部位焊点松脱或虚焊所致,修理时先用钢丝钳夹紧连接部位,然后用 200 W/220 V 电烙铁将连接焊点焊牢即可。

2) 磁场绕组搭铁故障的检修

起动机磁场绕组搭铁故障可用万用表或 220 V 交流试灯进行检测,方法如图 4-33 所示。

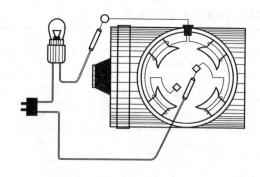
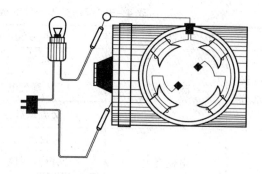

图 4-32 磁场绕组断路故障的检测　　　　图 4-33 磁场绕组搭铁故障的检测

检测时，两只表笔分别连接磁场绕组引线端头和起动机壳体，万用表应不导通（即阻值应为无穷大）或试灯应不发亮。如万用表导通（即阻值约为零）或试灯发亮，说明磁场绕组绝缘损坏而搭铁，需要更换磁场绕组或起动机。

3）磁场绕组短路故障的检修

磁场绕组短路故障可用图 4-34 所示方法进行检测。将磁场绕组与 12 V 蓄电池连接，在电路中连接一只前照灯灯泡和一只开关。当开关接通时（通电时间不超过 5 s），用螺丝刀检查每个磁极的电磁吸力是否相同。如某一磁极吸力过小，说明该磁极上的磁场绕组匝间短路。磁场绕组一般不易发生短路，如有短路故障则需重新绕制或更换起动机。

2. 电枢部分的检修

起动机电枢部分的检修主要是检查电枢绕组有无断路、搭铁和短路故障以及电枢轴是否弯曲。

1）电枢绕组搭铁故障的检修

电枢绕组搭铁故障可用万用表或 220 V 交流试灯进行检测，方法如图 4-35 所示。

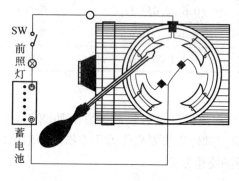
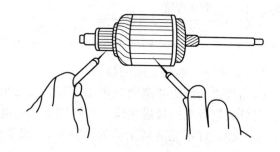

图 4-34 磁场绕组短路故障的检测　　　　图 4-35 电枢绕组搭铁故障的检测

检查时，两只表笔分别连接电枢铁芯与换向片，万用表应不导通（试灯应不发亮）。如果万用表导通或试灯发亮，说明电枢绕组搭铁，需要更换电枢总成。

2）电枢绕组断路故障的检修

起动机电枢绕组采用截面积较大的矩形（或圆形）漆包铜线绕制，因此，一般不会发生断路故障。如有断路故障发生，通过外观检查即可判断。发现断路故障时，可用 200 W/220 V 电烙铁焊接修复。

3) 电枢绕组短路故障的检修

电枢绕组流过电流较大，当绝缘纸烧坏时就会导致绕组匝间短路。除此之外，当电刷磨损的铜粉将换向片间的凹槽连通时，也会导致绕组短路。电枢绕组短路故障只能利用电枢检测仪进行检测，方法如图 4-36 所示。

【知识链接】

检测电枢绕组短路故障时，先将电枢放在电枢检测仪的 U 形铁芯上，并在电枢上部放一块钢片（如锯条），然后接通电枢检测仪电源，再缓慢转动电枢一周，钢片应不跳动。如果钢片跳动，说明电枢绕组有短路故障。由于绕制电枢绕组的导线截面积较大，绕线形式均采用波形绕法，所以当换向器有一处短路时，钢片将在 4 个槽上出现跳动现象。当同一个线槽内的上、下两层绕组短路时，钢片将在所有槽上出现跳动现象。当短路发生在换向器片之间时，用钢丝刷清除换向片间的铜粉即可排除。当短路发生在电枢绕组之间时，只能更换电枢总成。

4) 电枢轴弯曲度的检测

起动机的电枢轴较长，如果发生弯曲，电枢旋转时就会出现"扫膛"现象而影响起动机工作。因此在检修起动机时，应当使用千分表检测电枢轴弯曲度，方法如图 4-37 所示，其摆差应不大于 0.15 mm，否则应予以校直或更换电枢总成。

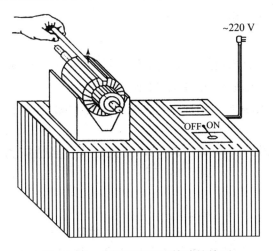

图 4-36 电枢绕组短路故障的检测

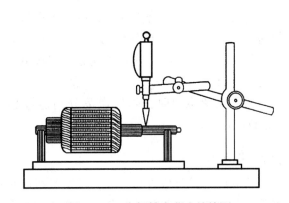

图 4-37 电枢轴弯曲度的检测

3. 电刷组件的检修

电刷组件的检修主要是正电刷架绝缘、电刷高度和电刷弹簧压力的检测。

1) 正电刷架绝缘的检测

将万用表的两只表笔分别接正电刷架与负电刷架（或电刷架底板），如图 4-38 所示，万用表应不导通（即阻值应为无穷大）。如果万用表导通（即阻值为零），说明该正电刷架搭铁，应更换电刷架的绝缘垫片或电刷架总成。

2) 电刷高度的检测

电刷高度可用钢板尺测量。新电刷高度为 14 mm，使用极限高度为 7 mm。低于极限高度时，应更换电刷。此外，电刷与换向器的接触面积应在 75% 以上。

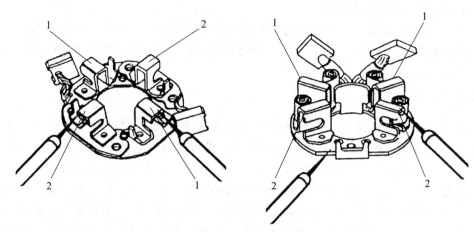

图 4-38 电刷架绝缘的检测
1—负电刷架；2—正电刷架

3）电刷弹簧压力的检测

用弹簧秤沿弹簧切线方向检测弹簧的压力应为 12～15 N。如压力不足，可逆着弹簧的螺旋方向扳动弹簧来增加弹力，如仍无效，则应更换新品。

4. 电磁开关的检修

电磁开关的检修主要是吸引绕组、保持绕组和复位弹簧的检测。

1）吸引绕组和保持绕组的检测

电磁开关的吸引绕组和保持绕组可通过用万用表测量绕组的电阻值进行检测。检测电阻值时，指针式万用表置于 $R \times 1\ \Omega$ 挡，数字式万用表置于 OHM $\times 200\ \Omega$ 挡。

检测吸引绕组时，两只表笔分别连接电磁开关端子"50"和磁场绕组端子"C"，阻值应为 $0.5\ \Omega$ 左右。

检测保持绕组时，两只表笔分别连接起电磁开关端子"50"和开关外壳，阻值应为 $1.0\ \Omega$ 左右。

【特别提示】

检测时，如阻值为无穷大，说明绕组断路；如阻值过小，说明绕组匝间短路。断路一般都是绕组端头与接线端子的焊点脱焊或虚焊所致，用 50 W/220 V 电烙铁焊接即可；绕组短路则需重新绕制或更换电磁开关总成。绕制绕组时，导线的直径、匝数、绕线方向必须与原绕组相同。

2）复位弹簧的检测

用手先将挂钩及活动铁芯压入电磁开关，然后放松，如图 4-39 所示，活动铁芯应能迅速复位。如铁芯不能复位或出现卡滞现象，则应更换复位弹簧或电磁开关总成。

5. 单向离合器的检修

检测单向离合器功能的方法如图 4-40 所示，一手捏住离合器壳体，另一手转动驱动齿轮，当沿顺时针方向转动驱动齿轮能被锁止时，沿逆时针方向应能灵活自如地转动转动齿轮，否则应更换新品。

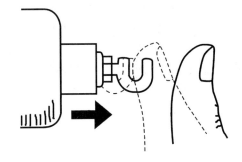
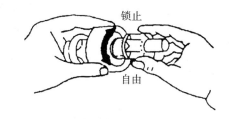

图 4-39　复位弹簧的检测　　　　　图 4-40　单向离合器功能的检测

4.7.4　起动机的组装

起动机形式不同，具体组装程序也不相同，但基本原则都是按分解时的相反顺序进行。组装起动机的一般步骤是：先将离合器和拨叉装入驱动端盖内，再装电枢轴的中间支撑板，将电枢轴插入驱动端盖内，装上电动机壳体和电刷端盖，并用长螺栓连接拧紧，然后装上电刷和防尘罩；最后安装电磁开关。

【特别提示】

在组装起动机的过程中应特别注意以下几点：

（1）注意检查各轴承的同心度。电枢轴由3个铜轴承支承，往往不易同心。若不同心，就会增加电枢轴运转的阻力。检查方法是：各轴颈与各铜套配合时，既能转动自如，又感觉不出有明显的间隙（中间轴套间隙可稍大一点）。在中间轴套支承与后端盖结合好后，应将电枢轴装入试转。此时应转动自如，无卡住现象，装上换向器端盖后，再次转动电枢，应转动灵活，否则为轴套不同心。发现轴套不同心时，轻者可以修刮轴套，严重时应更换个别铜套。

（2）各铜套、电枢轴颈、键槽和承推垫圈等摩擦部位，都应使用润滑脂予以润滑。

（3）固定中间轴套支撑板的螺钉，一定要带弹簧垫圈。否则，工作中支撑板振动会使螺钉松脱而造成起动机不能正常工作，甚至损坏起动机。

（4）驱动齿轮端面的止推垫圈和换向器端面的胶木垫圈以及中间铀套支撑板靠近离合器一侧的胶木承推垫圈，装复时不要遗漏。

（5）磁极与电枢铁芯间应有 0.82~1.80 mm 间隙，最大不应超过 2 mm，不可有相互碰刮现象。

（6）电枢轴轴向间隙不宜过大，一般为 0.2~0.7 mm，间隙不当时，可改变轴前端或后端垫圈的厚度进行调整。

4.7.5　起动机与起动继电器的调整

起动机检修后，在装车使用之前，需要对电动机开关的接通时机和驱动齿轮端面与驱动端盖凸缘之间的间隙（距离）进行调整。

1. 电动机开关接通时机的调整

电动机开关接通时机的调整方法如图4-41所示。先将活动铁芯1向前推到底，然后用游标卡尺或钢板尺测量驱动齿轮 8 的端面与限位螺母 9 之间的间隙应当符合表 4-4 中的规定。间隙不当时，可取下连接销 4，拧松锁紧螺母 2，转动调整螺钉 3 即可进行调整。

2. 驱动齿轮端面与驱动端盖凸缘之间间隙的调整

起动机在静止状态下，驱动齿轮端面与驱动端盖凸缘之间的间隙（距离）应当符合表 4-4 中的规定。间隙不当时，可拧松锁紧螺母 6，转动限位螺钉 7 进行调整。部分起动机无须进行此项调整，该间隙（距离）由结构设计保证。

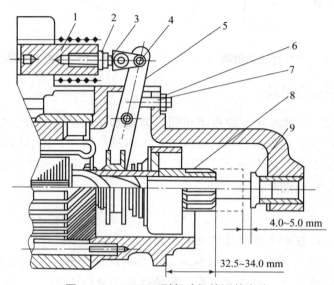

图 4-41 QD321 型起动机的调整方法
1—活动铁芯；2—锁紧螺母；3—调整螺钉；4—连接销；5—拨叉；
6—锁紧螺母；7—限位螺钉；8—驱动齿轮；9—限位螺母

表 4-4 起动机调整技术参数

起动机型号	电动机开关接通时驱动齿轮端面与限位螺母之间的间隙/mm	驱动齿轮端面与驱动端盖凸缘之间的间隙/mm
QD124	29.0~32.0	4.5±1
QD321	32.5~34.0	4.0~5.0
QD121	31.0~32.0	4.5±1

4.7.6 起动继电器的检验与调整

起动继电器的检验与调整包括其闭合电压和断开电压的检验与调整。

1. 闭合电压的检验与调整

起动继电器的闭合电压是指：起动继电器触点由断开状态转为闭合状态时，作用在起动继电器线圈两端的电压。

【特别提示】

当闭合电压过高（高于电源电压）时，接通起动开关，起动继电器触点就不能闭合，起动机就不会工作。

检验起动继电器闭合电压的电路如图 4-42 所示。由图可见，在起动继电器线圈电路中，需要串联一个可变电阻；电压表直接并联在线圈两端，电源用 12 V 蓄电池或直流电源均可。

检验之前，将可变电阻阻值调到最大。检验时，缓慢调小可变电阻阻值，使作用在起动继电器线圈两端的电压逐渐升高。当触点闭合时，电压表指示的电压即起动继电器的闭合电压，其值应当符合表 4-5 中的规定。

如闭合电压不符规定，应改变触点臂与铁芯之间的气隙进行调整。JQ-1 型起动继电器的气隙为 0.8～1.0 mm，可用尖嘴钳弯曲调整钩 1，改变触点臂与铁芯之间的气隙进行调整。当静态气隙增大时，闭合电压将升高；反之，当静态气隙减小时，闭合电压将降低。

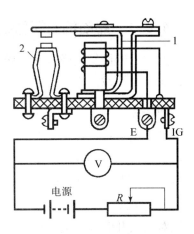

图 4-42 起动继电器检验电路
1—调整钩；2—静触点支架

表 4-5 起动继电器的调整数据

名称	12 V 电气系统	24 V 电气系统
继电器闭合电压/V	6.0～7.6	14.0～16.0
继电器张开电压/V	3.0～5.5	4.5～8.0

2. 断开电压的检验与调整

起动继电器的断开电压是指：起动继电器触点由闭合状态转为断开状态时，作用在起动继电器线圈两端的电压。

【特别提示】

当断开电压过高时，就会导致起动机的活动铁芯产生连续不断的往复运动，即产生"打机枪"似的"哒哒"声而不能起动发动机。除断开电压过高之外，电磁开关的保持线圈断路或蓄电池严重亏电时，起动机也会产生"打机枪"现象。

检验断开电压的电路与检验闭合电压相同。检验时，先接通电源使起动继电器触点闭合，然后逐渐调大可变电阻阻值使线圈两端电压缓慢降低。触点断开时电压表指示的电压即起动继电器的断开电压。

如断开电压不符规定，应改变触点间隙进行调整。JQ-1 型起动继电器的触点间隙为 0.6～0.8 mm，可用尖嘴钳改变静触点支架的形状进行调整。当夹拢支架时，触点间隙减小，断开电压升高；反之，当撑开支架时，触点间隙增大，断开电压降低。

4.8 起动机的试验

新生产的起动机必须在专用试验台上进行空载性能和制动性能试验。对修复后的起动机，可用简易的方法进行电磁开关和空载性能试验。

4.8.1 起动机的简易试验

起动机的简易试验包括电磁开关的吸引动作、保持动作、复位动作试验以及起动机的空载性能简易试验。

【知识链接】

汽车起动机一般安装在发动机侧面,将其安装在汽车上操作十分不便。为了检查起动机维修质量和减少维修工作量,修复后的起动机可固定在虎钳上进行简易试验,试验之前先将蓄电池充足电。每项试验应在 3~5 s 完成,以防烧坏线圈。

1. 电磁开关的吸引动作试验

对电磁开关进行吸引动作试验的方法和程序如下:

(1) 将起动机固定在虎钳上。

(2) 拆下起动机磁场端子"C"上的磁场绕组电缆引线(永磁式起动机为正电刷引线)端子,用带夹电缆将起动机磁场端子"C"和电磁开关壳体与蓄电池负极连接,如图 4-43 所示。

(3) 用带夹电缆将起动机端子"50"与蓄电池正极连接时,驱动齿轮应向外移出。如果驱动齿轮不动,则说明电磁开关故障,应予以修理或更换新品。

2. 电磁开关的保持动作试验

在吸引动作试验的基础上,当驱动齿轮在伸出位置时,拆下起动机磁场端子"C"上的电缆夹,如图 4-44 所示,此时驱动齿轮应保持在伸出位置不动。如果驱动齿轮复位,说明保持线圈断路,应予以检修或更换电磁开关。

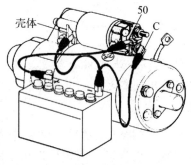 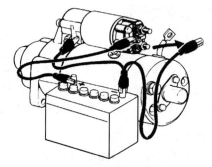

图 4-43 吸引动作试验方法　　　　图 4-44 保持动作试验方法

3. 电磁开关的复位动作试验

在保持动作试验的基础上,再拆下起动机壳体上的电缆夹,如图 4-45 所示。此时驱动齿轮应迅速复位。如果驱动齿轮不能复位,则说明复位弹簧失效,应更换弹簧或电磁开关总成。

4. 驱动齿轮端面与止推垫圈之间间隙的检测

检测驱动齿轮端面与止推垫圈之间间隙的试验方法和程序如下:

(1) 将起动机固定在虎钳上。

(2) 将磁场绕组电缆引线(永磁式起动机为正电刷引线)连接到起动机磁场绕组端子"C"上,用带夹电缆将起动机壳体与蓄电池负极连接,如图 4-46 所示。

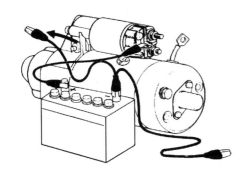

图 4-45　复位动作试验方法

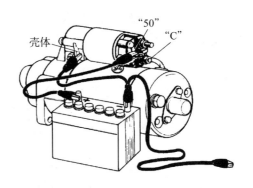

图 4-46　驱动齿轮端面与止推垫
之间间隙的检测方法

（3）用带夹电缆将起动机端子"50"与蓄电池正极连接时，驱动齿轮应向外移出，与此同时，用游标卡尺测量驱动齿轮端面与止推垫圈之间间隙，标准值应为 0.1～0.4 mm。间隙不当时，可通过调整活动铁芯连接移动叉挂钩的旋入量或旋出量进行调整。

5. 起动机的空载性能简易试验

测试起动机的空载性能时，先将蓄电池充足电，然后按下述方法和程序进行：

（1）将磁场绕组电缆引线（永磁式起动机为正电刷引线）连接到起动机磁场绕组端子"C"上。

（2）用带夹电缆将蓄电池负极与电磁开关壳体连接，将量程为 0～100 A 的直流电流表连接在蓄电池正极与起动机端子"30"之间，如图 4-47（a）所示。

（3）当将端子"50"与端子"30"连接时，如图 4-47（b）所示，驱动齿轮应向外伸出，起动机应平稳运转。测量电流、电压和转速等各项指标应符合空载性能指标规定。

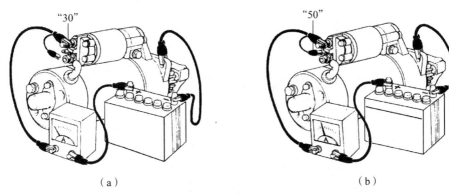

图 4-47　起动机的空载性能简易试验的线路与方法
(a) 试验线路；(b) 试验方法

【知识链接】

对于一般起动机来说，当蓄电池电压大于或等于 11.5 V 时，消耗电流应不超过 90 A，转速不低于 5 000 r/min（减速式起动机不低于 3 000 r/min）。

4.8.2　起动机的性能试验

起动机的性能试验包括空载性能试验和制动性能试验两项内容。根据汽车行业标准 QC/

T 731—2005《汽车用起动机技术条件》的规定，起动机的性能试验必须在专用试验台上进行，试验电路如图4-48所示。常用起动机的性能参数如表4-6所示。

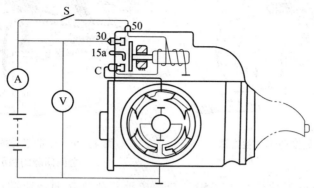

图4-48 起动机的性能试验电路

表4-6 常用起动机的性能参数

起动机型号	额定参数		空载性能试验		制动性能试验			适用车型
	电压/V	功率/kW	电流≤/A	转速>/(r·min^{-1})	电压≤/V	电流≤/A	扭矩>/(N·m)	
QD121 QD1255 QD1277	12	1.1	100	5 000	8	525	15.68	北京吉普车
QD124 QD1211 QD1212	12	2.0	95	5 000	8	650	29.4	东风载货汽车
QD1215 QD124A	12	2.0	90	5 500	8	600	25.49	解放载货汽车
QD122C	12	1.47	75	4 700	8	600	29.4	EQ2100
QD1238A	12	1.1	75	7 500	8	480	12.70	NJ1041C
QD251A QD251B	24	3.7	70	5 200	10	560	19.60	NJ1061
QD1225 QD1229	12	0.95	110	5 000	8	480	13.00	上海大众轿车
DW1.4 QD1237 QDY124	12	1.4	75	2 900	9.6	160	—	切诺基吉普车
QD251	24	3.5	90	6 000	9	900	34.30	NJ1061D
KB24	24	4.78	95	3 900	8	1 430	110	奔驰2026
QD2745	24	5.4	80	5 500	12	1 450	78.4	斯太尔系列

续表

起动机型号	额定参数		空载性能试验		制动性能试验			适用车型
	电压/V	功率/kW	电流≤/A	转速>/(r·min⁻¹)	电压≤/V	电流≤/A	扭矩>/(N·m)	
QDY1206	12	1.1	永磁式减速起动机					上海大众轿车
QDY1211	12	1.1	永磁式减速起动机					帕萨特
QDY1216	12	1.4	永磁式减速起动机					一汽大众奥迪A6
QDY1218 QDY1218A	12	1.1	永磁式减速起动机					一汽大众BORA、奥迪A4
QDY1237D	12	1.4	永磁式减速起动机					一汽大众捷达
QDY1208	12	1.1	永磁式减速起动机					二汽富康轿车
QDY1245	12	1.3	永磁式起动机					猎豹越野车
QDJ1302	12	2.4	减速式起动机					南京依维柯2.8 L

1. 空载性能试验

空载性能试验又称为空转性能试验。试验之前，先将蓄电池充足电。试验时接通开关S，待电动机运转稳定后，测量起动机消耗的电流、电压和转速等指标，这些指标应当符合标准规定。

【知识链接】

将测得的参数与标准值进行比较，判断起动机有无故障。若电流大、转速低，则说明起动机装配过紧，使摩擦阻力矩过大或有电气故障。机械故障的原因有：轴承（或铜套）磨损过多，使电枢轴与轴承不同心；电枢轴弯曲，使电枢与磁极发生摩擦等。导致电流大、转速低的电气故障原因有：磁场绕组、电枢绕组匝间短路或搭铁。

若电流和转速均低于标准值，则说明电动机电路接触不良或电源电力不足。如果蓄电池存电充足，则故障原因是电刷与换向器接触不良或电刷弹簧压力不足等。

2. 制动性能试验

制动性能试验又称为扭矩性能试验，是一种锁止起动机驱动齿轮，接通电枢电流使其输出扭矩的试验。

试验之前，先将蓄电池充足电。试验时，将起动机固定在专用试验台上，给驱动齿轮加上负载，接通开关S，测量电源电压、起动机电流和输出扭矩等指标，这些指标应当符合标准规定。常用起动机的制动性能参数如表4-6所示。由于起动机工作电流较大，制动试验应在3~5 s完成，以防烧坏线圈。

【知识链接】

起动机在使用过程中进行制动性能试验的主要目的是检查起动机有无电气故障。如果制动扭矩小、电流大，则说明磁场绕组或电枢绕组有匝间短路或搭铁故障，导致产生扭矩的有效线圈减少。

如果扭矩和电流都小于标准值，则说明主电路接触不良，例如电刷与换向器接触不良或电刷弹簧压力不足等。

如果在驱动齿轮锁止的情况下电枢轴仍能缓慢转动，则说明单向离合器打滑。

4.9 无钥匙起动系统

随着电子技术、通信技术和网络技术的发展，许多中高档轿车使用了无钥匙起动系统。当起动车辆时，如果智能钥匙在车内，检测系统会立即识别出智能卡，车内电控单元会进入工作状态。在满足一定条件的情况下，如自动变速器选挡手柄开关位于P（停车）或N（空挡）位置、踩下制动踏板等，当驾驶人按下"ENGINE START STOP（发动机起动或停机）"按钮时，如图4-49（a）所示，车辆即可起动。有的车型能够利用车钥匙发射器遥控起动发动机，如图4-49（b）所示。利用车钥匙的遥控功能起动发动机时，在满足一定条件的情况下，发动机可以起动并运行一定时间。在发动机电控单元ECU的控制下，若驾驶人在规定的时间内未进入车辆进行操作，发动机将自行停止运转。

（a）

（b）

图4-49 无钥匙起动按钮与遥控起动车钥匙

【应用案例】

一汽奥迪系列轿车无钥匙起动系统的工作过程如图4-50所示。该系统的数据交换及工作过程如下：

（1）驾驶人按下"使用和起动授权按钮E408"时，按钮E408将"点火开关接通"和"发动机起动"信息发送到"使用和起动授权开关E415"和"使用和起动授权控制单元J518"。

（2）"使用和起动授权开关E415"将此信息通过数据线继续传递给"使用和起动授权控制单元J518"，控制单元J518对两个信息进行比较。

（3）控制单元J518将钥匙查询信息发送给"无钥匙式使用授权天线读取单元J723"。天线读取单元J723通过所有"起动和使用授权天线"将钥匙查询信号发送给车钥匙。

（4）车钥匙根据这些信息确定钥匙在车上的位置，并将位置信息发送给"中央门锁与防盗警报装置天线R47"。

（5）"中央门锁与防盗警报装置天线R47"收到这个信息后，通过"使用和起动授权开关E415"传送给"使用和起动授权控制单元J518"。

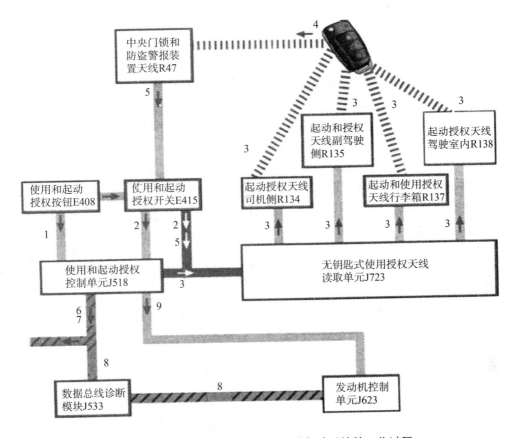

图4-50 一汽奥迪系列轿车无钥匙起动系统的工作过程

(6) 控制单元J518将点火信号发送到CAN总线上，此时电子转向柱锁解锁。

(7) 电子转向锁完全打开后，点火电源端子"15"接通电源。

(8) 点火电源端子"15"接通电源后，"发动机控制单元J623"与"使用和起动授权控制单元J518"之间开始经CAN数据总线进行数据交换，防盗系统被停用。

(9) "使用和起动授权控制单元J518"将"起动请求"信号发送给"发动机控制单元J623"。"发动机控制单元J623"检查自动变速器的选挡手柄开关是否处于P或N位置（或检查手动变速器汽车的离合器是否已踏下），满足起动条件后，就会起动发动机运转。

当今丰田、现代、别克等车型也有类似的无钥匙起动系统。

4.10 起动系统故障的诊断与排除

各型汽车起动系统的常见故障有起动机不转、起动机空转、起动机运转无力、起动机发出齿轮撞击声和起动机发出"哒哒"声等。

4.10.1 起动机不转

当点火钥匙转到起动挡位或按下起动按钮接通起动电路时起动机不转，其故障原因、故障诊断与排除方法如下。

1. 故障原因

（1）蓄电池严重亏电。

（2）蓄电池正、负极柱上的电缆接头松动或接触不良。

（3）电动机开关触点严重烧蚀或两个开关触点高度调整不当而导致开关触点表面不在同一平面内，使开关触盘不能将两个触点接通。

（4）换向器严重烧蚀而导致电刷与换向器接触不良。

（5）电刷弹簧压力过小或电刷在电刷架中卡死。

（6）电刷引线断路或绝缘电刷（即正电刷）搭铁。

（7）磁场绕组或电枢绕组有断路、短路或搭铁故障。

（8）电枢轴的铜衬套磨损过多，使电枢轴偏心而导致电枢铁芯"扫膛"（即电枢铁芯与磁极发生摩擦的现象）。

2. 故障诊断与排除方法

各型汽车起动系统故障的诊断与排除方法基本相同，仅具体线路有所不同。出现起动机不转故障时，首先应检查蓄电池存电情况和导线，特别是蓄电池搭铁电缆和火线电缆的连接情况，然后检查起动机和开关。起动机不转故障的排除程序如图4-51所示，排除方法如下：

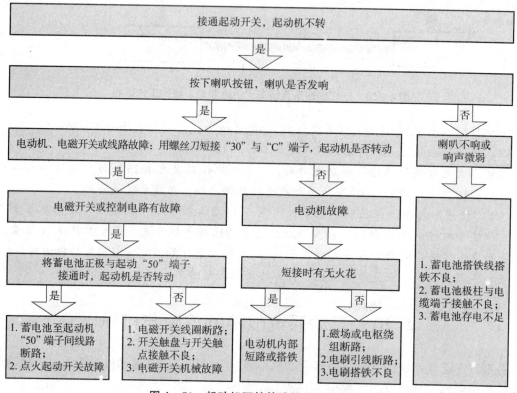

图4-51 起动机不转故障的诊断与排除

（1）接通汽车前照灯或喇叭，若灯发亮或喇叭响，说明蓄电池存电较足，故障不在蓄电池中；若灯不亮或喇叭不响，说明蓄电池或电源线路有故障，应检查蓄电池搭铁电缆和火线电缆的连接有无松动以及蓄电池存电是否充足。

(2) 若灯亮或喇叭响，说明故障发生在起动机、开关或控制电路。可用螺丝刀将起动机端子"30"与"C"接通，使起动机空转。若起动机不转，则电动机有故障；若起动机空转正常，说明电磁开关或控制电路有故障。

(3) 诊断电动机故障时，可根据螺丝刀搭接端子"30"与"C"时产生火花的强弱来辨别。若搭接时无火花，说明磁场绕组、电枢绕组或电刷引线等有断路故障；若搭接时有强烈的火花而起动机不转，说明起动机内部有短路或搭铁故障，需拆下起动机进一步检修。

(4) 诊断是电磁开关还是控制电路故障时，可用导线将蓄电池正极与起动机端子"50"接通（时间不超过 3~5 s），如接通时起动机不转，说明电磁开关故障，应拆下检修或更换电磁开关；如接通时起动机转动，说明起动机端子"50"至蓄电池正极之间的线路或点火起动开关故障。

(5) 排除起动机端子"50"至蓄电池正极之间的线路或点火起动开关故障时，可用 12 V/2 W 试灯逐段进行诊断排除。将试灯一个引线电极搭铁，另一个引线电极接点火起动开关"30"端子，如试灯不亮，说明蓄电池正极至点火起动开关间的线路断路；如试灯发亮，说明该段线路良好，继续下述检查。

(6) 将试灯引线电极接点火起动开关上的端子"50"，将点火钥匙转到起动位置，如试灯不亮，说明点火起动开关故障，应予更换；如试灯发亮，说明点火起动开关良好，故障发生在点火起动开关端子"50"至起动机端子"50"之间的线路上，逐段检查即可排除。

4.10.2 起动机空转

当点火钥匙转到起动挡位或按下起动按钮接通起动电路时起动机空转，其原因是单向离合器打滑，不能传递驱动转矩，更换单向离合器故障即可排除。

4.10.3 起动机运转无力

当点火钥匙转到起动挡位或按下起动按钮接通起动电路时，若起动机能运转，则说明控制电路工作正常；若起动机运转无力，说明带负载能力降低，实际输出功率减小。其原因有以下几个方面：

(1) 蓄电池存电不足或有短路故障使其供电能力降低。

(2) 电动机主电路接触电阻增大使起动机工作电流减小。接触电阻增大的原因包括：蓄电池搭铁电缆搭铁不实；蓄电池正、负极柱上的电缆接头固定不牢；电动机开关触点与触盘烧蚀；电刷与换向器接触不良；换向器烧蚀等。

(3) 磁场绕组或电枢绕组局部短路使起动机输出功率降低。

(4) 发动机装配过紧或环境温度很低而导致起动阻力矩过大。

4.10.4 起动机发出齿轮撞击声

当点火钥匙转到起动挡位或按下起动按钮接通起动电路时，起动机驱动齿轮与发动机飞轮齿圈发生打齿现象，发出强烈的"嘎嘎"打齿声。其原因有：

(1) 驱动齿轮轮齿或飞轮齿圈轮齿磨损过甚或损坏。

(2) 驱动齿轮端面与端盖凸缘间的距离过小。当驱动齿轮与飞轮齿圈尚未啮合或刚刚啮合时，电动机主电路就已接通，驱动齿轮在高速旋转过程中与静止的飞轮齿圈撞击，就会发出强烈的"嘎嘎"打齿声。

排除故障时，可据上述具体情况采取相应的措施。

4.10.5 起动机发出"哒哒"声

当点火钥匙转到起动挡位或按下起动按钮接通起动电路时，起动机的活动铁芯产生连续的往复运动而发出"哒哒"声的现象，称为"打机枪"现象。其原因和排除方法如下。

1. 故障原因

导致起动机产生"打机枪"现象的原因有：

（1）蓄电池充电不足（亏电）或内部短路。

（2）起动继电器的断开电压过高。

（3）电磁开关保持绕组断路或搭铁不良。

2. 故障分析

蓄电池充电不足（又称为亏电）或内部短路和起动继电器断开电压过高而导致产生"打机枪"现象的根本原因在于：当起动机的电动机主电路接通时，蓄电池电压因大量放电而急剧下降；当电动机主电路切断时，蓄电池电压因停止大电流放电而迅速回升。下面以起动继电器断开电压过高而导致产生"打机枪"现象为例说明。

【知识链接】

当起动继电器断开电压过高时，由于接通起动开关起动继电器触点闭合，吸引绕组和保持绕组电流接通，其电磁吸力使活动铁芯前移，将电动机主电路接通，因此，蓄电池大量放电，其电压急剧下降。当蓄电池电压降到断开电压时，起动继电器触点断开，使吸引绕组和保持绕组电流切断，活动铁芯复位，电动机主电路切断，蓄电池停止大电流放电，其电压迅速回升。与此同时，起动继电器绕组两端的电压迅速升高，其触点重又闭合，活动铁芯重又前移，电动机主电路重又接通，蓄电池重又大量放电，电压重又急剧下降。由于起动继电器断开电压高，因此在起动机尚未转动时，蓄电池作用在起动继电器绕组两端的电压就迅速降到断开电压，触点重又断开，铁芯重又复位。如此重复上述过程，驱动齿轮便周期性地敲击飞轮齿圈而发出"打机枪"似的"哒哒"声。

3. 故障排除

排除"打机枪"故障时，可先用万用表检测蓄电池电压。接通起动机时，其电压不得低于9.6 V。如电压过低，说明蓄电池严重亏电或内部短路，应予更换新品。如蓄电池技术状况良好，则说明电磁开关保持绕组搭铁不良而断路或起动继电器断开电压过高，分别检修或更换电磁开关、起动继电器即可排除。

本章小结

本章主要介绍了汽车起动机的功能、分类、结构特点与工作过程，起动机总成部件检修，起动系统故障的诊断与排除方法等内容。

下列问题覆盖了本章的主要学习内容，利用以下线索可对所学内容作一次简要的回顾：

（1）电磁式起动机的组成。电磁式起动机主要由直流电动机、传动装置和控制装置

（电磁开关）3部分组成。

（2）直流电动机的结构特点。起动机用直流电动机的显著特点是磁极多、磁场绕组的横截面积大，目的是增大起动机的电磁转矩。电枢绕组也采用横截面积较大的矩形或圆形漆包铜线绕制。磁极的功能是产生磁场。电枢的功能是产生电磁转矩。换向器的功能是保证电枢绕组产生的电磁转矩的方向保持不变。电刷组件的功能是使转动的电枢绕组与外电路连接起来。

（3）电刷组件的结构特点。电刷组件由电刷、电刷架和电刷弹簧组成。电刷用铜粉与石墨粉模压而成，起动机电刷的铜含量为80%左右，石墨含量为20%左右。加入较多铜粉的目的是减小电阻，提高导电性能。

（4）传动装置的结构特点。起动机的传动装置由单向离合器和移动叉组成。单向离合器的功能是单方向传递力矩。起动发动机时，将电动机的驱动转矩传递给发动机曲轴（传递动力）；当发动机起动后又能自动打滑（切断动力），以免损坏电动机。

（5）滚柱式、弹簧式和摩擦片式3种单向离合器的结构特点与工作原理。

（6）电磁式、减速式和同轴移动式起动机的工作过程。

（7）起动机的使用维护与各总成部件的检修方法。

（8）起动机的简易试验和性能试验方法。

（9）起动系统故障的诊断与排除方法。

复习题

一、单选题

1. 为了获得较大的电磁转矩，汽车起动机一般采用（　　）磁极。
   A. 1对　　　　　　B. 2对　　　　　　C. 4对　　　　　　D. 6对

2. 汽车起动机一般都设有（　　）电刷。
   A. 1只　　　　　　B. 2只　　　　　　C. 4只　　　　　　D. 6只

3. 对于大功率起动机，流经其电枢绕组的电流一般为（　　）。
   A. 90 A左右　　　B. 300 A左右　　　C. 600 A左右　　　D. 800 A以上

4. 对于小功率起动机，流经其电枢绕组的电流一般为（　　）。
   A. 90 A左右　　　B. 300 A左右　　　C. 600 A左右　　　D. 800 A以上

5. 电磁式小功率起动机磁场绕组与电枢绕组的连接方式一般是（　　）。
   A. 串联　　　　　　B. 并联　　　　　　C. 混联　　　　　　D. 复联

6. 为了提高导电性能，起动机电刷中铜的含量一般约为（　　）。
   A. 10%　　　　　　B. 20%　　　　　　C. 60%　　　　　　D. 80%

7. 在永磁式起动机中，其直流电动机的磁场为（　　）。
   A. 电磁场　　　　　B. 永久磁场　　　　C. 天然磁场　　　　D. 旋转磁场

8. 汽车起动机的空载电流 I_0 一般应小于或等于（　　）。
   A. 90 A　　　　　　B. 300 A　　　　　　C. 600 A　　　　　　D. 800 A

9. 在接通起动开关起动发动机时，两次起动间隔时间应当大于（　　）。
   A. 3 s　　　　　　B. 5 s　　　　　　C. 15 s　　　　　　D. 3 min

10. 接通起动机并稳定运转时，检测 12 V 蓄电池的端电压应不低于（　　）。
   A. 1.6 V　　　　　B. 2.4 V　　　　　C. 9.6 V　　　　　D. 12.6 V

二、多选题

1. 汽车起动系统主要由（　　）组成。
   A. 蓄电池　　　　B. 起动机　　　　C. 起动继电器　　　D. 点火开关
2. 汽车起动机是由（　　）组成的。
   A. 直流电动机　　B. 传动装置　　　C. 控制装置　　　　D. 继电器
3. 按总体结构不同，汽车起动机可分为（　　）。
   A. 无刷式　　　　B. 电磁式　　　　C. 减速式　　　　　D. 永磁式
4. 直流电动机结构组成包括（　　）。
   A. 磁极　　　　　B. 电枢　　　　　C. 电刷组件　　　　D. 电磁开关
5. 直流电动机的电枢主要由（　　）组成。
   A. 电枢线圈　　　B. 磁场绕组　　　C. 电枢铁芯　　　　D. 换向器
6. 在起动机中，传递直流电动机电磁转矩的单向离合器的形式主要有（　　）。
   A. 滚柱式　　　　B. 弹簧式　　　　C. 摩擦片式　　　　D. 行星齿轮式
7. 起动机电磁开关的电磁铁机构，主要由（　　）组成。
   A. 固定铁芯　　　B. 活动铁芯　　　C. 吸引绕组　　　　D. 保持绕组
8. 在起动机电磁开关的壳体上，设有（　　）。
   A. "30" 端子　　 B. "50" 端子　　 C. "C" 端子　　　　D. "IG" 端子
9. 对起动机功率影响较大的因素主要有（　　）。
   A. 道路条件　　　B. 起动电路电阻　C. 蓄电池容量　　　D. 环境温度
10. 起动机减速装置的传动方式有（　　）。
   A. 外啮合式　　　B. 滚柱式　　　　C. 内啮合式　　　　D. 行星齿轮式

三、判断题

1. 起动机磁极多和电枢绕组横截面面积大的目的是增大起动机的电磁转矩。（　　）
2. 永磁式起动机的显著特点是磁极多、磁场绕组和电枢绕组的横截面面积大。（　　）
3. 在起动机中，直流电动机磁极的功能是产生磁场。（　　）
4. 在起动机中，直流电动机电枢的功能是产生反电势。（　　）
5. 换向器的功能是保证电枢绕组产生的电磁转矩的方向保持不变。（　　）
6. 在起动机中，电刷组件的功能是将直流电引入电枢绕组。（　　）
7. 在起动机中，正电刷安装在电刷架内，该电刷架直接固定在换向器端盖上。（　　）
8. 在起动机中，直流电动机具有随负载变化而自动调节转矩和转速的特性。（　　）
9. 当电动机开关触盘将电动机主电路接通时，被短路的绕组是吸引绕组。（　　）
10. 检修起动机时，其电枢绕组的短路故障只能利用电枢检测仪进行检查。（　　）

四、简答题

1. 汽车起动机直流电动机的结构有何显著特点？
2. 何谓减速式起动机？永磁式减速起动机有何优点？
3. 在汽车起动机中，单向离合器的功能是什么？为什么要采用单方向传递力矩的方式？

4. 根据电磁式起动机起动系统的控制电路，说明接通起动开关后的工作过程。
5. 起动机的简易试验包括哪些试验项目？怎样进行电磁开关的吸引动作试验？
6. 当发动机不能起动时，怎样诊断与排除起动系统故障？
7. 当接通起动电路时，起动机空转的原因有哪些？怎样排除故障？
8. 当接通起动电路时，起动机发出"哒哒"声的原因有哪些？
9. 为什么起动继电器断开电压过高时，起动机会产生"打机枪"现象？
10. 分析说明直流电动机负载变化时怎样自动调节输出转矩。

复习题参考答案

一、单选题：1．B；2．C；3．D；4．B；5．A；6．D；7．B；8．A；9．C；10．C

二、多选题：1．ABCD；2．ABC；3．BCD；4．ABC；5．ACD；6．ABC；7．ABCD；8．ABC；9．BCD；10．ACD

三、判断题：1．√；2．×；3．√；4．×；5．√；6．√；7．×；8．√；9．√；10．√

第 5 章

汽车照明与信号技术

1. 认知目标

（1）了解汽车照明与信号系统的要求和组成。
（2）熟悉前照灯、闪光器、电喇叭等照明与信号装置的结构原理。
（3）掌握照明与信号系统故障的诊断与排除方法。

2. 技能目标

（1）能够说明各种照明与信号装置的工作原理。
（2）能够熟练地检修与排除各种照明与信号装置的故障。

为了保证汽车在夜间无光、微光或能见度较低的条件下安全行驶，汽车上装备有照明系统。为使其他车辆和行人注意本车的行驶状况，保证车辆和行人安全，汽车上装备有灯光信号系统和音响信号系统。本章主要内容包括汽车照明系统、灯光信号系统、音响信号系统、照明与信号系统的检修与故障排除等。要求学生掌握汽车照明与信号系统的相关知识，为使用和维修奠定坚实的基础。

5.1 照明系统

汽车上装备有多种照明装置，中高档轿车一般装备有 20 只左右的外部照明灯和 40 只左右的内部照明灯。

5.1.1 照明设备的要求

为保证汽车在夜间及能见度较低的情况下安全行驶，对汽车照明设备有如下要求：

（1）汽车行进时的照明要求。当今汽车车速较高，夜间安全行车的必备条件是照明设备必须提供车前 100 m 以上明亮均匀的道路照明，且不对迎面来车驾驶人造成炫目。

（2）汽车倒车时的照明要求。照明设备必须提供夜间倒车时能让驾驶人看清车后情况的照明,以便顺利完成倒车。

(3)牌照照明的要求。照明设备必须提供夜间能让其他行驶车辆驾驶人、交通管理者和行人看清车辆牌号的照明,以便实施安全管理。

(4)雾天行车的照明要求。照明设备必须提供确保雾天行车安全的防雾照明。

(5)车内照明要求。照明设备必须提供驾驶人观察仪表、操纵车辆和乘员上下车辆等夜间行车必不可少的照明。

5.1.2 照明系统的组成

汽车照明系统是由安装在所需照明位置的各种照明灯具及其相应的控制开关和控制器、连接导线和保险装置等组成的。根据汽车对照明系统的要求,汽车上通常配有以下照明灯具:

(1)前照灯。前照灯又称为大灯或头灯,用于夜间行车时照明。有两灯制和四灯制两种配置。

(2)倒车灯。倒车灯用于夜晚倒车时的车后照明和倒车信号,通常采用功率为21 W左右的照明灯。

(3)牌照灯。牌照灯用于照明车牌号码,采用发光光色为白色光的小型灯泡。

(4)防雾灯。防雾灯又称为雾灯,用于雾天、雪天、雨天、沙尘或雾霾弥漫时的行车照明和提供警告信号,采用发光光色为黄色光的单丝灯泡。

【知识链接】

除以上照明灯具之外,汽车上还配置有仪表灯、顶灯、车厢灯、开关灯、踏步灯等,分别用于夜间行车的仪表、驾驶室、车厢、操纵及车厢内乘员上下车的照明。有的汽车还配置有工作灯以及工作灯插座,用于夜间维修车辆或其他用途的照明。

部分汽车照明灯的功率选配如表5-1所示。

表5-1 部分汽车照明灯功率选配表   W

汽车型号	电压/V	前照灯		示宽灯	转向灯	牌照灯	制动灯	仪表灯	顶灯	其他灯具
		远光	近光							
Audi100	12	60	55	8	21	5	21	2	10	倒车灯21 W、前防雾灯55 W、前停车灯4 W
CA1091	12	外侧60内侧55	55	5	21	5	21	2	5	后照灯兼倒车灯21 W、临时停车示宽灯3 W
EQ1090	12	50	35	20	20	8	20	2	5	前侧灯28 W、后照灯28 W、工作灯20 W、发动机舱照明灯8 W
BJ2020	12	50(45)	40(20)	8	20	8	20	2	8	防空与防雾灯35 W、工作灯8 W、阅读灯2 W

续表

汽车型号	电压/V	前照灯 远光	前照灯 近光	示宽灯	转向灯	牌照灯	制动灯	仪表灯	顶灯	其他灯具
NJ130	12	50(45)	40(20)	8	20	8	20	2	8	工作灯 20 W
NJ150	24	50(55)	40(35)	8	20	8	20	2	8	防雾灯 35 W、侧示宽灯 8 W

注：前照灯参数中，无括号者为真空度，括号内为白炽灯泡。

照明灯按其安装位置不同，既可分为前部照明灯和后部照明灯，也可分为外部照明灯和内部照明灯。汽车前部和后部照明灯的安装位置分别如图 5-1 和图 5-2 所示。外部照明灯主要有前照灯、防雾灯、牌照灯和倒车灯等；内部照明灯主要有仪表照明灯、阅读灯和顶灯等。

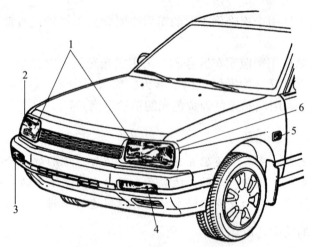

图 5-1 前部照明灯的安装位置

1—前照灯；2—右前示宽灯；3—右前转向信号灯；4—左前转向信号灯；5—侧转向信号灯；6—左前示宽灯

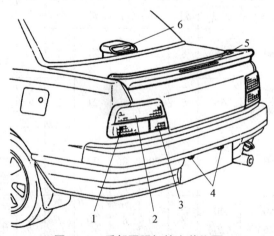

图 5-2 后部照明灯的安装位置

1—转向信号灯；2—尾灯与停车灯；3—倒车灯；4—牌照灯；5—高位停车灯（LED 停车灯）；6—高位制动灯

为了使汽车外形美观，目前各种汽车普遍采用组合式外部照明灯，组合前照灯和组合后灯分别如图 5-3 和图 5-4 所示。

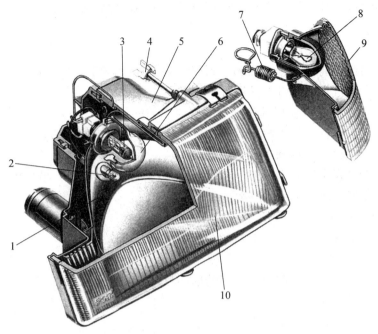

图 5-3　组合前照灯
1—前照灯反射镜；2—驻车灯灯泡；3—前照灯灯泡；4—光束调整螺栓；5—灯体；
6—遮光罩；7—拉簧；8—前转向灯灯泡；9—前转向灯配光镜；10—前照灯配光镜

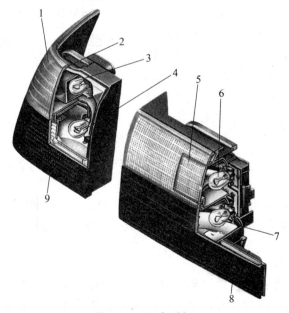

图 5-4　组合后灯
1—后转向灯；2—后转向灯配光镜；3—后转向灯灯泡；4—制动灯与尾灯灯泡；5—倒车灯配光镜；
6—倒车灯灯泡；7—后防雾灯灯泡；8—后防雾灯配光镜；9—制动灯与尾灯配光镜

5.1.3 前照灯

前照灯俗称大灯，其功能是在夜间行车时照亮车前的道路及物体，同时可以利用远、近光变换信号超越前方车辆。在所有照明装置中，前照灯是最重要的照明装置。

1. 前照灯的基本要求

前照灯安装在汽车前部左、右两侧，其照明效果直接影响夜间交通安全，为此世界各国都以法律形式规定了汽车前照灯的照明标准，其基本要求如下：

（1）照明距离。前照灯应保证车前有明亮而均匀的照明，使驾驶人能够辨明车前100 m以内路面上的任何障碍物。随着汽车行驶速度的提高，前照灯的照明距离也越来越远，当今汽车前照灯的照明距离应当达到200～400 m。

（2）防止炫目。前照灯应具有防止炫目的功能，以免夜间两车迎面相遇时，使对方驾驶人炫目而造成交通事故。

2. 前照灯的结构组成

前照灯的光学系统由灯泡、反射镜和配光镜3部分组成。

1）灯泡

灯泡是照明灯的光源，目前汽车使用的前照灯灯泡主要有充气灯泡和卤钨灯泡两种，结构如图5-5所示。

（1）充气灯泡。因为金属钨的熔点高、发光强，所以灯丝采用钨丝制成。前照灯灯丝制成螺旋形状，不仅能够缩小灯丝和灯泡的尺寸，而且有利于聚合平行光束。由于金属钨受热后会蒸发，使灯泡的使用寿命缩短，因此在制造时先将玻璃泡内抽成真空，然后充入86%左右的氩气和14%左右的氮气的混合惰性气体。因为惰性气体受热膨胀会产生较大压力，可以减少金属钨的蒸发量，所以充入惰性气体能够提高灯丝的温度，增强发光效率，并可延长灯泡的使用寿命。

（2）卤钨灯泡。虽然充气灯泡充满了惰性气体，但是灯丝的钨质点仍然会蒸发损耗，且

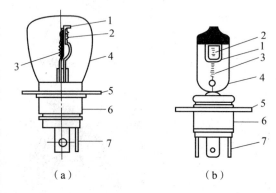

图5-5 前照灯灯泡的结构
(a) 充气灯泡；(b) 卤钨灯泡
1—配光屏；2—近光灯丝；3—远光灯丝；4—灯壳；
5—定焦盘；6—灯头；7—电极插片

蒸发出来的钨淀积在灯泡上会使灯泡发黑。因此国内外普遍使用利用卤钨再生循环反应原理制成的新型电光源，即卤钨灯泡。卤钨灯泡具有体积小、发光强度大和发黑现象轻微的优点。

【知识链接】

卤钨再生循环过程是：从灯丝上蒸发出来的气态钨与卤素物质反应生成一种挥发性的卤化钨，当卤化钨扩散到灯丝附近的高温区域时又会分解，使钨重新回到灯丝上，被释放出来的卤素（指元素周期表上的氟、氯、溴、碘等卤族元素）继续扩散参与下一次循环反应，从而减少金属钨的蒸发量和灯泡发黑现象的发生。国内外普遍使用的卤素是溴和碘，由二者所制的卤钨灯泡分别称为溴钨灯泡和碘钨灯泡。我国使用溴钨灯泡。

卤钨灯泡的灯壳采用机械强度较高、耐高温的石英玻璃或硬玻璃制成，因此充入惰性气体的压力较高，不仅能够抑制钨的蒸发，而且可以减少灯泡发黑现象的发生。

2）反射镜

前照灯灯泡的功率为 40~60 W，因此灯丝发出的光度有限。如无反射镜反射光束，则只能照亮汽车前方 6 m 左右的路面。反射镜的作用是：将灯泡发出的光线聚合成平行光束导向前方，如图 5-6 所示。灯丝位于焦点上，所发出的绝大部分光线向反射镜照射到立体角度 ω 范围内，经反射镜反射成平行光束射向远方，使光束增强几百倍至几千倍，使汽车前方 150~400 m 范围内的路面和障碍物清晰可见。

反射镜由薄钢板模压或由玻璃、塑料制成旋转抛物面形状，如图 5-7 所示。反射镜的内表面镀有银、铝或铬，并采用抛光工艺加工，以提高发射能力。

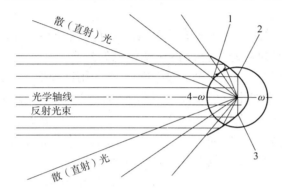 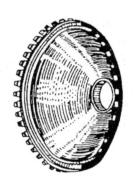

图 5-6　反射镜的作用　　　　　　图 5-7　前照灯反射镜
1—配光镜；2—反射镜；3—灯丝

3）配光镜

为使照明范围内照度均匀，需要将反光镜反射出的平行光束进行整形，故在前照灯上配装有配光镜，又称为散光玻璃。配光镜的作用是：将反射镜反射出的光束在水平方向扩散、在竖直方向向下折射，使前照灯的照射符合配光法规要求。

配光镜是由若干块棱镜和透镜组合而成的，其几何形状比较复杂，如图 5-8（a）所示。配光镜是用透光玻璃压制而成的，外形一般为圆形、异形和矩形。当反射镜反射出的平行光束照射到凹透镜上时，凹透镜将使光束向水平方向散射，如图 5-8（b）所示；当平行光束照射到棱镜上时，棱镜将使光束向下折射，如图 5-8（c）所示。

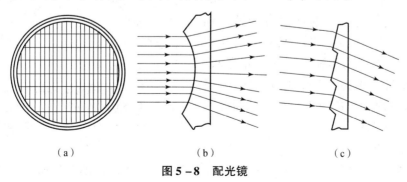

图 5-8　配光镜
(a) 几何形状；(b) 水平散射光束；(c) 垂直折射光束

3. 前照灯的防炫措施

【知识链接】

所谓炫目，是指人眼被强光照射时，由于视觉神经受到刺激而失去对肉眼的控制（人眼瞳孔来不及收缩），本能地闭上眼睛或只能看见亮的物体，不能看清暗处物体的生理现象。

在夜间会车时，前照灯光束就会导致迎面车辆的驾驶人炫目而发生交通事故。为了避免炫目，前照灯采用了双丝灯泡，从而保证夜间行车安全。双丝灯泡有两根灯丝，其中一根灯丝功率较大，称为远光灯丝；另一根灯丝功率较小，称为近光灯丝。

在国内外汽车用双丝灯泡的前照灯中，按近光灯配光方式不同，分为对称形和非对称形两种配光方式。

（1）对称形配光方式（SAE方式）。对称形配光方式是美国汽车工程师学会（SAE）制定的配光标准。在SAE方式中，双丝灯泡的远光灯丝设置在反射镜的焦点上，近光灯丝设置在焦点上方并稍向右偏（从灯泡向反射镜观看）位置。美国和日本采用这种配光方式。

当接通远光灯丝电路时，灯丝发出的光线由反射镜反射后沿光学轴线平行射向远方。当接通近光灯丝电路时，照射到反射镜上部的近光灯丝光线由反射镜反射后倾向路面，而照射到反射镜下部的近光灯丝光线由反射镜反射后将倾向上方，由于近光灯丝的大部分光线由反射镜反射后倾向路面，因此大大减小了对迎面车辆驾驶人的炫目作用。

（2）非对称形配光方式（ECE方式）。非对称形配光方式是联合国欧洲经济委员会（ECE）制定的配光标准。ECE方式是世界公认的配光性能比较理想的配光方式，我国采用这种配光方式。在ECE方式中，双丝灯泡的远光灯丝也设置在反射镜的焦点上，但近光灯丝设在焦点前方且稍高于光学轴线，并在近光灯丝下方设有金属制成的配光屏（即屏蔽罩）。

当接通远光灯丝电路时，远光灯丝发出的光线由反射镜反射后沿光学轴线平行射向远方。当接通近光灯丝电路时，由近光灯丝射向反射镜上部的光线经反射镜反射后倾向路面，而配光屏挡住了近光灯丝射向反射镜下部的光线，故没有向上反射引起炫目的光线，如图5-9所示。

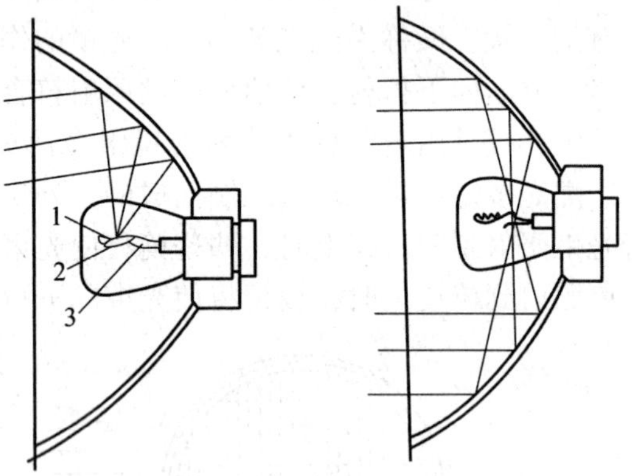

当汽车在夜间行驶且迎面没有行驶车辆时，可接通远光灯丝电路照明，使前照灯光束射向远方，以利于提高车速。当两车相遇时，应当接通近光灯丝电路照明，使光束倾向路面，车前50 m内路面也能清晰可见，从而避免迎面车辆驾驶人炫目。

图5-9 具有配光屏的双丝灯泡
(a) 近光灯丝电路接通时；(b) 远光灯丝电路接通时
1—近光灯丝；2—配光屏；3—远光灯丝

4. 前照灯的分类

汽车前照灯可按装备数量和反射镜的结构形式进行分类。按前照灯数量不同可分为四灯制和双灯制两种。安装两只前照灯的称为双灯制，内装双丝灯泡。安装4只前照灯的称为四灯制，外侧两只采用双丝灯泡，内侧两只采用单丝（远光灯丝）灯泡。当需要使用远光照明时，4只灯泡同时发亮，用以增强照明效果。

按反射镜的结构形式不同，前照灯分为可拆卸式、半封闭式和全封闭式3种。由于可拆卸式前照灯的气密性差，反射镜易受潮气和灰尘污染而降低反射能力，因此已被淘汰。目前大都采用半封闭式和全封闭式两种形式。

（1）半封闭式前照灯。半封闭式前照灯的显著特点是配光镜靠卷曲反射镜边缘上的牙齿而紧固在反射镜上。配光镜与反射镜之间垫有橡皮密封圈，灯泡只能从反射镜后端装入。半封闭式前照灯的优点是灯泡灯丝烧断后，可以直接更换灯泡，因此目前仍被各国采用。其缺点是密封不良。

（2）全封闭式前照灯。全封闭式前照灯又称为真空灯，结构如图5-10所示，其反射镜和配光镜熔焊为一个整体形成灯泡，内部充以惰性气体，灯丝焊在反射镜底座上。反射镜的反射面采用真空镀铝工艺进行处理。

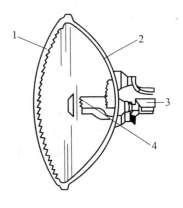

图5-10　全封闭式前照灯的结构
1—配光镜；2—反射镜；
3—接头；4—灯丝

全封闭式前照灯的优点是密封性能好，反射镜不会受到大气中灰尘和潮气的污染，反射效率高，使用寿命长。其缺点是灯丝烧坏后，需更换整个总成，因此使用成本较高。

5. 前照灯控制

各型汽车前照灯的控制电路大同小异，一般情况下前照灯的控制电路如图5-11所示。

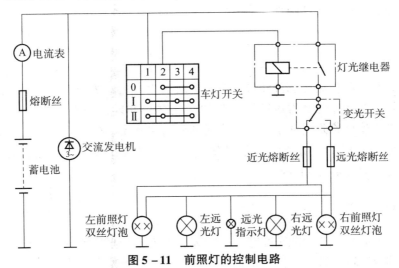

图5-11　前照灯的控制电路

灯光继电器的作用是保护车灯开关。因为前照灯消耗的电流较大，每只前照灯灯丝电流一般都在4A左右，而车灯开关触点允许流过的电流有限，因此采用灯光继电器控制前照灯电流。当车灯开关接通前照灯电路时，只接通灯光继电器线圈电路，灯光继电器触点闭合，前照灯电流经灯光继电器触点流向前照灯灯丝，并不流过车灯开关，从而防止车灯开关触点烧蚀。

当变光开关拨到"近光"挡位时，两只近光灯灯丝电路接通，其电路为：蓄电池正极→易熔线→电流表→灯光继电器触点→变光开关"近光"挡位→近光熔断丝→前照灯左、右共两只近光灯丝→搭铁→蓄电池负极。

当变光开关拨到"远光"挡位时，4只远光灯灯丝电路接通，其电路为：蓄电池正极→易熔线→电流表→灯光继电器触点→变光开关"远光"挡位→远光熔断丝→前照灯左、右共4只远光灯丝→搭铁→蓄电池负极。

东风载货汽车也装有4只前照灯，但仍为双灯制，内侧两只为前照灯，配装双丝灯泡，外侧两只是单丝灯泡，为辅助前照灯，又称为侧灯，供夜间山区或转弯行驶使用，受灯总开关第Ⅲ挡控制。

【知识链接】

随着汽车行驶速度的提高和前照灯照明距离的增大，为了防止迎面行驶车辆驾驶人炫目，部分高档轿车（如沃尔沃轿车）配装了前照灯光束自动控制系统（HBAC）。该电控系统由光敏传感器、光束控制电控单元和执行器（步进电动机）组成。它利用光敏传感器检测迎面车辆前照灯的光束，当检测到有光束照射时，光束控制电控单元就会控制步进电动机动作，步进电动机通过调节光束调节板的位置，使光束照射角度改变而不至于照射到迎面车辆驾驶人，从而达到防止炫目的目的。

6. 气体放电灯

气体放电灯是指灯管内部充满包括惰性气体氙气（Xenon）在内的多种化学气体，利用高压使气体产生放电现象而形成光源的照明灯。因为灯管内的气体大部分为氙气，故又称为高亮度放电（High Intensity Discharge，HID）氙气灯，简称"氙气灯"。氙气灯分为汽车用氙气大灯和户外照明用氙气灯两种。

【知识链接】

汽车用氙气大灯是用包裹在石英管内的高压氙气替代传统的钨丝，提供更高色温、更聚焦的照明灯。其发光原理是在抗紫外线水晶石英玻璃管内充以多种化学气体，其中大部分为氙气与碘化物等，然后再透过增压器将汽车12 V直流电压瞬间增压至23 000 V左右，经过高压振幅激发石英管内的氙气电子游离，在两电极之间产生气体放电而形成光源。由氙气所产生的白色超强电弧光可提高光线的色温值，工作电流仅为3.5 A，亮度是卤素灯泡的3倍，使用寿命是卤素灯泡的11倍。

5.1.4 防雾灯

防雾灯又称为雾灯，其功能是在雾天、雪天、雨天、沙尘或雾霾弥漫导致能见度较低时照明道路并为其他车辆和行人提供指示信号。防雾灯的显著特点是光色为黄色或橙色，因为黄色或橙色的光波较长，所以透雾性能较强。

防雾灯的结构与前照灯相似，采用单丝灯泡，每车装备1~2只，安装位置比前照灯稍低，一般距离地面约50 cm，照射出的光线倾斜度较大。

5.1.5 牌照灯与倒车灯

牌照灯的功能是照亮汽车牌照，光色为白色。牌照灯安装在汽车牌照上部，一般采用

8 W左右（即电流小于1 A）的灯泡进行照明。

牌照灯受停车灯开关和前照灯开关控制。当其中一个开关接通时，牌照灯电路即可接通发亮，指示车辆牌照。

倒车灯的功能是提供夜间倒车照明。当汽车倒行时，倒车灯照亮车后路面和障碍物，以便安全倒车。有的汽车设有倒车蜂鸣器，可向其他车辆和行人发出倒车警告信号。

倒车灯受倒车灯开关控制。倒车灯开关一般安装在变速器上，当挂上倒挡时，倒车灯开关将倒车灯电路接通使倒车灯发亮。

倒车灯一般采用21 W左右（即电流约为2 A）的灯泡进行照明。

5.1.6 顶灯与仪表灯

顶灯的功能是满足汽车内部照明。顶灯安装在车厢或驾驶室内顶部，一般采用5~10 W的灯泡进行照明。

仪表灯的功能是照亮汽车仪表盘，以便驾驶人看清仪表显示的信息。仪表灯安装在仪表盘面膜下面，一般采用2 W左右的灯泡进行照明。

除此之外，为了便于驾驶人阅读资料和使用说明书，在驾驶室安装有阅读灯；为了便于夜间检修车辆，设有工作灯与工作灯插座。有的汽车在发动机舱还安装有发动机罩下灯，其功能与工作灯相同。

5.2 灯光信号系统

汽车信号系统的功用是产生特定的灯光和声响，向其他车辆驾驶人和行人发出引起注意的警告信号，确保汽车行驶安全。

5.2.1 信号系统的要求

汽车信号系统由灯光信号系统和音响信号系统两部分组成。

1. 灯光信号系统的要求

灯光信号主要有转向信号、制动信号、危险警告信号以及示廓信号等。

灯光信号系统由各种指示灯及其控制装置、控制开关和保险装置组成。指示灯有转向信号灯及指示灯、危急警告信号灯及指示灯、制动灯、示廓灯、尾灯、停车灯和门控灯等。

1) 转向信号与危险警告信号的要求

转向信号由左侧或右侧转向灯闪烁指示，危险警告信号由左、右两侧转向灯同时闪烁指示。为使转向信号和危险警告信号醒目可靠，对其的要求有：

(1) 信号光色为红色或橙色（实际使用中一般为橙色）。

(2) 在灯轴线左偏5°至右偏5°的视角范围内，无论白天还是黑夜，能见距离应不小于35 m，在左偏30°至右偏30°的视角范围内，能见距离应不小于10 m。

(3) 转向灯的闪光频率应在（80±15）次/min范围内。

2) 制动信号的要求

制动信号由制动灯发亮指示。对制动信号的要求有：

(1) 信号光色为红色。
(2) 两侧制动灯的安装位置应与汽车纵向轴线对称，并在同一高度。
(3) 制动灯的红色灯光信号应保证夜间 100 m 以外能够看清。
(4) 制动信号光束角度在水平面内应为灯轴线左、右各 45°范围内，在垂直面内应为灯轴线上、下各 15°范围内。

3）示廓信号的要求

示廓信号由安装在汽车前后、左右的示廓灯发亮指示。对示廓信号的要求有：
(1) 透光面边缘距离车身应不大于 40 cm。
(2) 在汽车前方 100 m 以外，应能看清示廓信号。
(3) 在汽车其他各个方向上，能够看清示廓信号的距离应不小于 30 m。

2. 音响信号系统的要求

汽车音响信号系统又称为声响信号系统，信号装置主要有电喇叭、气喇叭、倒车蜂鸣器和语音倒车报警器等。气喇叭利用气流使金属膜片振动发声，一般在装备气压制动的汽车上使用。气喇叭的音量高，在城市市区内禁止使用。

所有汽车都必须装备电喇叭，对其的要求是声音清脆悦耳，音量不得超过 105 dB。

5.2.2 信号灯与指示灯

为了便于其他车辆和行人了解本车运行状况，汽车配装有各种信号灯和指示灯。常用信号灯和指示灯有以下几种。

1. 转向信号灯及指示灯

转向信号灯简称转向灯。其功能是当汽车转弯时，在闪光器（一种使信号灯和指示灯闪烁发光的装置）的控制下，向其他车辆和行人发出明暗交替的闪烁信号，指示汽车即将向左或向右的行驶方向。

转向信号灯一般采用功率为 20 W 左右的白炽灯泡，受转向灯开关和闪光器控制。转向信号灯安装在汽车前部、后部和中部左、右两侧，每车一般采用 4 只或 6 只（侧转向灯 2 只，功率为 8~10 W）。

【知识链接】

近年来，为了警示行人、保证安全，部分车身较长的大客车采用的转向信号灯已有 10 只之多，前部和后部各有 4 只信号灯，功率为 20 W，有侧转向灯 6 只，功率为 8~10 W。

【特别提示】

通常将前转向信号灯和示宽灯制成双丝灯泡，其中功率较大（20 W 左右）的灯丝用作转向信号灯，功率较小（8 W 左右）的灯丝用作示宽灯。后转向信号灯与尾灯通常也制成双丝灯泡。

转向指示灯的功能是向驾驶人指示汽车转向方向和转向信号灯的工作情况。转向指示灯安装在驾驶室仪表盘面膜下面，每辆汽车安装 1~2 只，受转向灯开关和闪光器控制。

2. 危急警告信号灯及指示灯

在行车过程中，如遇危险或紧急情况，可将危急警告信号灯开关接通，使前、后、左、右及两侧转向信号灯和仪表盘上的转向指示灯同时闪烁,向其他车辆和行人发出警告信号。

【特别提示】

　　危急警告信号灯及指示灯分别由转向信号灯与转向指示灯组成,受危急警告信号灯开关和闪光器控制。实际上,危急警告功能是转向信号系统的扩展功能,是利用危急警告信号灯开关将左、右转向信号灯电路同时接通来实现危急警告功能。

　　3. 制动灯

　　制动灯的功能是在汽车制动时,向跟进车辆发出红色警告信号,提醒跟进车辆驾驶人采取相应措施(减速或躲避),以免发生追尾事故。

　　制动灯受制动灯开关控制。在驾驶人踩下制动踏板的同时,制动灯开关将制动灯电路接通而发出红色警告信号。

　　4. 示廓灯

　　示廓灯是示宽灯与示高灯的统称。其功能是在汽车夜间行驶时,分别指示汽车的宽度和高度。示宽灯又称为前小灯,安装在汽车前部两侧边缘上。示高灯配装在载货汽车和大客车上,安装在汽车前、后、左、右外侧顶部能够指示车身高度和顶部宽度位置。

　　5. 停车灯

　　停车灯的功能是指示汽车夜间停放的位置。汽车前、后各2只,通常将示宽灯兼作停车灯。

　　6. 门控灯

　　门控灯的功能是指示车门的开闭状况。通常将顶灯兼作门控灯。

　　门控灯受车门轴处的门控开关控制。当车门关闭时,门控开关断开,门控灯熄灭;当车门打开时,门控开关接通,门控灯发亮照明车内空间,以便乘员入座或下车。

　　7. 尾灯

　　尾灯又称为后小灯,其功能是在夜间行车时,提醒跟进车辆保持一定距离。尾灯安装在汽车尾部左、右两侧,受车灯开关控制。

【知识链接】

　　当今汽车,特别是小轿车外形美观、流线型好,普遍将汽车后部的后转向信号灯、制动灯、倒车灯和尾灯等组合在一起构成组合后灯,而将前照灯、防雾灯和前转向信号灯等组合在一起构成组合前灯。

5.2.3　闪光器

　　在转向信号系统或危急警告信号系统中,控制信号灯和指示灯闪烁发光的装置称为闪光继电器,简称"闪光器"。闪光器按结构不同可分为电热式、电容式、水银式、电子式等几种类型。电子式闪光器分为分立元件式和集成电路式两种,当今汽车普遍采用电子式闪光器。因为前、后转向信号灯的工作电流叠加后较大,所以电子式闪光器一般带有继电器。

　　1. 分立元件式闪光器

　　分立元件式闪光器电路如图5-12所示,主要由三极管T、电容器、电阻和一只继电器J组成。该型电子式闪光器是根据电容器充放电原理进行工作的。

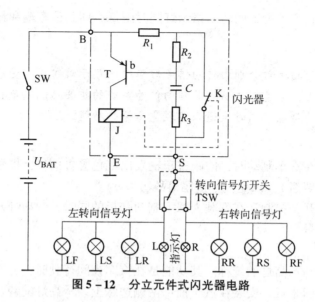

图 5-12 分立元件式闪光器电路

当汽车需要转向时,接通转向信号灯开关 TSW(设向左转弯),如图 5-12 所示,闪光器工作电路为:蓄电池正极→点火开关 SW→闪光器电源端子 B→电阻 R_1→继电器 J 的常闭触点 K→闪光器接线端子 S→转向信号灯开关 TSW→左前(LF)、左侧(LS)、左后(LR)转向信号灯和仪表板上的左转向指示灯(L)→搭铁→蓄电池负极。此时常闭触点 K 闭合,左转向信号灯和指示灯流过电流较大而发亮。

当电流通过 R_1 时,在 R_1 上产生电压降,三极管 T 正向偏置而导通,集电极电流 I_c 通过继电器 J 的线圈,使继电器常闭触点 K 立即断开,左转向信号灯熄灭。

在三极管 T 导通的同时,其基极电流向电容器 C 充电。充电电路为:蓄电池正极→点火开关 SW→接线端子 B→三极管 T 发射极→基极 b→电容器 C→电阻 R_3→接线端子 S→转向信号灯开关 TSW→左前(LF)、左侧(LS)、左后(LR)转向信号灯和仪表板上的左转向指示灯(L)→搭铁→蓄电池负极。随着电容器充电时间的增长,积累的电荷就增多,充电电流 I_{ch} 逐渐减小,三极管 T 集电极电流 I_c 随之减小。当集电极电流减小到不足以维持继电器衔铁吸合而释放时,继电器 J 的常闭触点再次闭合,转向信号灯再次发亮。

转向信号灯再次发亮时,电容器 C 通过电阻 R_2、继电器 J 的常闭触点 K 和电阻 R_3 放电。放电电流在 R_2 上产生的电压降为三极管 T 提供反向偏压,加速三极管 T 截止,使继电器 J 的常闭触点迅速断开,转向信号灯再次熄灭。

当放电电流接近零时,R_1 上的电压降又为三极管 T 提供正向偏压使三极管 T 导通。这样,电容器 C 不断地充电和放电,三极管 T 就不断地导通与截止,控制继电器的触点 K 循环闭合与断开,使转向信号灯和指示灯以(80±15)次/min 的频率闪烁发光指示转向方向。

2. 集成电路式闪光器

大众轿车用集成电路式闪光器电路如图 5-13 所示。其核心器件是一块低功耗、高精度的汽车电子闪光器专用集成电路 U243B。

专用集成电路 U243B 的标称电压为 12 V,实际工作电压范围为 9~18 V,采用双列 8 脚直插塑料封装,其引脚及内部电路框图如图 5-13 所示。内部电路主要由输入检测器 SR、电压检测器 D、振荡器 Z 及功率输出级 SC 4 部分组成。

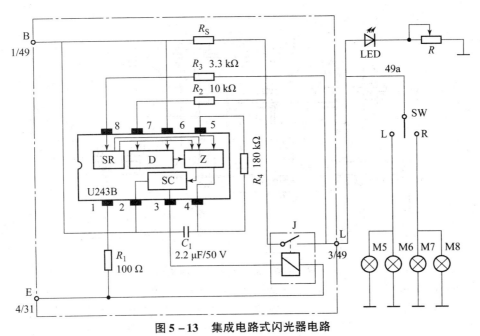

图 5-13 集成电路式闪光器电路

SR—输入检测器；D—电压检测器；Z—振荡器；SC—功率输出级；R_S—取样电阻；J—继电器

输入检测器 SR 检测转向信号灯开关是否接通。振荡器 Z 由电压比较器和外接电阻 R_4 及电容器 C_1 构成。内部电路给电压比较器的一端提供了一个参考电压（其值高低由电压检测器控制），电压比较器的另一端则由外接电阻 R_4 及电容器 C_1 提供一个变化的电压，从而使电路产生振荡。

当振荡器工作时，功率输出级控制继电器线圈的电路，使继电器触点循环断开与闭合，从而使转向信号灯和转向指示灯（发光二极管）以 (80±15) 次/min 的频率闪烁发光。

如果一只转向信号灯烧坏，则流过取样电阻 R_S 的电流减小，其电压降降低，经电压检测器识别后，控制振荡器内电压比较器的参考电压，从而改变振荡（即闪光）频率，此时转向指示灯的闪光频率将加快一倍，以提醒驾驶人及时检修更换灯泡。

5.3 音响信号系统

汽车音响信号系统的功能是引起行人和其他车辆的注意，保证行车安全。汽车采用的音响信号装置主要有电喇叭、倒车蜂鸣器和语音倒车报警器等。

5.3.1 电喇叭

电喇叭是一种利用电磁转换原理使金属膜片产生振动而发出音响的装置。电喇叭分为筒形电喇叭、盆形电喇叭和电子式（无触点）电喇叭 3 种。筒形电喇叭体积和质量较大，适用于载货汽车。盆形电喇叭和电子式电喇叭体积和质量较小，小轿车采用较普遍。

1. 筒形电喇叭

筒形电喇叭又称为螺旋形电喇叭，结构如图 5-14 所示，主要由喇叭筒、金属膜片、山形铁芯、电磁线圈、触点 K 等组成。

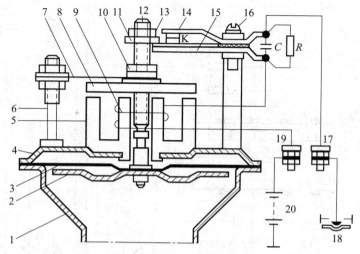

图 5-14 筒形电喇叭的结构

1—喇叭筒；2—共鸣板；3—金属膜片；4—底板；5—山形铁芯；6—连接螺栓；7—弹簧片；8—衔铁；
9—线圈；10、13—锁紧螺母；11—调整螺母；12—中心螺杆；14—静触点臂；15—动触点臂；
16—触点固定螺钉；17、19—接线端子；18—喇叭按钮；20—蓄电池

筒形电喇叭是利用触点闭合与断开来接通与切断电磁线圈电路，并使电磁铁机构带动金属膜片振动而发出音响信号的。当按下喇叭按钮时，电磁线圈电流接通，其电路为：蓄电池正极→接线端子 19→电磁线圈 9→动触点臂 15→触点 K→静触点臂 14→接线端子 17→喇叭按钮 18→搭铁→蓄电池负极。当电流流过电磁线圈时，山形铁芯被磁化，产生电磁吸力吸引衔铁 8 向下移动，与此同时，中心螺杆上的调整螺母 11 带动动触点臂 15 下移使触点 K 断开。

当触点 K 断开时，电磁线圈电路切断，电磁吸力消失，在弹簧片 7 和金属膜片 3 的弹力作用下，衔铁上移复位，触点 K 再次闭合。

当触点 K 再次闭合时，电磁线圈电路再次接通，山形铁芯又被磁化并吸引衔铁 8 向下移动使触点 K 再次断开。

只要按下喇叭按钮不放松，触点 K 和电磁线圈就会重复上述工作过程而使衔铁上下循环移动，并带动金属膜片 3 振动而发出一定频率（300~450 Hz）和声调的声波，经喇叭筒发出音响信号。

共鸣板 2 与金属膜片 3 刚性连接，其功能是在膜片振动时发出伴音，使声音更加悦耳。消弧电容器 C 和消弧电阻 R 与触点 K 并联连接，其作用都是减小触点火花。有的喇叭只采用一只电阻或只采用一只电容器。

当松开喇叭按钮时，电磁线圈电流切断，电磁吸力消失，衔铁停止振动，喇叭停止发声。

2. 盆形电喇叭

盆形电喇叭的结构如图 5-15 所示，其主要由电磁铁机构、触点 K 和金属膜片组成，其工作情况与筒形电喇叭基本相同。

电磁线圈 2 绕在固定铁芯 1 上，固定铁芯中空，导杆可在固定铁芯的中心孔中移动并保持轴心同心。活动铁芯 6 下缘与触点臂保持接触，当活动铁芯向下移动时，触点臂将随之移动，触点 7 就会由闭合状态转变为断开状态。盆形电喇叭的显著特点是没有扬声筒，而是将活动铁芯 6、膜片 4 和共鸣板 5 固装在中心轴上，并使其随膜片一同振动。

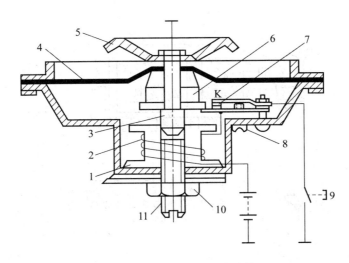

图 5-15 盆形电喇叭的结构
1—固定铁芯；2—线圈；3—导杆；4—膜片；5—共鸣板；6—活动铁芯；
7—触点 K；8—音量调整螺钉；9—喇叭按钮；10—锁紧螺母；11—声调调整螺钉

当按下喇叭按钮时，电磁线圈电路接通，电流由电源正极→线圈 2→触点 K→喇叭按钮 9→搭铁回到电源负极。流过线圈的电流在铁芯中产生电磁吸力将活动铁芯向下吸引。活动铁芯向下移动使触点 7 断开，电磁线圈电流切断，电磁吸力消失，活动铁芯复位。

当活动铁芯复位时，触点 K 重又闭合，电磁线圈电流重又接通，又会产生电磁吸力吸引活动铁芯向下移动。

当喇叭按钮一直按下时，触点就会不断地断开与闭合，电磁线圈电流循环切断与接通，活动铁芯不断上下移动，带动膜片振动产生一定频率的声波，并激励与膜片一体的共鸣板产生共鸣，从而发出比基本频率高很多且分布又比较集中的谐音。

当喇叭按钮松开时，电磁线圈电流切断，电磁吸力消失，铁芯停止振动，喇叭停止发音。

为了减小触点火花，防止触点严重烧蚀，在触点两端还并联有一只电容器。

3. 喇叭继电器

【知识链接】

汽车装备一只电喇叭时，喇叭电磁线圈的电流可直接由喇叭按钮控制。当装备 2~3 只电喇叭时，由于喇叭总电流较大（每只 10 A 左右），如果仍用喇叭按钮直接控制，那么在喇叭按钮接通或松开时，就会产生强烈的电火花而烧坏喇叭按钮。

为避免喇叭按钮被烧蚀，采用喇叭继电器来控制多个喇叭流过的电流，控制电路如图 5-16 所示。

当按下喇叭按钮时，继电器线圈电流流过喇叭按钮，其电路为：蓄电池正极→继电器线圈→喇叭按钮→搭铁→蓄电池负极。线圈电流使继电器铁芯磁化，产生电磁吸力将触点臂向下吸引使触点闭合，从而接通喇叭电路。由于继电器线圈电阻较大，因此流过继电器线圈和喇叭按钮的电流较小，从而避免喇叭按钮烧蚀。流过喇叭的较大电流则通过继电器触点，其电路为：蓄电池正极→继电器支架→触点臂→触点→喇叭→搭铁→蓄电池负极。

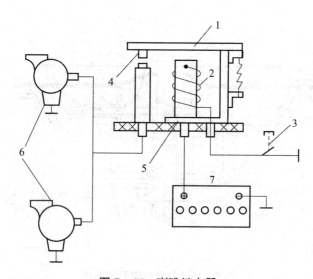

图 5-16 喇叭继电器

1—触点臂；2—线圈；3—喇叭按钮；4—触点；5—支架；6—喇叭；7—蓄电池

当松开喇叭按钮时，继电器线圈电流切断，电磁吸力消失，继电器触点断开，喇叭电路切断而停止发声。

5.3.2 倒车蜂鸣器

【知识链接】

当汽车倒行时，为了警告车后的行人和其他车辆，除了在尾部装备有倒车灯之外，部分汽车还装备有倒车蜂鸣器或语音倒车报警器。倒车蜂鸣器或语音倒车报警器以及倒车灯的电源电路均受安装在变速器盖上的倒车灯开关控制。当变速器换挡杆拨入"倒挡"位置使倒车灯开关接通时，倒车蜂鸣器或语音倒车报警器以及倒车灯才能接通电源工作。

1. 倒车灯开关

倒车灯开关的结构如图 5-17 所示，其主要由钢球、膜片、触点和弹簧组成。

当换挡杆拨入"倒挡"位置时，倒车灯开关中的钢球 1 被释放，在弹簧 5 的弹力作用下，顶杆和导电片（相当于触点臂）下移使触点 4 闭合，倒车灯、倒车蜂鸣器或语音倒车报警器电源电路接通而工作，倒车灯发光照明车后路面或障碍物，倒车蜂鸣器发出断续的鸣叫声，语音倒车报警器则连续发出"倒车，请注意！倒车，请注意！"的声音。

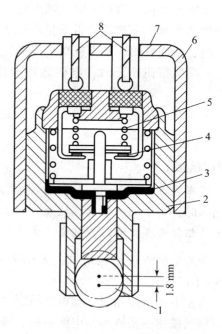

图 5-17 倒车灯开关的结构

1—钢球；2—壳体；3—膜片；4—触点；5—弹簧；6—保护罩；7，8—导线

2. 倒车蜂鸣器

倒车蜂鸣器是一种间歇发声的音响装置。倒车蜂鸣器型号不同，其控制电路也不尽相同，但工作原理大同小异。解放载货汽车用倒车蜂鸣器的控制电路如图 5-18 所示。其发声部分是一只功率较小的电喇叭，控制电路主要由一个无稳态电路和一只开关三极管组成。

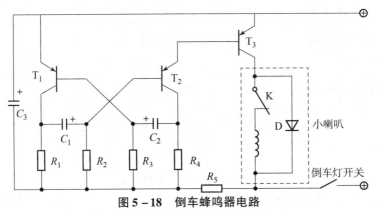

图 5-18 倒车蜂鸣器电路

T_1，T_2—3A31A；T_3—3AX31B；D—2CP13；
$R_1 = 1.5$ kΩ；R_2，$R_3 = 10$ kΩ；$R_4 = 15$ kΩ；$R_5 = 100$ Ω；$C_1 = C_2 = C_3 = 33$ μF

三极管 T_1、T_2 组成一个无稳态电路，又称为多谐振荡器，因为三极管 T_1 和 T_2 之间采用电容器耦合，所以三极管 T_1 与 T_2 只有两个暂时的稳定状态，或三极管 T_1 导通、T_2 截止，或三极管 T_1 截止、T_2 导通，这两个状态周期地自动翻转。三极管 T_3 在电路中起开关作用，三极管 T_3 与三极管 T_2 直接耦合，三极管 T_2 的发射极电流就是三极管 T_3 的基极电流。

当三极管 T_2 导通时，三极管 T_3 具有足够大的基极电流而饱和导通。电流便从电源正极，经三极管 T_3、蜂鸣器（小喇叭）的常闭触点 K、线圈流回电源负极。蜂鸣器线圈通电后，其铁芯磁化吸动衔铁并带动膜片产生变形而发出声音。

在三极管 T_2 与 T_3 导通、蜂鸣器发声的同时，电阻 R_2 上的电压向电容器 C_1 充电，使三极管 T_2 基极电位逐渐升高。当三极管 T_2 基极电位升高到一定值时，三极管 T_2 与 T_3 将由导通状态转变为截止状态，触点 K 断开，蜂鸣器线圈断电，铁芯磁力消失，衔铁与膜片复位，蜂鸣器停止发声。当三极管 T_2 截止时，其集电极电位降低，电源将通过三极管 T_1 向电容器 C_2 充电，使三极管 T_1 导通，振荡器工作状态自动翻转。

当电容器 C_2 充电使三极管 T_1 基极电位逐渐升高到一定值时，三极管 T_1 将由导通状态转变为截止状态，三极管 T_1 集电极电位降低，三极管 T_2 与 T_3 又获得基极电流而导通，蜂鸣器线圈又通电，蜂鸣器又发出声音。电容器 C_1 又被充电。电路如此循环导通与截至，三极管 T_3 按照无稳态电路的翻转频率不断地导通、截止，从而使倒车蜂鸣器发出间歇性的鸣叫声音。

5.3.3 语音倒车报警器

【知识链接】

语音倒车报警器是利用集成电路技术，将语音信号压缩储存在集成电路中，从而制成"会说话"的倒车报警器。当汽车倒车时，语音倒车报警器能重复发出"倒车，请注意!"的声音，提醒过往行人或车辆避让而确保车辆安全倒车。

语音倒车报警器电路如图 5-19 所示，HFC5209 是存储语音信号的集成电路，LM386N 是功率放大集成电路，稳压管 D 用于稳定 HFC5209 的工作电压。为了防止电源电压接反，在电源的输入端使用了 4 只整流二极管组成桥式整流电路，这样无论 12 V 电源怎样接入，均可保证整个电路正常工作。

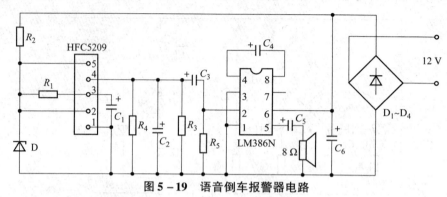

图 5-19　语音倒车报警器电路

HFC5209—语音信号集成电路；LM386N—功率放大集成电路；D—稳压二极管（2DW52）；
$D_1 \sim D_4$—整流二极管（IN4001）；$R_1 = 330\ k\Omega$；$R_2 = 330\ \Omega$；$R_3 = 200\ \Omega$；$R_4 = 10\ k\Omega$；$R_5 = 10\ k\Omega$；
$C_1 = 50\ pF$；$C_2 = 4.7\ \mu F$；$C_3 = 0.22\ \mu F$；$C_4 = 10\ \mu F$；$C_5 = 100\ \mu F$；$C_6 = 100\ \mu F$

当汽车换挡杆拨入"倒挡"位置时，倒车灯开关接通电源，电源便由 4 只二极管（$D_1 \sim D_4$）组成的桥式整流电路输入报警电路，语音信号集成电路 HFC5209 的输出端便输出一定幅度的语音信号电压，此语音信号电压经 C_2、C_3 及 R_3、R_4、R_5 组成的阻容耦合电路将杂音消除，改善音质，同时耦合到功率放大集成电路 LM386N 的输入端，经 LM386N 进行功率放大后，再由小喇叭输出，即可重复发出清晰的"倒车，请注意！"的声音。

语音倒车报警器具有体积小、成本低、声音清晰的优点，特别适合车身较长、倒车视野较小的大客车和载货汽车采用。

5.3.4　音响报警器

为了警示行人和车辆，救护车、警车和消防车等都需加装音响报警器。由集成电路 CW9561 和部分分立元件组成的汽车音响报警器电路如图 5-20 所示。

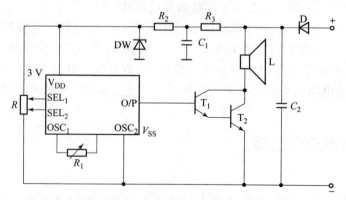

图 5-20　汽车音响报警器电路

T_1—3DG12；T_2—3DD03；D—2CZ13；DW—2CW11；
R、R_1—声调调节电阻；$R_2 = 120\ k\Omega$；$R_3 = 1\ k\Omega$；$C_1 = 100\ \mu F/16\ V$；$C_2 = 1\ 000\ \mu F/25\ V$

电容器 C_1、C_2，电阻 R_1、R_2 和稳压二极管 DW 组成稳压电路，防止汽车电源电压波动对音响报警器电路，特别是集成电路 CW9561 的正常工作带来影响。二极管 D 作为极性反接保护，防止音响报警器极性接反时造成损坏。三极管 T_1、T_2 连接成复合管形式，也可用达林顿管代替。当电源电压为 12 V 时，扬声器输出功率约为 3 W，其音量足以达到使用要求。

当音响报警器电路电源接通时，集成电路 CW9561 投入工作，控制其输出端 O/P 电位逐渐升高或降低，使复合三极管（或达林顿管）T_1、T_2 基极电流逐渐增大或减小，小喇叭 L 流过的电流逐渐增大或减小，从而发出由小变大或由大变小且清脆刺耳的报警声音。

大规模集成电路 CW9561 组成的集成电路式汽车音响报警器具有体积小、成本低、声调可调的优点。该音响报警器采用元器件很少，故障率很低，因此被广泛采用。

5.4 照明系统故障的诊断与排除

汽车照明系统是保证车辆行驶安全必不可少的电气系统。因此，熟悉汽车照明系统电路，快速诊断与排除故障，是保证行车安全的重要环节。

5.4.1 照明系统电路

在汽车照明系统电路中，各种照明灯大都采用组合式开关进行控制，典型的汽车照明系统电路如图 5-21 所示。

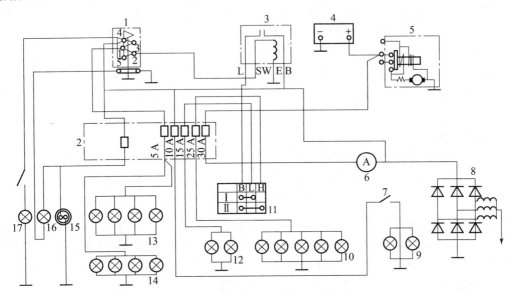

图 5-21 典型的汽车照明系统电路

1—车灯开关；2—保险丝盒；3—前照灯继电器；4—蓄电池；5—起动机；6—电流表；7—雾灯开关；
8—发电机；9—雾灯；10—前照灯远光灯；11—变光开关；12—前照灯近光灯；13—小灯（示廓灯）；
14—仪表照明灯；15—工作灯插座；16—顶灯；17—工作灯（发动机罩下灯）

当车灯开关置于"Ⅰ"挡时，小灯（示廓灯）、尾灯、仪表照明灯等接通；当车灯开关置于"Ⅱ"挡时，还同时接通左、右前照灯电路。因为每只前照灯流过的电流均为 5 A 左右，当同时接通左、右前照灯电路时，车灯开关流过的电流较大，直接通过车灯开关容易导致触点烧坏，所以，在照明电路中一般设有前照灯继电器，车灯开关仅控制前照灯继电器线圈的较小电流，较大的左、右前照灯电流直接流过前照灯继电器触点，不经过车灯开关触点，从而延长车灯开关的使用寿命。前照灯的远、近光变换由变光开关控制。推拉式的车灯开关在拉钮不拉出位置时，可接通顶灯电路。

1. 小灯和仪表照明灯电路

当车灯开关置于"Ⅰ"挡时，小灯（示廓灯）、尾灯、仪表照明灯等接通。其电路为：蓄电池正极→起动机"30"端子→30 A 熔断器→电流表→车灯开关的"4"端子、铜片、"1"端子→5 A 熔断器→小灯（示廓灯）和仪表照明灯→搭铁→蓄电池负极。

2. 前照灯远光灯、近光灯电路

当车灯开关置于"Ⅱ"挡、变光开关置于"Ⅰ"挡时，前照灯近光灯电路接通；变光开关置于"Ⅱ"挡时，前照灯远光灯电路接通。

（1）前照灯继电器线圈电路。当车灯开关置于"Ⅱ"挡时，前照灯继电器线圈电路接通，其电路为：蓄电池正极→起动机"30"端子→30 A 熔断器→电流表→车灯开关的"1"端子、铜片、"2"端子→前照灯继电器线圈→搭铁→蓄电池负极。继电器线圈电流产生电磁吸力将其触点吸闭，触点闭合将前照灯变光开关电源接通。此时，如果变光开关置于"Ⅰ"挡，则前照灯近光灯电路接通；如果变光开关置于"Ⅱ"挡，则前照灯远光灯电路接通。

（2）前照灯近光灯电路。当车灯开关置于"Ⅱ"挡、变光开关置于"Ⅰ"挡时，前照灯近光灯电路接通，其电路为：蓄电池正极→起动机"30"端子→30 A 熔断器→电流表→前照灯继电器触点→变光开关"Ⅰ"挡→15 A 熔断器→左、右前照灯近光灯→搭铁→蓄电池负极。

（3）前照灯远光灯电路。当车灯开关置于"Ⅱ"挡、变光开关置于"Ⅱ"挡时，前照灯远光灯电路接通，其电路为：蓄电池正极→起动机"30"端子→30 A 熔断器→电流表→前照灯继电器触点→变光开关"Ⅱ"挡→25 A 熔断器→左、右前照灯远光灯→搭铁→蓄电池负极。

3. 雾灯电路

当雾灯开关接通时，雾灯电路接通，其电路为：蓄电池正极→起动机"30"端子→30 A 熔断器→电流表→10 A 熔断器→雾灯开关→雾灯→搭铁→蓄电池负极。

汽车型号不同、档次不同以及生产厂家不同，其照明系统的配置亦不相同。如在车外照明灯具的配置方面，有的汽车不仅有前雾灯，而且配有后雾灯；有的配有转弯照明灯或前侧灯（如东风载货汽车），用以保证转弯时可靠照明。在车内照明灯具的配置方面，小轿车和高档大客车配置照明灯具的品种和数量比普通汽车多。照明灯控制开关除手控开关外，在一些汽车上还配备了门控开关、声控开关、遥控开关等。

5.4.2 故障的诊断与排除

各型汽车照明系统故障的诊断与排除方法大同小异。下面以图 5-21 所示照明系统电路为例，介绍照明系统常见故障的诊断与排除方法。

1. 前照灯远光灯与近光灯均不亮

当车灯开关置于"Ⅰ"挡时，示廓灯及仪表灯均发亮，但将车灯开关置于"Ⅱ"挡时，前照灯的远光灯与近光灯均不发亮，操纵变光开关，前照灯仍然不亮。

1) 故障原因

(1) 车灯开关内部"Ⅱ"挡触点与铜片接触不良。

(2) 变光开关触点与铜片接触不良。

(3) 前照灯继电器触点烧蚀，继电器线圈短路、断路或搭铁不良。

(4) 前照灯线路连接不良，或远光灯与近光灯电路熔断器均烧断。

(5) 所有前照灯灯泡均已烧坏。

2) 故障诊断与排除方法

发生前照灯远光灯、近光灯均不亮故障时，可按下述方法进行诊断与排除：

(1) 打开熔断器盒，检查前照灯熔断器（15 A、25 A）是否烧断。如果熔断器已经烧断，则更换熔断器，并检查前照灯及其连接线路有无搭铁故障；如果前照灯熔断器正常，则进行下一步检查。

(2) 将车灯开关置于"Ⅱ"挡，检测前照灯继电器"L"端子上的电压。如为蓄电池端电压，说明车灯开关和继电器连接线路良好，故障出在继电器"L"端子后的变光开关、前照灯及其连接线路上，可按下面的步骤（4）进行检查；如果"L"端子无电压，则进行下一步检查。

(3) 车灯开关保持在"Ⅱ"挡位置，检测前照灯继电器"SW""B"端子上的电压。如果均为蓄电池端电压，说明前照灯继电器故障，需拆修或更换前照灯继电器；如果仅"B"端子无电压，则检查"B"端子的连接导线以及 30 A 熔断器是否断路；如果仅"SW"端子无电压，则说明车灯开关故障或车灯开关与前照灯继电器之间的线路断路，检查线路或更换车灯开关即可。

(4) 车灯开关接通"Ⅱ"挡时，检测变光开关 3 个端子上的电压。如果电源"B"端子无电压，则需检修变光开关至前照灯继电器之间的连接线路；如果"B"端子电压等于蓄电池电压，而近光灯"L"端子、远光灯"H"端子均无电压，则需更换变光开关；如果"L""H"端子电压等于蓄电池电压（无电压时踏一次变光开关就可有电压），则需检修远光灯和近光灯连接线路或更换前照灯。

2. 前照灯只有远光或只有近光

当车灯开关接通"Ⅱ"挡时，只有远光灯或只有近光灯发亮。

1) 故障原因

(1) 变光开关至近光灯或远光灯的连接线路断路。

(2) 近光灯或远光灯的熔断器烧断。

(3) 变光开关连接近光灯或远光灯的触点与铜片接触不良。

(4) 近光灯或远光灯灯丝（泡）烧坏。

2) 故障诊断与排除方法

发生前照灯只有远光灯或只有近光灯发亮故障时，可按下述方法进行诊断与排除：

(1) 检查近光灯熔断器（15 A）或远光灯熔断器（25 A）是否完好。如果熔断器烧断，则更换相同容量的熔断器即可，并检查与熔断器连接的所有线路有无短路；如果熔断器正常，则进行下一步检查。

(2) 车灯开关接通"Ⅱ"挡，检测变光开关近光灯"L"端子或远光灯"H"端子上的电压。如果在变光开关接通近光灯或远光灯电路时，"L"或"H"端子无电压，则说明变光开关故障，需要更换新品；如果变光开关在接通近光灯或远光灯电路时，"L"或"H"端子电压等于蓄电池电压，则需检修变光开关与前照灯之间的线路，若线路正常，则需更换近光灯或远光灯灯泡。

3. 小灯（示廓灯）及仪表灯均不亮

在汽车电源电压正常（喇叭发响）的情况下，车灯开关接通"I"挡时，小灯（示廓灯）和仪表灯均不亮。

1）故障原因

（1）车灯开关内部接触不良。

（2）小灯（示廓灯）和仪表灯电路熔断器烧断。

（3）小灯（示廓灯）和仪表灯或其连接线路断路。

2）故障诊断与排除方法

发生小灯（示廓灯）和仪表灯均不亮的故障时，可按下述方法进行诊断与排除：

（1）检查小灯（示廓灯）和仪表灯电路的熔断器有无烧断。如果熔断器（5 A）已被烧断，则更换熔断器即可，并检查其连接线路有无短路；如果熔断器正常，则继续进行检查。

（2）将车灯开关接通"I"挡，检测小灯（示廓灯）和仪表灯熔断器上的电压。如果电压等于蓄电池电压，则检修熔断器至小灯（示廓灯）和仪表灯的连接线路以及小灯（示廓灯）和仪表灯灯丝是否烧断；如果无电压，则检查熔断器至车灯开关之间的线路，若线路正常，则需检修或更换车灯开关。

4. 灯光"窜位"故障的排除

1）灯光"窜位"的原因

灯光"窜位"现象是灯光电路中经常出现的故障，产生原因主要是工作电路中的电气部件搭铁不良，而且常发生在具有双丝灯泡的电路上。如制动灯为双丝灯泡，若搭铁不良，则当制动灯工作发亮时，全车的小灯都会发亮，但亮度都达不到正常要求，这是因为在此情况下，双丝灯泡的灯丝为串联连接，而不是正常工作时的并联连接。当双丝灯泡的灯丝串联连接后，每只灯丝上的分压降低，故亮度变暗。

2）灯光"窜位"的检修要点

（1）分清公用电源和独立电源。信号灯依据各自的功能用途分为公用电源和独立电源两种供电方式。在普通车型中，火焰预热装置、驾驶室翻转、气压报警、空滤器堵塞报警、驻车制动、机油压力报警等信号指示灯的灯座裸露，压挤在总成内部的弹簧板上，这些装置均由同一根熔断器供电。

（2）分清指示灯灯座引出导线的性质。若指示灯灯座引出导线端可做搭铁试验，则在该电路故障时，可用搭铁试验方法来判断故障发生部位。搭铁时若信号灯亮，说明引出导线后的连接线路或开关故障，可沿着线路走向，顺藤摸瓜找到故障点。

（3）注意相关影响。当接通钥匙开关后，如倒车蜂鸣器低声鸣叫，所有的报警信号灯暗淡，这通常是由熔断器断路造成的。

5.5　信号系统故障的诊断与排除

汽车信号系统是保证汽车正常行驶和行人安全必不可少的电气系统。因此，熟悉汽车信号系统电路，检修与排除信号系统故障，是保证行车安全的重要环节。

5.5.1 信号系统电路

在汽车信号系统电路中，各种信号装置相互独立工作，分别由各自的控制开关进行控制，典型的汽车信号系统电路如图 5－22 所示。

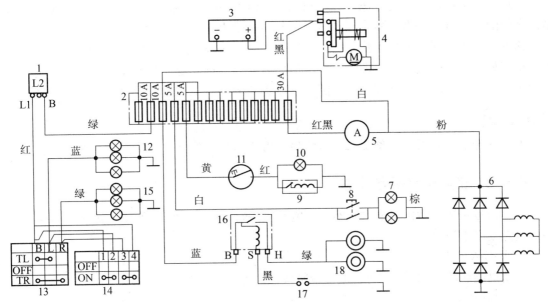

图 5－22 典型的汽车信号系统电路

1—闪光器；2—熔断器盒；3—蓄电池；4—起动机；5—电流表；6—发电机；7—制动灯；8—制动灯开关；9—倒车蜂鸣器；10—倒车灯；11—倒车灯开关；12—左转向信号灯及转向指示灯；13—转向灯开关；14—危险警告灯开关；5—右转向信号灯及转向指示灯；16—喇叭继电器；17—喇叭按钮；18—电喇叭

在电路中危险警告灯开关 14 的端子"1""4"与闪光器连接，端子"2""3"分别连接左转向灯和右转向灯。当按下危险警告灯开关时，开关内部铜片分别将端子"1""2"和端子"3""4"连通，从而使左、右转向信号灯同时闪光，以此向行人和其他车辆发出警告信号。

5.5.2 电喇叭的调整

【知识链接】

电喇叭的调整包括电喇叭音量与声调的调整。电喇叭音量大小由电磁线圈电流的大小决定。电流越大则音量越大；电流越小则音量越小。电喇叭声调高低由活动铁芯或衔铁的振动频率决定。减小活动铁芯或衔铁与固定铁芯间的气隙，可以提高电喇叭的声调；反之，增大气隙可以降低电喇叭的声调。

1. 电喇叭音量的调整

盆形电喇叭音量的调整方法是：转动图 5－15 所示调整螺钉 8，改变触点接触压力进行调整。当触点压力增加时，触点闭合时间相对增长，流过线圈的电流增大，音量相应增大。

反之，音量减小。

筒形电喇叭音量的调整方法是：拧松图 5-14 所示锁紧螺母 13，然后拧松调整螺母 11，即可改变触点接触压力。当压力增加时，触点闭合时间相对延长，流过线圈的电流增大，音量相应增大。

2. 电喇叭声调的调整

盆形电喇叭声调的调整方法是：转动图 5-15 所示调整螺钉 11，调整活动铁芯与固定铁芯之间的气隙进行调整。减小气隙时声调升高，增大气隙时声调降低。

筒形电喇叭声调的调整方法是：拧松图 5-14 所示固定螺母 10，再拧松连接螺栓 6 上的固定螺母，然后转动衔铁，即可减小或增大衔铁与山形固定铁芯的气隙。调整时应注意衔铁要平正，不能歪斜，使其周围的气隙均匀，否则电喇叭工作时就会发生碰撞而产生杂音。

【知识链接】

电喇叭音量和声调的调整是相互影响的，因此应反复调整，直至声音悦耳为止。

5.5.3 故障的诊断与排除

汽车信号系统故障包括电喇叭不响、电喇叭声音低哑、转向灯不亮、转向灯不闪亮和转向灯闪光频率不当等。

1. 电喇叭不响

发动机能起动（电源正常），但按喇叭按钮时电喇叭不响。

1）故障原因

（1）电喇叭电路熔断器（10 A）烧断，线路连接松脱。

（2）喇叭按钮触点严重烧蚀导致接触不良。

（3）喇叭继电器触点接触不良或线圈断路。

（4）电喇叭内部触点接触不良或触点烧结短路、线圈断路或电喇叭搭铁不良。

2）故障的诊断与排除方法

（1）检查熔断器盒中连接电喇叭电路的 10 A 熔断器是否烧断。如果熔断器已烧断，则更换相同容量的熔断器，并检查电喇叭电路有无搭铁故障；如果熔断器正常，则继续检查。

（2）将喇叭继电器的电源端子"B"与连接电喇叭的端子"H"连接，查听电喇叭是否发响。如果电喇叭不响，则需检修喇叭继电器与熔断器、电喇叭之间的连接线路，若线路良好，则需更换电喇叭；如果电喇叭发响，则继续检查。

（3）将喇叭继电器连接喇叭按钮的"S"端子直接搭铁，听电喇叭是否响。如果电喇叭不响，则需检修或更换喇叭继电器；如果电喇叭响，需检查喇叭继电器与喇叭按钮之间的连接线路，若线路良好，则需检修喇叭按钮。

2. 电喇叭声音低哑

汽车电源正常，但电喇叭发出的声音低哑。

1）故障原因

（1）电喇叭触点接触不良、线圈有局部短路、喇叭膜片有破裂等。

（2）喇叭继电器触点接触不良（烧蚀、接触压力过小）。

（3）电喇叭线路连接有松动或接触不良。

(4) 电喇叭安装松动而搭铁不良。

2) 故障的诊断与排除方法

将喇叭继电器的电源端子"B"与连接电喇叭的端子"H"直接连接，查听电喇叭响声是否正常。如仍不正常，需检修电喇叭线路连接情况和电喇叭安装是否牢固可靠，若均正常，先将电喇叭触点的接触压力适当调大，响声仍不正常则需更换电喇叭。

3. 转向灯不亮

接通转向灯开关（左转或右转）时，所有转向灯均不亮。

1) 故障原因

(1) 转向灯电路的 10 A 熔断器烧断。

(2) 转向灯开关、闪光器、熔断器盒处线路连接不良或线路断路或搭铁。

(3) 闪光器故障。

(4) 转向灯开关内部接触不良。

(5) 所有转向灯均烧坏（此种可能性极小）。

2) 故障的诊断与排除方法

(1) 检查熔断器盒中连接转向灯电路的 10 A 熔断器是否烧断。如果熔断器已烧断，更换相同容量的熔断器即可，并检查转向灯电路有无搭铁故障；如果熔断器正常，则继续检查。

(2) 检查闪光器电源端子"B"上的电压。如果无电压，则需检修闪光器至熔断器之间以及熔断器之前的电源线路；如果电压等于蓄电池电压，则继续进行检查。

(3) 将闪光器的接线端子"B"与转向灯开关 13 的接线端子"L"直接连接，并接通转向灯开关，查看转向灯是否发亮。如果转向灯亮，则说明闪光器有断路故障，需要拆修或更换闪光器新品；如果转向灯不亮，则继续进行检查。

(4) 将转向灯开关的电源接线端子"B"分别与左、右转向灯接线端子"L""R"直接连接，查看转向灯是否闪亮。如果闪亮，则说明转向灯开关有故障，需要拆修或更换新品；如果不闪亮，则需检修转向灯开关至转向灯、闪光器之间的线路以及转向灯灯丝是否烧断。

4. 转向灯不闪亮

接通转向灯开关后，转向灯常亮不闪烁。

1) 故障原因

(1) 闪光器故障。

(2) 转向灯开关之前的线路短路。

2) 故障的诊断与排除方法

断开闪光器端子"L1"上的连接导线，测量导线端子上的电压应为 0。如果导线端子上的电压等于蓄电池电压，说明该导线与电源线短路，则需检修该导线线路；如果导线端子上无电压，说明闪光器故障，需要检修或更换闪光器新品。

5. 转向灯闪光频率不当

在采用电热式闪光器的信号系统中，转向灯的正常闪光频率为 (80±15) 次/min；在采用电子式闪光器的信号系统中，转向灯的正常闪光频率为 80 次/min 左右。如果转向信号灯的闪光频率过高或过低，则说明信号系统故障。

1) 故障原因

(1) 闪光器不良。

(2) 转向灯连接导线或转向灯接触不良。

(3) 两侧转向灯的功率不一致或有灯泡烧坏。

2) 故障检修方法

首先检查转向信号灯灯泡是否烧坏，左、右两侧转向灯灯泡的功率是否相同。如果灯泡烧坏或两侧灯泡功率不符合规定，则需更换灯泡；如果灯泡技术状态正常、功率符合设计要求且两侧灯泡功率相等，则需检查转向灯线路有无接触不良导致电路总电阻不一致；若线路连接良好，则需更换闪光器。

本章小结

本章主要介绍了汽车照明与信号系统的要求及其组成，前照灯、防雾灯、牌照灯、倒车灯、顶灯和仪表灯等照明灯具的结构原理，信号灯、指示灯、闪光器、电喇叭、倒车蜂鸣器、语音报警器与音响报警器等信号装置的结构原理及其检修方法，照明与信号系统故障的诊断与排除方法等内容。

下列问题覆盖了本章的主要学习内容，利用以下线索可对所学内容作一次简要的回顾：

(1) 汽车照明设备的要求。

(2) 汽车前照灯的基本要求、汽车前照灯的结构与类型。

(3) 灯光信号系统的要求、音响信号系统的要求。

(4) 闪光器的功能与类型。电子式闪光器的结构组成与工作过程。

(5) 电喇叭的类型。筒形电喇叭和盆形电喇叭的结构原理与检修方法。

(6) 照明系统故障的诊断与排除方法。

(7) 信号系统故障的诊断与排除方法。

复习题

一、单选题

1. 汽车前照灯的照明效果直接影响夜间行车安全，其照明距离不得小于（　　）。

A. 100 m　　　　B. 200 m　　　　C. 300 m　　　　D. 400 m

2. 在汽车照明系统中，灯光继电器的作用是保护（　　）。

A. 前照灯　　　　B. 车灯开关　　　　C. 点火开关　　　　D. 转向灯

3. 汽车防雾灯采用了光波较长、透雾性能较强的单丝灯泡，其发光光色为（　　）。

A. 红色　　　　B. 白色　　　　C. 黄色　　　　D. 蓝色

4. 汽车牌照灯的发光光色为（　　）。

A. 红色　　　　B. 白色　　　　C. 黄色　　　　D. 蓝色

5. 在汽车前照灯中，远光灯丝的功率一般约为（　　）。

A. 2 W　　　　B. 8 W　　　　C. 20 W　　　　D. 50 W

6. 在汽车照明灯中，倒车灯灯丝的功率一般约为（　　）。

第 5 章　汽车照明与信号技术

　　A. 2 W　　　　　　　　B. 8 W　　　　　　　　C. 20 W　　　　　　　D. 50 W
7. 在汽车照明灯中，牌照灯灯丝的功率一般约为（　　）。
　　A. 2 W　　　　　　　　B. 8 W　　　　　　　　C. 20 W　　　　　　　D. 50 W
8. 在汽车照明灯中，仪表灯灯丝的功率一般约为（　　）。
　　A. 2 W　　　　　　　　B. 8 W　　　　　　　　C. 20 W　　　　　　　D. 50 W
9. 因为前、后转向信号灯的工作电流叠加后较大，所以电子式闪光器需要设置（　　）。
　　A. 三极管　　　　　　　B. 电容器　　　　　　　C. 电阻器　　　　　　　D. 继电器
10. 在汽车音响信号系统中，喇叭继电器保护的对象是（　　）。
　　A. 电喇叭　　　　　　　B. 蓄电池　　　　　　　C. 喇叭按钮　　　　　　D. 喇叭触点

二、多选题

1. 汽车上配置的照明灯具有（　　）。
　　A. 前照灯　　　　　　　B. 倒车灯　　　　　　　C. 牌照灯　　　　　　　D. 防雾灯
2. 前照灯的光学系统由（　　）组成。
　　A. 灯泡　　　　　　　　B. 灯座　　　　　　　　C. 反射镜　　　　　　　D. 配光镜
3. 汽车采用的音响信号装置主要有（　　）。
　　A. 电喇叭　　　　　　　B. 倒车蜂鸣器　　　　　C. 语音报警器　　　　　D. CD 音响
4. 电子式闪光器一般包含（　　）。
　　A. 三极管　　　　　　　B. 电容器　　　　　　　C. 电阻器　　　　　　　D. 继电器
5. 汽车用电喇叭的类型有（　　）。
　　A. 触点式　　　　　　　B. 电子式　　　　　　　C. 筒形　　　　　　　　D. 盆形

三、判断题

1. 在汽车照明系统中，前照灯远光灯灯泡的功率最大。　　　　　　　　　　　　（　　）
2. 汽车前照灯灯丝功率较大的为近光灯丝，灯丝功率较小的为远光灯丝。　　　　（　　）
3. 氙气大灯是用石英管内的高压氙气替代传统钨丝灯丝的照明灯。　　　　　　　（　　）
4. 电子式闪光器是根据电容器充放电原理进行工作的。　　　　　　　　　　　　（　　）
5. 汽车闪光器控制的转向灯的闪光频率，应当控制在（80±15）次/min 范围内。（　　）

四、简答题

1. 汽车常用的外部和内部照明灯分别有哪些？哪一种照明装置对行车安全最为重要？
2. 世界各国都以法律形式规定了汽车前照灯的照明标准，其基本要求有哪些？
3. 汽车上采用的信号装置有哪几种？常用的音响信号装置有哪些？
4. 何谓炫目？汽车如何避免炫目？
5. 怎样排除电喇叭不响故障？

复习题参考答案

一、单选题：1. A；2. B；3. C；4. B；5. D；6. C；7. B；8. A；9. D；10. C
二、多选题：1. ABCD；2. ACD；3. ABC；4. ABCD；5. BCD
三、判断题：1. √；2. ×；3. √；4. √；5. √

第 6 章

汽车信息显示技术

1. 认知目标

(1) 了解汽车信息显示系统的组成与分类。
(2) 熟悉各种显示仪表和安全报警信号装置的结构原理。
(3) 掌握各种显示仪表故障的检修与排除方法。

2. 技能目标

(1) 能够说明各种显示仪表的工作原理。
(2) 能够熟练地检修与排除各种显示仪表的故障。

在汽车行驶过程中,驾驶人必须随时了解汽车的运行状况,这样才能有的放矢地采取措施。为此,汽车装备有信息显示系统。本章主要内容包括信息显示系统的组成与分类,各种指示仪表的功能、结构原理与检修方法,安全报警信号装置和信息显示系统故障的诊断与排除等。要求学生掌握汽车信息显示系统的相关知识,为使用和维修奠定坚实的基础。

6.1 信息显示系统的组成与分类

信息显示系统的功能是显示汽车运行状况和工作参数,特别是发动机工况参数和极限参数,以便及时采取措施,防止发生人身和机械事故。

6.1.1 信息显示系统的组成

信息显示系统由各种指示仪表、指示灯、警告灯(或报警灯)和电子显示装置等组成。各种指示仪表和安全报警信号装置通常都安装在仪表板上组成一个总成,称为组合仪表盘。东风猛士 EQ2050 型 1.5 吨级高机动性越野汽车组合仪表盘上各种指示仪表与安全报警信号装置的安装位置如图 6-1 所示,大众轿车组合仪表盘的结构如图 6-2 所示。

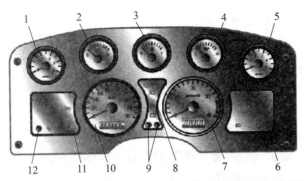

图 6-1 东风猛士 EQ2050 型 1.5 吨级高机动性越野汽车组合仪表板的结构

1—前轮充放气管路气压表；2—发动机冷却液温度表；3—燃油表；4—机油压力表；5—后轮充放气管路气压表；
6—右指示与报警区域（包括轮胎气压过低警告灯，充气泵工作指示灯，远、近光灯工作指示灯等）；7—发动机转速表；
8—中部指示区域（包括转向指示灯、充电系统故障警告灯等）；9—时钟调节按钮；10—车速里程表与时钟；
11—左指示与报警区域（包括冷却液温度过高警告灯、冷却液液面过低警告灯、
机油压力过低警告灯、分动器锁止指示灯等）；12—里程累计/日计调节按钮

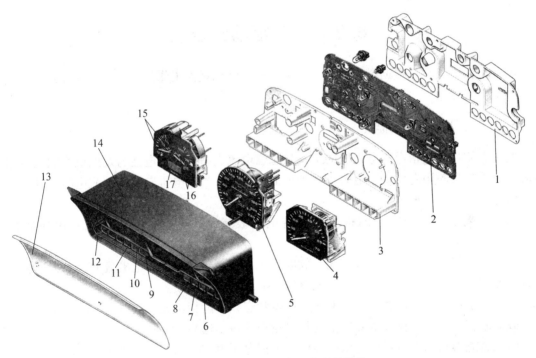

图 6-2 大众轿车组合仪表盘的结构

1—组合仪表盘后盖；2—印刷电路板；3—导光板；4—发动机转速表；5—车速里程表；
6—冷却液不足警告灯；7—后车窗玻璃电加热器指示灯；8—前照灯远光指示灯；9—充电指示灯；
10—机油压力过低警告灯；11—制动系统故障与驻车制动警告灯；12—数字时钟调整按钮；
13—透明护板；14—仪表台；15—燃油表及油面过低警告灯；16—冷却液温度表及警告灯；17—数字时钟

电子显示器件包括发光显示器件、线条图形显示器件以及液晶显示屏等。随着新型传感器、电子显示器件以及电子技术在汽车上的广泛应用，汽车仪表电子化已经成为发展潮流。

6.1.2 信息显示系统的分类

信息显示系统常用的仪表一般由传感器和指示仪表两部分组成。指示仪表可按功能、结构和工作原理进行分类。

按功能不同，指示仪表可分为电流表、电压表、机油压力表、冷却液温度表、燃油表、车速里程表等。

按结构不同，指示仪表可分为指针式和电子显示式两种类型。

按工作原理不同，指示仪表可分为电磁驱动式、电热驱动式（双金属片式）、磁感应式（如车速里程表）和电子控制式4种。

安全报警信号装置一般由传感器和警告灯组成。警告灯又称为报警灯，当被监测的部件或系统工作失常时，警告灯电路自动接通而发亮报警，提醒驾驶人及时采取相应措施。如机油压力过低警告灯、冷却液温度过高警告灯、燃油储量过少警告灯、气压过低（真空度）警告灯、空气滤清器堵塞警告灯、驻车制动气压过低警告灯、制动液液面过低警告灯和制动信号灯电路断路警告灯等。

6.2 电磁驱动式仪表

电磁驱动式仪表是根据电流的磁效应和电磁驱动原理而工作的仪表。下面介绍几种典型的电磁驱动式仪表。

6.2.1 电磁式电流表

电流表的功能是指示充电系统的工作状态。电流表串接在蓄电池与发电机之间的电路中使用。当蓄电池向用电设备放电时，其指示值为负值，当发电机向蓄电池充电时，其指示值为正值。

汽车充电系统工作状态的指示方式有电流表指示、充电指示灯指示和电压表指示3种。

电流表不仅能指示充电系统的充、放电状态，还能指示充、放电电流的大小，适合整车负载电流相对较小、仪表盘安装空间相对较大的载货汽车选装。

充电指示灯只能指示充电系统的充、放电状态，不能指示充、放电电流的大小，适合整车负载电流相对较大、仪表盘安装空间相对较小的轿车选装。

电压表能够指示充电系统电压的高低，根据电压值即可判断蓄电池的充、放电状态，其功能与充电指示灯基本相同，适合对称设计与布置显示仪表而使仪表盘更加美观。

1. 电磁式电流表的结构

电磁式电流表的结构如图6-3所示。黄铜板条3固定在绝缘底板上，两端与接线端子1和2相连，下面夹有永久磁铁6。在磁铁内侧的转轴5上装有带指针的软钢转子4。

2. 电磁式电流表的工作原理

电磁式电流表的工作原理如图6-4所示。当电流表没有电流流过时，由于软钢转子被永久磁铁磁化，且软钢转子磁化后的极性与永久磁铁的极性相反，因此两者互相吸引，使指针保持指向中间位置"0"，如图6-4（b）所示，说明充、放电电流都等于零。

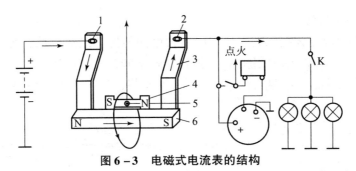

图 6-3 电磁式电流表的结构

1,2—接线端子；3—黄铜板条；4—带指针的软钢转子；5—转轴；6—永久磁铁

当蓄电池的放电电流流过黄铜板条时,在其周围就会产生磁场,方向可用安培定则(即右手螺旋定则)判定,如图 6-3 所示。由图 6-3 可见,放电电流的磁场方向与永久磁铁的磁场方向垂直。因此,放电电流的磁场(磁通量用 Φ_{d1} 表示)与永久磁铁的磁场(磁通量用 Φ_m 表示)就会产生一个合成磁场(磁通量用 Φ_1 表示),如图 6-4(a)所示,软钢转子与指针在合成磁场的作用下就会向刻度盘上的负值(-)方向偏转一个角度,指示充电系统处于放电状态。放电电流越大,电流的磁场就越强(磁通量用 Φ_{d2} 表示),合成磁场也就越强(磁通量用 Φ_2 表示),软钢转子与指针偏转的角度也就越大,如图 6-4(a)中虚线所示。

如果交流发电机向蓄电池充电,则电流及其磁场方向放电时恰好相反,如图 6-4(c)所示。充电电流小时的磁通量用 Φ_{c1} 表示,合成磁场的磁通量用 Φ_1 表示,此时合成磁场使转子与指针向刻度盘正值(+)方向偏转的角度小。充电电流大时的磁通量用 Φ_{c2} 表示,合成磁场的磁通量用 Φ_2 表示,此时合成磁场使软钢转子与指针偏转的角度增大。

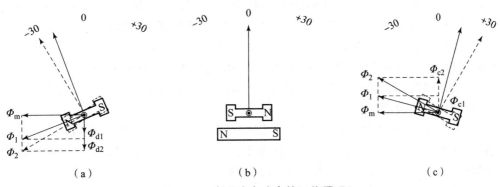

图 6-4 电磁式电流表的工作原理
(a) $I<0$；(b) $I=0$；(c) $I>0$

【知识链接】

电磁式电流表的两个接线端子有正、负极之分,标有正极"+"标记的端子应与交流发电机的输出端子"B"相连,标有负极"-"标记的端子应与蓄电池正极端子"BAT"相连。

6.2.2 电磁式燃油表

燃油表的功能是指示燃油箱内储存的燃油量。燃油表由安装在燃油箱内的燃油传感器和安装在仪表盘上的燃油指示表两部分组成。

1. 电磁式燃油表的结构

电磁式燃油表由电磁式指示表与可变电阻式燃油传感器组成，结构如图6-5所示。指示表由左电磁线圈 W_1、右电磁线圈 W_2、指针、转子和刻度盘等组成。左、右电磁线圈 W_1 和 W_2 分别绕在两只铁芯上，两只铁芯相互成90°安装，且右电磁线圈 W_2 与燃油传感器并联连接。

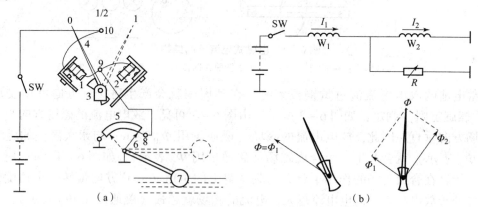

图6-5 电磁式燃油表的结构与工作原理
(a) 结构；(b) 工作原理
1—左电磁线圈 W_1；2—右电磁线圈 W_2；3—转子；4—指针；5—线绕电阻；6—滑片；7—浮子；8,9,10—接线端子

指针、转子套装在转子轴上。燃油传感器由线绕电阻5、滑片6和浮子7组成。浮子浮在油面上，随油面升降而改变其高低位置。

2. 电磁式燃油表的工作原理

当点火开关接通时，电流流过燃油表的路径为：蓄电池正极→点火开关SW→燃油表"+"接线端子10→左电磁线圈 W_1→燃油表"-"接线端子9，然后分成右电磁线圈和可变电阻两条支路。右电磁线圈支路经过右电磁线圈 W_2 后直接搭铁回到蓄电池负极；可变电阻支路为：接线端子9→燃油传感器接线端子8→线绕电阻5→滑片6→搭铁→蓄电池负极。

当左、右电磁线圈流过电流时，在其铁芯中就会产生磁场，其合成磁场就会驱动转子摆动，使指针指向某一读数。

当燃油箱内无油时，燃油传感器浮子下沉，可变电阻被短路，此时右电磁线圈 W_2 也被搭铁短路。左电磁线圈 W_1 在电源电压的作用下，通过电流达到最大值，产生的电磁吸力最强，吸引转子向左摆动，使指针指在"0"（或"E"）位置。

当燃油箱内油量增加时，燃油传感器浮子随油面上浮，并带动滑片在线绕电阻上滑动，串入电路中的可变电阻值逐渐增大，右电磁线圈 W_2 上的分压值逐渐升高，流过的电流逐渐增大，产生的磁场逐渐增强。此时，左电磁线圈上的分压值降低，流过的电流逐渐减小，产生的磁场逐渐减弱。因此，合成磁场使转子逐渐向右偏摆，指示燃油量增加。当油箱内燃油充满半箱时，在合成磁场的作用下，指针将指在"1/2"位置；当油箱全满时，合成磁场将使指针指向"1"（或"F"）位置。

【特别提示】

燃油传感器线绕电阻一端搭铁的目的是：防止滑片在线绕电阻上滑动时产生电火花而引起火灾。

6.3 电热驱动式仪表

【知识链接】

电热驱动式仪表又称为双金属片式仪表。双金属片是由两种热膨胀系数不同的金属制成的。当加热线圈通过电流时,产生的热量就会使双金属片产生弯曲变形。如果在双金属片的一端制作一对触点,并将其串联连接在电路中,那么,当双金属片受热后产生变形时,触点就会断开,电路就被切断;当双金属片冷却收缩时,触点又会闭合,电路又将接通。

电热驱动式仪表就是利用双金属片产生弯曲变形,使电路接通或切断而工作的。

6.3.1 电热式油压表的结构组成

电热式油压表的功能是指示发动机润滑油压力的高低,由安装在仪表板盘上的油压指示表和安装在发动机主油道或粗滤器上的油压传感器两部分组成,结构如图6-6所示。

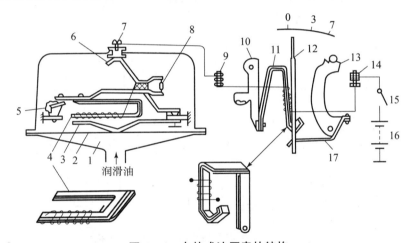

图6-6 电热式油压表的结构

1—油腔;2—膜片;3,17—弹簧片;4,11—双金属片与加热线圈;5,10,13—调整齿扇;
6—接触片;7,9,14—接线端子;8—校正电阻;12—指针;15—点火开关;16—蓄电池

油压传感器由双金属片、加热线圈、膜片、校正电阻和弹簧片等组成。膜片2的中央部位与弯曲的弹簧片3接触,弹簧片一端焊有触点,另一端固定并通过壳体搭铁。双金属片4上绕有加热线圈,加热线圈一端与双金属片触点相连,另一端通过接触片6、接线端子7与油压指示表的接线端子9相连。校正电阻8为分流电阻,与加热线圈并联。制作油压表时,改变校正电阻的阻值,即可调整流过加热线圈电流的大小。

油压指示表内也设有双金属片11和加热线圈,双金属片一端固定在调整齿扇10上,另一端与指针12相连。油压指示表的加热线圈绕在双金属片上。

6.3.2 电热式油压表的工作原理

当点火开关接通时,加热线圈流过电流的电路为:蓄电池正极→点火开关→油压指示表接线端子14→油压指示表双金属片11上的加热线圈→油压指示表接线端子9→油压传感器接线端子7→接触片6→双金属片4上的加热线圈→油压传感器触点→弹簧片3→搭铁→蓄电池负极。

当发动机主油道润滑油的压力低时，油压传感器膜片2几乎不产生变形，作用在触点上的压力很小，油压传感器加热线圈稍有电流流过，温度略有上升，双金属片就会受热产生变形，使触点断开，油压表电路即被切断。因为油压传感器触点接触压力很小，所以必须经历较长时间后，触点才能闭合将电路接通。触点如此循环断开与闭合（开闭频率为5~20次/min），使油压指示表加热线圈流过一个平均电流。当润滑油压力低时，油压传感器触点接触压力小，触点闭合时间短、断开时间长，因此流过油压指示表加热线圈的平均电流较小，油压指示表双金属片11受热弯曲变形小，带动指针12偏转的角度小，从而指示油压低。

当润滑油压力升高时，油压传感器膜片2向上拱曲，油压传感器触点接触压力增大，双金属片向上位移增大，只有当加热线圈通过较大电流产生较多热量使双金属片产生较大变形时，才能使触点断开；当触点断开后不久，双金属片稍为冷却就会复位使触点闭合。因此当油压升高时，触点闭合时间增长、断开时间缩短，且开闭频率升高，如图6-7所示，流过油压指示表加热线圈的平均电流增大，油压指示表双金属片11受热弯曲变形增大，带动指针12偏转角度增大，从而指示油压升高。

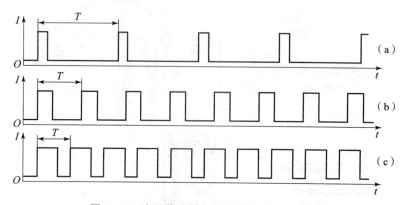

图6-7 油压传感器加热线圈电流I的波形

(a) 润滑油压力$p=0$时，触点开闭频率$f=10~15$次/min，平均电流$I≈60$ mA；
(b) 润滑油压力$p=200$ kPa时，触点开闭频率$f=40~70$次/min，平均电流$I≈170$ mA；
(c) 润滑油压力$p=500$ kPa时，触点开闭频率$f=100~130$次/min，平均电流$I≈240$ mA

【知识链接】

实测表明，当润滑油压力为0时，触点开闭频率为10~15次/min，平均电流$I≈60$ mA；当润滑油压为200 kPa时，触点开闭频率40~70次/min，平均电流$I≈170$ mA；当润滑油压为500 kPa时，触点开闭频率为100~130次/min，平均电流$I≈240$ mA。

发动机低速运转时，润滑油压力应不低于150 kPa；发动机正常工作时，润滑油压力应在200~400 kPa范围内，最高不超过500 kPa。

【特别提示】

为使油压的指示值不受外界温度的影响，双金属片制成"∏"字形。其中，绕有加热线圈的边称为工作臂，另一边称为补偿臂，当环境温度变化时，工作臂产生的附加变形能被补偿臂产生的相应变形所补偿。

为了避免工作臂上加热线圈产生的热气上升导致补偿臂产生附加变形,在安装油压传感器时,必须使油压传感器壳上的箭头朝上,其偏移垂直位置的角度应不超过±30°,目的是使工作臂在补偿臂之上。

6.4 车速里程表与发动机转速表

车速里程表的功能是指示汽车行驶速度和行驶里程数。行驶里程数分为累计里程数和单程里程数两种。

按工作原理不同,车速里程表可分为磁感应式和电子式两种。

6.4.1 磁感应式车速里程表

磁感应式车速里程表由车速表和里程表两部分组成,结构如图6-8所示。主要由永久磁铁、感应罩、磁屏(铁护罩)、游丝、指针与刻度盘、计数轮、蜗轮蜗杆和主动轴等组成。主动轴由变速器(或分动器)传动蜗杆经钢缆软轴驱动。

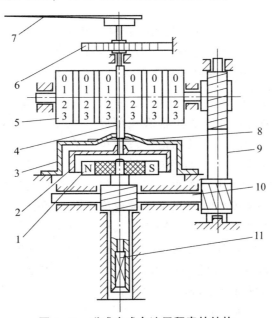

图6-8 磁感应式车速里程表的结构
1—永久磁铁(磁钢);2—感应罩;3—磁屏(铁护罩);4—针轴;5—计数轮;
6—游丝;7—指针;8—卡簧;9—竖直涡轮轴;10—水平涡轮轴;11—主动轴

1. 车速表的结构原理

车速表由与主动轴紧固在一起的永久磁铁(磁钢)1、带有针轴和指针7的感应罩(铝罩)2、磁屏(铁护罩)3和紧固在车速里程表外壳上的刻度盘等组成。

汽车停驶时,铝罩在盘形游丝弹簧的弹力作用下,使指针指向刻度盘的"0"位置。

当汽车行驶时,主动轴带动永久磁铁旋转,磁力线在铝罩上就会产生涡流,涡流产生的磁场与永久磁铁的旋转磁场相互作用就会产生转矩,这个转矩克服游丝弹簧的力矩就会使铝罩沿着永久磁铁转动的方向转动一定的角度与游丝弹簧的弹力平衡。与此同时,铝罩通过针轴带动指针转过一个与车速成正比的角度，从而在刻度盘上指示出相应的车速。车速越高，永久磁铁旋转越快，铝罩上的涡流越强，转矩越大，铝罩带动指针偏转的角度越大，指示的车速也就越高。

2. 里程表结构原理

里程表由蜗轮蜗杆机构和十进制数字轮组成。数字轮上制作有传动齿轮和进位齿轮，蜗轮蜗杆具有一定的传动比。汽车行驶时，钢缆软轴带动主动轴转动，并经3对蜗轮蜗杆驱动里程表右边的第一数字轮转动。

第一数字轮上的数字 X（X代表0，1，2，…，9）表示的里程数为 $X/10$ km。在两个相邻的数字轮之间，既通过自身的内齿轮进行传动，又通过进位数字轮进行进位传动，从而形成 1∶10 的传动比，即在右侧数字轮转动一周，数字由"9"翻转到"0"的同时，其进位数字轮便使左侧相邻的数字轮转动 1/10 周，形成十进位递增关系。当汽车行驶时，就可累计出行驶里程数。

6.4.2 电子式车速里程表

【知识链接】

电子式车速里程表是由传感器从变速器上获取车速信号，并通过导线进行信号传输，不仅能够克服钢缆软轴传输转矩带来的磨损，而且还有精度高、指示值平稳和寿命长等优点。因此，当今汽车，特别是小轿车普遍采用电子式车速里程表。

电子式车速里程表的结构如图6-9所示，主要由车速传感器、电子电路、车速表和里程表4部分组成，它既能指示汽车行驶速度，又能记录行驶里程（包括累计里程和单程里程），并具有复零功能。

车速传感器一般采用舌簧开关式或磁感应式传感器，由变速器轴驱动，能够产生与汽车行驶速度成正比的电信号。大众和奥迪轿车用舌簧开关式传感器由一个舌簧开关和一个具有4对磁极的转子组成。转子每转一周，舌簧开关中的触点闭合8次，产生8个脉冲信号，汽车每行驶1 km，车速传感器将输出4 127个脉冲信号。

电子电路主要由稳压电路、单稳态触发电路、恒流源驱动电路、64分频电路和功率放大电路组成，如图6-10所示。其作用是将车速传感器输入的与车速成正比的频率信号，经过整形、触发、输出一个与车速成正比的电流信号。车速表的指示精度由电阻 R_1 调节，初始工作电流由电阻 R_2 调节，电阻 R_3 和电容 C_3 用于电源滤波。

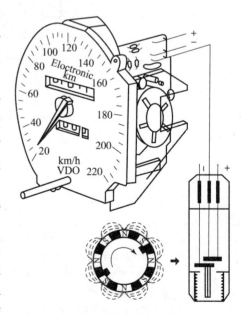

图6-9 电子式车速里程表的结构

【知识链接】

车速表实际上是一个磁电式电流表，当汽车以不同的车速行驶时，从电子电路接线端子

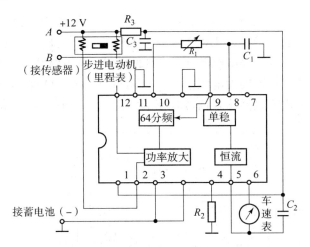

图 6-10 电子式车速里程表的电子电路

6 输入与车速成正比的电流信号便驱动车速表指针偏转,从而指示相应的车速。在车速表刻度盘上 50~130 km/h 的区域标有蓝色或红色标记,表示经济车速区域。

里程表由一个步进电动机和具有 6 位数字的十进位齿轮计数器组成。步进电动机将脉冲信号转换为线位移或角位移信号。车速传感器输出的频率信号经过 64 分频后,再经功率放大器放大到足够的功率去驱动步进电动机,带动 6 位数字的十进位齿轮计数器工作,从而记录累计里程数和单程里程数。

累计里程和单程里程的任何一位数字轮转动一圈,进位齿轮就会使其左边的相邻计数轮转动 1/10 圈。车速里程表上设有一个单程里程计复位杆,当需要清除单程里程时,只需按一下复位杆,单程里程计的 4 个数字轮就会全部复位为零。

6.4.3 发动机转速表

发动机转速表的功能是监视发动机工况,以便驾驶人掌握换挡时机,利用经济车速行驶。

发动机转速表分为机械式和电子式两种。机械式发动机转速表的结构原理与磁感应式车速里程表基本相同。电子式发动机转速表又分为汽油发动机转速表和柴油发动机转速表两种。前者的转速信号既可从点火系统的初级电路获取,也可从转速传感器获取;后者的转速信号只能从转速传感器获取。因为电子式发动机转速表结构简单、安装方便、指示平稳,所以被广泛采用。

电子式发动机转速表一般为磁感应式,由磁感应式传感器、电子电路和毫安表组成,如图 6-11(a)所示。

【知识链接】

电子式发动机转速表既可用于测量汽油发动机转速,也可用于测量柴油发动机转速。因为从点火系统初级电路获取转速信号时,点火线圈初级绕组具有 250~350 V 的自感电动势,电子电路不便处理,所以,采用磁感应式传感器获取汽油发动机转速信号的发动机转速表越来越多。

转速信号一般取自发动机曲轴信号,因此,磁感应式传感器一般安装在飞轮壳上。电子电路的核心部件是频率电压转换器 LM2907 或 LM2917。试验证明,磁感应式传感器信号输入频率电压转换器后,经过频率电压转换器 LM2907 或 LM2917 内部电路进行处理,即可将反映发动机转速的频率信号转换为电压信号,从而得到图 6-11(b)所示的输出特性,这样毫安表便能随磁感应式传感器输入信号频率的增加,平稳地指示发动机转速升高。

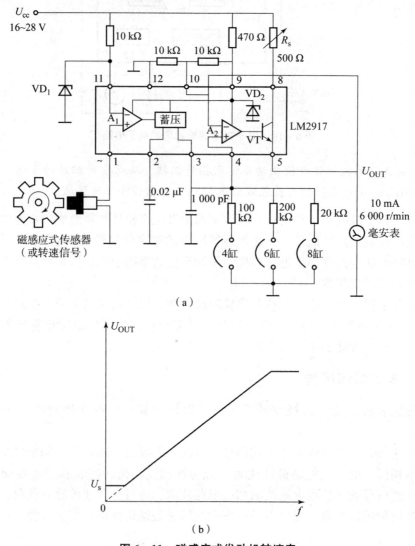

图 6-11 磁感应式发动机转速表
(a) 电路图;(b) 输出电压与频率的关系

电压 U_s 称为最小输出电压,在频率较低(发动机转速在 0~100 r/min 范围内)时,保持最小输出电压稳定的目的是克服毫安表的机械惯性和磁滞性,使发动机转速表在低速时就能准确指示发动机转速。调节电阻 R_s 的阻值,即可调节最小输出电压的高低,从而使毫安表在某一转速开始比较准确地指示发动机转速。

【知识链接】

上述电路可适用于 4 缸、6 缸和 8 缸发动机。制作发动机转速表时,只需根据图中所示电路连接相应阻值的电阻并将该电阻与负极连接即可。

6.5 数字式汽车仪表

数字式汽车仪表是指采用荧光屏、液晶显示屏、数码管和发光二极管等显示器件，显示温度、电压、油压、燃油量、发动机转速、车速和里程等状态信息的仪表，又称为电子式汽车仪表。某型轿车采用的数字式组合仪表盘的结构如图6-12所示。

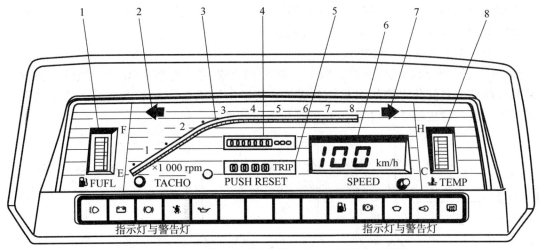

图6-12 某型轿车采用的数字式组合仪表盘的结构
1—燃油表；2—转向指示；3—转速表；4—里程表；5—单程里程表；
6—车速表；7—转向指示；8—冷却液温度表

6.5.1 显示器件

显示器件可分为发光型和非发光型两类。发光型显示器件有发光二极管（LED）、真空荧光管（VFD）、阴极射线管（CRT）、等离子显示器件（PDP）和电致发光显示器件（ELD）等；非发光型显示器件有液晶显示器（LCD）和电致变色显示器（ECD）等。这些显示器件均可作为汽车信息显示器件，常用的有发光二极管、真空荧光管和液晶显示器3种。

在上述显示器件中，发光二极管不仅光色多，可发出红、绿、黄、橙等颜色，而且价格低，既可单独使用，也可组成数字、点阵或线条图形等。因此，汽车使用发光二极管最多。发光二极管单只使用可用作各种指示灯和警告灯，组成数字可显示车速和里程，组成点阵可显示电压、油压、燃油储量和冷却液温度等，组成线条图形可显示发动机转速和高位制动警告信号等。

6.5.2 驱动电路

数字式汽车仪表主要由采集信息的传感器、分析处理信息的电子电路（包括单片机）以及各种信息显示器件组成。其中，传感器和电子电路的功能与前述发动机转速表基本相同，区别在于信息显示方式有所不同。

【知识链接】

在数字式汽车仪表中，除汽车行驶速度（即车速）一般采用数字形式显示之外，其余信息（如电压、油压、温度、燃油储量和发动机转速等）一般采用线条图形或象形图形显示。线条图形和象形图形制作在组合仪表盘透明护板下面的面膜上，在面膜下面制作有安装固定发光二极管等显示器件的支架，各种显示器件与印刷电路板上的电子电路和显示驱动电路等连接。当驱动电路驱动发光二极管等显示器件工作时，即可通过面膜上的线条图形或象形图形显示相应的状态参数。由此可见，显示驱动电路是数字式汽车仪表的重要组成部分。

常用的显示驱动器有 LM3914、LM3915 和 LM3916 等，下面以 LM3914 显示驱动器为例，说明数字式汽车仪表显示驱动电路的工作原理。

1. LM3914 显示驱动器的特点

LM3914 显示驱动器是检测模拟电平、驱动 10 个发光二极管 LED 进行线性模拟显示的单片集成电路，其简化电路如图 6-13 所示。其显示形式（即显示点或显示线条图形）可以通过改变专门设置端子（11 端子）的连接进行转换。

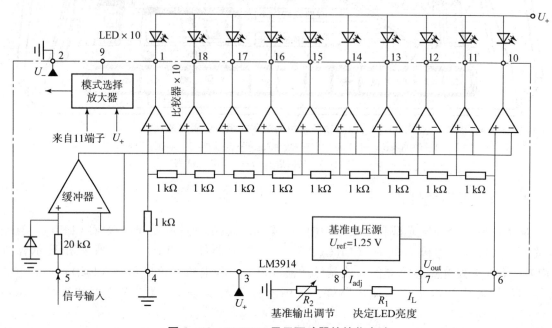

图 6-13　LM3914 显示驱动器的简化电路

该电路设有可调基准电压和精密的 10 级分压器。用低偏流输入缓冲器来接受低到搭铁电平或 U_- 的信号，对高于 35 V 或低于搭铁电平的输入不需要保护。缓冲器再驱动 10 个独立的比较器，比较器的基准电压来自精密分压器，这样即使在很宽的温度范围（0 ℃ ~ 70 ℃）内，也能将指示的非线性控制在 0.5% 范围内。

LM3914 可方便地使显示系统增加控制器、可视报警、展宽刻度的功能。该电路可驱动多种颜色的发光二极管或低电流白炽灯，并可将多个 LM3914 "链接" 起来形成 20 ~ 100 段以上的显示。由于分压器两端均连接到电路外部，因此可用两个驱动器制作成中心为零位的指示表，如充、放电电流指示表。该显示驱动器具有以下特点：

(1) 可驱动发光二极管、液晶显示器或真空荧光管。
(2) 用户可在外部选择线条图形显示模式或点显示模式。
(3) 可扩展到 100 级显示。
(4) 内部电压基准为 1.2~12 V。
(5) 可在低于 3 V 的电源下工作。
(6) 输入可低到搭铁电平,可输入 ±35 V 电压而不会损坏或发生错误输出。
(7) 发光二极管驱动器输出是集电极电流输出,输出电流在 2~30 mA 范围内可调,输出端之间没有相互作用,可与 TTL 或 CMOS 逻辑电路相连接。
(8) LM3914 内部 10 级分压器是浮动的,可连接很宽的电压(±35 V)范围。

2. LM3914 显示驱动器功能说明

信号电压输入高阻抗缓冲器后,再加到 10 个比较器的反向输入端(即"-"端),每个比较器串联一只电阻并偏置在不同的比较电平上。在图 6-13 中,电阻串接到内部的 1.25 V 基准电压上。在此情况下,输入信号每增加 125 mV,比较器就接通另一个指示发光二极管。该电阻分压器可连接在高于 U_- 和比低于 U_+ 1.5 V 的任意两个电压之间。如果需要扩展指示表显示量程范围,则分压器的总电压可降低到 200 mV。虽然扩展指示表量程显示比较精密,但是只有在使用线条图形显示模式时各段发光二极管才能均匀发光。当每级为 50 mV 以上时,可用点显示模式显示。

3. LM3914 显示驱动器的基准输出电压

LM3914 显示驱动器电路的基准输出电压 U_{out} 是可以调节的。由于加在负载电阻 R_1 上的基准输出端(7 端子)与基准调节端(8 端子)之间的基准电压 U_{ref} 是恒定的(标称值为 U_{ref} = 1.25 V),因此流过负载电阻 R_1 上的电流 I_L 也是恒定的。因为流过输出调节电阻 R_2 的电流除了 I_L 之外,还有电流 I_{adj},所以基准输出电压 U_{out} 的表达式为

$$U_{out} = U_{ref}\left(1 + \frac{R_2}{R_1}\right) + I_{adj}R_2$$

由上式可见,调节电阻 R_2 的阻值,即可调节基准输出电压 U_{out} 的高低。

4. 发光二极管亮度的调节

在 LM3914 电路中,从基准输出电压端(7 端子)输出的电流 I_L 决定了发光二极管的电流。流经每只发光二极管的电流约等于流过负载电阻 R_1 电流 I_L 的 10 倍,并且相对恒定,不受电源电压和温度变化的影响。因此改变电阻 R_1 阻值的大小,即可改变流过发光二极管的电流来调节发光二极管的亮度。

5. 模式选择端的使用

模式选择端(9 端子)具有控制多个 LM3914 的链接以及显示线条图形或点阵形式工作的功能。使用方法是:当显示为线条图形时将模式选择端(9 端子)连接到电源端子(3 端子)上。当显示为点阵形式时,单个 LM3914 的模式选择端开路即可,多个 LM3914 串联驱动 20 个或更多个发光二极管时,则将前一级驱动器(即有最低输入电压比较点的驱动器)的 9 端子接到较高一级 LM3914 的 1 端子,并连续地将较低输入驱动器的 9 端子接到较高输入驱动器的 1 端子。相互串联连接的最后一个 LM3914 的 9 端子接到 11 端子上。除最后一个 LM3914 之外,在其余所有驱动器的 11 端子与电源之间均应连接一只 20 kΩ 的电阻(即与第 9 只发光二极管并联一只 20 kΩ 的电阻)。

6.6 安全报警信号装置

安全报警信号装置的功能是监测汽车总成部件或系统的工作状况，当其出现异常时警告灯电路自动接通而发亮报警，提醒驾驶人及时采取措施，以保证行车安全。

6.6.1 机油压力过低警告灯

在汽车润滑系统中，除设有机油压力表之外，还设有机油压力过低警告灯。

【知识链接】

机油压力过低警告灯为红色警告灯，其功能是当润滑系统的机油压力降低到一定值（50～90）kPa 时，警告灯电路自动接通而发亮报警，提醒驾驶人及时检修，以避免损坏发动机。

目前汽车上与机油压力警告灯配套使用的传感器有弹簧管式和膜片式两种。

1. 弹簧管式机油压力过低传感器

弹簧管式机油压力过低传感器的结构如图 6-14 所示。传感器外形与机油压力表配用的油压传感器相似，但体积要小得多。传感器借螺纹安装在发动机润滑系统主油道上，主油道的润滑油压力直接作用到弹簧管内。弹簧管 3 设在传感器金属壳体内，一端与传感器接头 6 连接，并与发动机润滑系统主油道相通，另一端焊接有动触点 5。静触点 4 经接触片与传感器接线端子 2 相连。

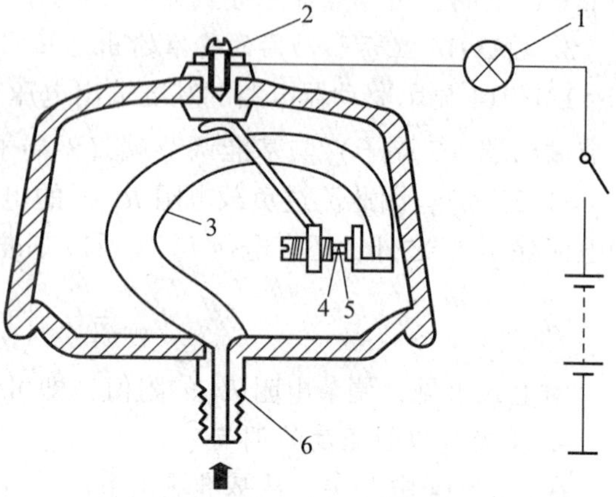

当点火开关接通、发动机润滑系统主油道的润滑油压力低于 50～90 kPa 时，弹簧管变形量小，动触点与静触点接触，警告灯电路接通而发亮，提醒驾驶人停止发动机运转并及时检修。

当润滑系统主油道的润滑油压力高于 50～90 kPa 时，弹簧管变形量增大，使动触点与静触点分离，警告灯电路切断而熄灭，指示润滑系统工作正常。

图 6-14 弹簧管式机油压力过低传感器的结构
1—警告灯；2—接线端子；
3—弹簧管；4—静触点；
5—动触点；6—传感器接头

2. 膜片式机油压力过低传感器

膜片式机油压力过低传感器的结构如图 6-15 所示。传感器外形和结构与机油压力表配用的油压传感器十分相似，但体积要小得多。传感器借螺纹安装在发动机润滑系统主油道上，主油道的润滑油压力直接作用到膜片上。

钢制膜片将传感器分割成两个互不相通的腔室，下腔室与发动机润滑系统主油道相通。下腔室内设有一块弹片，弹片上焊有动触点，静触点固定在壳体上。上腔室内设有一根弹簧，调节弹簧的预紧力可以调整报警压力的高低。

当点火开关接通、发动机润滑系统主油道的润滑油压力低于 50～90 kPa 时，膜片在弹簧预紧力的作用下克服机油压力向下拱曲，带动弹片和动触点向下移动并使触点闭合，警告灯电路接通而发亮。

润滑系统主油的道润滑油压力升高时，油压对膜片的作用力增大。当油压达到正常工作油压时，油压对膜片的作用力将克服弹簧预紧力而使膜片向上拱曲，同时带动弹片和动触点向上移动使触点断开，警告灯电路切断而自动熄灭，指示润滑系统工作正常。

6.6.2 冷却液温度过高警告灯

冷却液温度过高警告灯为红色警告灯，其功能是当冷却液温度升高到一定值时，警告灯自动发亮报警，指示冷却液温度过高。

冷却液温度过高警告灯电路如图6-16所示，与警告灯配用的传感器为双金属片式温度传感器。

当冷却液温度升高时，传感器内部双金属片受热产生的变形量增大。当冷却液温度升高到95 ℃~98 ℃时，双金属片向下弯曲变形使触点闭合，警告灯电路接通而发亮，指示冷却液温度过高。

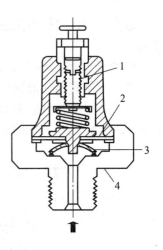

图6-15 膜片式机油压力过低传感器

1—弹簧片；2—膜片；
3—弹片与触点；4—壳体

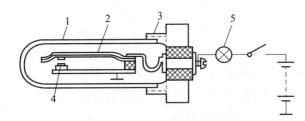

图6-16 冷却液温度过高警告灯电路

1—壳体；2—双金属片；3—安装螺纹；4—静触点；5—警告灯

6.6.3 燃油储量过少警告灯

在汽车燃油供给系统中，除了装备有燃油表之外，还装备有燃油储量过少警告灯。

燃油储量过少警告灯为红色警告灯，其功能是当油箱燃油储量少于某一规定值时，警告灯自动发亮，提醒驾驶人及时补充燃油。汽车常用的燃油储量警告灯的控制方式有热敏电阻控制式、晶闸管控制式和电子控制式3种。

1. 热敏电阻控制式燃油储量过少警告灯

热敏电阻控制式燃油储量过少警告灯电路如图6-17所示。热敏电阻式传感器安装在燃油箱上，当燃油箱内燃油储量多时，传感器的热敏电阻元件浸泡在燃油中，由于燃油温度低、散热快，因此热敏电阻阻值较大，警告灯电路流过的电流较小而不能发光。

当燃油箱内燃油储量减少到规定值以下时，传感器将露出油面，由于传感器周围的环境温度高于

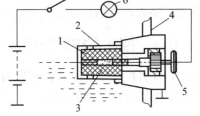

图6-17 热敏电阻控制式燃油储量过少警告灯电路

1—金属丝网；2—传感器壳体；3—热敏电阻；
4—燃油箱壳体；5—接线端子；6—警告灯

燃油温度，因此热敏电阻阻值减小，警告灯流过的电流增大而发亮，提醒驾驶人及时补充燃油。

2. 电子控制式燃油储量过少警告灯

电子控制式燃油油量过少警告灯适合与电磁式燃油指示表配套使用，电路如图6-18所示。图中各电子元件的参数分别为：$R_1 = 10\text{ k}\Omega$，$R_2 = 15\text{ k}\Omega$，$R_3 = 2.7\text{ k}\Omega$，$R_4 = 3.3\text{ k}\Omega$，$R_5 = 5\text{ }\Omega/2\text{ W}$，$R_6 = 6.8\text{ k}\Omega$，$R_7 = 9.1\text{ k}\Omega$，$R_8 = 1\text{ k}\Omega$，$R_9 = 120\text{ k}\Omega$，$C = 5\text{ }\mu\text{F}/15\text{ V}$。

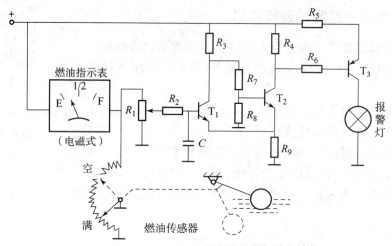

图6-18 电子控制式燃油油量过少警告灯电路

三极管T_1、T_2组成施密特触发器，可变电阻R_1上的电压与燃油箱内的燃油油面高度成正比，即油面升高时，传感器滑线电阻串入指示表电路的阻值增大，可变电阻R_1上的电压升高；反之，油面降低时，R_1上的电压降低。

当燃油箱全满时浮子上浮，带动滑片向下滑动使滑线电阻串入指示表电路的阻值增大，电阻R_1上的电压升高，三极管T_1的基极电位升高而导通，三极管T_1集电极电位降低而使三极管T_2截止，三极管T_2截止时将三极管T_3基极电流切断，因此三极管T_3截止，警告灯无电流流过而熄灭。

当燃油箱内的燃油油面高度降低时，浮子下沉并带动滑片向上移动，滑线电阻串入指示表电路的阻值减小，电阻R_1上的电压降低，三极管T_1的基极电位随之降低。当燃油箱内的燃油油面高度降低到规定报警油面高度时，三极管T_1因基极电位降低而截止，三极管T_2、T_3导通，警告灯电路接通而发亮，指示燃油油面过低，提醒驾驶人及时补充燃油。

6.6.4 制动系统警告灯

汽车制动系统设置的警告装置有驻车制动警告灯、制动压力过低警告灯、制动液液面过低警告灯和制动警告灯电路断路警告灯等。

1. 驻车制动警告灯与制动压力过低警告灯

驻车制动警告灯的功能是：在驻车制动器处于制动状态时自动发亮，提醒驾驶人在挂挡起步之前，预先松开驻车制动器。制动压力过低警告灯的功能是：在制动管路的压力降低到一定值时自动发亮，提醒驾驶人及时排除故障，以免发生危险。

驻车制动警告和制动压力过低警告采用同一个指示灯进行报警，又称为制动警告灯。制动警告灯电路如图 6-19 所示。驻车制动开关与制动管路压力开关并联连接。

当点火开关接通时，如果驻车制动器处于制动状态，则驻车制动开关处于接通状态，制动警告灯电路接通而发亮，提醒驾驶人在挂挡起步之前松开驻车制动器。当松开驻车制动器后，驻车制动开关断开，制动警告灯电路切断而熄灭。

制动管路压力开关受制动管路油压的控制。在汽车行驶过程中，当管路油压正常时，制动管路压力开关处于断开状态，警告灯电路切断而熄灭。当制动管路失效时，制动管路压力下降使开关触点接通，警告灯电路接通而发亮，提醒驾驶人及时排除故障，以免发生危险。

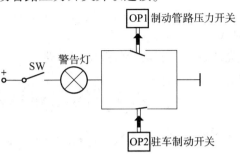

图 6-19 制动警告灯电路

2. 制动液液面过低警告灯

制动液液面过低警告灯电路中串联有一只传感器，如图 6-20 所示。舌簧开关式传感器安装在制动液储液罐上。传感器壳体上设有两个接线端子，一个连接 12 V 电源，另一个连接警告灯。传感器浮子随制动液液面高低而上下浮动，浮子上固装有永久磁铁。舌簧开关的触点受永久磁铁磁场的作用而断开与闭合。

在点火开关 SW 接通的情况下，当浮子随制动液液面下降到规定值时，永久磁铁的磁场使舌簧开关触点磁化而闭合，警告灯电路接通而发亮，提醒驾驶人及时补充制动液。

当补充制动液时，浮子带动永久磁铁随制动液液面的升高而上升，随着永久磁铁对舌簧开关触点的作用力减弱，舌簧开关触点在自身弹力的作用下断开，警告灯电路切断而熄灭，表示制动液液面正常。

3. 制动警告灯电路断路警告灯

制动警告灯电路断路警告灯电路如图 6-21 所示。在左、右制动警告灯电路中，连接有两个电磁线圈 W_1、W_2 以及舌簧开关 K，制动警告灯电路断路警告灯与舌簧开关串联。

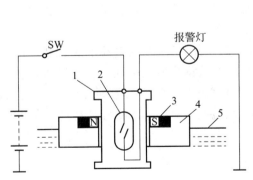

图 6-20 制动液液面过低警告灯电路

1—壳体；2—舌簧管；3—永久磁铁；4—浮子；5—制动液液面

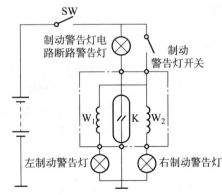

图 6-21 制动警告灯电路断路警告灯电路

在点火开关 SW 接通的情况下，如果左、右制动警告灯电路正常，那么当踏下制动踏板时，制动警告灯开关接通，电流分别经电磁线圈 W_1、W_2 流过左、右制动警告灯使其发亮，提示跟随车辆本车正在制动。此时，两个线圈产生的磁场相互抵消，舌簧开关触点 K 在自身弹力的作用下断开,制动警告灯电路断路警告灯处于熄灭状态。

当踏下制动踏板时,如果左(或右)制动警告灯线路(或灯丝)断路,则电磁线圈 W_1(或 W_2)中将有一个线圈无电流通过,另一个线圈通电产生的磁场将使舌簧开关触点 K 磁化而闭合,使制动警告灯电路断路警告灯电路接通而发亮,提醒驾驶人及时排除故障。

6.7 信息显示系统故障的诊断与排除

为保证汽车安全顺利地行驶,在使用过程中必须及时发现和排除信息显示系统可能出现的故障。当指示灯和警告灯出现故障时,一般可更换新品来排除故障;但是由于配件供给和修理条件所限,当指示仪表,特别是电子式仪表故障时,一般只能更换仪表盘总成。

6.7.1 电流表的检修

检修电流表时,应当注意以下几点:

(1) 用手摇动电流表时,指针应能灵活摆动;停止摇动后,指针应能很快停在"0"位。如果指针摆动呆滞,多为转子轴的轴承过紧,应加以调整;如果指针不能回到"0"位,可拨动配重块进行校准。若指针虽能灵活摆动,但不能迅速停在"0"位,可能是永久磁铁退磁所致,应进行充磁处理。

(2) 当电流表通电后指针偏转迟缓、读数比标准值低时,一般为转子轴和轴承磨损或指针碰擦发卡所致,应拆开电流表进行检查。如果转子轴和轴承磨损,应予以更换;如为指针歪斜而碰擦,可用镊子校正指针。当电流表的读数比标准值高时,一般为永久磁铁磁性减弱,应进行充磁处理。

(3) 对充磁电流表进行充磁处理时,用永久磁铁或电磁铁与电流表永久磁铁的异性磁极接触一定时间,即可恢复原有的磁性。如磁性过强,则会使读数偏低,应予以退磁。其方法与充磁相同,所不同的是用永久磁铁或电磁铁与电流表永久磁铁的同性磁极接触一定时间。

(4) 当电流表指针向一边偏摆角度大,而向另一边偏摆角度小时,一般为转子不正,指针碰擦,应拆开进行检修。

(5) 检验电流表的准确度时,可用标准量程为 -30~30 A 的直流电流表和标准阻值为 0~5 Ω、额定电流为 30 A 的可变电阻与被试电流表以及蓄电池串联在一起进行检验。检验时,在接通电源并逐渐减小可变电阻值的同时,比较两只电流表读数的大小。如果读数之差在 20% 的范围内,说明被测电流表工作基本正常(注:汽车电流表的误差允许在 20% 范围内),否则应予以修理或更换新品。

6.7.2 电压表的检修

检修电压表的方法与检修电流表类似,并可利用电压表读数来检查电源系统故障,检查时应当注意以下几点:

(1) 接通点火起动开关,发动机尚未起动时,电压表指示的蓄电池端电压读数范围:12 V 电气系统应为 11.4~12.6 V,24 V 电气系统应为 22.8~25.2 V。如端电压过低,说明蓄电池严重亏电或内部短路。

(2) 实测表明，在接通点火起动开关起动发动机的 3~5 s 内，电压表指示的 12 V 电气系统蓄电池端电压读数应为 9~11 V。对于额定容量小于或等于 60 A·h 的蓄电池，如电压表读数低于 9 V，说明蓄电池有故障或寿命终止，需要更换新品。如电压表读数为 9~11 V，说明蓄电池技术状态良好，端电压接近 11 V 可继续使用，接近 9 V 应补充充电。如电压表读数高于 11 V，说明蓄电池技术状态很好，可以继续使用。对于 24 V 电气系统，在接通点火起动开关起动发动机的 3~5 s 内，蓄电池端电压读数应为 18~22 V。如电压表读数低于 18 V，说明蓄电池有故障或寿命终止，需要更换新品。如电压表读数为 18~22 V，说明蓄电池技术状态良好，端电压接近 22 V 可继续使用，接近 18 V 应补充充电。如电压表读数高于 22 V，说明蓄电池技术状态很好，可继续使用。

(3) 发动机正常运转时，电压表指示的蓄电池端电压读数范围：12 V 电气系统应为 (14.2 ± 0.25) V，24 V 电气系统应为 (28.0 ± 0.3) V。如果电压表指示的读数与发动机起动前的读数相同，说明交流发电机不发电，需要检修交流发电机和电压调节器；如电压表指示电压过高，说明电压调节器故障，需要更换电压调节器。

6.7.3 油压表故障的检修与排除

油压表的常见故障有读数偏大、偏小或指针不动。常见故障及其排除方法如下：

(1) 发动机工作时油压表指针不动。此时如水温表和燃油表都不工作，故障可能是点火起动开关到仪表的导线断路。如水温表和燃油表工作正常，说明故障发生在油压表至传感器之间的线路中，可将传感器上的连接导线短时间搭铁进行试验。如果油压表指针摆动，说明故障在传感器内部。如指针仍不动，说明油压表或油压表至传感器之间的导线断路。

(2) 一旦接通点火起动开关，指针就偏摆到最大刻度位置。发现这种故障时，应先拆下传感器上的导线，此时指针如能回到"0"位，说明传感器内部短路，需要更换新品；如指针仍然指在最大刻度位置，说明线路中有搭铁故障或线路连接错误，应逐段检查排除。

(3) 油压表指针指示的数值不准。在发动机工作时，若发动机的机油压力正常，但油压表指针指示的数值偏低或偏高，应分别检查油压表和传感器是否发生故障。如无故障，则应进行调整和校正。

6.7.4 水温表故障的检修与排除

汽车发动机水温表的常见故障及其排除方法如下：

(1) 发动机工作时水温表指针不动。此时如油压表和燃油表都不工作，故障可能是点火起动开关到水温表的导线断路。如油压表和燃油表工作不正常，说明故障发生在水温表到传感器之间的线路中，可将传感器上的连接导线短时搭铁进行试验，如水温表指针摆动，说明故障发生在传感器内部；如指针仍然不动，说明故障可能是水温表或水温表至传感器之间的导线断路。

(2) 发动机水温升高后水温表指针却不摆动。一旦接通点火起动开关，指针就偏摆到最高温度位置。出现这种现象时，可先拆下传感器接线端子上的导线，查看指针能否回到静止状态时的位置，如能回位，说明传感器内部短路或搭铁；如指针仍然指示在最高温度位置，说明线路中有搭铁故障或连接错误，可逐段检查排除。

(3) 水温表指针指示的数值不准。发动机工作时，如温度正常，但水温表指针指示的数值偏低或偏高，应检查水温表或传感器是否发生故障。如无故障，则应进行调整。

6.7.5 车速里程表的检查与调整

1. 车速里程表的检查

车速里程表的检查包括以下几个方面：

（1）检查车速里程表的铝制金属碗有无歪斜、碰撞摩擦现象。歪斜或碰撞摩擦现象会导致读数不准或工作失常，应予以校正。

（2）检查游丝弹簧以及表轴与轴套之间有无松动。如有松动，可用空心冲将其铆紧。

（3）检查各部轴承有无松旷。如果轴承磨损而松旷，应进行修理或更换新品。

（4）检查车速里程表针轴的轴向间隙是否过大。如果轴向间隙过大，就应进行修理或更换新品。

（5）检查车速里程表驱动软轴的润滑情况。取下车速里程表驱动软轴接头的油毡，用汽油清洗干净，晾干后，再浸足变压器油并装回即可。车速里程表内的传动机件禁止使用润滑脂（黄油）进行润滑。

2. 车速表准确度的检查与调整

检查车速表指示的准确度时，用一电动机同时驱动标准车速表和被试车速表，调节驱动电动机的转速，比较被试车速表和标准车速表的读数。被试车速表的读数误差较大时应予以调整，顺时针拨动指针可使读数增大，逆时针拨动指针可使读数减小。车速表的读数误差也可通过改变磁铁与铝盘之间的气隙进行调整，气隙增大可使读数减小，反之可使读数增大。

3. 车速里程表故障的排除

车速里程表的常见故障及其排除方法如下：

（1）车速表指针不动。车速表指针不动的主要原因是软轴连接处松脱、表内有发卡现象或软轴折断等，应拆开仪表进行修理。

（2）车速表指针跳动。车速表指针跳动的主要原因是磁铁轴承磨损导致磁铁旋转时窜动而碰撞金属碗，需要更换轴承。

（3）里程表计数轮不转。里程表计数轮不转的主要原因是软轴连接处松脱、表内有发卡现象或软轴折断等。如果仅有部分计数轮不转，则其原因是计数轮之间的进位拨销折断或传动齿轮损坏，需要更换新品。

本章小结

本章主要介绍了汽车信息显示系统的组成与分类；电磁电流表、燃油表的结构原理；电热式油压表的结构原理；磁感应式和电子式车速里程表以及电子式发动机转速表的结构原理；数字式汽车仪表的显示器件与驱动电路；汽车安全报警信号装置；信息显示系统故障的诊断与排除等内容。

下列问题覆盖了本章的主要学习内容，利用以下线索可对所学内容作一次简要的回顾：

（1）信息显示系统的功能、组成与分类。

（2）电磁驱动式仪表的类型与工作原理。根据电流的磁效应和电磁驱动原理而工作。

（3）汽车充电系统工作状态的指示方式。电流表不仅能够指示充电系统的充、放电状态，而且能指示充、放电电流的大小。

（4）电磁式电流表的功能、结构组成与工作原理。

（5）电磁式燃油表的结构组成与工作原理。燃油传感器线绕电阻一端搭铁的目的是防止滑片在线绕电阻上滑动时产生电火花而引起火灾。

（6）电热驱动式仪表的类型与工作原理。利用双金属片产生弯曲变形，使电路接通或切断而工作。

（7）电热式油压表的结构组成与工作原理。

（8）磁感应式车速里程表和电子式发动机转速表的结构组成与工作原理。

（9）数字式汽车仪表的功能、显示器件与驱动电路。

（10）安全报警信号装置的功能与种类。

（11）信息显示系统故障的诊断与排除方法。

复习题

一、单选题

1. 汽车信息显示仪表一般由两部分组成，一部分是指示仪表，另一部分是（　　）。
   A. 传感器　　　　B. 执行器　　　　C. 控制器　　　　D. 报警器
2. 汽车安全报警信号装置一般由两部分组成，一部分是传感器，另一部分是（　　）。
   A. 传感器　　　　B. 执行器　　　　C. 警告灯　　　　D. 报警器
3. 安装在燃油箱内的燃油传感器一般为（　　）。
   A. 双金属片式　　B. 可变电阻式　　C. 磁感应式　　　D. 热敏电阻式
4. 当燃油箱全满时，电磁式燃油表的合成磁场将使指针指向（　　）位置。
   A. "E"　　　　　B. "1/2"　　　　C. "0"　　　　　D. "F"
5. 汽车发动机正常工作时，机油压力表指示的压力最高不得超过（　　）。
   A. 50 kPa　　　　B. 150 kPa　　　C. 300 kPa　　　D. 500 kPa
6. 当机油压力过低警告灯发亮时，说明发动机的润滑油压力已经降到（　　）。
   A. 50kPa　　　　B. 150 kPa　　　C. 300 kPa　　　D. 500 kPa
7. 在汽车里程表的计数轮中，其数字轮普遍采用的进位制是（　　）。
   A. 二进制　　　　B. 八进制　　　　C. 十进制　　　　D. 十六进制
8. 在数字式汽车仪表中，汽车行驶速度（即车速）一般采用（　　）形式显示。
   A. 字母　　　　　B. 数字　　　　　C. 线条图形　　　D. 象形图形
9. 当冷却液温度过高警告灯发亮时，说明汽车发动机的冷却液温度已经超过（　　）。
   A. 50 ℃　　　　 B. 65 ℃　　　　 C. 85 ℃　　　　 D. 98 ℃
10. 当电子式仪表故障时，一般只能更换（　　）进行修理。
    A. 传感器　　　　B. 仪表盘总成　　C. 警告灯　　　　D. 报警器

二、多选题

1. 汽车信息显示仪表可按（　　）进行分类。
   A. 功能　　　　　B. 结构　　　　　C. 原理　　　　　D. 组成

2. 汽车信息显示仪表按功能不同，可分为（　　　　）。
   A. 电流表　　　　　　B. 电压表　　　　　　C. 燃油表　　　　　　D. 车速表
3. 汽车信息显示仪表按工作原理不同，可分为（　　　　）。
   A. 电磁驱动式　　　　B. 电热驱动式　　　　C. 磁感应式　　　　　D. 电子控制式
4. 汽车充电系统的工作状态可用（　　　　）进行指示。
   A. 电流表　　　　　　B. 电压表　　　　　　C. 充电指示灯　　　　D. 车速表
5. 数字式汽车仪表主要由（　　　　）组成。
   A. 指示仪表　　　　　B. 传感器　　　　　　C. 电子电路　　　　　D. 显示器件
6. 数字式汽车仪表采用的显示器件包括（　　　　）。
   A. 荧光屏　　　　　　B. 液晶屏　　　　　　C. 数码管　　　　　　D. 发光管
7. 数字式汽车仪表显示的内容包括（　　　　）。
   A. 温度　　　　　　　B. 电压　　　　　　　C. 油压　　　　　　　D. 车速
8. 在数字式汽车仪表中，显示器件发光二极管能够显示的颜色有（　　　　）。
   A. 红色　　　　　　　B. 绿色　　　　　　　C. 黄色　　　　　　　D. 橙色
9. 汽车常用燃油储量过少警告灯的控制方式有（　　　　）。
   A. 热敏电阻控制式　　　　　　　　　　　　B. 晶闸管控制式
   C. 电子控制式　　　　　　　　　　　　　　D. 电磁驱动式
10. 汽车制动系统设置的警告装置有（　　　　）等几种警告灯。
    A. 制动压力过高　　　　　　　　　　　　B. 驻车制动
    C. 制动压力过低　　　　　　　　　　　　D. 制动液液面过低

三、判断题

1. 汽车信息显示系统的电热驱动式仪表又称为双金属片式仪表。（　　）
2. 电磁驱动式仪表是根据电流的磁效应和电磁驱动原理而工作的。（　　）
3. 用电流表指示汽车充电系统工况不如用充电指示灯指示精确。（　　）
4. 汽车电流表一般并联连接在蓄电池与发电机之间的电路中使用。（　　）
5. 电流表上标有正极"+"标记的端子应与交流发电机的输出端子"B"相连。（　　）
6. 为了防止引起火灾，安装在燃油箱内的燃油传感器电阻的一端必须搭铁。（　　）
7. 电热驱动式仪表是利用双金属片产生弯曲变形，使电路接通或切断而工作的。（　　）
8. 在安装油压传感器时，必须使传感器壳上的箭头朝下。（　　）
9. 发动机转速表的功能是监视发动机工况，以便利用经济车速行驶。（　　）
10. 显示驱动电路（包括单片机）是数字式汽车仪表的核心部件。（　　）

四、简答题

1. 汽车信息显示系统由哪些部件组成？其中电子显示器件有哪些？
2. 汽车常用仪表由哪几部分组成？怎样进行分类？
3. 电磁驱动式仪表的工作原理是什么？试举例说明。
4. 电热驱动式仪表的工作原理是什么？试举例说明。
5. 汽车里程表怎样实现进位计数？

第6章 汽车信息显示技术

复习题参考答案

一、单选题：1. A；2. C；3. B；4. D；5. D；6. A；7. C；8. B；9. D；10. B

二、多选题：1. ABC；2. ABCD；3. ABCD；4. ABC；5. BCD；6. ABCD；7. ABCD；8. ABCD；9. ABC；10. BCD

三、判断题：1. √；2. √；3. ×；4. ×；5. √；6. √；7 √；8. ×；9. √；10. √

第 7 章

汽车车身电子控制技术

1. 认知目标

(1) 了解汽车巡航、车载导航与车联网、安全气囊、安全带紧急收缩触发、汽车防盗和中央门锁等电子控制系统的功能、组成与分类方法。

(2) 熟悉汽车巡航、车载导航与车联网、安全气囊、安全带紧急收缩触发、汽车防盗和中央门锁等电子控制系统控制部件的功能、分类方法、结构组成与工作原理。

(3) 掌握汽车巡航、车载导航与车联网、安全气囊、安全带紧急收缩触发、汽车防盗和中央门锁等电子控制系统的控制原理与控制过程;掌握安全气囊和安全带紧急收缩触发系统的检查方法以及气囊组件报废的处理方法。

2. 技能目标

(1) 能够说明汽车巡航、车载导航与车联网、安全气囊、安全带紧急收缩触发、汽车防盗和中央门锁等电子控制系统的功能、组成与分类方法。

(2) 能够说明汽车巡航、车载导航与车联网、安全气囊、安全带紧急收缩触发、汽车防盗和中央门锁等电子控制系统控制部件的功能、分类方法、结构组成与工作原理。

(3) 能够熟练阐述汽车巡航、车载导航与车联网、安全气囊、安全带紧急收缩触发、汽车防盗和中央门锁等电子控制系统的控制原理与控制过程;能够利用正确的方法对气囊组件实施报废处理操作。

汽车车身电子控制技术的内容十分丰富,本章主要内容包括汽车巡航控制技术、车载导航与车联网技术、汽车安全气囊技术、安全带紧急收缩触发技术、汽车防盗电子控制技术、中央门锁电子控制技术等。通过对本章内容的学习,要求学生掌握汽车车身电子控制技术的相关知识,为使用和维修奠定坚实的基础。

7.1 汽车巡航控制技术

【知识链接】

"巡航"一词原意是指飞机从某一航站飞行至另一航站的巡逻航行。1968年,德国奔驰公司开发了由分立电子元件组成的巡航控制系统,并装备在莫克利汽车上使用。20世纪70年代中期,汽车普遍采用了模拟计算机控制的巡航系统。1981年,汽车开始采用数字计算机控制的巡航系统。

目前,国产轿车已普遍采用数字计算机控制的电子巡航控制系统。

7.1.1 巡航控制系统的功能与组成

巡航控制系统(Cruise Control System,CCS)又称为恒速控制系统。

1. 巡航控制系统的功能

巡航控制系统的功能是:根据汽车行驶阻力的变化,自动调节发动机节气门(或供油拉杆)开度的大小,使汽车保持恒速行驶。

2. 巡航控制系统的组成

巡航控制系统主要由车速传感器(Vehicle Speed Sensor,VSS)、节气门位置传感器(Throttle Position Sensor,TPS)或加速踏板位置传感器(柴油发动机)、控制开关、巡航控制电控单元(CCS ECU)和巡航执行机构等部件组成,控制部件的安装位置如图7-1所示。

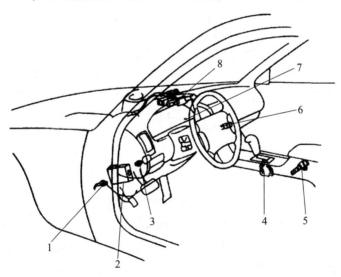

图 7-1 雷克萨斯 400 型轿车巡航控制系统控制部件的安装位置

1—驻车制动开关;2—CCS ECU;3—制动灯开关;4—空挡起动开关;5—No.1 车速传感器;
6—巡航开关;7—巡航指示灯;8—执行器

巡航控制系统的车速传感器、节气门位置传感器或加速踏板位置传感器既可与发动机电控系统或自动变速电控系统共用,也可独立设置。在巡航控制系统中,这些传感器的功能分别是向 CCS ECU 提供汽车行驶速度信号和发动机负荷信号,以便 CCS ECU 根据车速变化量调节节气门或供油拉杆（柴油发动机）开度的大小，使汽车行驶速度保持恒定。

【特别提示】

CCS ECU 是巡航控制系统的控制核心，由分立电子元件、专用集成电路，以及8位、16位或32位单片机组成。CCS ECU 具有数学计算、逻辑判断、记忆存储、故障自诊断等功能。

巡航执行机构的功能是，根据 CCS ECU 的控制指令，通过节气门拉索（钢索）或电子式节气门控制器调节发动机节气门的开度，使车速保持恒定。

巡航执行机构分为气动式巡航执行机构和电动式巡航执行机构两种。气动式巡航执行机构主要由速度伺服装置和电磁阀组成；电动式巡航执行机构主要由电动机（永磁式或步进式直流电动机）、减速机构和电磁离合器组成。

7.1.2　巡航控制系统的控制原理与控制方式

巡航控制系统是一个典型的闭环控制系统，其控制原理采用的是比较控制，控制方式采用的是"比例 – 积分算法"（Proportion and Integral Calculus，PI）。

1. 巡航控制系统的基本原理

巡航控制系统的基本原理如图7 – 2所示。输入 CCS ECU 的信号有两个：一个是驾驶人根据行驶条件，通过巡航开关设定的巡航车速指令信号；另一个是车速传感器反馈输入的实际车速信号。

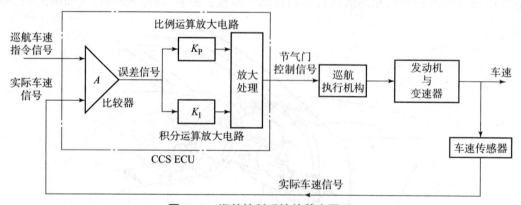

图7 – 2　巡航控制系统的基本原理

当巡航车速指令信号和实际车速信号输入 CCS ECU 后，CCS ECU 的比较器 A 经过比较运算便可得到两个信号之差，称为误差信号。误差信号经过比例运算和积分运算后，再经放大处理就可得到控制节气门开度大小的控制信号，CCS ECU 将控制指令发送给巡航执行机构，巡航执行机构就可驱动节气门拉索（或电子式节气门控制器）调节节气门开度的大小，将实际车速迅速调节至驾驶人设定的车速值，从而实现恒速控制（巡航控制）。

【知识链接】

在控制过程中，当实际车速低于驾驶人设定的巡航车速时，CCS ECU 将向巡航执行机构发出增大节气门开度的指令，使实际车速升高至巡航车速。反之，当实际车速高于驾驶人设定的巡航车速时,CCS ECU 将向巡航执行机构发出减小节气门开度的指令,使实际车速降低至巡航车速,从而使实际车速基本保持在驾驶人设定的巡航车速不变。

2. 巡航车速的控制方式

巡航控制系统对巡航车速的控制,一般采用"比例 – 积分算法"进行控制,又称为 PI 控制方式。

比较器运算得到的误差信号经过比例运算放大电路线性放大后,输出的信号将正比于误差信号;积分运算放大电路设置有一条斜率可调的输出控制线,用以在短时间内将车速误差调节至趋近零的很小范围,根据输出控制线控制的巡航车速与节气门开度之间的关系如图 7 – 3 所示。节气门控制信号则由内部电路(比例运算放大电路和积分运算放大电路)的输出信号叠加而成。

当汽车在平坦路面上以设定的巡航车速 v_o 行驶时,设节气门开度为 θ_o,如果此时 CCS ECU 向巡航执行机构发出指令使节气门开度保持不变,则汽车将以设定的巡航车速 v_o 行驶。当汽车遇到坡道上坡行驶或遇到刮风逆风行驶

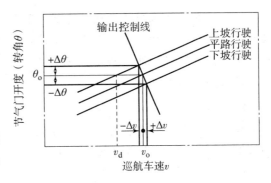

图 7 – 3 巡航车速控制方式

时,坡道阻力或风阻增加将使车速降低至 v_d,汽车将不能以设定的巡航车速 v_o 行驶。因此,CCS ECU 必须向巡航执行机构发出指令使节气门开度增大(节气门旋转角度增大 $\Delta\theta$),才能使车速接近设定的巡航车速 v_o。(实际车速比巡航车速 v_o 低 $-\Delta v$)行驶。同理,当汽车下坡或顺风行驶时,节气门旋转角度将减小 $\Delta\theta$,实际车速将比巡航车速 v_o 高 Δv。

【特别提示】

为使汽车巡航车速 v_o 不受行驶阻力变化的影响,CCS ECU 内部积分运算放大电路 K_I 控制的输出控制线应尽可能使车速变化范围减小,即输出控制线的斜率应尽可能小。由于 PI 控制方式设置了输出控制线,当汽车行驶在上坡、下坡道路以及风阻等因素导致行驶阻力变化时,巡航控制系统只要将节气门开度调整 $\pm\Delta\theta$ 转角,就可将车速变化幅度限制在 $\pm\Delta v$ 的微小范围内。

3. 巡航控制系统的优点

巡航控制系统主要具有以下优点:

(1) 降低驾驶人的劳动强度,提高行驶安全性。在汽车行驶过程中,当车速达到一定值(超过 40 km/h)后,只要驾驶人操作巡航开关并设定一个想要恒速行驶的车速,CCS ECU 就能自动控制发动机节气门开度,使汽车保持在设定的速度恒速行驶,无须驾驶人踩踏加速踏板,从而使驾驶人的劳动强度大大降低。当汽车在高速公路或高等级公路上长时间行驶时,巡航控制系统的优点更能充分发挥,行驶安全性将大大提高。

(2) 行驶速度稳定,提高乘坐舒适性。在巡航行驶过程中,无论汽车在上坡或下坡路面上行驶,还是在平坦路面上行驶,或在风速变化的情况下行驶,只要在发动机功率允许的范围之内,汽车行驶速度都将保持设定的巡航车速不变,从而使乘坐舒适性大大提高。

(3) 节省燃料消耗，提高燃油经济性和排放性能。实践证明，汽车在相同行驶条件下，利用巡航行驶可以节省15%左右的燃料。这是因为巡航控制系统与发动机燃油喷射系统和自动变速系统是相互配合工作的，巡航车速被控制在经济车速范围内，巡航行驶时的燃料供给与发动机功率处于最佳配合状态，同时有害气体的排放量也将大大降低。

7.1.3 巡航控制系统的结构原理

【知识链接】

巡航控制系统采用的车速传感器、节气门位置传感器、制动灯开关、驻车制动开关、点火开关、空挡安全开关（自动变速器汽车）等一般与发动机燃油喷射系统（EFI）和电子控制自动变速系统（ECT）共用。这里主要介绍巡航控制系统的控制开关、CCS ECU和巡航执行机构的有关内容。

1. 控制开关

巡航控制系统的控制开关主要有巡航开关、制动灯开关、驻车制动开关、空挡起动开关（自动变速器汽车）或离合器开关（手动变速器汽车）。

1）巡航开关

巡航开关是巡航控制系统的主要控制开关，其功能是将恒速、加速或减速、恢复巡航车速以及取消巡航行驶等指令信号输入CCS ECU，以便CCS ECU确定是否进行恒速控制。

巡航开关是一个类似挡风玻璃刮水与洗涤开关的组合手柄开关，一般由"MAIN"（主开关）、"SET/COAST"（设置/巡航）、"RES/ACC"（恢复/加速）和"CANCEL"（取消）4个功能开关组成。

巡航开关一般安装在转向盘右下侧偏上位置，并随转向盘一同转动，以便驾驶人操作。驾驶人在转动转向盘的同时，即可用右手手指拨动组合手柄开关进行巡航控制的有关操作。在每项功能开关的旁边，标注有实现相应功能时开关手柄的操纵方向。

各型汽车用巡航开关的工作原理基本相同。但是这些巡航开关的外形结构各不相同，在设定巡航功能时，操纵组合手柄开关的方向也不尽相同。下面以图7-4所示的丰田雷克萨斯400型轿车用巡航开关的外形与内部电路为例进行说明。

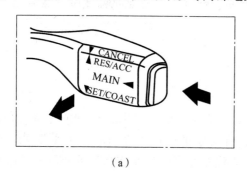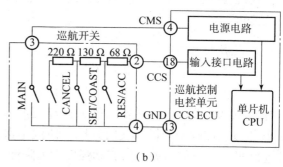

图7-4 巡航开关的外形结构与内部电路
(a) 外形；(b) 内部电路

(1) MAIN（主开关）。"MAIN"为按钮式开关，设在操纵手柄的端部，是巡航控制系统的总开关。当按下操纵手柄端部的"MAIN"按钮时，"MAIN"触点接通，组合仪表盘上的巡航指示灯将发亮指示，此时巡航控制系统处于待命状态，可以进行恒速控制。再次按下"MAIN"按钮时，按钮将弹起，"MAIN"触点断开，巡航指示灯将熄灭，指示巡航控制系统处于关闭状态，不能进行恒速控制。由图 7-4（b）所示电路可见，当"MAIN"触点接通时，CCS ECU 的巡航主开关端子 CMS（CCS ECU 线束插座上的第 4 号端子）通过主开关触点搭铁，CCS ECU 得到一个低电平（0）信号。此时，CCS ECU 便控制巡航执行机构处于待命状态。与此同时，CCS ECU 还要控制巡航指示灯电路接通，使巡航指示灯发亮来指示系统所处状态。如果按下"MAIN"按钮时巡航指示灯不亮，则说明巡航控制系统有故障。

（2）SET/COAST（设置/巡航）。"SET/COAST"开关即巡航速度设置开关，将巡航开关操纵手柄向下拨动并保持在向下位置时，"SET/COAST"开关即可接通。当"SET/COAST"开关处于接通位置时，只要按住操纵手柄不动，汽车就会不断加速。当车速达到驾驶人想要巡航行驶的车速（注：车速应在 40 km/h 以上，低于 40 km/h 不能进行巡航行驶）时松开操纵手柄，操纵手柄将自动复位，此时巡航控制系统就会使汽车以松开操纵手柄时的车速保持恒速行驶。

（3）RES/ACC（恢复/加速）。"RES/ACC"开关即恢复（resume）巡航速度开关。向上拨动操纵手柄时，"RES/ACC"开关即可接通。在汽车以设定的巡航速度行驶的过程中，当驾驶人踩下加速踏板超车或踩下制动踏板制动，或将自动变速器的变速杆拨至前进挡"D"以外的位置导致车速降低时，若要恢复至原来设定的巡航车速，则只需将巡航开关操纵手柄向上抬起并保持在该位置使"RES/ACC"开关保持接通，汽车即可迅速加速并恢复至原来设定的巡航车速行驶。但是需注意：如果行驶车速已经低于 40 km/h，则巡航车速不能恢复。

（4）CANCEL（取消）。"CANCEL"开关即取消巡航控制的操纵开关。将巡航开关操纵手柄向驾驶人方向拨动时，即可接通"CANCEL"开关来解除巡航控制。由图 7-4（b）所示电路可见，"SET/COAST""RES/ACC"和"CANCEL"3 个开关的信号均从同一个端子（端子 CCS 或端子 18）输入 CCS ECU。3 个开关中的任意一个接通时，都是接通搭铁回路。但是，由于各开关之间连接有不同阻值的电阻，当接口电路以恒流源供给恒定电流时，不同开关接通时输入 CCS ECU 的信号电压并不相同，CCS ECU 根据信号电压的高低即可判定是哪一个开关接通。

2）制动灯开关

制动灯开关接通信号为解除巡航控制信号之一。制动灯开关的功能是，在驾驶人踩下制动踏板接通制动灯电路使制动灯发亮的同时，向 CCS ECU 输入一个表示制动的信号，CCS ECU 接收到该信号后将立即解除巡航控制，以便制动器制动而将车速降低。

【知识链接】

在装备巡航控制系统的汽车上，制动灯开关是一个双闸开关，即制动灯开关是在原有常开触点的两端并联一个常闭触点而构成的。常开触点连接在 CCS ECU 与制动灯之间的电路中，常闭触点连接在 CCS ECU 与巡航执行机构（电磁离合器线圈或电磁阀线圈）之间的电路中。

当驾驶人踩下制动踏板时，双闸开关的常开触点闭合，从而接通制动灯电路，同时向 CCS ECU 输入一个表示制动的信号，CCS ECU 立即关闭巡航控制程序并控制仪表盘上的巡航指示灯发亮，指示巡航控制状态解除。与此同时，双闸开关的常闭触点断开，切断巡航执行机构电路，使巡航执行机构动力传递路线切断。将双闸开关的常闭触点与控制节气门开度的巡航执行机构（电磁离合器线圈或电磁阀线圈）电路串联连接的目的是保证行车安全。这样连接可以保证当驾驶人踩下制动踏板时，双闸开关的常闭触点断开，能将巡航执行机构的电源可靠地切断，从而使节气门处于完全关闭状态。

3）驻车制动开关

驻车制动开关接通信号为解除巡航控制信号之一。在汽车行驶过程中，当制动系统（防抱死制动系统或常规制动系统）发生故障时，需要通过操作驻车制动器来降低车速。因此，驻车制动开关接通信号必须作为解除巡航控制的信号之一。驻车制动开关又称为手制动或手制动开关，其功能是向 CCS ECU 输送一个电信号，以便 CCS ECU 解除巡航控制。

当拉紧驻车制动器时，驻车制动开关触点闭合，在接通制动警告灯电路的同时，驻车制动开关还向 CCS ECU 输送一个表示驻车制动器处于制动状态的信号（一般为低电平信号），CCS ECU 接收到该信号后将解除巡航控制。

4）空挡起动开关

空挡起动开关接通信号为解除巡航控制信号之一。在装备自动变速器的汽车上配装有空挡起动开关（又称为空挡安全开关），其安装在自动变速器的一侧，由变速杆通过杠杆机构操纵。当变速杆置于空挡"N"时，空挡起动开关触点闭合，如果此时点火起动开关接通起动（START）挡位，则空挡起动开关将向发动机 ECU 输入一个低电平信号。

【知识链接】

在汽车巡航行驶过程中接通空挡"N"时，说明驾驶人要减速停车。因此，在装备巡航控制系统的汽车上，空挡起动开关还有一个功能，就是向 CCS ECU 输入一个低电平信号，以便 CCS ECU 解除巡航控制。

5）离合器开关

离合器开关接通信号为解除巡航控制信号之一。在装备手动变速器而不是自动变速器的汽车上，当驾驶人踩下离合器踏板换挡时，车速就会降低，巡航控制系统就会发出指令，使发动机转速升高，因此可能导致发动机超速运转而损坏。为了确保安全，在离合器踏板下面设置有一个离合器开关，开关触点在驾驶人踩下离合器踏板时就会闭合。

离合器开关的功能是，当汽车处于巡航行驶状态时，如果驾驶人踩下离合器踏板（以便变换变速器挡位等），离合器开关触点就会闭合，并向 CCS ECU 输入一个低电平信号，CCS ECU 立即解除巡航控制，以便于驾驶人变换变速器挡位。

2. 巡航控制电控单元

巡航控制电控单元（CCS ECU）又称为巡航电子控制器，其功能是接收车速传感器、巡航开关、制动灯开关、驻车制动开关、空挡开关或离合器开关、发动机 ECU 和 ECT ECU 的信号，经过信号处理与数学计算（比例 - 积分运算）等，向巡航执行机构发出控制指令，驱动巡航执行机构动作，实现恒速控制或解除巡航控制。数字式 CCS ECU 电路如图 7 - 5 所示。

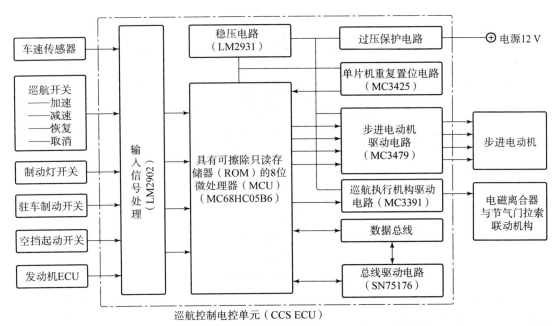

图 7-5 数字式 CCS ECU 电路

CCS ECU 根据驾驶人操作"SET/COAST"开关输入的设定车速信号、车速传感器输入的实际车速信号、各种开关输入信号以及发动机 ECU 和 ECT ECU 输入的信号，按照只读存储器（Read – Only Memory，ROM）中预先编制的程序进行计算处理之后，向巡航执行机构驱动电路发出指令，驱动执行器（步进电动机或直流电动机、电磁阀等）动作，执行器通过节气门联动机构和节气门拉索等改变节气门开度，使实际车速达到设定的巡航车速。

【特别提示】

汽车 CCS ECU 普遍采用大规模或超大规模专用集成电路与单片机组合而成。当汽车上已经装备发动机电子控制系统或自动变速控制系统时，许多传感器（如节气门位置传感器、车速传感器）和控制开关（如制动灯开关、空挡起动开关等）的信号可以共享，只需编制控制程序来调用该信号即可，从而大大降低系统的硬件成本。

3. 巡航执行机构

汽车巡航控制系统的巡航执行机构又称为速度伺服装置，其功能是根据 CCS ECU 的控制指令，通过操纵节气门拉索或供油拉杆（柴油发动机）来改变发动机节气门开度或供油拉杆位置（柴油发动机），使汽车加速、减速或保持恒速行驶。

根据结构形式不同，巡航执行机构可分为电动式巡航执行机构和气动式巡航执行机构两种。电动式巡航执行机构采用永磁式或步进式直流电动机驱动，气动式巡航执行机构采用真空装置驱动。

1）电动式巡航执行机构

电动式巡航执行机构主要由驱动电动机、电磁离合器、减速机构和电位计等组成。电动式巡航执行机构的结构如图 7-6 所示。

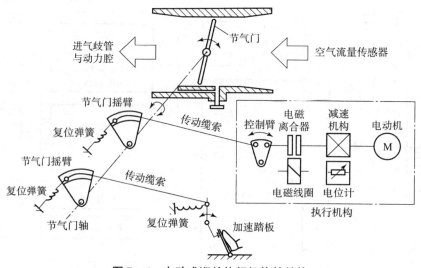

图 7-6 电动式巡航执行机构的结构

（1）驱动电动机。驱动电动机是电动式巡航执行机构的动力源，既可采用永磁式直流电动机，也可采用步进式直流电动机。

驱动电动机转动时通过减速机构和电磁离合器带动控制臂转动，控制臂又通过专用节气门拉索（钢索）拉动节气门摇臂转动。改变流过电动机电枢绕组电流的大小，就可以改变电枢轴转动角度的大小，从而调节节气门摇臂转动角度的大小。为了限定控制臂转动角度，防止发动机发生飞车事故，在电动机电路中安装有限位开关。

当电动式巡航执行机构采用步进式直流电动机作为动力源时，由于步进式直流电动机能将 CCS ECU 发出的数字信号指令转变为一定角度的位移量，CCS ECU 每发出一个控制脉冲，步进式直流电动机就可带动节气门摇臂转过一个微小角度（步进角，其大小可以根据需要在设计电动机时进行选择）。因此，步进式直流电动机能够保证平稳准确地调节节气门开度。节气门摇臂转过的角度与步进式直流电动机转过的角度成正比，步进式直流电动机转过的角度与 CCS ECU 发出的控制脉冲频率成正比。节气门摇臂的转动方向由步进式直流电动机的步进方向决定，步进方向由 CCS ECU 控制脉冲的相序决定。

（2）电磁离合器。电磁离合器安装在驱动电动机与控制臂之间。在巡航行驶过程中，当驾驶人踩下制动踏板，或实际车速超过设定巡航车速一定值（一般为 15 km/h 左右），或车速传感器发生故障时，CCS ECU 将立即发出控制指令使电磁离合器分离，以防止发生事故，故电磁离合器又称为安全电磁离合器。由于只有在电磁离合器接合的情况下驱动电动机转动才能改变节气门开度而进入巡航控制状态，因此，当未进入巡航控制状态时，将电磁离合器线圈电路设计为接通状态，使电磁离合器初始状态为接合状态。如此设计的目的是，提高电动式巡航执行机构的响应速度，防止车速突然变化而发生"游车（车速时快时慢）"现象。

【知识链接】

如果将电磁离合器的初始状态设计为分离状态，则由于电磁离合器接合的机械惯性动作滞后于 CCS ECU 驱动电动机的电驱动动作，待电磁离合器接合时，驱动电动机将突然拉动节气门摇臂转动一个较大的角度，使车速突然升高甚至超过设定巡航车速；当超过设定巡航车速时，CCS ECU 又会发出指令使车速降低，这就会导致"游车"现象。将电磁离合器的初始状态设计为接合状态时，节气门摇臂将随驱动电动机的转动而转动，不仅能够保证电动式巡航执行机构迅速响应，而且能够防止发生"游车"现象，从而提高巡航行驶稳定性和乘坐舒适性。

（3）减速机构。一般采用齿轮减速机构，利用齿轮传动，实现减速增扭。

（4）电位计。在电动式巡航执行机构中，一般设装有一只由滑片电阻器构成的电位计（转角或位移传感器），其功能是检测电动式巡航执行机构中控制臂转动的角度或拉索的位移量，并将信号输入CCS ECU。该信号主要用于CCS ECU诊断电动式巡航执行机构是否发生故障。当CCS ECU向电动式巡航执行机构发出控制指令后，如果电位计信号没有变化或超过设计值，则CCS ECU将判定电动式巡航执行机构有故障。

2）气动式巡航执行机构

气动式巡航执行机构主要由3只电磁阀（真空电磁阀、通风电磁阀和安全电磁阀）、膜片、复位弹簧和密封壳体等组成，其结构如图7-7所示。

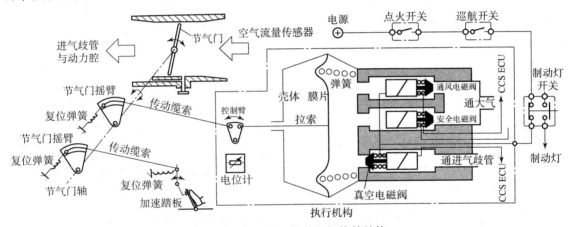

图7-7 气动式巡航执行机构的结构

3只电磁阀的初始状态如图7-7所示，真空电磁阀为常闭电磁阀，阀门用橡皮管与发动机进气歧管连接；通风电磁阀和安全电磁阀均为常开电磁阀，其阀门与大气相通。3只电磁阀电磁线圈的一端均与制动灯开关常闭触点连接，真空电磁阀电磁线圈和通风电磁阀电磁线圈的另一端分别与CCS ECU的控制端连接；安全电磁阀电磁线圈的另一端直接搭铁。

膜片将壳体内空间分隔为两个腔室，左腔室与大气相通，右腔室与3只电磁阀阀门相通。膜片上连接有一根拉索（传动缆索），拉索与控制臂和节气门摇臂连接。

气动式巡航执行机构的工作原理：利用发动机进气歧管的真空吸力吸引膜片，膜片再通过拉索拉动节气门摇臂，使节气门开度改变来调节车速。

（1）升高车速。当点火开关和"MAIN"开关接通时，3只电磁阀电磁线圈电路便通过制动灯开关常闭触点接通电源。因为安全电磁阀电磁线圈一端直接搭铁，所以安全电磁阀电磁线圈电流接通，产生电磁吸力克服其复位弹簧弹力而将阀门吸闭，使巡航控制系统处于待命状态。

当CCS ECU根据车速传感器和巡航开关等信号判定需要提高车速时，CCS ECU将向驱动电路发出接通通风电磁阀电磁线圈电路和真空电磁阀电磁线圈电路的指令，通风电磁阀电磁线圈电流产生的电磁吸力克服其复位弹簧弹力将通风电磁阀阀门吸闭，从而切断右腔室与大气的通路；真空电磁阀电磁线圈电流产生的电磁吸力克服其复位弹簧弹力将真空电磁阀阀门吸开，使右腔室与进气歧管之间的气路接通。由于此时通风电磁阀阀门和安全电磁阀阀门均处于关闭状态，其右腔室与大气隔绝，因此，真空电磁阀阀门打开将使右腔室形成真空状态，膜片在进气歧管真空吸力的作用下，通过控制臂和拉索带动节气门摇臂转动而使节气门开度增大，汽车将加速行驶。

(2) 保持车速。当 CCS ECU 根据车速传感器信号判定汽车实际行驶速度与设定巡航车速一致时，为了保持该车速行驶，CCS ECU 将向驱动电路发出接通通风电磁阀电磁线圈电流和切断真空电磁阀电磁线圈电流的指令，使通风电磁阀和真空电磁阀阀门关闭。由于此时3只电磁阀阀门均关闭，膜片右腔室的真空度保持不变，节气门摇臂保持在通风电磁阀和真空电磁阀阀门关闭时的位置，从而使车速保持在设定巡航车速并恒速行驶。

(3) 降低车速。当 CCS ECU 根据车速传感器信号判定汽车实际行驶速度高于设定巡航车速时，CCS ECU 将向驱动电路发出切断通风电磁阀电磁线圈电流（使阀门保持常开）和接通真空电磁阀电磁线圈电流（使阀门打开）的指令。通风电磁阀阀门打开时，部分大气进入右腔室，膜片在弹簧张力的作用下向左拱曲复位，使节气门摇臂放松，节气门开度减小，车速降低。真空电磁阀阀门打开时，进气歧管的真空吸力继续作用在膜片上，膜片向左拱曲的位移量取决于弹簧张力与真空吸力的平衡位置。

【特别提示】

由此可见，在恒速控制过程中，安全电磁阀阀门始终处于关闭状态。当升高车速时，通风电磁阀阀门处于关闭状态，真空电磁阀阀门处于打开状态；当保持车速时，通风电磁阀阀门和真空电磁阀阀门均处于关闭状态；当降低车速时，通风电磁阀阀门和真空电磁阀阀门均处于打开状态。

当踩下制动踏板时，制动灯开关的常开触点闭合，常闭触点断开。常开触点闭合将接通制动灯电路，使制动灯发亮；常闭触点断开将3只电磁阀电磁线圈的电源切断，电磁吸力消失，3个阀门复位至初始状态，右腔室无真空吸力作用，节气门拉索处于放松位置。当安全电磁阀电磁线圈电源切断时，其阀门打开并引入大气，从而加速膜片左移复位，防止制动时车速来不及降低而发生危险。

7.1.4 巡航控制系统的控制过程

汽车巡航控制系统普遍采用闭环控制方式进行控制，巡航控制流程如图7-8所示。

汽车巡航车速对闭环控制系统的要求是稳态误差小、响应速度快、系统稳定性好。实践证明，只要选择合适的比例运算系数 K_p 和积分运算系数 K_I，就能保证系统具有较高的控制精度、较快的响应速度和稳定的工作状态。可见，设计 CCS ECU 的关键是确定合适的放大系数。与模拟控制系统相比，数字控制系统的突出优点是各种输入信号以数字量表示，受工作环境、温度和湿度变化的影响较小，因此，数字控制系统具有更高的稳定性。

【应用案例】

各型汽车巡航控制系统的结构组成和控制电路虽然各有不同，但其控制过程大同小异。下面以图7-9所示的丰田皇冠3.0型轿车电动式巡航控制系统的控制电路为例说明。

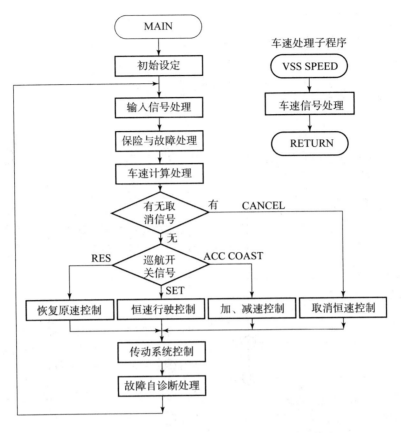

图 7-8 巡航控制流程

1. 汽车巡航控制系统的结构组成

丰田皇冠 3.0 型轿车电动式巡航控制系统的控制部件主要有传感器（节气门位置传感器、No.1 车速传感器）、控制开关（巡航开关、驻车制动开关、双闸制动灯开关、自动变速系统的空挡起动开关或手动变速器的离合器开关等）、CCS ECU、巡航执行机构（电磁离合器、驱动电动机与电位计等）。CCS ECU 线束插座上各接线端子的编号、代号以及连接部件的名称如表 7-1 所示。

2. 汽车巡航控制系统的控制过程

1) 巡航控制电源电路

汽车所有电子控制系统都设有备用电源电路，ECU 的备用电源端子始终与蓄电池连接，不受任何开关控制，只受易熔线控制，以便汽车停驶时保存随机存储器（Random Access Memory, RAM）中的故障码和临时存储的数据。

(1) 备用电源电路。其电路为：蓄电池正极→易熔线 ALT、MAIN→熔断器 DOME→CCS ECU 端子"15（BATT）"→CCS ECU 内部电路→端子"13（GND）"搭铁→蓄电池负极。

(2) 电源电路。当点火开关接通（"ON"位置）时，巡航控制系统电源接通。其电路为：蓄电池正极→易熔线 ALT、AM1→点火开关"ON"挡→熔断器 ECU-IG→CCS ECU 电源端子"14（B）"→CCS ECU 内部电路→端子"13（GND）"→搭铁→蓄电池负极。

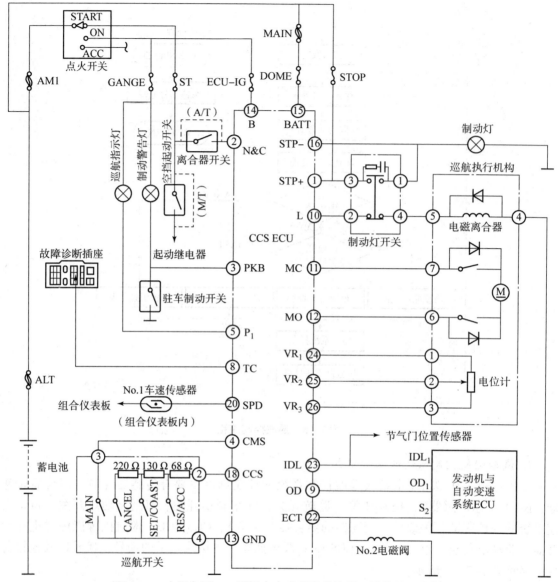

图7-9 丰田皇冠3.0型轿车电动式巡航控制系统的控制电路

2) 巡航控制过程

接通巡航"MAIN（主开关）"时仪表盘上的巡航指示灯发亮3~5 s后自动熄灭，此时巡航控制系统处于待命状态，仅当车速达到或超过40 km/h时，巡航控制系统才能投入工作。控制电路工作情况如下：

(1) 巡航"MAIN（主开关）"电路为：蓄电池正极→点火开关"ON"挡→熔断器ECU-IG→CCS ECU电源端子"14（B）"→CCS ECU内部电路→端子"4（CMS）"→巡航开关端子"3"→主开关"MAIN"触点→巡航开关端子"4"→搭铁→蓄电池负极。

(2) 巡航指示灯电路为：蓄电池正极→点火开关"ON"挡→熔断器GANGE→巡航指示灯→CCS ECU端子"5（P_1）"→CCS ECU内部电路→端子"13（GND）"→搭铁→蓄电池负极。

表 7-1 丰田皇冠 3.0 型轿车 CCS ECU 线束插座上各接线端子的编号、代号以及连接部件的名称

端子编号	端子代号	连接部件的名称	端子编号	端子代号	连接部件的名称
1	STP+	制动灯开关	14	B	电源（受点火开关控制）
2	N&C	空挡起动开关或离合器开关	15	BATT	备用电源（常火线）
3	PKB	驻车制动开关	16	STP-	制动灯（制动信号输入）
4	CMS	"M" 开关	18	CCS	巡航开关信号
5	P_1	巡航指示灯	20	SPD	No.1 车速传感器（组合仪表盘内）
8	TC	故障诊断插座 TDCL	22	ECT	自动变速系统 ECU 端子 S_2 和自动变速系统 No.2 电磁阀
9	OD	发动机与自动变速系统 ECU 超速与解除锁止信号输入端子	23	IDL	节气门位置传感器怠速触点
10	L	制动灯开关的电磁离合器触点	24	VR_1	控制臂电位计正极
11	MC	驱动电动机	25	VR_2	控制臂电位计信号
12	MO	驱动电动机	26	VR_3	控制臂电位计负极
13	GND	CCS ECU 搭铁			

（3）"SET/COAST"（设置/巡航）开关电路。巡航开关具有 "MAIN"（主开关）、"SET/COAST"（设置/巡航）、"RES/ACC"（恢复/加速）和 "CANCEL"（取消）4 种控制功能。在车速达到或超过 40 km/h 的情况下，当 "SET/COAST"（设置/巡航）开关接通时，电磁离合器线圈电路接通，巡航执行机构投入工作，汽车将不断加速。"SET/COAST"（设置/巡航）开关电路为：蓄电池正极→点火开关 "ON" 挡→熔断器 ECU-IG→CCS ECU 电源端子 "14（B）"→CCS ECU 内部电路→端子 "18（CCS）"→"SET/COAST"（设置/巡航）开关→搭铁→蓄电池负极。

（4）电磁离合器线圈电路为：蓄电池正极→点火开关 "ON" 挡→CCS ECU 电源端子 "14（B）"→CCS ECU 内部电路→CCS ECU 端子 "10（L）"→制动灯开关常闭触点→电磁离合器线圈→搭铁→蓄电池负极。电磁离合器接合将驱动电动机动力传递路线接通。

（5）驱动电动机电路为：蓄电池正极→点火开关 "ON" 挡→CCS ECU 电源端子 "14（B）"→CCS ECU 内部电路→端子 "11（MC）"→电动机→端子 "12（MO）"→CCS ECU 内部电路→端子 "13（GND）"→搭铁→蓄电池负极。

驱动电动机电流接通后转动一定角度，并通过减速机构和电磁离合器拉动控制臂和节气门摇臂转动，使节气门开度增大，车速升高。与此同时，电位计滑臂随减速机构和控制臂移动，将巡航执行机构的动作情况从端子 "25（VR_2）" 反馈给 CCS ECU，CCS ECU 根据反馈信号的电压高低即可诊断巡航执行机构是否发生故障，并将故障编成代码存储在随机存储器

中（驱动电动机电流过大用代码"11"表示，驱动电动机电路断路或电磁离合器线圈电路断路用代码"13"表示等），以便维修时查询，同时CCS ECU还将发出指令驱动巡航指示灯发亮指示。

(6) 电位计电路为：蓄电池正极→点火开关"ON"挡→CCS ECU电源端子"14（B）"→CCS ECU内部电路→端子"24（VR_1）"→电位计→端子"26（VR_3）"→CCS ECU内部电路→端子"13（GND）"→搭铁→蓄电池负极。

在车速达到或超过40 km/h的情况下，当驾驶人向下拨动巡航开关手柄使"SET/COAST"（设置/巡航）开关保持接通时，车速将持续升高。当实际车速升高至想要设定的巡航车速时放松开关手柄和加速踏板，设定巡航车速将被记忆在随机存储器RAM中，CCS ECU将控制巡航执行机构保持节气门开度不变，使汽车恒速行驶。

当汽车行驶阻力减小而使实际车速高于设定巡航车速时，CCS ECU将控制驱动电动机电流减小并回转微小角度，使节气门开度减小以降低车速。

3. 解除巡航控制的条件

在汽车以设定的速度行驶的过程中，当遇到下列情况之一时，CCS ECU将发出控制指令使巡航执行机构停止工作，立即解除巡航控制。

(1) 接通"CANCEL"（取消）开关时。当接通巡航开关的"CANCEL"（取消）开关时，将从CCS ECU端子"18（CCS）"输入一个表示解除巡航控制的信号。CCS ECU接收到该信号时，将立即解除巡航控制，同时驱动仪表盘上的巡航指示灯发亮。

(2) 接通制动灯开关（踩下制动踏板）时。当驾驶人踩下制动踏板时，双闸制动灯开关的常开触点闭合，常闭触点断开。常开触点闭合时，一方面使制动灯电路接通发亮报警，另一方面从端子"16（STP−）"向CCS ECU输入一个高电平信号，CCS ECU接收到该信号后，将立即控制巡航指示灯发亮指示。与此同时，常闭触点断开将电磁离合器线圈电路切断，电磁离合器分离使驱动电动机动力传递路线切断，巡航控制被解除。

(3) 接通驻车制动开关（拉制动）时。当驻车制动（手制动）手柄拉紧时，驻车制动开关接通，使制动警告灯电路接通而发亮指示，同时从端子"3（PKB）"向CCS ECU输入一个低电平信号，CCS ECU接收到该信号后立即解除巡航控制并驱动巡航指示灯发亮指示。

(4) 接通离合器开关（踩下离合器踏板）时。在手动变速器汽车上，当踩下离合器踏板时，离合器开关的触点闭合，并从端子"2（N&C）"向CCS ECU输入一个高电平信号，CCS ECU接收到该信号后，将立即解除巡航控制并驱动巡航指示灯发亮指示。

(5) 接通空挡起动开关（挂空挡）时。在自动变速器汽车上，当变速杆拨到空挡"N"时，空挡起动开关接通，并从端子"2（N&C）"向CCS ECU输入一个高电平信号，CCS ECU接收到该信号后，将立即解除巡航控制并驱动巡航指示灯发亮指示。

7.2 车载导航与车联网技术

微电子技术和网络技术的发展极大地提高了车辆的智能化水平。在卫星全球定位系统（Global Positioning System，GPS）、网络系统和第5代通信技术5G（Generation）的支持下，利用车载导航技术，能够十分方便地实现车辆的实时准确定位和行驶路线的规划与导航指引；利用车联网技术，能够实现车辆与车辆以及网络基础设施之间的信息交换，大大提高车辆及其行驶的智能化水平。

7.2.1 车载导航系统

车载导航系统是通过通信卫星，把 GPS 应用到车辆导航领域，使驾驶人可以从车辆监控中心、道路监测中心、卫星导航中心得到有关道路方面的信息，从而实现 GPS 定位导航、最优路径查询、路况信息查询等功能。

GPS 车载导航系统一般采用 GPS/航位推算（车速传感器 + 电子陀螺仪）/电子地图组合方式来实现车辆定位，用户通过触摸显示屏或遥控器进行人机交互，从而实现实时定位、目的地检索、路线规划、画面和语音引导等功能，帮助驾驶人准确、快捷地抵达目的地。

GPS 车载导航系统的组成如图 7-10 所示。导航计算机硬件、导航计算机操作系统和底层驱动软件构成导航系统平台，导航软件在平台上运行。用户通过人机接口与导航软件实现交互式操作，如移动地图、放大和缩小地图显示比例、输入目的地、查询兴趣点和进行设置等。

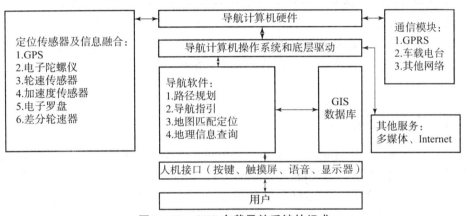

图 7-10 GPS 车载导航系统的组成

导航软件分为路径规划、导航指引、地图匹配定位和地理信息查询 4 个模块。路径规划功能是根据用户确定的约束条件（如最短路径、最短时间、最少费用、最少红绿灯路口等）选择从起始点到目的地的最优路径。导航指引通常采用语音、图形或图像的方式对驾驶人的操作进行提示，如前方路口距离提示、前方交通（拥堵、事故等）情况提示、行驶（直行、左转或右转）方向提示、交通规则（超速、前方测速监测点距离）提示等。地图匹配定位因其输入信息的特殊性，通常作为导航软件的一个基本功能模块用于辅助定位，确定车辆当前行驶的道路及其在道路上的位置。地理信息查询功能向用户提供分类的兴趣点查询，如附近的旅游设施、餐饮设施、文化教育设施和加油站、维修服务站等常用信息。

地理信息系统（Geography Information System，GIS）数据库提供道路交通信息以及详细的分层地理信息，为使数据库能够即时反映各种信息的变动情况，需要定期对数据库进行升级更新。

定位传感器及信息融合模块将多个传感器的信息进行融合，向导航软件提供定位的基本信息。

通信模块实现车载导航系统与信息中心的信息交换，如实时道路交通信息、车辆位置信息以及地图的更新下载，通信模块是智能交通系统不可缺少的一部分。

当今车载导航系统按功能可分为自主导航定位系统和车辆监控系统两类。

1. 自主导航定位系统

自主导航定位系统设置有导航计算机、定位传感器、导航软件和数字地图，可在不依赖外部通信网络的情况下实现地图显示、车辆定位、路径规划和导航指引。如果系统设有通信网络，就可从智能交通系统（Intelligent Transport System，ITS）中心获取实时道路交通信息，并向 ITS 中心传送车辆采集的交通信息。

2. 车辆监控系统

车辆监控系统用于对车辆实施实时监控和调度。安装在车辆上的定位系统将车辆的实时位置信息通过通信网络发送到控制中心，控制中心实时监测每辆汽车的运行位置和状态，并向其发出必要的调度指令。

【知识链接】

车载导航系统的发展趋势是利用蓝牙（Bluetooth）技术（一种短距离无线通信技术），接收车载 GPS 传送过来的信号。车载导航系统只需接收和处理卫星信号，显示装置则负责地图的存储和位置的叠加。

车载导航系统除了用来导航指引之外，还可开发出其他用途，如寻找附近的加油站、自动提款机、酒店或大型购物商场等。有的车载导航系统还可提醒驾驶人避免危险地区或交通堵塞。

7.2.2 车联网系统

车联网是以车内网、车际网和车载移动互联网为基础，按照约定的通信协议和数据交互标准，在车-X（X 代表车、路、行人及互联网等）之间进行无线通信和信息交换的系统网络，能够实现智能交通管理、智能动态信息服务和车辆智能化控制的一体化网络。

车联网涵盖的技术内容十分广泛，涉及汽车、通信、电子、网络等诸多方面，车联网技术将通过对各领域技术的不断交叉、融合与创新，发展为面向车联网应用的新技术。

车联网系统主要由车载终端、云计算处理平台、数据分析平台三大部分组成。车联网系统可以通过在车辆仪表台安装车载终端设备，实现对车辆所有工作情况和静、动态信息的采集、存储和发送。驾驶人操作车辆运行产生的数据实时发送到后台数据库，形成海量数据，由云计算平台进行分析处理。在车载终端、云计算处理平台和数据分析平台之间，车联网系统运用多模式互联通信进行信息交互和协同工作，从而达到提高交通系统的运行效率和安全性的目的。

7.3 汽车安全气囊技术

【知识链接】

汽车安全控制系统可分为行驶安全控制系统和财产安全控制系统两大类。其中，行驶安全控制系统又可分为主动安全控制系统与被动安全控制系统两种类型。

主动安全控制系统的功能是避免车辆发生交通事故，主要有汽车防抱死制动控制系统、制动力分配控制系统、制动辅助控制系统、驱动轮防滑转调节系统、车身稳定性控制系统、汽车自动制动系统和车道偏离预警系统等。

被动安全控制系统的功能是减轻交通事故导致的伤害程度，主要有安全气囊系统和座椅安全带紧急收缩触发系统等。

财产安全控制系统的功能是防止车辆被非法占有（被盗）的财产安全主动防护系统，主要有机械式防盗装置、电子控制式防盗与报警系统、跟踪定位式（即网络式）防盗系统等。

安全气囊系统的确切名称是辅助防护系统（Supplemental Restraint System，SRS）或辅助防护气囊系统（Supplemental Restraint Air Bag System，SRS）。因为辅助防护系统的气囊在汽车发生碰撞时能够起到安全防护作用，所以人们一直都将其称为安全气囊系统。

7.3.1 安全气囊系统的功能

【知识链接】

当汽车发生碰撞时，汽车与汽车或汽车与障碍物之间的碰撞称为一次碰撞。一次碰撞后，汽车速度将急剧减小，减速度急剧增大，驾驶人和乘员就会受到较大惯性力的作用而向前移动，使人体与转向盘、挡风玻璃或仪表台等构件发生碰撞，这种碰撞称为二次碰撞。在车辆事故中，二次碰撞是导致驾驶人和乘员遭受伤害的主要原因。

汽车碰撞分为正面碰撞和侧面碰撞。当汽车发生正面碰撞时，在惯性力的作用下，驾驶人面部或胸部可能与转向盘和挡风玻璃发生二次碰撞，前排乘员可能与仪表台和挡风玻璃发生二次碰撞，后排乘员可能与前排座椅发生二次碰撞。当汽车遭受侧面碰撞时，驾驶人和乘员可能与车门、车门玻璃或车门立柱发生二次碰撞。车速越高，惯性力就越大，遭受伤害的程度也就越严重。

安全气囊系统的功能：当汽车遭受碰撞导致驾驶人和乘员的惯性力急剧增大时，气囊迅速膨胀，这样相当于在驾驶人、乘员与车内构件之间铺垫一个气垫，利用气囊排气节流的阻尼作用吸收人体惯性力产生的动能，从而减轻人体遭受伤害的程度。

7.3.2 安全气囊系统的组成

安全气囊系统主要由碰撞传感器、安全气囊电控单元（SRS ECU）、气囊组件和 SRS 指示灯等组成，其控制部件的安装位置如图 7-11 所示，控制电路如图 7-12 所示，由备用电源电路、故障记忆电路、故障诊断与检测电路、点火引爆电路等组成。

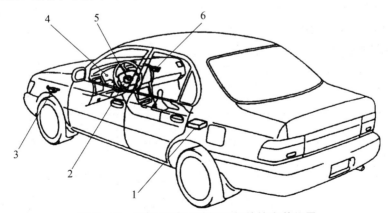

图 7-11 安全气囊系统控制部件的安装位置
1—SRS ECU；2—气囊组件；3—左前碰撞传感器；4—SRS 指示灯；5—螺旋线束；6—右前碰撞传感器

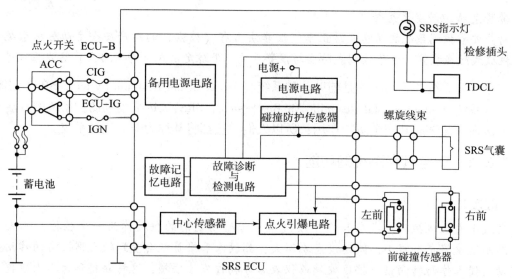

图 7-12 安全气囊系统的控制电路

正面 SRS 配装有左前和右前碰撞传感器，侧面 SRS 配装有左侧和右侧碰撞传感器，碰撞防护传感器一般安装在 SRS ECU 内部；气囊组件是 SRS 的执行元件，驾驶席气囊组件安装在转向盘上；SRS 指示灯安装在组合仪表盘上。

在同一辆汽车上，无论气囊数量多少，既可集中进行控制，也可分别进行控制。一般来说，正面气囊和护膝气囊可用一个 SRS ECU 进行控制，侧面气囊和头部气帘（窗帘式气囊）可用一个 SRS ECU 进行控制。

7.3.3 安全气囊系统的工作原理

安全气囊系统是一种被动安全防护系统，直接关系到驾驶人和乘员的人身安全。因此，必须在汽车发生碰撞的瞬间发挥其作用。

1. 安全气囊的控制过程

当汽车遭受正面碰撞和侧面碰撞时，安全气囊的控制过程完全相同。下面以图 7-13 所示正面碰撞为例，说明安全气囊的控制过程。

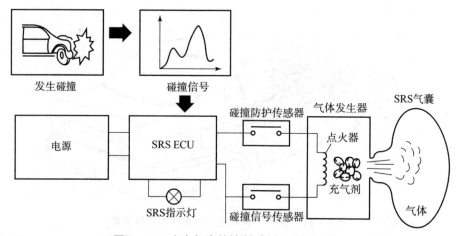

图 7-13 安全气囊的控制过程（正面碰撞）

当汽车遭受前方一定角度范围内的碰撞时,安装在汽车前部和 SRS ECU 内部的碰撞传感器都会检测到汽车突然减速的信号,并将信号输入 SRS ECU,以便判断是否引爆气囊。

当汽车遭受碰撞且减速度达到设定阈值时,SRS ECU 发出控制指令将气囊组件中的点火器(电雷管)电路接通,电雷管引爆使点火剂(引药)受热爆炸(电热丝通电发热引爆引药)。

当点火剂引爆时,迅速产生大量热量,充气剂受热分解并释放出大量氮气(固态叠氮化钠受热 300 ℃时就会分解出氮气)充入气囊,使气囊冲开其装饰盖向驾驶人和乘员方向膨胀,相当于在人体与车内构件之间铺垫了一个气垫,驾驶人和乘员面部与胸部压靠在充满气体的气囊上,从而将人体与车内构件之间的碰撞变为弹性碰撞,气囊通过气囊变形和排气节流来吸收人体碰撞产生的动能,从而达到保护人体的目的。

2. 安全气囊的动作时序

德国博世公司在奥迪轿车上的试验研究表明,当汽车以车速 50 km/h 与前方障碍物发生碰撞时,安全气囊的动作时序如下:

(1) 发生碰撞约 10 ms 后,气囊达到引爆极限,点火器使点火剂引爆并产生大量热量,使充气剂(固态叠氮化钠)受热分解,驾驶人尚未动作。

(2) 发生碰撞约 40 ms 后,气囊完全充满,体积达到最大,驾驶人身体向前移动,安全带斜系在驾驶人身上并拉紧,部分冲击能量被吸收。

(3) 发生碰撞约 60 ms 后,驾驶人头部及身体上部压向气囊,气囊和气囊上的排气孔在气体和人体压力作用下排气节流,从而吸收人体与气囊之间弹性碰撞产生的动能。

(4) 发生碰撞约 110 ms 后,大部分气体已从气囊逸出,驾驶人身体回靠到座椅靠背上,汽车前方恢复视野。

(5) 发生碰撞约 120 ms 后,碰撞危害解除,车速降低至零。

【特别提示】

由此可见,气囊从开始充气到完全充满约需 30 ms。从汽车遭受碰撞开始到气囊收缩为止,所用时间约为 120 ms,而人们眨一下眼睛所用时间约为 200 ms。可见,其动作时间极短,动作状态无法用肉眼确认。安全气囊的动作状态与经历时间之间的关系如表 7 - 2 所示。

表 7 - 2 安全气囊的动作状态与经历时间的关系

碰撞之后经历时间/ms	0	10	40	60	110	120
安全气囊动作状态	遭受碰撞	点火引爆开始充气	气囊充满人体前移	排气节流吸收动能	人体复位恢复视野	危害解除车速降至零

3. 安全气囊的有效范围

安全气囊系统并非在所有碰撞情况下都能起作用。正面气囊只有在汽车正前方 ±30°角范围内发生碰撞、纵向减速度达到设定阈值且碰撞防护传感器和任意一只前碰撞传感器接通时,才能引爆气囊充气,如图 7 - 14 所示。在下列情况时,正面气囊不会引爆充气:

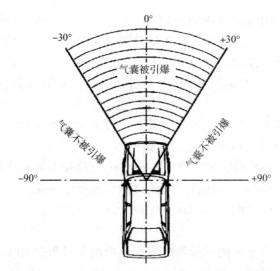

图 7-14　正面碰撞时安全气囊系统的有效范围

（1）汽车遭受侧面碰撞超过正前方 ±30°角时（此时侧面气囊将引爆充气）。
（2）汽车遭受横向碰撞时（此时侧面气囊将引爆充气）。
（3）汽车遭受后方碰撞时。
（4）汽车发生绕纵向轴线侧翻时（此时侧面气囊将引爆充气）。
（5）纵向减速度未达到设定阈值时。
（6）所有前碰撞传感器都未接通，或 SRS ECU 内部的碰撞防护传感器未接通时。
（7）汽车正常行驶、正常制动或在路面不平的道路条件下行驶时。

【知识链接】

减速度阈值根据安全气囊系统的性能进行设定。不同车型装备安全气囊系统的减速度阈值各不相同。当按驾驶人系上座椅安全带进行设计时，气囊体积小、充气时间短，所以气囊应在减速度阈值较大时引爆充气（气囊一般在车速 35 km/h 发生碰撞时引爆充气）。当按驾驶人不系座椅安全带进行设计时，气囊体积大、充气时间长，所以气囊应在减速度阈值较小时引爆充气（气囊一般在车速 25 km/h 发生碰撞时引爆充气）。

7.3.4　安全气囊系统的结构原理

安全气囊系统由碰撞传感器、安全气囊电控单元（SRS ECU）、气囊组件和 SRS 指示灯 4 部分组成。气囊组件和 SRS 指示灯是安全气囊系统的执行元件。

1. 碰撞传感器

碰撞传感器实际上是一种减速度传感器，其功能是将碰撞信号输入 SRS ECU，以便 SRS ECU 判定是否引爆气囊点火器和安全带收紧点火器。

1）碰撞传感器的类型

按用途不同，碰撞传感器可分为碰撞信号传感器和碰撞防护传感器两种类型。

碰撞信号传感器又称为碰撞烈度（激烈程度）传感器，安装在汽车左前与右前翼子板内侧，两侧前照灯支架下面，发动机散热器（水箱）支架左、右两侧，左、右仪表台下面等。

碰撞防护传感器又称为安全传感器或保险传感器，简称"防护传感器"，一般安装在 SRS ECU 内部。碰撞防护传感器和碰撞信号传感器的结构原理完全相同，唯一的区别在于设定的减速度阈值有所不同。

【知识链接】

换句话说，一只碰撞传感器既可用作碰撞信号传感器，也可用作碰撞防护传感器，但是必须重新设定其减速度阈值。设定减速度阈值的原则：碰撞防护传感器的减速度阈值比碰撞信号传感器的减速度阈值稍小。在欧洲制造的汽车上，当汽车以 35 km/h 左右的速度撞到一辆静止的汽车上或以 25 km/h 左右的速度迎面撞到一个不可变形的障碍物上时，减速度就会达到碰撞信号传感器设定的阈值，传感器就会动作。

【特别提示】

为什么安全气囊系统必须设置碰撞防护传感器呢？这是因为气囊点火器与碰撞信号传感器的电路是串联的，如果没有碰撞防护传感器，那么在检修前照灯或发动机散热器等安装碰撞信号传感器的部件时，如果不慎将碰撞信号传感器的电路（即触点）接通，就会使点火器电路接通而造成气囊误引爆。这不仅会造成经济损失，而且可能造成严重事故。

设置碰撞防护传感器后，将其安装在气囊的电源电路与点火器电路之间。在检修车辆时，即使不慎将碰撞信号传感器的电路接通，由于安装在 SRS ECU 内部的碰撞防护传感器电路（即触点）并未接通，因此，点火器不会点火引爆气囊。此外，碰撞防护传感器的减速度阈值比碰撞信号传感器的减速度阈值稍小，也不会影响安全气囊系统正常发挥作用。

按结构不同，碰撞传感器可分为机电结合式碰撞传感器、水银开关式碰撞传感器和电子式碰撞传感器 3 种类型。机电结合式碰撞传感器是一种利用机械机构运动（滚动或转动），使电器触点闭合（或断开）来接通（或切断）气囊点火器电路的装置，常用的有滚球式、滚轴式和偏心锤式 3 种。水银开关式碰撞传感器是一种利用水银的良好导电特性，将气囊点火器电路直接接通或切断的装置。电子式碰撞传感器是一种将碰撞作用力转换为电信号，使电子电路导通（或截止）来接通（或切断）气囊点火器电路的装置，其工作原理与压力传感器基本相同。这些传感器结构简单，使用方便，下面以典型的偏心锤式碰撞传感为例说明其结构特点与工作原理。

2）偏心锤式碰撞传感器的结构特点

偏心锤式碰撞传感器又称为偏心转子式碰撞传感器，其结构如图 7-15 所示，主要由偏心锤 1 与 8、偏心锤臂 2 与 15、转动触点臂 3 与 11、转动触点 6 与 13、固定触点 10 与 16、复位弹簧 19、挡块 9、壳体 4 与 12 等组成。转子总成由偏心锤 1、转动触点臂 3 及转动触点 6 与 13 组成，安装在传感器轴 18 上。偏心锤偏心安装在偏心锤臂上。转动触点臂 3 与 11 两端固定有转动触点 6 与 13，转动触点随转动触点臂一起转动。两个固定触点 10 与 16 绝缘固定在传感器壳体上，并用导线分别与传感器固定触点引线端子 7、14、5、17 连接。

3）偏心锤式碰撞传感器的工作原理

偏心锤式碰撞传感器的工作原理如图 7-16 所示。当传感器处于静止状态时，在复位弹簧的弹力作用下，偏心锤与挡块保持接触，转子总成处于静止状态，转动触点与固定触点断开，如图 7-16（a）所示，传感器电路处于断开状态。

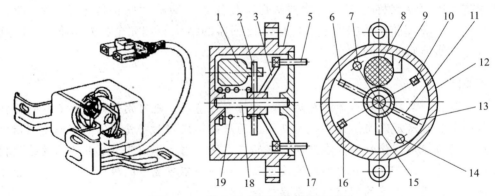

图 7-15 偏心锤式碰撞传感器的结构

1,8—偏心锤;2,15—偏心锤臂;3,11—转动触点臂;4,12—壳体;5,7,14,17—固定触点引线端子;
6,13—转动触点;9—挡块;10,16—固定触点;18—传感器轴;19—复位弹簧

当汽车遭受碰撞使偏心锤产生的惯性力矩大于复位弹簧的弹力力矩时,惯性力矩就会克服弹簧力矩使转子总成转动,从而带动转动触点臂转动,使转动触点与固定触点接触,如图 7-16 (b) 所示,接通气囊点火器搭铁回路。

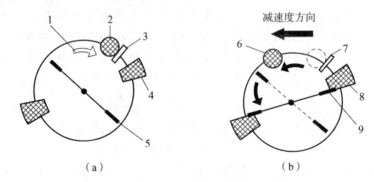

图 7-16 偏心锤式碰撞传感器的工作原理

(a) 静止状态;(b) 工作状态

1—复位弹簧;2,6—偏心锤;3,7—挡块;4,8—固定触点;5,9—转动触点

2. 安全气囊电控单元

安全气囊电控单元(SRS ECU)是安全气囊系统的控制核心,其安装位置依车型而异。当碰撞防护传感器与 SRS ECU 组装在一起时,SRS ECU 必须安装在汽车纵向轴线上。不同车型 SRS ECU 的结构各有不同,福特林肯·城市(Lincoln City)轿车 SRS ECU 的内部结构如图 7-17 所示,其主要由专用 CPU、备用电源电路、稳压保护电路、信号处理电路等组成。

(1) 专用 CPU。专用 CPU 由模/数(Analog/Digital,A/D)转换器、数/模(Digital Analog,D/A)转换器、串行输入/输出(Input/Out,I/O)接口、只读存储器、随机存储器、电可擦除可编程只读存储器(Electric Erasable Programmable ROM,EEP ROM)和定时器等组成,其主要功能是监测汽车纵向和横向减速度是否达到设定阈值。

(2) 信号处理电路。信号处理电路主要由放大器和滤波电路组成,其功能是对传感器检测的信号进行整形和滤波处理,以便 SRS ECU 能够接收与识别。

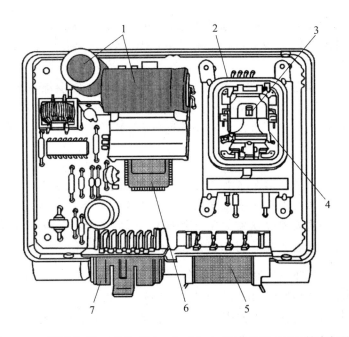

图7-17 福特林肯·城市（Lincoln City）轿车SRS ECU的内部结构
1—电容器；2—碰撞防护传感器；3—触点；4—滚轴；5—四端子插座；6—专用CPU；7—SRS ECU插座

（3）备用电源电路。SRS有两个电源：一个是汽车电源（蓄电池和交流发电机）；另一个是备用电源。

【特别提示】

备用电源又称为后备电源或紧急备用电源，由电源控制电路和若干个电容器组成，其功能是当汽车电源与SRS ECU之间的电路被切断后，在一定时间（一般为6 s）内维持安全气囊系统供电，保持安全气囊系统的正常功能。当汽车遭受碰撞而导致蓄电池或交流发电机与SRS ECU之间的电路被切断时，备用电源能在6 s之内向计算机供给电能，保证SRS ECU测出碰撞和发出点火指令。备用电源能在6 s之内向点火器供给足够的点火能量引爆点火剂。当超过6 s之后，备用电源供电能力降低，SRS ECU备用电源不能保证SRS ECU测出碰撞和发出点火指令，备用电源不能供给最小点火能量，气囊将不能充气膨开。

（4）稳压保护电路。在汽车电气系统中，许多电气部件带有电感线圈，电气开关琳琅满目，电气负载变化频繁。当电感线圈电流接通或切断、开关接通或断开，或负载电流突然变化时，都会产生瞬时脉冲电压（过电压），如果这些瞬时脉冲电压加到安全气囊系统电路上，系统中的电子元件就可能因电压过高而损坏。为了防止安全气囊系统元件遭受损害，SRS ECU中必须设置保护电路。同时，为了保证汽车电源电压变化时安全气囊系统能正常工作，SRS ECU中还必须设置稳压电路。

3. 气囊组件

按功能不同，气囊组件分为正面（保护面部与胸部）、侧面（保护颈部与腰部）、护膝和头部（气帘）4种类型。其中，正面气囊组件分为驾驶席、前排乘员席（副驾驶席）和后排乘员席3种。各种气囊组件都是由气囊、点火器和气体发生器等组成的，原理也相同，仅外形尺寸和形状有所不同。下面以驾驶席气囊组件为例进行说明。

驾驶席气囊组件的结构如图7-18所示，主要由气囊、饰盖、气体发生器和安装在气体发生器内部的点火器组成。

(1) 气囊。气囊一般采用聚酰胺织物（如尼龙）制成，内层涂有聚氯丁二烯，用以密闭气体。早期气囊的背面制作有2～4个通气小孔，用以排气节流、吸收动能，目前气囊普遍采用透气性较好的织物制作，因此没有制作通气孔。

【知识链接】

气囊在静止状态时，像降落伞未打开时一样折叠成包，安放在气体发生器上部与气囊饰盖之间。气囊开口一侧固定在气囊安装支架上，将其先用金属垫圈与气囊支架座圈夹紧，然后用铆钉铆接。气囊饰盖表面模压有撕印（撕缝），以便气囊充气时撕裂饰盖，减小冲出饰盖的阻力。驾驶席气囊充满氮气时的体积为35 L左右。

(2) 气体发生器。气体发生器又称为充气器，用专用螺栓与螺母固定在转向盘上的气囊支架上，其结构如图7-19所示，由气体发生器壳体（上盖和下盖）、金属滤网、充气剂、点火器和引药组成，其功能是在点火器引爆引药时，产生气体向气囊充气，使气囊膨开。

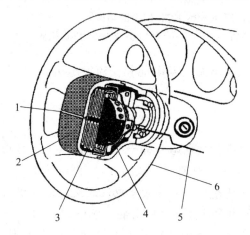

图7-18 驾驶席气囊组件的结构
1—撕印；2—饰盖；3—气囊；4—气体发生器；
5—引线；6—下盖

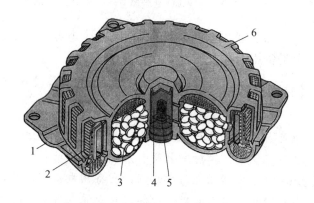

图7-19 气体发生器的结构
1—下盖；2—金属滤网；3—充气剂；4—引药；
5—点火器；6—上盖

气体发生器壳体由上盖和下盖两部分组成。上盖上制有若干个长方形或圆形充气孔。下盖上制有安装孔，以便将气体发生器安装到转向盘上的气囊支架上。上盖与下盖用冷压工艺压装成一体，壳体内装充气剂、金属滤网和点火器。金属滤网安放在气体发生器壳体的内表面，用以过滤充气剂和点火剂燃烧产生的渣粒。

充气剂普遍采用叠氮化钠（Sodium Azide）片状合剂。叠氮化钠的分子式为NaN_3，是无色六方形晶体，有剧毒，密度为1.846 g/cm³，在温度约300 ℃时分解并放出氮气。

【知识链接】

叠氮化钠可由氨基钠与一氧化二氮作用制得。叠氮化钠与铅盐（如硝酸铅）作用可制备起爆药叠氮化铅$[Pb(N_3)_2]$。大多数气体发生器都是利用热效反应产生氮气而充入气囊的。在点火器引爆引药（点火剂）的瞬间，点火剂会产生大量热量，固态叠氮化钠受热立即分解并释放氮气，从充气孔充入气囊。虽然氮气是无毒气体，但是叠氮化钠反应后的副产品中有少量的氢氧化钠和碳酸氢钠（白色粉末）。这些物质是有害的，因此，在清洁气囊膨开后的车内空间时，应保证通风良好并采取防护措施。将充气剂制作成片状合剂的目的是便于填装到气体发生器壳体内部。

（3）点火器。气囊的点火器外包铝箔，安装在气体发生器内部中央位置，其结构如图7-20所示，主要由药筒、引药、电热丝、电极和引出导线等组成。

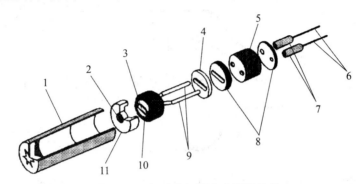

图7-20 驾驶席气囊点火器的结构

1—药筒；2—引药；3—电热丝；4—陶瓷片；5—磁铁；6—引出导线；7—瓷管；
8—瓷片；9—电极；10—电热头；11—药托

点火器的功能：当SRS ECU发出点火指令而使电热丝电路接通时，电热丝迅速红热，引药瞬间爆炸产生热量，药筒内温度和压力急剧升高并冲破药筒，使充气剂（叠氮化钠）受热分解，释放氮气并充入气囊。

点火器的所有部件均装在药筒内。点火剂包括引爆炸药和引药。引出导线与气囊插接器插头连接，插接器（一般都为黄色）中设有短路片（铜质弹簧片）。当插接器插头拔下或插头与插座未完全结合时，短路片将两根引线短接，防止静电或误通电将电热丝电路接通使点火剂引爆而造成气囊误膨开。

4. SRS指示灯

SRS指示灯又称为SRS警告灯，安装在驾驶室仪表盘面膜下面，并在面膜表面相应位置制作有气囊动作图形或"SRS""AIR BAG""SRS AIR BAG"等指示。

SRS指示灯的功能：指示安全气囊系统功能是否正常。将点火开关拨到"ON"或"ACC"位置后，如果指示灯发亮或闪亮约6 s后自动熄灭，表示安全气囊系统功能正常。如果指示灯不亮、一直发亮或在汽车行驶途中突然发亮或闪亮，说明自诊断测试系统发现安全气囊系统故障，应及时排除。自诊断系统在控制SRS指示灯发亮或闪亮的同时，还会将所发现的故障编成代码存储在存储器中。

7.3.5 安全气囊系统的保险机构

【知识链接】

安全气囊系统工作可靠与否，直接关系到人身安全。为了便于检查排除故障，安全气囊系统的线束和插接器与其他电气系统都有区别。早期线束和插接器曾采用深蓝色,目前大多数采用黄色,欧洲汽车有的采用红色(如奔驰汽车就采用红色)。为了保证安全气囊系统可靠工作,其插接器采用导电性、耐久性良好的镀金接线端子,并设计有防止气囊误爆机构、电路连接诊断机构、插接器双重锁定机构和接线端子双重锁定机构等保险装置。

天津一汽花冠(COROLLA)轿车 SRS 插接器位置示意如图 7-21 所示,其插接器采用的各种保险机构如表 7-3 所示。

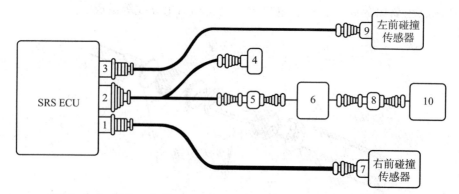

图 7-21　天津一汽花冠(COROLLA)轿车 SRS 插接器位置示意

1,2,3—SRS ECU 插接器;4—SRS 电源插接器;5—螺旋线束与 SRS ECU 之间的中间线束插接器;
6—螺旋线束;7—右碰撞传感器插接器;8—气囊点火器与螺旋线束之间的插接器;
9—左碰撞传感器插接器;10—气囊点火器

表 7-3　天津一汽花冠(COROLLA)轿车插接器采用的各种保险机构

序号	保险机构名称	采用该装置的插接器代号
1	防止气囊误爆机构	2、5、8
2	电路连接诊断机构	1、3、7、9
3	插接器双重锁定机构	5、8
4	接线端子双重锁定机构	1、2、3、4、5、7、8、9

1. 防止气囊误爆机构

防止气囊误爆机构为一块铜质弹簧片(称为短路片),其功能是,当插接器拔开(插头拔下或插头与插座未完全接合)时,短路片自动将靠近气囊点火器一侧插座上的两个引线端子短接,如图 7-22 所示,防止静电或误通电将点火器电路接通而造成气囊误膨开。图 7-21 所示的 SRS ECU 至气囊点火器之间的插接器 2、5、8 均采用了防止气囊误爆机构。

短路片一般设在插接器插座上,当插头与插座正常连接时,插头的绝缘壳体将短路片向上顶起,如图 7-22(a)所示,短路片与插接器端子脱开,插头引线端子与插座引线端子接触良好,点火器电热丝电路处于正常连接状态。

当插头与插座脱开时,短路片将气囊点火器一侧插座上的引线端子短接,使点火器电热丝与短路片构成回路,如图 7-22(b)所示,此时即使将电源加到点火器一侧插接器插座上,由于电源被短路片短路,点火器也不会引爆气囊,从而达到防止气囊误爆的目的。

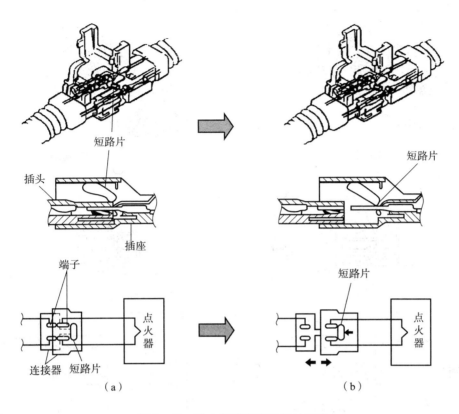

图 7-22 防止气囊误爆机构的结构
(a) 插接器正常连接时,短路片与端子脱开;(b) 插接器拔开时,短路片与端子短接

2. 电路连接诊断机构

电路连接诊断机构的功能是监测插接器插头与插座是否可靠连接,其结构如图 7-23 所示。图 7-21 所示的前碰撞传感器插接器及其与 SRS ECU 连接的插接器 1、3、7、9 均采用了电路连接诊断机构。

在插接器插头(或插座)上设有一个诊断销。在插接器插座上设有两个诊断端子,端子上设有弹簧片,其中,一个诊断端子与碰撞传感器的某一个触点相连,另一个诊断端子经过一个电阻(电阻值一般为 1 kΩ,丰田车系电阻值一般为 755~885 Ω)后与碰撞传感器的另一个触点相连。

当传感器插头与插座半连接(未可靠连接)时,诊断端子与诊断销尚未接触,如图 7-23(a)所示,此时电阻尚未与传感器触点构成并联电路,插接器引线"+"与"-"之间的电阻为无穷大。因为"+""-"引线与 SRS ECU 插接器 1 或 3(见图 7-21)的插头连接,所以当 SRS ECU 监测到碰撞传感器的电阻为无穷大时,即判定插接器连接不可靠,SRS ECU 就会控制 SRS 指示灯闪亮报警,同时将故障编成代码存储在存储器中。

当传感器插头与插座可靠连接时,诊断端子与诊断销可靠接触,如图 7-23(b)所示,此时电阻与碰撞传感器触点构成并联电路。因为碰撞传感器触点为常开触点,所以当 SRS ECU 检测到传感器电路阻值为并联电阻阻值(一般为 1 kΩ,丰田车系一般为 755~885 Ω)时,即判定插接器可靠连接,传感器电路连接正常。

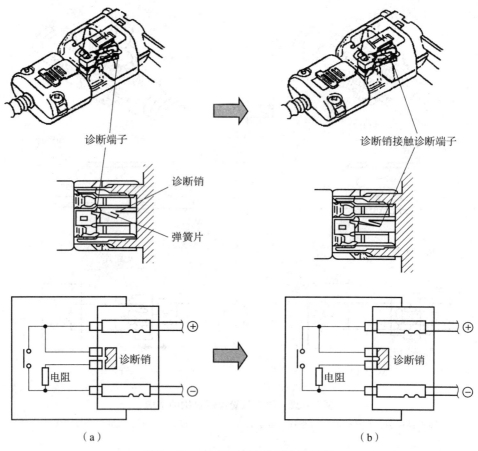

图 7-23 电路连接诊断机构的结构
(a) 半连接时；(b) 可靠连接时

3. 插接器双重锁定机构

插接器双重锁定机构的功能：锁定插接器插头与插座，防止插接器脱开，其结构如图 7-24 所示。在安全气囊系统和座椅安全带紧急收缩触发系统线束中，各种气囊组件和螺旋线束等重要连接部位的插接器（图 7-21 中的插接器 5、8）都采用了双重锁定机构。

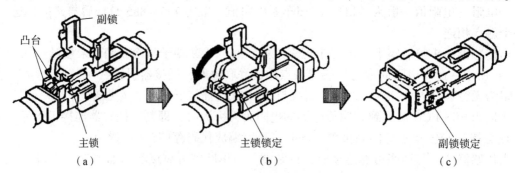

图 7-24 插接器双重锁定机构的结构
(a) 主锁打开，副锁被挡住；(b) 主锁锁定，副锁可以合上；(c) 主锁与副锁双重锁定

在插接器插头上，设有主锁和两个凸台。在插接器插座上，设有锁柄能够转动的副锁。

当主锁未锁定时,插头上的两个凸台就会阻止副锁锁定,如图 7-24(a)所示;当主锁完全锁定时,副锁锁柄方能转动并锁定,如图 7-24(b)所示;当主锁与副锁双重锁定后,插接器插头与插座的连接状态如图 7-24(c)所示,插头与插座可靠连接,从而防止插接器脱开。

4. 接线端子双重锁定机构

在安全气囊系统的每一个插接器中,接线端子都设有双重锁定机构,其作用是防止接线端子滑动而导致接触不良。接线端子双重锁定机构如图 7-25 所示,由插接器壳体上的锁柄与分隔片组成。其中,锁柄为一次锁定机构,防止端子沿导线轴线方向滑动;分隔片为二次锁定机构,防止端子沿导线径向移动。

5. 螺旋线束

为了便于区分和检查排除故障,安全气囊系统和座椅安全带紧急收缩触发系统线束一般套装在具有特殊颜色(一般为黄色)的塑料波纹管内,并与发动机舱线束连成一体。为了保证转向盘具有足够的转动角度而又不致损伤驾驶席气囊组件线束,在转向盘与转向柱管之间采用了螺旋线束,即将线束安装在螺旋形弹簧内,再安放到弹簧壳体内,如图 7-26 所示。

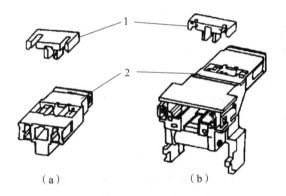

图 7-25 接线端子双重锁定机构
(a)插头;(b)插座
1—分隔片;2—锁柄

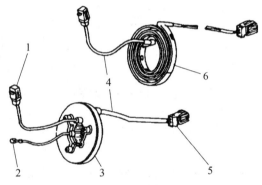

图 7-26 螺旋形弹簧与螺旋线束
1,5—插头或插座;2—搭铁插头;3—壳体;
4—线束;6—螺旋形弹簧

【特别提示】

在装备安全气囊系统的汽车上,电喇叭线束也安装在螺旋形弹簧内。螺旋形弹簧安装在转向盘与转向柱管之间,安装时应注意安装位置和螺旋方向,否则会导致转向盘转动角度不足或转向沉重。在不同车型的汽车电路图中,螺旋线束的名称各不相同,有的称为螺旋弹簧,有的称为时钟弹簧、游丝弹簧或游丝等。

7.4 安全带紧急收缩触发技术

座椅安全带紧急收缩触发系统(Seat-Belt Emergency Retracting Triggering System, SRTS)简称"安全带收紧系统",又称为"安全带预紧系统"。为了充分发挥安全带的保护作用,确保汽车驾驶人和乘员的人身安全,国产轿车大都装备有座椅安全带紧急收缩触发系统。

7.4.1 座椅安全带紧急收缩触发系统的功用

座椅安全带紧急收缩触发系统的功能：当汽车遭受碰撞时，在气囊膨开之前迅速收紧安全带，缩短驾驶人和乘员身体向前移动的距离，避免人体遭受伤害或减轻伤害程度。

7.4.2 座椅安全带紧急收缩触发系统的组成

座椅安全带紧急收缩触发系统是在安全气囊系统的基础上，增设碰撞防护传感器和左、右座椅安全带收紧器构成的。丰田雷克萨斯LS400型轿车座椅安全带紧急收缩触发系统与安全气囊系统控制部件的安装位置如图7-27所示。

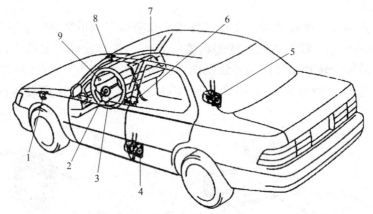

图7-27 丰田雷克萨斯LS400型轿车座椅安全带紧急收缩触发系统与安全气囊系统控制部件的安装位置

1—左前碰撞传感器；2—螺旋线束；3—驾驶席气囊组件；4—左座椅安全带收紧器；5—右座椅安全带收紧器；
6—SRS ECU；7—乘员席气囊组件；8—右前碰撞传感器；9—SRS 指示灯

座椅安全带紧急收缩触发系统的前碰撞传感器和 ECU 一般与安全气囊系统共用（仍称为 SRS ECU），碰撞防护传感器设在 SRS ECU 内部，用于接通安全带收紧器的电源电路。

安全带收紧器为座椅安全带紧急收缩触发系统的执行器，又称为安全带紧急收缩器，安装在座椅靠近左、右车身的两侧或左、右车门立柱旁边。按结构不同，可将安全带收紧器分为活塞式安全带收紧器和钢珠式安全带收紧器两种类型。

1. 活塞式安全带收紧器

活塞式安全带收紧器由导管（又称气筒）、活塞、钢丝绳、气体发生器、安全带收紧棘轮机构和安全带伸缩卷筒等组成，如图7-28所示。点火器由电热丝和引爆引药组成。

【特别提示】

气体发生器和点火器的结构原理与安全气囊系统气体发生器和点火器基本相同，不同的是体积很小，因此，充气剂的用量很少。点火器安放在气体发生器内。

活塞直径约为20 mm，安装在导管（气筒）内。活塞上焊接有一根钢丝绳，钢丝绳的另一端固定在安全带收缩棘轮机构的一个棘爪上。

安全带收缩棘轮机构设在安全带伸缩卷筒的一端，由3个棘爪、1个外齿圈和时钟弹簧组成。外齿圈固定在安全带伸缩卷筒的转轴上，可与转轴一同转动，棘爪安放在外齿圈周围

第 7 章 汽车车身电子控制技术

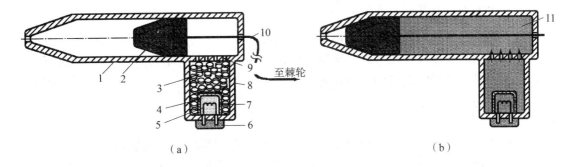

图 7-28 安全带收紧器的结构
(a) 引爆前状态；(b) 引爆后状态
1—导管（气筒）；2—活塞；3—充气剂（叠氮化钠药片）；4—引爆引药；5—电热丝；6—线束插座；
7—通气孔；8—气体发生器；9—通气孔；10—钢丝绳；11—氮气

的圆形固定架内。当钢丝绳不动时，棘爪在时钟弹簧的作用下处于松弛状态，外齿圈可随安全带伸缩卷筒沿顺时针或逆时针方向转动；当拉动钢丝绳时，拉力力矩克服时钟弹簧的弹力力矩使棘爪抱紧在外齿圈上，并带动安全带伸缩卷筒转动，从而使安全带收紧。

当点火器电路接通时，电热丝通电红热并引爆引药，引药释放大量热量使充气剂受热分解并释放出大量无毒氮气充入安全带收紧器导管。活塞在膨胀气体的推力作用下带动钢丝绳迅速移动，如图 7-28（b）所示。与此同时，钢丝绳通过安全带收缩棘轮机构带动安全带伸缩卷筒转动将安全带收紧，使驾驶人和乘员身体向前移动的距离缩短，避免面部、胸部与转向盘、挡风玻璃或仪表台发生碰撞而遭受伤害或减轻伤害程度。

2. 钢珠式安全带收紧器

大众轿车采用的钢珠式安全带收紧器的结构如图 7-29 所示，其主要由气体发生器、钢珠、带齿转子、安全带伸缩卷筒和钢珠回收盒组成。气体发生器内安装有点火器。带齿转子固定在安全带伸缩卷筒的一端，如图 7-29（a）所示。

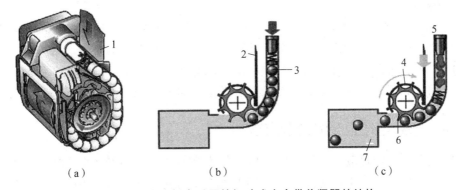

图 7-29 大众轿车采用的钢珠式安全带收紧器的结构
(a) 内部结构；(b) 引爆前钢珠沿滚道安放；(c) 引爆后转子带动安全带伸缩卷筒转动将安全带收紧
1，2—安全带；3—钢珠；4—安全带伸缩卷筒；5—气体发生器；6—带齿转子；7—钢珠回收盒

【特别提示】

气体发生器和点火器的结构原理与安全气囊系统的气体发生器和点火器基本相同，但体

积很小。点火器安放在气体发生器内部,钢珠安放在气体发生器前面的滚道内。

当点火器电路接通时,电热丝通电红热并引爆引药,引药释放大量热量使充气剂受热分解并迅速释放出大量氮气冲击钢珠。滚道内的钢珠在膨胀气体的推力作用下连续射向转子齿槽,从而驱动转子带动安全带伸缩卷筒转动将安全带收紧,如图7-29(b)、(c)所示。

7.4.3 安全带收紧控制过程

当汽车遭受碰撞且减速度达到前碰撞传感器和防护传感器设定阈值时,碰撞防护传感器将安全带收紧点火器的电源电路接通,前碰撞传感器信号输入 SRS ECU 后,SRS ECU 立即向安全带收紧点火器发出点火指令使安全带收紧点火器电路接通,气体发生器就会产生氮气而使安全带收紧器动作,如图7-30所示,在碰撞后约10 ms 内将安全带收紧15~20 cm,缩短驾驶人和前排乘员身体向前移动的距离,避免面部、胸部与转向盘、挡风玻璃或仪表台发生碰撞而遭受伤害或减轻伤害程度。

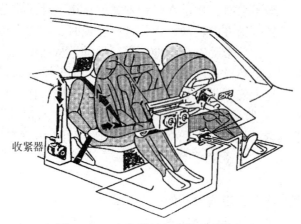

图7-30 安全带与气囊的动作情况

【知识链接】

在 SRS ECU 向安全带收紧器点火器发出点火指令的同时,还要向气囊点火器发出点火指令,使气囊膨胀吸收碰撞产生的动能,达到保护驾驶人和乘员的目的。因为气囊在发生碰撞后约40 ms 才能完全充气到最大体积,所以在座椅安全带收紧后,驾驶席和乘员席各种气囊(包括正面、侧面、后排、护膝以及气帘等气囊)才会同时充气膨胀。

7.4.4 气囊组件报废的处理方法

在报废汽车整车或报废气囊组件时,应在报废之前使用专用维修工具将气囊组件的气体发生器和气囊引爆。引爆工作应在远离电场干扰的地方进行,以免电场过强导致气囊误爆。引爆气囊应按制造厂家规定的方法进行,有的厂家规定在汽车上引爆,有的厂家规定从汽车上拆下气囊组件后引爆。

在车上引爆气囊的方法如图7-31(a)所示,操作引爆器的工作人员与汽车之间的距离至少应在10 m 以上。在车下引爆气囊的方法如图7-31(b)所示,具体操作过程如下:

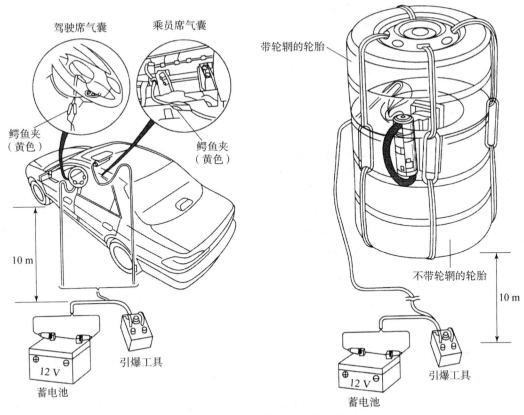

图 7-31 气囊组件报废的处理方法
(a) 在车上引爆气囊；(b) 在车下引爆气囊

(1) 拆下蓄电池负极电缆端子。
(2) 拔开气囊组件与螺旋线束之间的插接器插头。
(3) 剪断气囊组件线束，使插头与线束分离。
(4) 将引爆器接线夹与气囊组件引线连接。
(5) 先使引爆器距离气囊组件 10 m 以上，再将电源夹与蓄电池连接。
(6) 查看引爆器上的红色指示灯是否发亮，当红色指示灯发亮后才能引爆。
(7) 按下引爆开关引爆气囊。待绿色指示灯发亮之后，将引爆后的气囊装入塑料袋内再作废物处理。

7.4.5 安全气囊系统与座椅安全带紧急收缩触发系统的检查

【特别提示】

汽车安全气囊系统和座椅安全带紧急收缩触发系统的检查与其他电子控制系统有所不同，如果在检查过程中不按正确的操作程序与方法进行，可能导致气囊意外膨开或安全带收紧器误动作，这不仅会造成经济损失，而且可能造成严重事故，其后果不堪设想。此外，在检查安全气囊系统时，如果操作方法不当，可能在需要保护时安全气囊系统不起作用。因此，熟悉安全气囊系统和座椅安全带紧急收缩触发系统及其零部件的检查注意事项，对正常发挥汽车被动安全控制系统的防护作用至关重要。

1. 安全气囊系统检查注意事项

在检查安全气囊系统之前,首先应当仔细阅读制造厂家提供的《使用维修手册》,同时应注意以下几点:

(1) 充分利用故障自诊断系统获得故障信息。安全气囊系统的故障很难确认,故障自诊断系统保留在存储器中的故障码是排除故障的重要信息来源。因此,在检查排除安全气囊系统故障时,必须在拆下蓄电池负极电缆端子之前读取故障码。

(2) 检查安全气囊系统和座椅安全带紧急收缩触发系统必须在整车电路断电的情况下进行,整车电路断电之前,必须做好有关准备工作。检查工作务必在点火开关转到锁止(LOCK)位置,并将蓄电池负极电缆端子拆下 20 s 或更长时间之后才能开始。

【知识链接】

这是因为安全气囊系统装备有备用电源,如果检查工作在拆下蓄电池负极电缆端子 20 s 以内开始进行,则安全气囊系统由备用电源供电,检查中就可能导致气囊误膨开。另外,汽车音响系统、防盗系统、时钟、电控座椅、座椅安全带控制系统、驾驶座椅位置设定的倾斜和伸缩转动方向、电控车外后视镜等均具有存储功能,当蓄电池负极电缆端子拆下之后,存储的内容将会丢失。因此,在检查工作开始之前,应通知汽车用户将音响、防盗系统的密码和其他控制系统的有关存储内容记录下来。当检查工作结束之后,由维修人员或汽车用户重新设置密码和有关内容并调整时钟。绝不允许使用车外电源来避免各系统存储内容丢失,以免导致气囊误膨开。

(3) 检查安全气囊系统时,即使只发生了轻微碰撞而气囊并未膨开,也应对前碰撞传感器、驾驶席气囊组件、乘员席气囊组件、座椅安全带收紧器进行检查。

(4) 安全气囊系统对零部件的工作可靠性要求极高,所有零部件均为一次性使用部件,绝不允许将碰撞传感器、气囊组件、SRS ECU、座椅安全带收紧器等部件重复使用。如果需更换零部件,则应使用新品,不允许使用不同型号车辆上的零部件。

(5) 在检修汽车其他零部件时,如果有可能对安全气囊系统的传感器产生冲击,则应在检修工作开始之前先将碰撞传感器拆下,以防碰撞传感器动作而导致气囊误膨开。

(6) 在碰撞传感器或碰撞防护传感器上,如果有水银开关式传感器,则由于水银蒸气有剧毒,传感器更换之后,换下的旧传感器不能随意毁掉,应当作为有害废物处理。当车辆报废或更换装有水银开关式传感器的 SRS ECU 时,应当拆下水银开关式传感器并作为有害废物处理。

(7) 当前碰撞传感器、SRS ECU 或气囊组件摔碰之后或其壳体、支架、插接器有裂纹、凹陷时,应予更换新品。

(8) 前碰撞传感器、SRS ECU 或气囊组件不得暴晒或接近火源。

(9) 绝对不能检测点火器的电阻值,否则可能引爆气囊。检测安全气囊系统其他零部件或线路电阻值时,必须使用数字式万用表(其阻抗应大于 10 kΩ/V),并确认在电阻挡的最小量程时,其输出电流不得超过 10 mA。如果输出电流超过 10 mA,就有可能引爆气囊。如果使用指针式万用表,由于其阻抗小,表内电源电压加到气囊点火器上就可能引爆气囊。

(10) 在安全气囊系统各个总成或零部件的表面均标有说明标牌或注意事项,使用与检查时必须照章行事。

（11）当安全气囊系统的检查工作完成之后，必须对 SRS 指示灯进行检查。当点火开关转到接通（"ON"）或辅助（"ACC"）位置时，SRS 指示灯亮 6 s 左右后自动熄灭，说明安全气囊系统正常。

（12）拆卸或搬运气囊组件时，气囊装饰盖带有撕缝一面应当朝上。不得将气囊组件重叠堆放，以防气囊误膨开而造成事故。

（13）气囊组件应当存放在远离电场干扰的地方。

（14）当用电焊修理汽车车身时，应在进行电焊作业之前将气囊组件与螺旋线束之间的插接器拔开。

2. 前碰撞传感器检查注意事项

（1）当汽车遭受碰撞，气囊已经引爆后，前碰撞传感器不得继续使用，应同时更换左前和右前碰撞传感器。

（2）碰撞传感器的动作具有方向性。安装前碰撞传感器时，传感器壳体上箭头所指方向必须按《使用说明书》的规定进行安装。

（3）前碰撞传感器的定位螺栓和螺母必须经过防锈处理。拆卸或更换前碰撞传感器时，必须同时更换定位螺栓和螺母。

（4）前碰撞传感器引出导线的插接器设有电路连接诊断机构。安装插接器时，插头与插座应当插牢。当插接器插头与插座未插牢时，自诊断系统将会检测出故障并将故障码存入存储器。

3. 气囊组件检查注意事项

（1）拆卸或搬运气囊组件时，气囊装饰盖一面（有撕缝一面）应当朝上。在存放气囊组件时，不得将气囊组件重叠堆放，以防气囊误膨开而造成严重事故；气囊组件插接器的双重锁定机构应当置于锁定位置，并将插接器的插头（或插座）卡放到气囊组件插头（或插座）的支架上，以免损坏。

（2）绝对不能检测气囊组件中点火器的电阻，否则可能引爆气囊。

（3）既不能在气囊组件的任何部位涂抹润滑脂，也不能用任何类型的洗涤剂清洗。

4. SRS ECU 检查注意事项

（1）汽车已发生过碰撞并且气囊引爆膨开后，SRS ECU 就不能继续使用。

（2）在安装 SRS ECU 时，应在固定 SRS ECU 之后再连接 SRS ECU 插接器的插头与插座。因为碰撞防护传感器安装在 SRS ECU 内，如果先连接插头与插座，碰撞防护传感器就起不到防护作用。同理，在拆下 SRS ECU 时，应先拔开 SRS ECU 插接器的插头与插座再进行拆卸。

（3）在拆卸或更换 SRS ECU 的过程中，不要使用冲击扳手或榔头等工具，以免气囊受到振动而意外引爆。在拆卸 SRS ECU 的固定螺栓之前，必须将点火开关转到锁止（"LOCK"）位置，并在拆下蓄电池负极电缆端子 20 s 之后进行拆卸。

（4）SRS ECU 应当存放在阴凉（温度低于40℃）、干燥（相对湿度小于80%）的地方。

（5）当点火开关接通"ON"位置或断开时间不足 3 min 时，切勿振动和撞击 SRS ECU。

5. 座椅安全带收紧器检查注意事项

（1）绝对不能检测安全带收紧器点火器的电阻值，否则可能引爆安全带收紧器而导致意外伤害。

(2) 安全带收紧器既不能沾水、沾油，也不能用任何类型的洗涤剂清洗。

(3) 安全带收紧器应当存放在环境温度低于80℃、湿度不大并远离电场干扰的地方。

(4) 当需用电弧焊修理汽车车身时，应在操作电弧焊之前将安全带收紧器的插接器脱开。该插接器一般设在左前和右前车门门框下地毯的下面。

(5) 在报废汽车整车或报废安全带收紧器时，应在报废之前用专用维修工具将安全带收紧器的点火器引爆。引爆工作应在远离电场干扰的地方进行，以免电场过强导致点火器误爆。引爆安全带收紧器点火器的方法与引爆气囊点火器相同。

(6) 在存放安全带收紧器的过程中，其插接器上双重锁定机构的副锁应处于锁定位置，以防锁柄损坏。

6. 插接器与线束检查注意事项

(1) 安装转向盘时，其安装位置必须正确，即必须安装在转向柱管上，并使螺旋弹簧处于中间位置，否则会造成螺旋线束的电缆脱落或发生故障。

(2) 安全气囊系统和座椅安全带紧急收缩触发系统的线束套装在特殊颜色（一般为黄色）的塑料波纹管内，并与发动机舱线束、车颈线束和地板线束连成一体，所有线束插接器均为特殊颜色（一般为黄色）以便区分。当发生交通事故导致安全气囊系统线束或座椅安全带紧急收缩触发系统线束折断或插接器破碎时，必须更换新线束和插接器新品，并对系统进行全面检查。

7.5 汽车防盗电子控制技术

汽车防盗系统实质上是一种安装在车上，用来增加盗车难度，延长盗车时间，防止车辆被盗（被非法占有）的财产安全主动控制系统。

7.5.1 汽车防盗系统的分类

汽车防盗系统按结构可分为三大类：机械式、电子控制式、跟踪定位式（也称网络式）。

1. 机械式防盗系统

(1) 转向盘锁。转向盘锁可将转向盘锁住使其不能转动，或在转向盘上装一根长铁棒使转向盘不能正常使用。有的转向盘锁则把转向盘与制动踏板连接在一起，使转向盘不能作大角度转动或使汽车不能制动，从而达到防盗的目的。

(2) 变速杆锁。在变速杆手柄附近安装变速杆锁使变速器不能换挡，从而限制汽车正常行驶。

(3) 轮胎锁。用一套专用锁具将汽车的一只轮胎锁定，使汽车不能正常移动而达到防盗的目的。

上述机械式防盗装置虽然成本较低，但使用不便，且安全性和可靠性较差。当今汽车已普遍采用电子控制式防盗系统。

2. 电子控制式防盗系统

电子控制式防盗系统是通过锁定发动机控制计算机或起动系统电路，使汽车不能使用来达到防盗的目的，这种防盗系统还具有声光报警功能。

【知识链接】

电子控制式防盗系统大多装有电控中央门锁、超声波传感器和振动传感器等监控装置，当盗贼非法打开车门、行李舱盖或发动机罩，企图强行进入车内起动车辆时，报警装置（喇叭、转向指示灯、前照灯）就会鸣叫、闪亮以吓阻盗贼；此外，电子控制式防盗系统还可通过电子应答来判断用户使用的钥匙是否正确，并以此确定是否允许发动机控制单元工作。若钥匙密码信号不符，系统将会立即切断点火电路、喷油电路、供油电路以及起动电路，使发动机不能起动。电子控制式防盗系统安装隐蔽，功能齐全，无线遥控，操作简便，但对安装调试技术要求较高，对可靠性要求也较高，易受电磁波干扰而出现误动作。

3. 跟踪定位式防盗系统

跟踪定位式防盗系统又称为网络式防盗系统，它是建立在无线寻呼系统、公用有线和无线通信系统以及卫星全球定位系统等电子通信技术的基础上发展而成的防盗系统。

【知识链接】

跟踪定位式防盗系统必须具备网络中心和车载装置两大部分。网络中心监控联网中的各台车辆并管理整个网络，车载装置担任车辆的防范工作并与网络中心保持联系（在防范要求上，车载装置应与上述电子控制式防盗系统的功能基本相同，除此之外，由于联网需要，车载装置还必须具有信息收发和显示功能）。在网络区域内，入网车辆与网络中心之间随时都保持着联系，当车辆发生被盗、被抢等警情时，网络中心能通过定位、跟踪功能，使被盗、被抢车辆得到及时救援，还能对车辆准确地实施追堵。可见，跟踪定位式防盗系统是目前最先进的防盗系统。

7.5.2 电子控制式防盗系统

电子控制式防盗系统一般由防盗报警装置和防发动机起动装置两部分组成。当盗贼企图非法开锁或强行进入车内而触发防盗报警装置时，防盗报警装置将发出刺耳的声音和闪光信号，以此恐吓盗贼，增加盗贼的心理压力，使其主动放弃，同时也提醒路人和车主及时采取相应措施；当盗贼企图非法起动车辆时，电子控制式防盗系统使起动机或发动机控制系统处于锁止状态，使盗贼无法起动车辆，延长其盗车时间。为了降低成本，部分原厂车辆仅安装有防发动机起动装置。

1. 防盗报警装置

防盗报警装置的组成与布置如图 7-32 所示，其控制原理如图 7-33 所示。

防盗报警装置各部分的组成及主要功能如下：

（1）防盗控制器。防盗控制器即遥控防盗系统的电控单元，是防盗系统的核心和控制中心。

（2）感应探测部分。感应探测部分由传感器或探头组成，目前普遍使用的是振动传感器，部分车辆也使用微波及红外探头，当车辆受到盗贼外力击打、非法开锁或非法进入车内时，其向防盗控制器提供触发信号。

（3）门控部分。门控部分包括发动机罩开关、车门开关及行李舱开关等。

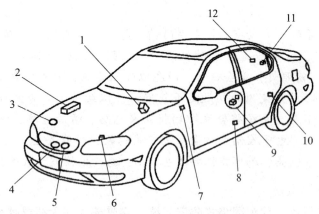

图7-32 防盗报警装置的组成与布置

1—智能进入控制单元；2—防盗喇叭继电器；3—防盗喇叭；4—喇叭（高音）；5—喇叭（低音）；
6—发动机罩开关；7—安全指示灯；8—前门开关；9—前门开锁传感器和前门钥匙锁芯开关（驾驶人侧车门）；
10—后门开关；11—行李舱开关；12—行李舱盖钥匙锁芯开关（开锁开关）

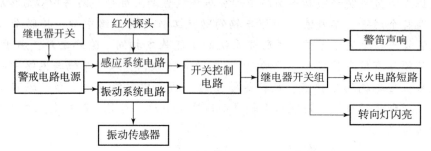

图7-33 防盗报警装置的控制原理

（4）报警部分。报警部分包括安全指示灯和防盗喇叭。安全指示灯用于指示防盗系统的工作状态，当防盗系统被触发或非法动作（开、闭锁）时，防盗喇叭会发出警报。其工作原理是，当车身防盗系统激活处于预警状态时，防盗控制器根据车门开关、发动机罩开关、行李舱开关、点火开关和超声波传感器等输入的信号，对汽车的不正常状态和非授权侵入进行监测。当判定出现不正常状态或非授权侵入时，防盗控制器立即控制相应继电器使防盗喇叭和报警器鸣响，使车灯和警告灯闪烁，发出声光报警信号，并通过防盗继电器切断点火和起动机电路，使汽车不能起动。声光信号持续报警时间可以预设，一般为1~3 min。

2. 防发动机起动装置

汽车原厂配置的防盗系统大多为防发动机起动装置，在车主设定防盗系统而离开汽车之后，如果有人企图非法进入车内，并试图用非法配制的点火钥匙起动车辆时，防发动机起动装置就会断开发动机点火电路或利用发动机电控系统切断喷油电路（如切断汽油泵电路或喷油器电路），使发动机无法起动，从而防止车辆被盗。

1）防发动机起动装置的组成

大众轿车配装的电子控制式防盗系统即防发动机起动装置，如图7-34所示，该防盗系统由密码转发器、识读线圈、防盗控制器和防盗警告灯4部分组成。

（1）密码转发器。密码转发器设置在车钥匙（点火钥匙）内，每一把钥匙中都有一只棒状密码转发器，内含一块运算芯片和一个微小的电磁线圈。在防盗系统工作期间，电磁线

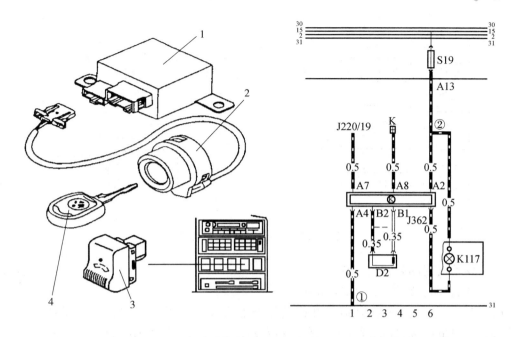

图 7-34 大众轿车电子控制式防盗系统的组成与控制电路
1—防盗控制器（J362）；2—识读线圈（D2）；3—防盗警告灯（K117）；4—密码转发器；
J220—发动机 ECU；K—自诊断触发端子；S19—熔断器（10 A）；
①—中央继电器盒旁搭铁点；②—防盗系统电源正极

圈与识读线圈（又称为收发线圈）通过电磁耦合而产生感应电流，感应电流经过运算芯片产生电磁振荡，从而完成密码转发器与防盗控制器之间的数据传递。与此同时，在运算芯片的控制下，密码转发器还能为防盗系统提供时钟同步信号。因为密码数字信号的传递是通过电磁耦合来实现的，所以密码转发器在整个工作过程中不需要任何外接电源，即无须使用或更换电池。每一个密码转发器具有不同的密码。

（2）识读线圈（D2）。识读线圈又称为收发线圈，安装在点火开关（点火锁）上，该线圈套装在点火锁芯上，并用导线与防盗控制器连接。识读线圈的功能是与密码转发器配合工作，完成密码转发器与防盗控制器之间的数据信息传输。

（3）防盗控制器（J362）。防盗控制器安装在转向柱左边的支架上，是一个包含微处理器的电子控制器，只有在点火开关接通时才进行密码运算与比较识别，并控制整个防盗系统的通信过程（包括与密码转发器和发动机电控单元的通信），还要完成与诊断仪的通信工作，其内部电路如图 7-35 所示。

【特别提示】

点火钥匙上的密码转发器和点火锁上的识读线圈组成电子控制式防盗系统的信号发生器，防盗控制器（J362）是控制核心，发动机电控单元（J220）是防盗系统的执行器。在发动机电控单元（J220）中设有随机代码发生器，每次起动发动机时，发动机电控单元（J220）中的随机代码发生器都会向防盗控制器（J362）发送一个可变代码。

（4）防盗警告灯（K117）。防盗警告灯安装在仪表台中部的面板上，当防盗系统工作时，其发出报警信号。

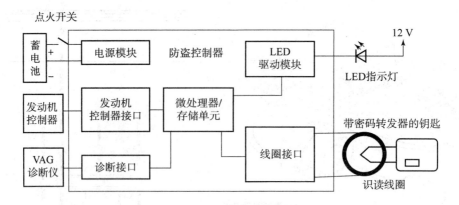

图 7-35 防盗控制器内部电路

2) 防发动机起动装置的工作原理

防发动机起动装置的工作原理如下:

(1) 当点火钥匙插入点火锁芯并将其旋至点火开关接通位置时,防盗系统投入工作,防盗控制器 (J362) 通过识读线圈向密码转发器发送信号寻求密码,如图 7-36 (a) 所示。

(2) 防盗控制器 (J362) 向密码转发器发送信号时,密码转发器被激活,并通过识读线圈把密码输送给防盗控制器 (J362),如图 7-36 (b) 所示。防盗控制器 (J362) 接收密码转发器发射的密码后,立即将接收到的密码与预先存储在防盗控制器 (J362) 中的识别代码进行比较。如果密码与存储的识别代码一致,则防盗控制器 (J362) 继续识别发动机电控单元 (J220) 的密码;如果密码与存储的识别代码不一致,则防盗控制器 (J362) 向发动机电控单元 (J220) 发出不允许起动的信号。

(3) 防盗控制器 (J362) 判定密码与识别代码正确后,再核对发动机电控单元 (J220) 的代码是否正确。每次起动发动机时,发动机电控单元 (J220) 中的随机代码发生器都会向防盗控制器 (J362) 发出一个可变代码,如图 7-36 (c) 所示。如果防盗控制器 (J362) 核对密码与识别代码不一致,发动机将不能起动或在起动后 2 s 内自动熄火。

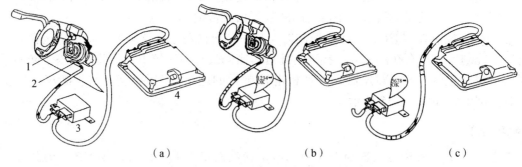

图 7-36 大众轿车防盗系统工作过程

1—密码转发器;2—识读线圈;3—防盗控制器 (J362);4—发动机电控单元 (J220)

【知识链接】

防盗功能是由防盗控制器 (J362) 与发动机电控单元 (J220) 匹配工作来实现的,因此只有当点火钥匙与防盗控制器 (J362) 匹配使用时才能正常起动发动机。当使用合法的钥匙接通点火开关时,防盗系统投入工作,发动机能够正常起动,安装在仪表台中部面板上的防盗警告灯点亮 3 s 后会自动熄灭,防盗系统完成任务而停止工作,发动机电控单元(J220)按正常程序投入工作。如果在使用非法钥匙或防盗系统存在故障的情况下接通点火开关,则防盗警告灯会连续不停地闪烁。

【特别提示】

防盗控制器(J362)设有一个 14 位字符的识别号码和一个 4 位数的密码。防盗密码的主要用途是重新配置钥匙,或更换发动机电控单元(J220)后使防盗系统匹配工作。如果钥匙丢失或密码遗忘,必须先用故障诊断仪获得 14 位字符的识别代码后,再通过大众汽车公司服务热线查询密码。新车的密码被隐含在车钥匙牌上,刮去牌上的黑胶纸后可显示 4 位数密码。车主应在购车后立即妥善保管这个密码。

7.6 中央门锁电子控制技术

中央门锁控制系统(Central Locking Control System,CLC 或 CLCS),又称为集中门锁控制系统或中控门锁系统,其功能是对全车所有车门和行李舱盖的开锁或闭锁(锁止)进行集中控制,提高操控车门的方便性和人身财产的安全性。

安装中央门锁控制系统后,除驾驶人能集中控制门锁之外,乘客还可利用各车门的机械式弹簧锁来开关车门。

7.6.1 中央门锁控制系统的组成

中央门锁控制系统一般由控制开关、门锁控制器(门锁 ECU)、门锁总成和行李舱开启器等组成,典型的中央门锁控制系统各部件的安装位置如图 7-37 所示。

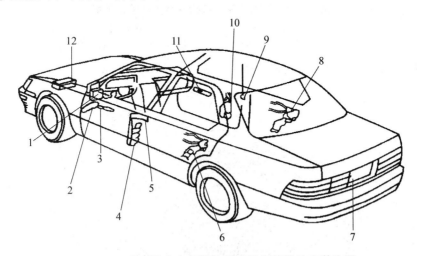

图 7-37 典型的中央门锁控制系统各部件的安装位置
1—门锁控制器;2—1 号接线盒;3—左前门锁控制开关;4—左前门锁总成;5—左前车门钥匙开关;
6—左后门锁总成;7—行李舱开启器;8—右后门锁总成;9—右前车门钥匙开关;
10—右前门锁总成;11—右前门锁控制开关;12—2 号接线盒

7.6.2 中央门锁控制系统的结构

1. 控制开关

控制开关包括门锁控制开关和车门钥匙开关。门锁控制开关一般设在驾驶席车门内侧扶手上,如图7-38所示,其功能是使所有车门同时开锁或闭锁(锁止)。

车门钥匙开关安装在每个前门的钥匙门上,其功能是在从车外用钥匙开门或锁门时,向门锁控制器输入开门或锁门的信号。

2. 门锁总成

门锁总成主要由门锁传动机构、门锁开关、门锁位置开关与壳体等组成。门锁总成的结构及其传动关系示意如图7-39所示。

图7-38 门锁控制开关的位置

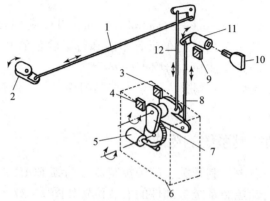

图7-39 门锁总成的结构及其传动关系示意
1,8,12—连接杆;2—门锁按钮(车厢内);3,9—门锁开关;4—门锁位置开关;5—门锁电动机;6—门锁总成;7—锁柄;10—钥匙;11—门锁

门锁传动机构主要由门锁电动机、蜗杆、蜗轮和锁柄等组成,如图7-40所示。

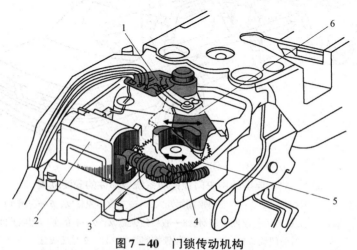

图7-40 门锁传动机构
1—位置开关;2—门锁电动机;3—蜗杆;4—复位弹簧;5—蜗轮;6—锁柄

门锁电动机是中央门锁控制系统的执行器。当门锁电动机转动时，蜗杆带动蜗轮转动，蜗轮推动锁柄摆动使车门锁止或开锁。

门锁位置开关位于门锁总成内，由一个带触点的铜片和开关底座组成，用来检测车门的锁紧状态。当锁柄摆向闭锁（锁止）位置时门锁位置开关断开，当锁柄摆向开锁位置时门锁位置开关接通。

3. 门锁控制器

中央门锁控制系统采用的门锁控制器有很多形式，常用的有电磁继电器控制式、集成电路（IC）控制式和电脑（ECU）控制式3种。在电脑（ECU）控制式中央门锁控制系统中，门锁控制器又称为门锁电控单元、门锁ECU或CLC ECU。

4. 行李舱开启器

行李舱开启器安装在行李舱盖上，并设有一个行李舱开启器主开关，如图7-41（a）所示。行李舱开启器一般为电磁铁机构，由固定磁极、活动铁芯、电磁线圈、锁芯轴和断路器等组成，如图7-41（b）所示。锁芯轴一端固定在活动铁芯上，另一端与行李舱锁连接。当电磁线圈通电时，电磁吸力吸引活动铁芯并带动锁芯轴一同移动，使行李舱盖开启。行李舱开启器内设有断路器，用来防止电磁线圈电流过大而过热。

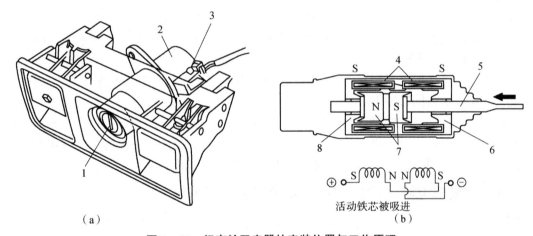

图7-41 行李舱开启器的安装位置与工作原理

(a) 行李舱开启器的安装位置；(b) 行李舱开启器的工作原理
1—行李舱锁孔；2—行李舱开启器；3—行李舱开启器主开关；4—电磁线圈；
5—锁芯轴；6, 8—固定磁极；7—活动铁芯

大多数行李舱开启器都受安装在仪表盘下面（或驾驶席车门上）的行李舱开关控制，拨动该开关便能打开行李舱盖。

汽车型号不同，开启行李舱的操作方法也不相同。操纵图7-41所示的行李舱开启器时，需用钥匙沿顺时针方向旋转行李舱开启器使其主开关接通后才能打开行李舱盖。

7.6.3 电磁继电器控制式中央门锁控制系统

在电磁继电器控制式中央门锁控制系统中，其电磁继电器通常称为门锁控制继电器或门锁继电器，门锁总成的传动机构一般采用电磁铁来传递动力，其控制电路如图7-42所示。当用钥匙转动锁芯，使门锁开关中的"开启"触点闭合时，电流经蓄电池正极、熔断

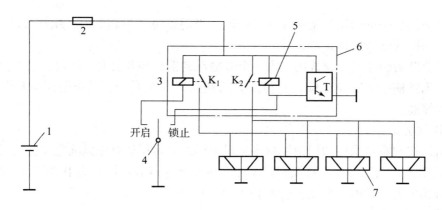

图7-42 电磁继电器控制式中央门锁控制系统的控制电路
1—蓄电池；2—熔断丝；3—开锁继电器；4—门锁开关；5—闭锁继电器；6—门锁控制继电器；7—门锁电磁铁

丝、开锁继电器线圈、门锁开关"开启"触点后搭铁。开锁继电器线圈通电产生电磁吸力将其触点 K_1 吸闭，使各车门的门锁电磁铁线圈（图中为左线圈）电路接通，电流经蓄电池正极、熔断丝、开锁继电器触点 K_1、门锁电磁铁左线圈搭铁。门锁电磁铁左线圈通电产生电磁吸力使4个车门同时开锁。

当用钥匙转动锁芯，使门锁开关中的"锁止"触点闭合时，电流经蓄电池正极、熔断丝、闭锁继电器线圈、门锁开关"锁止"触点后搭铁。闭锁继电器线圈通电产生电磁吸力将其触点 K_2 吸闭，使各车门的门锁电磁铁线圈（图中为右线圈）电路接通，电流经蓄电池正极、熔断丝、闭锁继电器触点 K_2、门锁电磁铁右线圈搭铁。门锁电磁铁右线圈通电产生电磁吸力使4个车门同时锁上。

闭锁继电器还受车速控制。当车速达到20 km/h时，电子电路中的晶体管T导通，使闭锁继电器线圈通电产生电磁吸力将其触点 K_2 吸闭，各车门的门锁电磁铁右线圈通电产生电磁吸力使4个车门同时锁上，从而实现自动闭锁，防止车门开启发生意外。

7.6.4 集成电路（IC）控制式中央门锁控制系统

集成电路（IC）控制式中央门锁控制系统的控制电路如图7-43、图7-44所示。门锁控制器主要由一块集成电路（IC）和3只继电器组成，集成电路可以根据各种开关发出的信号对3只继电器进行控制。电路中只绘出了驾驶席侧和副驾驶席侧门锁的控制电路，驾驶席侧和副驾驶席侧分别用D（Driver）和P（Passenger）表示。

1. 用门锁控制开关锁门和开锁

1）锁门

当门锁控制开关拨到锁门"L"（LOCK）位置时，如图7-43所示，门锁控制器的端子10通过门锁控制开关搭铁，集成电路向晶体管 T_1 输入一个高电平使晶体管 T_1 导通。当晶体管 T_1 导通时，1号继电器线圈电流接通，其电流路径为：蓄电池正极→易熔线→电源熔断丝→门锁控制器端子8→1号继电器线圈→晶体管 T_1→搭铁→蓄电池负极。

1号继电器线圈通电产生电磁吸力将其触点吸闭，从而接通门锁电动机电路。门锁电动机电流路径为：蓄电池正极→易熔线→电源熔断丝→门锁控制器端子8→1号继电器触点→门锁控制器端子4→门锁电动机→门锁控制器端子3→2号继电器常闭触点→搭铁→蓄电池负极。

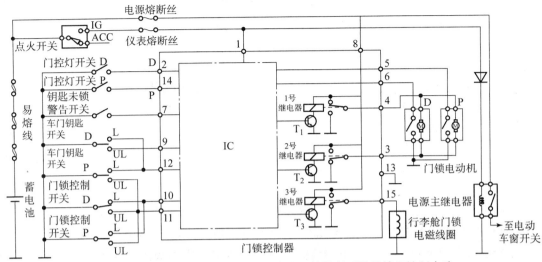

图 7-43 集成电路（IC）控制式中央门锁控制系统的锁门控制电路

门锁电动机电路接通而转动，其轴上的蜗杆带动蜗轮转动，蜗轮推动锁柄摆动将所有车门全部锁上。

2）开锁

当门锁控制开关拨到开锁"UL"（UNLOCK）位置时，如图 7-44 所示，门锁控制器端子 11 通过门锁控制开关搭铁，此时集成电路向晶体管 T_2 输入一个高电平使晶体管 T_2 导通。当晶体管 T_2 导通时，2 号继电器线圈电流接通，其电流路径为：蓄电池正极→易熔线→电源熔断丝→门锁控制器端子 8→2 号继电器线圈→晶体管 T_2→搭铁→蓄电池负极。

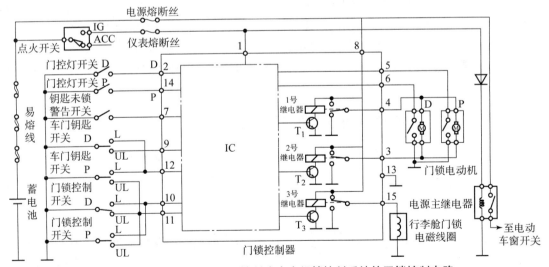

图 7-44 集成电路（IC）控制式中央门锁控制系统的开锁控制电路

2 号继电器线圈通电产生电磁吸力将其触点吸闭，从而接通门锁电动机电路。门锁电动机电流路径为：蓄电池正极→易熔线→电源熔断丝→门锁控制器端子 8→2 号继电器触点→门锁控制器端子 3→门锁电动机→门锁控制器端子 4→1 号继电器常闭触点→搭铁→蓄电池负极。

此时门锁电动机的转动方向与锁门时的转动方向相反，其轴上的蜗杆带动蜗轮也反向转动，蜗轮推动锁柄反向摆动将所有车门门锁全部打开。

2. 用车门钥匙开关锁门和开锁

1）锁门

将车门钥匙开关转向锁门"L"（LOCK）一侧时，门锁控制器端子12通过车门钥匙开关搭铁，集成电路向晶体管 T_1 输入一个高电平使晶体管 T_1 导通。

晶体管 T_1 导通便接通1号继电器线圈电流，产生电磁吸力吸闭其触点，使门锁电动机电流接通并转动，所有车门被锁上。1号继电器线圈电流和门锁电动机电流流过的路径与用门锁控制开关锁门时相同，如图7-43所示。

2）开锁

将车门钥匙开关拨到开锁"UL"（UNLOCK）一侧时，门锁控制器端子9通过车门钥匙开关搭铁，此时集成电路向晶体管 T_2 输入一个高电平使晶体管 T_2 导通。

晶体管 T_2 导通便接通2号继电器线圈电流，产生电磁吸力吸闭其触点，使门锁电动机电流接通并转动，此时门锁电动机的转动方向与锁门时的转动方向相反，其轴上的蜗杆带动蜗轮也反向转动，蜗轮推动锁柄反向摆动将所有车门门锁全部打开。2号继电器线圈电流和门锁电动机电流流过的路径与用门锁控制开关开锁时相同，如图7-44所示。

3. 行李舱门锁的控制

当行李舱门锁开关（图中未画出）接通时，集成电路将向晶体管 T_3 输入一个高电平使晶体管 T_3 导通，接通3号继电器线圈电流，由图7-43可见其电流路径为：蓄电池正极→易熔线→电源熔断丝→门锁控制器端子8→3号继电器线圈→晶体管 T_3→搭铁→蓄电池负极。

3号继电器线圈通电产生电磁吸力将其触点吸闭，如图7-44所示，使行李舱门锁电磁线圈接通电流，其流过的路径为：蓄电池正极→易熔线→电源熔断丝→门锁控制器端子8→3号继电器触点→门锁控制器端子15→行李舱门锁电磁线圈→搭铁→蓄电池负极。

行李舱门锁电磁线圈通电产生电磁吸力吸引活动铁芯并带动锁芯轴一同移动，使行李舱盖开锁。

7.6.5 电脑（ECU）控制式中央门锁控制系统

具有防盗和集中门锁控制功能的电脑（ECU）控制式中央门锁控制系统电路如图7-45所示，下面分析其基本工作原理与工作过程。

1. 用钥匙锁门和开锁

1）锁门

当把钥匙插入驾驶席侧或副驾驶席侧车门门锁的锁芯内并向锁门方向转动时，车门钥匙开关将锁门侧触点"L"（LOCK）接通，门锁与防盗ECU端子13与搭铁端子接通，相当于车门钥匙开关向门锁与防盗ECU输入一个锁门信号。该信号经反相器C、或门A输入锁门定时器，此时锁门定时器输出高电平使晶体管 T_1 导通，从而使1号继电器线圈电路接通。线圈电流路径为：蓄电池正极→易熔线→门锁与防盗ECU端子24→1号继电器线圈→晶体管 T_1→搭铁→蓄电池负极。

1号继电器线圈通电产生电磁吸力吸闭其触点，使4个车门的门锁电动机电路接通。门

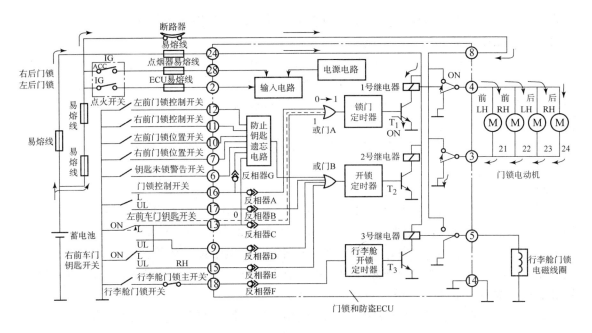

图 7-45　电脑（ECU）控制式中央门锁控制系统的控制电路

锁电动机电流路径为：蓄电池正极→易熔线→断路器→门锁与防盗 ECU 端子 8→1 号继电器触点→门锁与防盗 ECU 端子 4→各门锁电动机→门锁与防盗 ECU 端子 3→2 号继电器搭铁触点→搭铁→蓄电池负极。

4 只门锁电动机电路接通而转动，其轴上的蜗杆带动蜗轮转动，蜗轮推动锁柄摆动将 4 个车门全部锁上。

2）开锁

当把钥匙插入驾驶席侧或乘员席侧门锁锁芯内并向开锁方向转动时，车门钥匙开关将开锁侧触点"UL"（UNLOCK）接通，门锁与防盗 ECU 端子 9 与搭铁端子接通，相当于开关向门锁与防盗 ECU 输入一个开锁信号。该信号经反相器 D、或门 B 输入开锁定时器，此时开锁定时器输出高电平使晶体管 T_2 导通，从而使 2 号继电器线圈电路接通。线圈电流路径为：蓄电池正极→易熔线→门锁与防盗 ECU 端子 24→2 号继电器线圈→晶体管 T_2→搭铁→蓄电池负极。

2 号继电器线圈通电产生电磁吸力吸闭其触点，使 4 个车门的门锁电动机电路接通。门锁电动机电流路径为：蓄电池正极→易熔线→断路器→门锁与防盗 ECU 端子 8→2 号继电器触点→门锁与防盗 ECU 端子 3→各门锁电动机→门锁与防盗 ECU 端子 4→1 号继电器搭铁触点→搭铁→蓄电池负极。此时门锁电动机的转动方向与锁门时的转动方向相反，其轴上的蜗杆带动蜗轮也反向转动，蜗轮推动锁柄反向摆动将 4 个车门门锁全部打开。

2. 用门锁控制开关锁门和开锁

1）锁门

当把驾驶席侧的门锁控制开关拨到锁门"L"（LOCK）位置时，门锁与防盗 ECU 端子 16 与搭铁端子接通，相当于开关向门锁与防盗 ECU 输入一个锁门信号。该信号经反相器 A、或门 A 输入锁门定时器，此时锁门定时器输出高电平使晶体管 T_1 导通，从而使 1 号继电器线圈电路接通。线圈电流路径为：蓄电池正极→易熔线→门锁与防盗 ECU 端子 24→1 号继电器线圈→晶体管 T_1→搭铁→蓄电池负极。

1 号继电器线圈通电产生电磁吸力吸闭其触点，使 4 只门锁电动机电路接通。门锁电动机电流路径为：蓄电池正极→易熔线→断路器→门锁与防盗 ECU 端子 8→1 号继电器触点→门锁与防盗 ECU 端子 4→4 只门锁电动机→门锁与防盗 ECU 端子 3→2 号继电器搭铁触点→搭铁→蓄电池负极。

4 只门锁电动机电路接通而转动，其轴上的蜗杆带动蜗轮转动，蜗轮推动锁柄摆动将 4 个车门全部锁上。

2）开锁

当把驾驶席侧的门锁控制开关拨到开锁"UL"（UNLOCK）位置时，门锁与防盗 ECU 端子 17 与搭铁端子接通，相当于开关向门锁与防盗 ECU 输入一个开锁信号。该信号经反相器 B、或门 B 输入开锁定时器，此时开锁定时器输出高电平使晶体管 T_2 导通，从而使 2 号继电器线圈电路接通。线圈电流路径为：蓄电池正极→易熔线→门锁与防盗 ECU 端子 24→2 号继电器线圈→晶体管 T_2→搭铁→蓄电池负极。

2 号继电器线圈通电产生电磁吸力将其触点吸闭，使 4 只门锁电动机电路接通。门锁电动机电流路径为：蓄电池正极→易熔线→断路器→门锁与防盗 ECU 端子 8→2 号继电器触点→门锁与防盗 ECU 端子 3→各门锁电动机→门锁与防盗 ECU 端子 4→1 号继电器搭铁触点→搭铁→蓄电池负极。此时门锁电动机的转动方向与锁门时的转向相反，其轴上的蜗杆带动蜗轮也反向转动，蜗轮推动锁柄反向摆动将 4 个车门门锁全部打开。

3. 行李舱门锁的控制

当行李舱门锁开关和行李舱门锁主开关都接通时，门锁与防盗 ECU 端子 18 与搭铁端子接通，相当于向门锁与防盗 ECU 输入一个行李舱盖开锁信号。该信号经反相器 F 输入行李舱开锁定时器，此时行李舱开锁定时器输出高电平使晶体管 T_3 导通，从而接通 3 号继电器线圈电路，线圈电流路径为：蓄电池正极→易熔线→门锁与防盗 ECU 端子 24→3 号继电器线圈→晶体管 T_3→搭铁→蓄电池负极。

3 号继电器线圈通电产生电磁吸力将其触点吸闭，使行李舱盖锁电磁线圈电路接通。该电磁线圈的电流路径为：蓄电池正极→易熔线→断路器→门锁与防盗 ECU 端子 8→3 号继电器触点→门锁与防盗 ECU 端子 5→行李舱盖锁电磁线圈→搭铁→蓄电池负极。

行李舱盖锁电磁线圈通电产生电磁吸力吸引活动铁芯并带动锁芯轴一同移动，使行李舱盖开锁。

7.6.6 遥控门锁系统

为了便于使用操作，汽车中央门锁控制系统大都配有发射器来实现遥控锁门和开锁等功能，其遥控原理如图 7-46 所示。

遥控门锁的基本原理是：当按下发射器上的按键时，发射器就会发出电信号，该电信号由汽车天线接收后传送至中央门锁控制系统的 ECU，由 ECU 内部的接收机电路进行处理和识别。当识别后的代码与原车设定代码一致时，ECU 便向门锁电动机和行李舱开启器等执行机构发出控制指令，执行机构动作便可实现遥控锁门和开锁等功能。

第 7 章 汽车车身电子控制技术

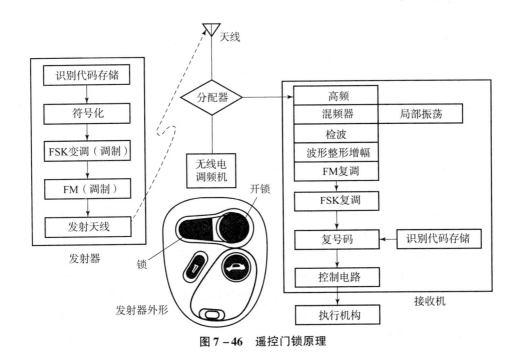

图 7-46 遥控门锁原理

本章小结

本章主要介绍了汽车巡航、车载导航与车联网、安全气囊、安全带紧急收缩触发、汽车防盗和中央门锁等电子控制系统的功能、组成、分类方法、结构原理与控制过程；安全气囊系统和座椅安全带紧急收缩触发系统的检查方法以及气囊组件报废的处理方法等内容。

下列问题覆盖了本章的主要学习内容，利用以下线索可对所学内容作一次简要的回顾：

（1）汽车巡航的控制原理、巡航控制系统的结构原理与控制过程以及解除巡航控制的条件。

（2）车载导航系统与车联网系统的功能与组成。

（3）安全气囊系统的功能、组成、类型、控制过程、控制时序与有效范围。

（4）安全气囊系统部件和保险机构的结构组成与工作原理。

（5）座椅安全带紧急收缩触发系统的功能、组成与控制过程，安全带收紧器的结构原理。

（6）汽车防盗系统的功能、组成与分类方法，电子控制式防盗系统的防盗原理。

（7）中央门锁控制系统的功能、组成、分类方法。

（8）中央门锁控制系统锁门与开锁以及行李舱门锁的控制原理。

复习题

一、单选题

1. 汽车巡航控制系统实施巡航控制的最低车速一般不低于（　　）。

A. 80 km/h　　　　B. 60 km/h　　　　C. 40 km/h　　　　D. 20 km/h
2. 实践证明，在道路条件良好的情况下，利用巡航行驶可节省燃料的比例为（　　）。
　A. 5%　　　　　　B. 15%　　　　　　C. 30%　　　　　　D. 50%
3. 汽车巡航控制系统的巡航功能适合在下列哪种道路条件下使用？（　　）
　A. 高速公路　　　B. 城市道路　　　C. 乡村土路　　　D. 普通公路
4. 汽车安全气囊从开始充气到完全充满所需时间约为（　　）。
　A. 10 ms　　　　 B. 30 ms　　　　 C. 60 ms　　　　 D. 120 ms
5. 从汽车从遭受碰撞开始到安全气囊收缩为止，所用时间约为（　　）。
　A. 10 ms　　　　 B. 30 ms　　　　 C. 60 ms　　　　 D. 120 ms
6. 在汽车正前方（　　）角度范围内发生碰撞时，汽车正面气囊才能引爆充气。
　A. ±30°　　　　　B. ±40°　　　　　C. ±50°　　　　　D. ±60°
7. 座椅安全带紧急收缩触发系统控制的安全带收紧长度为（　　）。
　A. 1～5 cm　　　 B. 5～10 cm　　　C. 15～20 cm　　　D. 20～30 cm
8. 车身电控单元（ECU）控制所有车门门锁同时锁止时的车速一般为（　　）。
　A. 10 km/h　　　 B. 20 km/h　　　 C. 40 km/h　　　 D. 60 km/h
9. 汽车安全气囊系统的使用说明规定"绝对不能检测点火器的电阻值"的原因是（　　）。
　A. 阻值太大　　　B. 阻值太小　　　C. 气囊昂贵　　　D. 可能引爆气囊
10. 电子控制式防盗系统发出声光报警信号的目的是（　　）。
　A. 提供照明　　　B. 提供音响　　　C. 吓阻盗贼　　　D. 吓唬小孩

二、多选题

1. 汽车巡航控制系统传输给 CCS ECU 的信号有（　　）。
　A. 车速信号　　　　　　　　　　B. 节气门位置信号
　C. 巡航开关信号　　　　　　　　D. 曲轴位置信号
2. CCS ECU 确定实施巡航控制所依据的信号有（　　）。
　A. 车速信号　　　　　　　　　　B. 节气门位置信号
　C. EFI ECU 信号　　　　　　　　D. ECT ECU 信号
3. 汽车巡航控制系统常用的巡航执行机构可分为（　　）。
　A. 气动式　　　　B. 电动式　　　　C. 液压式　　　　D. 机械式
4. 汽车巡航控制系统采用的电动式执行机构主要由（　　）组成。
　A. 电位计　　　　B. 电动机　　　　C. 减速机构　　　D. 电磁离合器
5. 巡航开关是一个组合手柄开关，一般由（　　）功能开关组成。
　A. MAIN　　　　　B. SET/COAST　　 C. RES/ACC　　　　D. CANCEL
6. 汽车安全气囊系统主要由（　　）组成。
　A. 碰撞信号传感器　　　　　　　B. SRS ECU
　C. SRS 指示灯　　　　　　　　　D. 碰撞防护传感器
7. 汽车安全气囊系统的气囊组件包含（　　）。
　A. 气囊　　　　　B. 饰盖　　　　　C. 点火器　　　　D. 气体发生器
8. 在汽车安全气囊系统中，正面气囊可分为（　　）。

A. 驾驶席气囊　　　　　　　　　　B. 副驾驶席气囊
C. 气帘　　　　　　　　　　　　　D. 后排乘员席气囊
9. 当今汽车常用的防盗系统按结构可分为（　　　）。
A. 机械式　　　B. 液压式　　　C. 电子控制式　　　D. 跟踪定位式
10. 中央门锁控制系统（CLC 或 CLCS）一般由（　　　）组成。
A. 控制开关　　B. 门锁 ECU　　C. 门锁总成　　　D. 行李舱开启器

三、判断题

1. 汽车巡航控制系统（CCS）又称为恒速控制系统。　　　　　　　　　　（　）
2. 汽车巡航控制系统是一个典型的开环控制系统。　　　　　　　　　　　（　）
3. 汽车巡航控制系统采用的控制方式是"比例－微分算法"控制方式。　　（　）
4. 当汽车巡航行驶时，驾驶人设定的巡航行驶车速存储在存储器 ROM 中。（　）
5. 当汽车行驶阻力减小而使实际车速高于设定巡航车速时，CCS ECU 将控制巡航执行机构使节气门开度减小以降低车速。　　　　　　　　　　　　　　　　　　（　）
6. 车载导航技术能够实现车辆的实时准确定位和行驶路线的规划与导航指引。（　）
7. 汽车车速越高，惯性力就越大，车内乘员遭受伤害的程度也就越严重。　（　）
8. 汽车安全气囊系统是利用气囊排气节流的阻尼作用来吸收人体惯性力产生的动能，从而减轻人体遭受伤害的程度的。　　　　　　　　　　　　　　　　　　　（　）
9. 汽车安全气囊系统的碰撞传感器实际上是一种减速度传感器。　　　　　（　）
10. 汽车安全气囊系统挽救了成千上万人的生命，因此属于主动安全控制系统。（　）
11. 碰撞防护传感器的减速度阈值比碰撞信号传感器的减速度阈值稍大。　（　）
12. 汽车安全气囊的充气剂普遍采用叠氮化钠片状合剂。　　　　　　　　（　）
13. 汽车中央门锁控制系统能够提高操控车门的方便性和人身财产的安全性。（　）
14. 汽车防盗系统是一种防止车辆被盗（被非法占有）的财产安全主动防护系统。（　）
15. 在设有中央门锁控制系统的汽车上，当驾驶人以 60 km/h 的车速行驶时，各车门都会同时自动闭锁，以防止车门开启发生意外。　　　　　　　　　　　　　（　）

四、简答题

1. 在汽车以设定巡航车速 v_0 行驶的过程中，当遇到刮风而逆风行驶时，巡航控制系统将怎样进行控制？
2. 在汽车以设定巡航车速行驶的过程中，当遇到哪些情况时，CCS ECU 将立即解除巡航控制？
3. 汽巡航控制系统的控制开关主要有哪些？各有什么功能？
4. 在电动式巡航执行机构中，各控制部件的功能分别是什么？
5. 试说明汽车遭受碰撞且减速度达到设定阈值时，安全气囊系统的控制过程。
6. 在哪些情况下，正面气囊不会引爆充气？
7. 在汽车安全气囊系统中，碰撞防护传感器和碰撞信号传感器的减速度阈值应该怎样设定？说明原因。
8. 试说明汽车以 50 km/h 的车速与前方障碍物碰撞时，安全气囊系统的动作时序与状态。

9. 为了保证汽车安全气囊系统正常发挥作用，系统中设有哪些保险机构？其功能分别是什么？

10. 阐述在车下引爆气囊的操作过程。

复习题参考答案

一、单选题：1. C；2. B；3. A；4. B；5. D；6. A；7. C；8. B；9. D；10. C

二、多选题：1. ABC；2. ABCD；3. AB；4. ABCD；5. ABCD；6. ABCD；7. ABCD；8. ABD；9. ACD；10. ABCD

三、判断题：1. √；2. ×；3. ×；4. ×；5. √；6. √；7 √；8. √；9. √；10. ×；11. ×；12. √；13. √；14. √；15. √

第 8 章

汽车空调技术

1. 认知目标

(1) 了解汽车空调系统的功能与组成。
(2) 熟悉制冷系统的制冷过程、结构原理以及自动空调的结构组成与控制原理。
(3) 掌握汽车空调系统的常规检查和典型故障的排除方法。

2. 技能目标

(1) 能够说明制冷系统的制冷过程。
(2) 能够熟练地检修与排除汽车空调系统的典型故障。

汽车车内空间狭小，乘员密度较大，夏季炎热，冬季寒冷，为使车内空间具有良好舒适的环境，必须装备空气调节系统。本章主要内容包括空调系统的功能与组成、制冷系统的制冷过程、制冷装置的结构原理、自动空调系统的结构组成与控制原理、空调系统的使用维修和典型故障的排除方法等。要求学生掌握汽车空调系统的相关知识，为使用和维修奠定坚实的基础。

8.1 空调系统的功能与组成

空调系统是空气调节系统的简称，其发展过程大致可分为单一供暖、单一制冷、冷暖一体化、自动空调和智能空调 5 个阶段。当今汽车空调系统已具有采暖通风与温度调节功能，常用英文 HVAC（Heating Ventilating Air Conditioner）来表示，又称为采暖通风与空气调节系统。

8.1.1 空调系统的功能

空调系统的功能是调节车内温度（提供冷气和暖气）和通风与净化空气，为车内乘员提供清新舒适的环境。具体功能如下：

（1）调节车内空气的温度。在炎热的夏季，由制冷系统提供冷气来降低车内温度；在寒冷的冬季，由采暖系统提供暖风来升高车内温度。

【知识链接】

　　汽车采暖的热源有两种：一种是以发动机冷却液作为暖风热源，另一种是以专门设置的独立式加热器作为暖风热源，它利用采暖系统的控制机构控制暖风流动来升高车内温度。小轿车，中、小型客车，载货汽车和越野汽车车内空间小，升高车内温度所需热量少，因此，它们普遍采用以发动机冷却液作为暖风热源的采暖系统。大客车车内空间大，车内温升所需热量多，因此，其普遍采用以独立式加热器作为暖风热源的采暖系统，这种采暖系统称为独立式采暖系统。

　　（2）调节车内空气的湿度。虽然普通汽车空调系统具有一定的除湿功能，但是调节车内空气湿度的功能，只有高级轿车和豪华型大客车采用的冷暖一体化空调系统才能实现。除湿的方法是，空调系统通过制冷装置对空气进行冷却降温来去除空气中的水分，再由采暖装置对空气进行二次加热升温，从而达到降低车内空气相对湿度的目的。

　　（3）调节车内空气的流速和流向。空气的流速和流向对人体的舒适性有很大影响。为了提高汽车的乘坐舒适性，汽车空调控制系统依据人体工程学原理和座椅位置，设计有风速控制开关、风向控制开关，以及若干个冷气或暖气出风口和出风口开关等。

　　（4）净化车内空气。汽车车内空间狭小，乘员密度较大，容易出现缺氧气和二氧化碳浓度过高的现象。此外，道路上的粉尘和空气中的废气等进入车内会造成车内空气污浊，影响乘员的身体健康。因此，汽车空调系统必须具有补充车外新鲜空气、过滤和净化车内空气的功能。为此，汽车空调系统设有新风门、排风门、空气过滤装置和净化装置等。

8.1.2　空调系统的组成

　　空调系统由制冷系统、采暖系统、通风系统和控制系统4个子系统组成。各型汽车空调系统的组成大同小异，大众轿车空调系统的组成与零部件安装位置如图8-1所示。

　　（1）制冷系统是空调系统中最重要的子系统，其主要功能是在夏季为车内提供冷气。因为作为冷源的蒸发器的温度低于空气的露点温度，所以制冷系统还具有除湿和净化空气的作用。

　　（2）采暖系统又称为暖风系统，其主要功能是在冬季为车内提供暖气以及挡风玻璃除霜除雾。根据获取热源的方法不同，采暖系统可分为独立式采暖系统和非独立式采暖系统两种类型。

【知识链接】

　　独立式采暖系统是利用柴油或煤油等燃料在一个专门的燃烧装置内燃烧产生热量为车内提供暖气，其特点是供暖充分，不受汽车运行状态的影响。但是独立式采暖系统结构复杂，耗能多，故主要用于需要较大供暖量的大、中型客车。

　　非独立式采暖系统是利用发动机工作时冷却液的余热（95 ℃左右的热水）为车内提供暖气，又称为水暖式采暖系统。非独立式采暖系统具有结构简单、成本低、不耗能、操作维修方便等优点。虽然非独立式采暖系统的供暖量较小（小于29 308 kJ/h），但对于小型客车

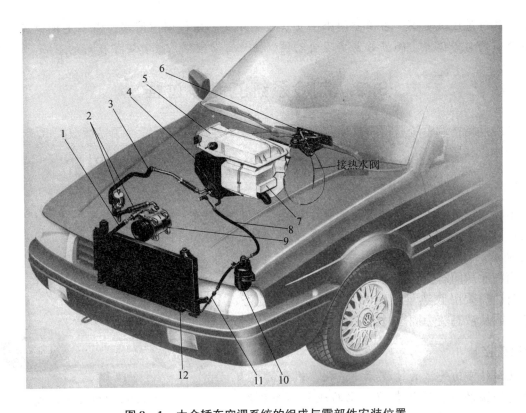

图 8-1 大众轿车空调系统的组成与零部件安装位置
1—D形管；2—消声器；3—S形管；4—蒸发器；5—进风罩；6—控制面板；7—热交换器；
8—L形管；9—空调压缩机；10—储液干燥器；11—C形管；12—冷凝器

和轿车来说，足以满足车内供暖需求，因此，其广泛用于小型客车和轿车。非独立式采暖系统的缺点是供暖量受汽车发动机工况的影响较大。

（3）通风系统的功能是净化车内空气，保持车内空气新鲜舒适。汽车通风分为自然通风和强制通风两种形式。自然通风是指利用汽车行驶时汽车内、外产生的风压来实现换气通风。强制通风是指利用鼓风机将车外空气强制送入车内来实现换气通风。

（4）控制系统的功能是控制空调系统工作，实现制冷、采暖和通风。控制系统主要由电气部件、真空管路、操纵机构和控制开关等组成。控制系统一方面要对制冷系统和采暖系统的温度、压力进行控制；另一方面要对车内空气的温度、风量、流向进行控制，从而实现空调系统的各项功能。

【知识链接】

在大、中型客车上，上述各系统通常独立安装并可单独使用。例如，在车顶安装两个或三个独立的强制换气扇用于车内通风换气，冬季采用独立的燃油燃烧式加热器为车内供暖，夏季则用专门的空调发动机（副发动机）驱动独立式制冷系统为车内提供冷气。

在小型客车和轿车上，则将上述各系统有机地结合起来，组成具有采暖、通风、降温、除湿、挡风玻璃除霜除雾等功能的冷暖一体化空调系统。这种空调系统的冷气、暖气、通风共用一台鼓风机和一套操纵机构，采用冷暖混合式调温方式和多种功能的送风口，使整个空调系统具有总成数量少、占用空间小、安装布置方便、操作调控简单、温湿度调节精度高、出风分布均匀等优点，而且容易实现自动控制，为自动空调系统奠定了良好的基础。

8.2 制冷系统的制冷过程

制冷是指空调系统获得冷气而制造和维持必要的冷源的过程，冷源是指温度低于环境温度的物体或场所。

8.2.1 物质状态的转化

由物理学可知，某些物质（如水、制冷剂）具有固态、液态和气态 3 种状态。当这些物质的状态发生变化时，需要吸热或放热，如图 8-2 所示。

当物质从固态变为液态、气态，或从液态变为气态时，需要吸收热量；当物质从气态变为固态、液态，或从液态变为固态时，会释放热量。

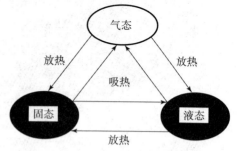

图 8-2 物质状态的转化过程

【知识链接】

液体转变为气体的过程称为汽化。汽化方式有蒸发和沸腾两种，液体表面汽化的现象称为蒸发；液体表面和内部同时汽化的现象称为沸腾。沸腾时液体达到的温度称为沸点。

气体转变为液体的过程称为液化。液化分为冷却和冷凝两个过程，物体温度下降的过程称为冷却；饱和蒸汽完全变为饱和液体的过程称为冷凝。

物质的物理状态变化时所需要的热量称为潜热。物质由气态转变为液态时要释放出热量，所释放的热量称为冷凝潜热。

【特别提示】

物质由液态转变为气态时要吸收热量，所吸收的热量称为蒸发潜热。汽车空调系统就是利用液态制冷剂（汽车已普遍使用无氟环保型制冷剂 R134A）在蒸发器内蒸发或沸腾变成气态制冷剂，同时吸收大量热量使车内温度降低。

8.2.2 制冷系统的组成

汽车空调的制冷系统与家用空调系统一样，由压缩机、冷凝器（冷却水箱旁的散热器）、储液干燥器、热力膨胀阀（或节流孔管）、蒸发器等制冷装置组成，各制冷装置之间用耐压的铜管或铝管以及耐压、耐氟橡胶管连接成一个密闭的循环系统，如图 8-3 所示。

8.2.3 制冷循环的过程

制冷循环是在封闭的制冷系统中，使制冷剂反复地压缩、冷凝、膨胀和蒸发的过程。制冷剂在车内的蒸发器中不断吸热汽化，使蒸发器始终保持很低的温度，从而使车内空气降温，同时除湿。在制冷系统中，压缩机是动力源。

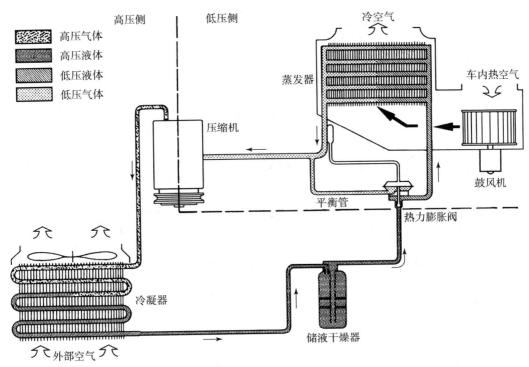

图 8-3 制冷循环的过程

【特别提示】

在汽车空调系统中，压缩机由发动机曲轴上的驱动带驱动旋转，并将蒸发器中因吸收车内热量而汽化的低温低压气态制冷剂，经低压软管和低压阀吸入压缩机。

低温低压气态制冷剂经压缩机压缩后，变成高温（约 65 ℃）高压（约 1 300 kPa）气态制冷剂，经高压阀和高压软管送入发动机水箱前面的冷凝器。

制冷剂在冷凝器中由车外空气冷却成高温（约 55 ℃）高压（约 1 300 kPa）的液态制冷剂，并从冷凝器底部流向储液干燥器。经储液干燥器过滤、脱水后，由高压软管送入热力膨胀阀。

高温、高压的液态制冷剂经热力膨胀阀节流降压后，变成低温（约零下 5 ℃）低压（约 150 kPa）的液态制冷剂进入蒸发器，并在蒸发器内大量吸收蒸发器管壁及周围空气的热量而蒸发汽化，使蒸发器表面及其周围的车内热空气温度降低（由此产生冷源）。

【特别提示】

当鼓风机将车内热空气或车外热空气强制吹过蒸发器表面时，热空气便被蒸发器冷却而变成冷气送回车内空间，从而达到降低车内温度的目的。液态制冷剂在蒸发器内吸热汽化为低温（约为 0 ℃）低压（约 150 kPa）的气态制冷剂，并经低压软管由压缩机再次吸入，从而完成制冷循环。

由此可见，制冷循环是由压缩、冷凝、膨胀和蒸发 4 个过程组成的。大众轿车空调系统的状态参数如表 8-1 所示。

表 8-1 大众轿车空调系统的状态参数

测量部位	制冷剂物理状态	急速 950 r/min,环境温度为 20 ℃ 条件下		检测方式
		温度/℃	压力/kPa	
压缩机高压侧	气体	60~66	1 100~1 400	压力:用高压表在压缩机高压阀处检测 温度:用温度计在冷凝器入口处检测
冷凝器	气体→蒸气→液态	50~55	1 100~1 400	压力:用高压表在压缩机高压阀处检测 温度:用温度计在冷凝器出口处检测
储液干燥器	液体	50~55	1 100~1 400	压力:用高压表在压缩机高压阀处检测 温度:用温度计在冷凝器出口处检测
蒸发器	液体	-6	150	压力:用低压表在压缩机入口处检测 温度:用温度计在压缩机入口处检测
蒸发器出口至压缩机低压侧	气体	0	150	压力:用低压表在压缩机低压端检测 温度:用温度计在膨胀阀感温筒处检测

(1) 压缩过程:压缩机从蒸发器吸入低温低压气态制冷剂,并将其压缩成高温(约65 ℃)高压(约 1 300 kPa)气态制冷剂送往冷凝器冷却降温。

(2) 冷凝过程:高温高压气态制冷剂由发动机水箱前面的冷凝器(散热器)散热,将其冷凝成高温(约 55 ℃)高压(约 1 300 kPa)液态制冷剂。

(3) 膨胀过程:冷凝后的高温高压液态制冷剂先经储液干燥器过滤和脱水后送入热力膨胀阀,再由热力膨胀阀节流降压后,将其转变成低温(约 -5 ℃)低压(约 150 kPa)液态制冷剂送入蒸发器。

(4) 蒸发过程:低温低压液态制冷剂流经蒸发器时,不断吸收车内空气的热量而汽化成低温(约为 0 ℃)低压(约 150 kPa)气态制冷剂。从蒸发器流出的气态制冷剂又被压缩机吸入而进入下一次制冷循环。

在空调系统的工作过程中,制冷系统的制冷流程和制冷剂状态的变化情况如图 8-4 所示。

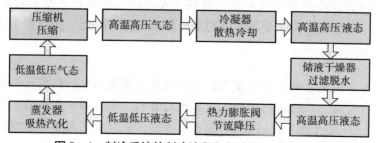

图 8-4 制冷系统的制冷流程和制冷剂状态的变化

【知识链接】

当制冷系统工作正常时,低压管路呈低温状态,高压管路呈高温状态。从热力膨胀阀出口经蒸发箱至压缩机入口为低压区;从压缩机出口经冷凝器、储液干燥器至热力膨胀阀为高压区。检查低压区时,由热力膨胀阀出口经蒸发箱至压缩机入口应当是由凉变冷,但无霜冻。检查高压区时,由压缩机出口经冷凝器、储液干燥器至热力膨胀阀入口应当是由暖变热(检查时,注意手与被检查部位之间应保持一定距离,以避免烫伤)。如果压缩机入口与出口之间无明显的温差,则说明制冷剂泄漏或无制冷剂。如果储液干燥器特别凉或其入口与出口之间温差明显,则说明储液干燥器堵塞。

8.3 制冷装置的结构原理

制冷系统采用的制冷装置主要有压缩机、冷凝器、储液干燥器、热力膨胀阀(或节流孔管)、蒸发器等,下面介绍其结构原理。

8.3.1 压缩机

制冷系统的压缩机安装在发动机前部,由发动机曲轴上的驱动轮经驱动带驱动旋转。压缩机是制冷系统的动力源,其功能是驱动制冷剂循环流动,将低温(约 0 ℃)低压(约 150 kPa)气态制冷剂压缩成高温(约 65 ℃)高压(约 1 300 kPa)气态制冷剂。

压缩机种类繁多,形式各异,主要有斜盘式(跷板式)、曲柄连杆式、转子式、叶片式、螺杆式和涡旋式6种。目前,汽车空调系统一般采用斜盘式、曲柄连杆式和转子式压缩机。曲柄连杆式压缩机的结构原理与汽车装备的往复活塞式四冲程发动机和压气机相似,主要用于大、中型客车空调系统,小轿车则普遍采用斜盘式压缩机。

1. 斜盘式压缩机的结构

各型斜盘式压缩机的结构大同小异,SE5H-14 型斜盘式压缩机的结构如图 8-5 所示,技术参数如表 8-2 所示。

斜盘式压缩机又称为跷板式压缩机,主要由电磁离合器、传动斜盘、带圆锥齿轮的行星盘、气缸与活塞、吸气阀片、排气阀片和缸体(壳体)等组成。

传动斜盘又称为传动板,与压缩机轴压装成一体,并随压缩机轴一同旋转。带有圆锥齿轮的行星盘又称为跷板,行星盘与传动斜盘之间通过推力轴承传递动力。由于传动斜盘制作成楔形,因此当压缩机轴旋转时,传动斜盘就会驱动行星盘摆动,即行星盘的一边向后移动时,相对的另一边就会向前移动,并通过球形万向节驱动活塞作前后往复运动。因为行星盘摆动时,就像小朋友玩跷板一样,一边升高,另一边降低,所以斜盘式压缩机又称为跷板式压缩机。

气缸与活塞(一般配置3~5只)以压缩机轴为中心,均匀分布在压缩机壳体(缸体)内部的径向圆周上,活塞的运动方向与压缩机轴平行。活塞与行星盘之间用连杆连接,行星盘与连杆之间、连杆与活塞之间,均采用球形万向节连接,其目的是保证传动斜盘驱动行星盘摆动时,活塞的轴向运动不会受到干涉。行星盘中央压装有圆锥齿轮,该圆锥齿轮与固定锥齿轮之间采用钢球支承与定位,其目的是使行星盘只能以钢球为中心沿压缩机轴线方向摆动,而不能绕压缩机轴转动。

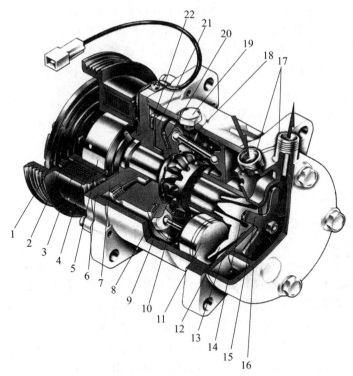

图 8-5　SE5H-14 型斜盘式压缩机的结构

1—压盘；2—电磁离合器片簧；3—多槽驱动带带轮；4—电磁离合器线圈；5—轴承；6—密封圈；7—驱动端盖；8—带圆锥齿轮的行星盘；9—缸体；10—固定锥齿轮；11—活塞；12—吸气阀片；13—阀板；14—排气阀片；15—阀片限位板；16—后端盖；17—制冷剂进出接头；18—连杆；19—注油塞；20，22—推力轴承；21—传动斜盘

表 8-2　SE5H-14 型斜盘式压缩机的技术参数

项目名称	技术参数	项目名称	技术参数
气缸数	5 个	制热量	7 000 ~ 8 000 W
气缸直径	35 mm	风量（干）	420 m^3/h
活塞行程	22.6 mm	消耗功率	2.5 kW
每转排量	138 cm^3	润滑油牌号	PAG/POE 或 SW-100
制冷剂	R134a	润滑油容量	135 mL
额定制冷量	3 998 W	最高允许转速	7 000 r/min

在压缩机后端盖一端设有吸气阀片、排气阀片和阀板，以便制冷剂进入或排出压缩机。阀板夹在吸气阀片与排气阀片之间，吸气阀片靠近活塞一侧，以便吸入制冷剂；排气阀片靠近后端盖一侧，以便排出制冷剂。每个气缸都设有一个吸气孔和一个排气孔，各个气缸的吸气孔均与吸气腔和制冷剂进口接头相连，各个气缸的排气孔均与排气腔和制冷剂出口接头相连。

2. 电磁离合器的结构与工作原理

电磁离合器是压缩机总成的一部分，一般安装在压缩机前端，主要由电磁线圈、驱动带轮、压盘和滚珠轴承等零部件组成，其结构与工作原理如图8-6所示。其功能是根据需要接通或切断发动机与压缩机之间的动力传递。

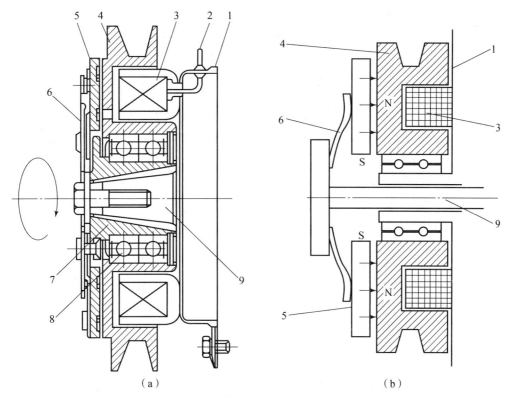

图8-6 电磁离合器的结构与工作原理
(a)结构；(b)工作原理
1—压缩机驱动端盖；2—电磁线圈电极引线；3—电磁线圈；4—驱动带轮；
5—压盘；6—片簧；7—压盘轮毂；8—滚珠轴承；9—压缩机轴

【特别提示】

电磁离合器是汽车空调系统中最重要的部件之一，受空调（Air Conditioner, AC）开关、温度控制器和压力开关等部件的控制。

驱动带轮由发动机曲轴前端的驱动带轮通过一根三角驱动带或多槽驱动带驱动旋转。压盘又称为摩擦盘，一般用3只片簧与压盘轮毂连接，压盘轮毂用一只平键与压缩机前端伸出的轴相连，电磁线圈固定在驱动带轮内的压缩机驱动端盖上。

3. 斜盘式压缩机的工作过程

压缩机与发动机之间的动力联系均采用电磁离合器进行控制。斜盘式压缩机的工作原理如图8-7所示。

当电磁线圈电路尚未接通时，压盘与驱动带轮在3只片簧的弹力作用下保持分离状态，此时压盘与驱动带轮外端面之间保持一定的间隙（0.4～1.0 mm），因此，驱动带轮在曲轴的带动下空转，压缩机不工作。

当电磁线圈电路接通时，会产生强大的电磁吸力将压盘紧紧地吸合在驱动带轮端面上（故压盘又称为吸盘），使压盘、轮毂、压缩机轴、传动斜盘与驱动带轮结合成一体随发动机曲轴旋转。传动斜盘旋转就会通过推力轴承驱动行星盘沿轴向作往复摇摆运动，从而带动活塞作往复运动使制冷剂循环流动。

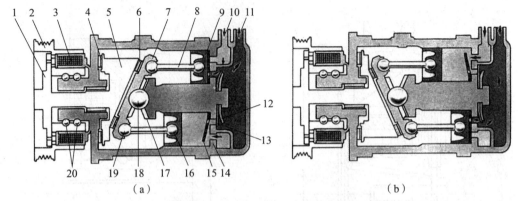

图8-7 斜盘式压缩机的工作原理
(a) 下面一个气缸的吸气阀片被吸开；(b) 上面一个气缸的吸气阀片被吸开
1—压盘；2—驱动带轮；3—电磁线圈；4，6—推力轴承；5—传动斜盘；7—行星盘；8—连杆；
9—活塞；10—吸气接头；11—排气接头；12—阀片限位板；13—排气阀片；14—阀板；
15—吸气阀片；16，19—球形万向节；17—固定锥齿轮；18—定位钢球；20—滚珠轴承

当活塞左移使气缸内的压力低于吸气腔的压力时，如图8-7（a）下面一只活塞和图8-7（b）上面一只活塞所示，该气缸的吸气阀片被吸开，吸气腔内的低温低压气态制冷剂由吸气孔进入该气缸。当传动斜盘转过一定角度，活塞右移使气缸内的压力高于排气腔的压力时，如图8-7（a）上面一只活塞和图8-7（b）下面一只活塞所示，该气缸的排气阀片被压开，活塞将气缸内的气态制冷剂压缩成高温高压气态制冷剂并从排气孔排入排气腔，经高压管路送往冷凝器冷却。

当电磁离合器线圈电路切断时，线圈电流和电磁吸力消失，压盘在片簧的弹力作用下与驱动带轮分离，曲轴带动压缩机驱动带轮空转，压缩机停止工作，制冷循环停止。

【知识链接】

在压缩机工作过程中，活塞和气缸壁等运动部件主要依靠随制冷剂一起循环，并在吸气腔因压力和温度降低而析出的润滑油（又称为冷冻油）进行润滑。

8.3.2 冷凝器

冷凝器的功能是将压缩机送来的高温高压气态制冷剂中的热量散发到车外，使制冷剂冷凝成高温高压液体再进入储液干燥器。

【特别提示】

冷凝器一般安装在汽车发动机冷却液散热器的后面，以便利用车辆行驶时的迎面来风冷却散热。为了保证良好的散热效果和提高制冷能力，在冷凝器前面还安装有电控风扇。当空调系统工作或发动机的冷却液温度上升到一定值时，温控开关自动接通风扇电路，增强冷凝器和散热器的散热效果。

按散热片的结构不同，冷凝器分为管片式和管带式两种。管片式冷凝器由铜管或铝管套

装散热片构成，其结构形状与家庭取暖用新型热交换器相似，如图 8-8（a）所示。管带式冷凝器由异形扁管和 S 形散热带焊接而成，如图 8-8（b）所示。管带式冷凝器的散热效率可比管片式冷凝器的散热效率提高 10% 左右，但其工艺复杂、成本较高，一般用于小轿车空调系统。

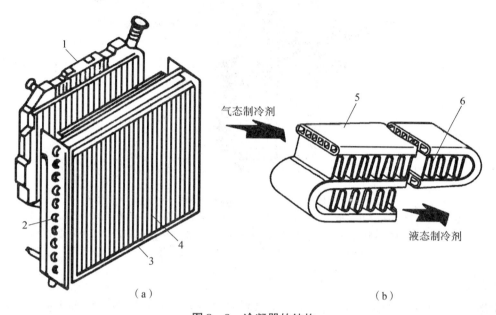

图 8-8 冷凝器的结构
(a) 管片式冷凝器与散热器；(b) 管带式冷凝器
1—散热器；2—芯管；3—冷凝器；4—散热片；5—异形扁管；6—S 形散热带

冷凝器是一种由铜管（或铝管）与散热片（铝片或铁片）组成的热交换器。制冷剂在铜管或铝管中流动，散热片套装或焊接在管的周围以便散热。冷凝器的制冷剂入口必须设在顶部，以便冷凝后的液态制冷剂流到冷凝器底部。

8.3.3 储液干燥器

储液干燥器简称"储液器"，安装在冷凝器与热力膨胀阀之间。其功能：一是临时储存制冷剂，保证制冷循环连续、稳定地进行；二是吸收制冷剂中的水分，防止制冷系统发生冰塞。冰塞是指温度过低导致水分结冰而发生堵塞。

储液干燥器由储液罐罐体、干燥剂、输液管、滤网、制冷剂充注阀、观察孔、制冷剂进口接头和制冷剂出口接头等组成，如图 8-9 所示。

储液罐罐体分为铁罐和铝罐两种，为提高罐体的抗腐蚀能力，使用 R134a 制冷剂的空调系统一般采用铝罐。R134a 与水的亲和力强，脱水困难，因此对干燥剂性能的要求较高。

储液罐用于临时性地储存一些制冷剂。当蒸发器制冷负荷变化或制冷系统有微量泄漏时，能及时向制冷系统补充制冷剂，以保证制冷循环连续、稳定地进行，同时储液罐还可起到气液分离的作用。

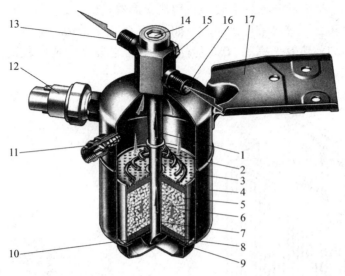

图 8-9 储液干燥器的结构

1—输液管；2—锥形弹簧；3—多孔盖板；4—储液罐罐体；5—底部多孔杯壳；6—干燥剂；7—连接管；8—过滤布；9—橡胶垫圈；10—滤网；11—制冷剂充注阀；12—高低压双向复合开关；13—制冷剂出口接头（通往热力膨胀阀）；14—观察孔；15—易熔塞；16—制冷剂进口接头（来自冷凝器）；17—安装支架

【知识链接】

干燥剂是一种能从气体或液体中去掉潮气的固体物质，用以吸收制冷剂中的水分，防止制冷系统发生冰塞。过滤布和干燥剂都可过滤制冷剂中的杂质以及气缸与活塞磨损的金属颗粒，保证制冷剂的洁净。输液管管口伸入储液罐底部，确保从储液罐输送到热力膨胀阀的制冷剂均为液态制冷剂。

【特别提示】

观察孔设在储液干燥器顶部，其功能是观察制冷系统是否具有足够的制冷剂或制冷剂中是否含有水分。

8.3.4 安全保护装置

安全保护装置一般安装在储液干燥器上，主要有压力开关、易熔塞和冷却液过热开关。

1. 压力开关

压力开关又称为制冷系统的压力继电器，依靠螺纹安装接头安装在制冷系统的高压管路上（一般安装在储液干燥器上），其功能是当制冷系统工作压力异常（过高或过低）时，自动切断电磁离合器线圈电路，使压缩机停止运转或接通冷凝风扇高速挡，使冷凝风扇高速运转，从而防止制冷系统压力过高或过低而损坏压缩机和制冷装置。

压力开关分为高压开关、低压开关和高低压双向复合开关3种。高压开关又分为触点常闭型和触点常开型两种。高压开关和低压开关的结构与外形大同小异，如图8-10所示。

触点常闭型高压开关的结构如图8-10（a）所示，其常闭触点串联在压缩机电磁离合器线圈电路中，当制冷系统压力升高到一定值时，作用在膜片上的制冷剂压力推动推杆而使触点断开，切断电磁离合器线圈电路，从而使压缩机停止运转，避免制冷剂压力进一步升高而损坏压缩机或制冷装置。当高压管路的压力恢复正常值时，触点在复位弹簧的作用下恢复闭合状态，压缩机又可正常工作。触点常闭型高压开关触点的断开压力和闭合压力依车而异，断开压力一般为 2.1~3.5 MPa，闭合压力一般为 1.6~1.9 MPa。

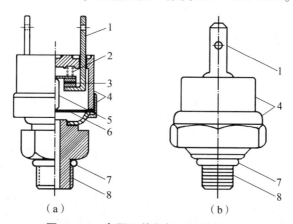

图 8-10　高压开关和低压开关的结构
(a) 触点常闭型高压开关；(b) 低压开关
1—接线插片；2—复位弹簧；3—触点；4—壳体；5—推杆；6—膜片；7—O 形密封圈；8—螺纹安装接头

触点常开型高压开关的功能是当制冷系统压力升高到一定值时，接通冷凝风扇高速挡电路使其高速运转，增强冷凝器的散热效果，降低制冷剂的温度与压力。

低压开关又称为制冷剂泄漏检测开关，其触点为常闭触点，并与压缩机电磁离合器线圈电路串联，其结构如图 8-10 (b) 所示。低压开关的功能是在制冷系统严重缺少制冷剂，导致高压侧压力低于一定值（一般为 0.2 MPa）时，触点断开并切断电磁离合器线圈电路，使压缩机无法运转，防止压缩机在没有润滑保障的情况下运转而损坏。这是因为车用小型压缩机是靠制冷剂将润滑油带入各润滑部位进行润滑的。

高低压双向复合开关同时具有高压开关和低压开关的双重功能。其触点串联在电磁真空转换阀和电磁离合器线圈的供电回路中，当制冷系统压力过高（高于 2.3 MPa）或过低（低于 0.2 MPa）时，压力开关触点断开，用以保护压缩机和制冷装置。

2. 易熔塞

易熔塞是一个设有轴向通孔的螺塞，孔内填充有易熔材料（低熔点铅锡合金），并借螺塞的螺纹安装在储液干燥器上（一般安装在储液干燥器头部）。易熔塞的功能是当储液干燥器内部制冷剂温度达到一定值（一般为 105 ℃ 左右）时，易熔塞中的易熔材料熔化，制冷剂通过易熔塞散发到大气中，以避免高温高压导致制冷装置损坏。

当冷凝器通风不良或冷气负荷过大使冷凝器散热不足时，就会导致冷凝器和储液干燥器内部制冷剂压力和温度异常升高。当制冷剂压力达到 3 MPa 以上、温度达到易熔材料的熔点（约 105 ℃）时，易熔材料就会熔化，将高温高压制冷剂排到大气中，以避免损坏制冷装置。

3. 冷却液过热开关

冷却液过热开关又称为水温开关，其功能是防止在发动机过热的情况下使用空调。冷却液过热开关一般安装在发动机散热器或冷却液管路上，以便监测发动机冷却液温度。

当发动机冷却液温度超过某一规定值（一般设定值为 120 ℃）时，冷却液过热开关触点断开（或触点闭合，再通过空调放大器）并切断电磁离合器线圈电路，使压缩机停止运转。

当冷却液温度降低到某一规定值（一般设定值为 106 ℃）时，冷却液过热开关触点自动复位，压缩机恢复工作。

8.3.5 蒸发器

蒸发器的功能是降温除湿而产生冷气。蒸发器安装在热力膨胀阀高压通道出口与低压通道入口之间，图 8-11 所示为大众轿车空调系统热力膨胀阀、蒸发器、鼓风机和暖风加热器芯的安装位置。

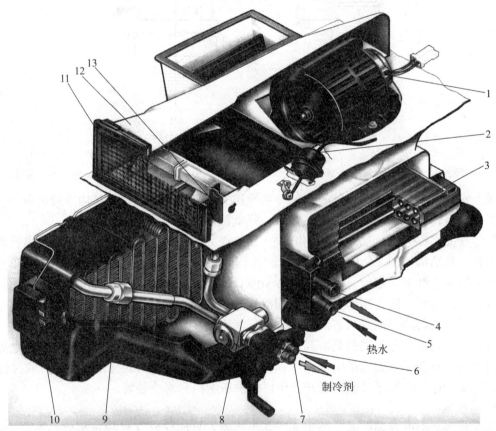

图 8-11 大众轿车空调系统热力膨胀阀、蒸发器、鼓风机和暖风加热器芯的安装位置
1—鼓风机；2—真空阀；3—暖风加热器芯；4—出水口；5—进水口；6—制冷剂进口（来自储液干燥器）；
7—制冷剂出口（通往压缩机）；8—热力膨胀阀；9—蒸发器芯；10—温控器；
11—进风罩滤网；12—进风罩；13—车厢温度开关

1. 蒸发器的结构特点

蒸发器的结构与冷凝器相似，也是由铜管（或铝管）与铝片（或铁片）组成的一种热交换器。蒸发器与冷凝器不同的是，冷凝器是通过散热片散热使制冷剂冷凝成高温高压液体，而蒸发器则是通过铝片（或铁片）吸收其周围的热量使空气冷却降温变成冷气，故又称为冷却器。蒸发器的芯管管径较大、管壁较薄，不能与冷凝器互换使用。

蒸发器也分为管片式和管带式两种。为了提高蒸发效率，当今轿车空调系统普遍采用全铝管带式蒸发器。

2. 蒸发器的工作原理

当热力膨胀阀节流降压后的低温低压制冷剂在蒸发器内流动时，由于制冷剂蒸发汽化吸热，并通过管壁和吸热片吸收风道中空气的热量，空气冷却降温变成冷气（产生冷源），再用鼓风机将冷气从各出风口送入车内（乘员室内），从而降低车内温度。

在蒸发器产生冷气的同时，空气中的水分由于温度降低而凝结在蒸发器表面变成水滴，滴落到收集器中排出，从而起到除湿作用。

8.3.6 热力膨胀阀

热力膨胀阀又称为节流阀，汽车空调系统使用的热力膨胀阀为温度控制式热力膨胀阀。热力膨胀阀是制冷系统的重要部件之一，安装在蒸发器入口处，如图 8-11 所示。

1. 热力膨胀阀的功能

热力膨胀阀的功能：一是节流降压，即将来自储液干燥器的高温高压液态制冷剂通过节流变成低温低压液态制冷剂，保证制冷剂在蒸发器内蒸发汽化吸热，以便降低车内空气温度，故称为热力膨胀阀；二是调节流量，即调节制冷剂流入蒸发器的流量，使制冷剂流量适应制冷负荷变化的需求，避免压缩机发生"液击"现象和蒸发器蒸发不足而出现冷气不足现象。

【知识链接】

"液击"现象是指流入蒸发器的液态制冷剂过多，未蒸发的液态制冷剂进入压缩机后，由于压缩压力升高而导致压缩机阀片损坏的现象。过多的液态制冷剂流入蒸发器不仅会导致"液击"现象，还会导致蒸发器表面结霜或结冰，从而阻碍空气在蒸发器芯内流通而降低空调系统的制冷能力。

如果流入蒸发器的液态制冷剂过少，就没有足够的制冷剂供蒸发器蒸发吸热，因此会导致制冷系统（车厢内）出现冷气不足现象。

2. 热力膨胀阀的结构

热力膨胀阀有 H 形膨胀阀、内平衡式膨胀阀和外平衡式膨胀阀 3 种。H 形膨胀阀结构紧凑、工作可靠，当今汽车普遍采用。下面以 H 形膨胀阀为例，说明热力膨胀阀的结构原理。

H 形膨胀阀的结构如图 8-12 所示，主要由阀体、感温元件、球阀、调节螺栓和预紧弹簧组成。因为其内部结构与字母"H"相似，所以称为 H 形膨胀阀，又称为整体式膨胀阀。

在 H 形膨胀阀上，设有低压与高压两个通道和四个管路接头，分别与制冷系统的低压管路和高压管路连接。在图 8-12 中，上面一个通道为低压通道，下面一个通道为高压通道。低压通道的入口接头经制冷管路与蒸发器出口连接，出口接头经制冷管路与压缩机入口连接；高压通道的入口接头经制冷管路与储液干燥器连接，出口接头经制冷管路与蒸发器入口连接。

在高压液体进口和出口之间，设有一个由球阀组成的节流阀，节流阀开度的大小由感温元件和预紧弹簧控制。感温元件内部充注有制冷剂，安放在低压通道上直接感受蒸发器出口蒸气的温度。转动调节螺栓即可调节预紧弹簧的预紧力，从而通过调节节流阀的开度和流入蒸发器的制冷剂流量来调节车内空气的温度。

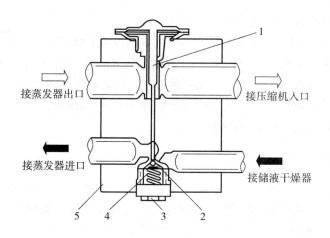

图 8-12 H 形膨胀阀的结构
1—感温元件；2—球阀；3—调节螺栓；4—预紧弹簧；5—阀体

【知识链接】

当蒸发器出口蒸气温度升高时，感温元件内部制冷剂吸热膨胀，压力升高，迫使球阀压缩预紧弹簧使节流阀开度增大，进入蒸发器的制冷剂流量增大，蒸发器制冷量增大，车内空气温度降低。反之，当蒸发器出口蒸气温度降低时，节流阀开度减小，制冷剂流量减小，蒸发器制冷量减小，车内空气温度将升高。

8.3.7 制冷剂与冷冻油

制冷剂与冷冻油是空调系统必不可少的物质。汽车空调系统采用的制冷剂有 R12、R134A、R410A 等。

1. 制冷剂

制冷剂 R12（即氟利昂）自 20 世纪 30 年代问世以来，几乎成为家喻户晓的名词，其原因在于：一是 R12 的诞生使空调技术得到了飞速的发展；二是在 R12 中的氯是破坏臭氧层的"罪魁祸首"，会造成地球产生温室效应，而温室效应将导致全球气候变暖，造成两极冰山融化、海平面上升等不良后果。近年来，由于臭氧层受到严重破坏，大量的紫外线直接照射到地球表面，使皮肤癌、白内障患病率增加以及免疫系统遭到破坏，故 R12 在许多国家已被禁用。

制冷剂 R134A 是一种新型的汽车空调制冷剂，其性能与 R12 基本相同。但 R134A 不含氯的成分，不会破坏臭氧层，有利于环境保护，故 R134A 是取代 R12 最理想的制冷剂，目前已被广泛使用。

2. 冷冻油

空调系统使用的润滑油不同于普通的润滑油，是一种特殊的润滑油，因此在空调系统中被称为冷冻油或冷冻机油。在制冷系统中，冷冻油溶解于制冷剂中，并与制冷剂一起在制冷系统中循环，保证压缩机和制冷部件正常工作。冷冻油具有以下作用：

（1）润滑作用。压缩机是高速运动的机器，轴承、活塞、活塞环和连杆等机件表面需要润滑，以减少阻力和磨损，延长使用寿命，降低功耗，提高制冷效率。

（2）密封作用。压缩机传动轴需要油封来密封，防止制冷剂泄漏。油封只有在具有润滑油的前提下才能起到密封作用。同时，活塞环上的润滑油不仅能够起到减磨作用，而且还能起到密封压缩蒸气的作用，防止泄气和压缩压力降低。

（3）冷却作用。运动部件的摩擦表面会产生高温，需要冷冻油进行冷却。冷冻油冷却不足就会导致压缩机温度过高、排气压力过高，从而降低制冷效率，甚至烧坏压缩机。

8.4 空调控制系统

为了保证汽车空调系统工作安全可靠，需要对空调系统的工作状况进行必要的调节和控制，以便对车内温度与湿度等进行控制。

空调控制系统主要由蒸发器温度控制器、鼓风机、电磁离合器、各种控制开关（空调开关A/C、鼓风机风量开关、高压保护开关、低压保护开关、通风方向控制开关、温度调节控制开关、除霜风门控制开关等）、真空管路、各种控制阀和继电器等组成。空调控制系统一方面要对制冷系统和采暖系统的温度、压力进行控制，另一方面要对车内空气的温度、风量、流向进行控制，从而实现制冷、采暖和通风等功能。

8.4.1 蒸发器温度控制器

蒸发器温度控制器简称温控器，又称为恒温器。为了充分发挥蒸发器的最大冷却能力，同时又不致造成蒸发器表面的冷凝水（即除湿水）结冰、结霜而堵塞蒸发器换热片之间的空气通道，蒸发器表面的温度应当控制在1~4 ℃范围内。温控器的作用是根据蒸发器表面温度的高低，接通和切断压缩机电磁离合器线圈电路，使蒸发器表面温度保持在规定的范围内。

常用的温控器有波纹管式和热敏电阻式两种。

1. 波纹管式温控器

波纹管式温控器又称为压力式温控器，结构如图8-13所示，主要由感温管、波纹管、温度调节凸轮、弹簧和触点等组成。在感温管内充有制冷剂饱和液体，一端与温控器内的波纹伸缩管连通，另一端插入蒸发器吸热片内20~25 cm。

当蒸发器温度较高时，插在其吸热片内的感温管的温度相应也较高，因此感温管内部制冷剂液体膨胀，压力相应较高而使波纹伸缩管伸长，推动传动杠杆放大机构使触点K闭合，接通压缩机电磁离合器线圈电路使压缩机运转制冷，蒸发器温度开始下降，感温管温度随之下降，其内部制冷剂压力下降而使波纹伸缩管逐渐收缩。

当蒸发器温度下降到某一设定值（一般为1 ℃）时，波纹伸缩管的收缩量通过传动杠杆放大机构使触点K断开，压缩机电磁离合器线圈切断，压缩机停止运转，制冷系统停止制冷，因此蒸发器温度开始上升。

当蒸发器温度升高到设定温度的上限值（一般为4 ℃）时，温控器触点K再次闭合，压缩机重新运转制冷，蒸发器温度重又降低。温控器和制冷系统如此循环工作，便可使蒸发器温度控制在设定的温度范围内。

在使用过程中，转动温度调节凸轮可以改变弹簧的预紧力，从而可改变蒸发器的温度调节范围。

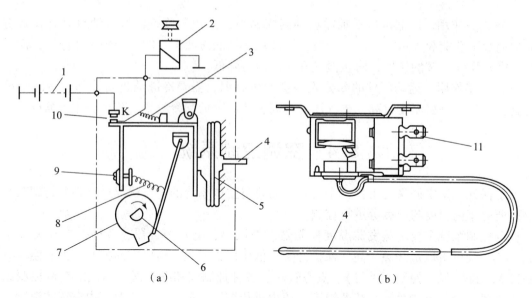

图8-13 波纹管式温控器

(a)原理;(b)外形

1—蓄电池;2—压缩机电磁离合器线圈;3,8—弹簧;4—感温管;5—波纹伸缩管;
6—凸轮轴;7—温度调节凸轮;9—调整螺钉;10—触点K;11—接线插头

2. 热敏电阻式温控器

热敏电阻式温控器又称为电子控制式温控器,由热敏电阻式温度传感器、电子放大电路、电磁离合器继电器等组成。这种温控器具有反应迅速、控制精度高等优点。

图8-14所示为丰田航行者牌中型客车空调系统用热敏电阻温控器电路原理。其主要由热敏电阻式温度传感器,4只三极管T_1、T_2、T_3、T_4,电阻,电容和二极管等电子元件以及1只继电器组成。

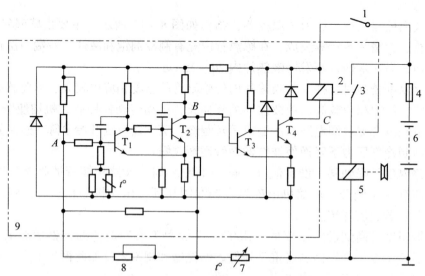

图8-14 热敏电阻式温控器电路原理

1—点火开关;2—继电器磁化线圈;3—继电器触点;4—熔断器;5—压缩机电磁离合器线圈;
6—蓄电池;7—热敏电阻;8—温度调节电位器;9—热敏电阻式温控器

热敏电阻式温度传感器采用负温度特性的热敏电阻，具有温度升高电阻值减小、温度下降电阻值增大的特点。热敏电阻 7 安装在蒸发器空气出口一侧，以便感测蒸发器出口冷气的温度，温控器的设定温度由电位器 8 设定，触点常开型继电器由三极管 T_4 控制，继电器触点 K 串联在压缩机电磁离合器线圈电路中。

当蒸发器温度高于设定温度值时，热敏电阻阻值较小，温控器电路中 B 点电位较低，三极管 T_3 截止，三极管 T_4 导通，继电器磁化线圈 2 通电，产生电磁吸力将触点 3 吸闭，接通电磁离合器线圈电路，使压缩机运转制冷，蒸发器温度开始下降。

当蒸发器温度下降到设定温度的下限值时，热敏电阻阻值增大，B 点电位升高，使三极管 T_3 导通，三极管 T_4 截止，继电器磁化线圈电路切断，触点断开，使电磁离合器线圈电路切断，压缩机停止运转，蒸发器温度开始升高。当温度升高到设定温度的上限值时，温控器又会使压缩机运转制冷，蒸发器温度将再次下降，如此循环工作，便可使蒸发器温度控制在设定的温度范围内。

8.4.2 空调系统控制电路

空调系统控制电路是保证各种装置之间相互协调工作，完成各种功能和各项动作的控制中心。空调系统的功能和制冷装置的类型不同，其控制电路也有所不同。

1. 基本控制电路

空调系统的基本控制电路一般包括电源电路、鼓风机控制电路和电磁离合器控制电路，如图 8-15 所示。其工作过程如下：

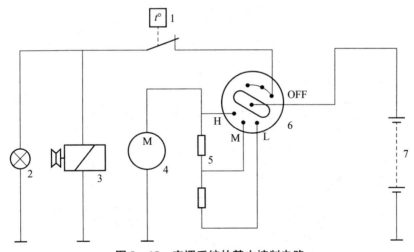

图 8-15 空调系统的基本控制电路
1—温控器；2—指示灯；3—电磁离合器；4—鼓风机电动机；5—调速电阻；6—鼓风机开关；7—蓄电池

接通空调及鼓风机开关，电流从蓄电池流经空调及鼓风机开关 6 后分为两条电路，一条电路经温控器 1 至电磁离合器 3，使电磁离合器线圈通电，发动机带动压缩机运转制冷，与此同时，与电磁离合器线圈并联的压缩机工作，指示灯 2 通电发亮；另一条电路从开关的低速挡端子"L"经两个鼓风机调速电阻到鼓风电动机 4，这时鼓风电动机开始运转，由于电流通过两只电阻才到达鼓风电动机，故此时鼓风机电动机转速最低。

转动鼓风机开关使其接通中速挡端子"M"时，温控器 1 与电磁离合器线圈 3 电路不变。鼓风电动机电流只经过一只调速电阻，因此鼓风机电动机转速升高。

继续转动鼓风机开关使其接通高速挡端子"H"时，温控器1与电磁离合器线圈3电路仍然不变。鼓风机电动机电流不经任何电阻直接流过鼓风机电动机，因此鼓风机电动机转速最高，冷气供给量最大。

【知识链接】

当车厢内温度高于设定温度时，温控器触点处于闭合状态。当空调工作使车厢内温度降低到低于设定温度时，温控器触点断开，电磁离合器线圈断电，压缩机停止工作，指示灯熄灭，这时鼓风机仍在工作。空调停止工作后，车厢内温度上升，当车厢内温度高于设定温度时，温控器的触点又闭合，电流通过电磁离合器线圈使压缩机再次运转制冷，从而将车厢内温度控制在设定温度范围内。

2. 实际控制电路

为了分析空调系统控制电路的控制过程，下面以图8-16所示大众轿车空调系统控制电路为例说明。该空调系统控制电路由电源电路、电磁离合器控制电路、鼓风机控制电路和冷凝器风扇电动机控制电路组成。其控制过程如下：

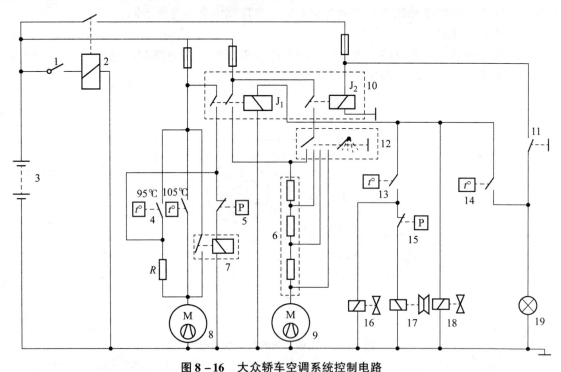

图8-16 大众轿车空调系统控制电路

1—点火开关；2—减荷继电器；3—蓄电池；4—冷却液过热开关；5—高压保护开关；6—鼓风机调速电阻；
7—冷却风扇继电器；8—冷却风扇电动机；9—鼓风机电动机；10—空调继电器；11—空调开关；
12—鼓风机开关；13—蒸发器温控开关；14—环境温度开关；15—低压保护开关；
16—怠速提升真空转换阀；17—电磁离合器；18—新鲜空气翻板电磁阀；
19—空调开关指示灯

点火开关处于断开（置"OFF"）位置时，减荷继电器2的线圈电路切断，触点断开，空调系统不工作。点火开关处于起动（置"ST"）位置时，减荷继电器2的线圈电路切断，触点断开，中断空调系统的工作，保证发动机起动时蓄电池具有足够的电能。

点火开关处于接通（置"ON"）位置时，减负荷继电器2的线圈电路接通，触点闭合，空调继电器10中的线圈J_2通电，接通鼓风机电动机9的电路，此时可由鼓风机开关12进行调速，使鼓风机按要求的转速运转，进行强制通风、换气或送出暖风。

当外界气温高于10 ℃时，环境温度开关14才能接通，空调才能使用。当需要制冷系统工作时，接通空调开关11，空调开关的指示灯19发亮，表示空调开关11已经接通。此时电源经空调开关11、环境温度开关14接通以下电路：

（1）新鲜空气翻板电磁阀18电路接通，该电磁阀动作后接通新鲜空气翻板真空促动器的真空通路，从而可使新鲜空气进口关闭，鼓风机才能强制通过蒸发器总成的空气通道进风，使制冷系统进入车内空气内循环。

（2）经蒸发器温控开关13、低压保护开关15对电磁离合器17线圈供电，同时电源还经蒸发器温控开关13接通化油器的怠速提升真空转换阀，提高发动机的转速，以满足空调所需动力的要求，防止发动机转速降低而熄火。

（3）对空调继电器中的线圈J_1供电，使两对触点同时闭合，其中一对触点接通冷凝器冷却风扇继电器7的线圈电路；另一对触点接通鼓风机电动机9的电路。

低压保护开关15串联在蒸发器温控开关13和电磁离合器17之间，当因缺少制冷剂使制冷系统压力过低时，低压保护开关15断开使压缩机停止工作。

高压保护开关5串联在冷却风扇继电器7和空调继电器J_1的触点之间，当制冷剂压力正常时，高压保护开关5触点断开，电阻R串入冷却风扇电动机8的电路中，使冷却风扇电动机8低速运转。当制冷剂压力超过规定值（1.448±0.068 95）MPa时，高压保护开关5触点闭合，接通冷却风扇继电器7的线圈电路，冷却风扇继电器7的触点闭合，电阻R被短路，冷却风扇电动机8将高速运转，以增强冷凝器的冷却能力。

【特别提示】

冷却风扇电动机8由空调冷凝器与发动机散热器公用，因此还直接受发动机冷却液过热开关4的控制，当空调开关11尚未接通时，若发动机冷却液温度低于95 ℃，则冷却风扇电动机8因电路不通而不会转动；当发动机冷却液温度高于95 ℃时，冷却风扇电动机8低速转动，以防止发动机过热；当冷却液温度达到105 ℃时，则冷却液过热开关4的高温（105 ℃）触点闭合，电阻R被短路，冷却风扇电动机8将高速运转，以增强发动机散热器的散热能力。

空调开关11一旦接通，空调继电器J_1的右边一个触点就会闭合，鼓风机只能以低速运转来防止蒸发器表面温度过低而结冰或冻坏蒸发器。因此使用空调时，应在接通空调开关11之前，首先接通鼓风机开关12，使较多的空气流通。

8.5 自动空调系统

自动空调系统是在手动空调系统的基础上发展而来的。手动空调系统的调节精度不高，当日照强度和车内冷热负荷变化时，不能自动调整车内的送风温度和送风量等。为了能够自动保持车内具有舒适的环境而不受外部气候变化和车内冷热负荷变化的影响，当今大多数中、高档轿车采用具有自动检测与调节功能的全自动空调系统，利用各种传感器检测车外气温、日照情况和车内温度,并将检测信号送入电子控制器,由电子控制器对送风温度、送风速度和送风出口进行调控,从而实现车内空气温度与湿度等参数的自动调节。

8.5.1 自动空调系统的结构组成

【知识链接】

全自动空调系统又称为空调自动控制系统,简称自动空调系统,同其他汽车电子控制系统一样,自动空调系统也是由传感器与控制开关、空调电控单元(AC ECU)和执行器组成的。

轿车自动空调系统的组成及其传感器的安装位置如图 8-17 所示。丰田雷克萨斯 LS400 型轿车自动空调系统的控制电路如图 8-18 所示。传感器主要有车内空气温度传感器、车外空气温度传感器、阳光(日照或太阳辐射)传感器、冷却液温度传感器、蒸发器温度传感器等;控制开关主要有空调操作开关和压力开关;执行器主要有进风伺服电动机、空气混合伺服电动机、送风方式伺服电动机、冷气最足伺服电动机、鼓风机、压缩机、空调继电器和空调显示屏等。

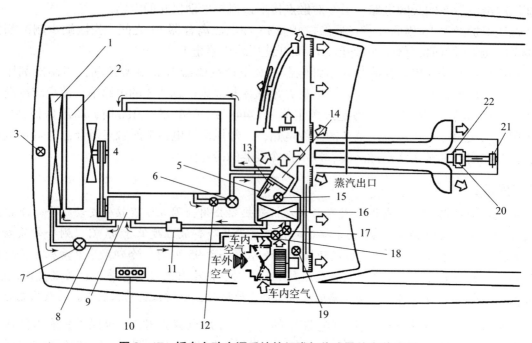

图 8-17 轿车自动空调系统的组成与传感器的安装位置

1—冷凝器;2—散热器;3—车外空气温度传感器;4—发动机;5—空气混合缓冲器;6—热水阀;7—储液干燥器;8—高压管配置;9—压缩机;10—组合阀盒;11—EPR;12—冷却液温度传感器;13—分压器;14—加热器芯;15—蒸发器温度传感器;16—蒸发器;17—热力膨胀阀;18—检出气体不足的开关;19—阳光传感器;20—风扇;21—车内空气温度传感器;22—电动机

1. 传感器与控制开关

自动空调系统的传感器与控制开关的功能是向空调电控单元(AC ECU)提供车内、外空气的温度,空调系统内部的温度与压力,驾驶人对空调系统的使用要求等信息,以便 AC ECU 对车内环境的空气温度和通风实施最佳调节。

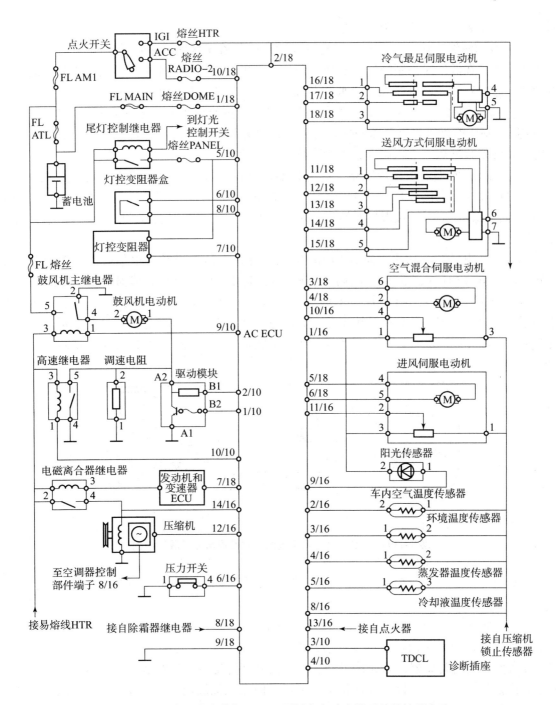

图 8-18 丰田雷克萨斯 LS400 型轿车自动空调系统的控制电路

(1) 车内空气温度传感器。其功能是将车内空气温度转换为电信号并输入 AC ECU，以便 AC ECU 控制车内空气的温度。该传感器的传感元件一般采用负温度系数型热敏电阻制成，通常安装在仪表盘下面或前排座椅之间的适当位置。

(2) 车外空气温度传感器。其功能是将车外空气温度转换为电信号并输入 AC ECU，以便 AC ECU 自动调节车内空气的温度。该传感器的传感元件一般采用负温度系数型热敏电阻制成，通常安装在汽车前保险杠附近。

（3）冷却液温度传感器。其功能是将发动机冷却液温度转换为电信号并输入 AC ECU，以便 AC ECU 在低温时控制鼓风机转速。该传感器的传感元件一般采用负温度系数型热敏电阻制成，通常安装在散热器底部的水道上或发动机水阀附近的水道上。

（4）蒸发器温度传感器。其功能是将蒸发器的温度转换为电信号并输入 AC ECU，以便 AC ECU 控制压缩机电磁离合器的接合与分离，避免蒸发器结冰。该传感器的传感元件一般采用负温度系数型热敏电阻制成，安装在蒸发器出口处。

（5）阳光传感器。阳光传感器又称为日照传感器或太阳辐射传感器，其功能是将车外阳光照射量转换为电信号并输入 AC ECU，以便 AC ECU 控制空调通风量和出风温度。该传感器的传感元件一般采用负温度系数型热敏电阻制成，安装在驾驶室仪表盘上方容易接受阳光照射之处。

（6）压力开关。其功能是向 AC ECU 输入制冷系统压力异常的电信号。当制冷系统压力异常时，AC ECU 立刻发出安全保护控制指令，防止故障范围扩大或损坏制冷部件。

（7）空调操作开关。在空调显示屏上，设有多个供驾驶人操作的开关，用于空调的接通与断开、温度设定以及空调系统工作方式的选择等。车型不同，空调操作开关的种类、位置和数量不尽相同。典型自动空调系统的控制面板与显示屏的结构如图 8-19 所示。

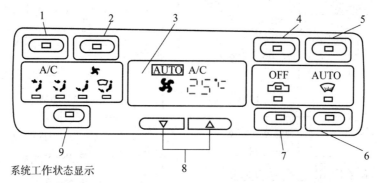

图 8-19 典型自动空调系统的控制面板与显示屏的结构
1—空调开关；2—风扇开关；3—显示屏；4—"OFF"开关；5—"AUTO"开关；
6—除霜器开关；7—循环开关；8—温度设定；9—方式开关

2. 空调电控单元

空调电控单元（AC ECU）又称为空调电子控制器。AC ECU 的功能是根据驾驶人操作控制面板上的控制开关而设定的温度、运行模式、冷暖风门位置，以及车内空气温度传感器、车外空气温度传感器、阳光传感器、冷却液温度传感器、蒸发器温度传感器、压力开关等输入的信号参数，经过数学计算和逻辑判断，向进风伺服电动机、空气混合伺服电动机、送风方式伺服电动机、冷气最足伺服电动机、鼓风机、压缩机、空调继电器和空调显示屏驱动电路等发出控制指令，对车内空气温度、送风量及通风方向进行自动控制。

【知识链接】

当自动空调系统接通电源时，AC ECU 不断接收各种传感器的输入信号，并与驾驶人设定的温度、冷暖风门位置等参数进行比较，根据计算和判断结果输出控制指令，通过控制相关执行器动作，将车内空气温度、送风量和送风方向等控制在设定值。

3. 执行器

自动空调系统的执行器主要有风门驱动装置（进风伺服电动机、空气混合伺服电动机、送风方式伺服电动机）、鼓风机、压缩机、空调继电器和空调显示屏驱动电路等。风门驱动装置有电动机驱动式和真空驱动式两种，自动空调系统一般采用电动机驱动式。下面介绍其结构和工作原理。

1）进风伺服电动机

进风伺服电动机又称为进风口风门伺服电动机，其功能是控制进风方式。进风伺服电动机的结构与控制电路如图 8-20 所示。

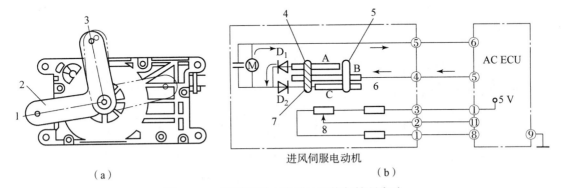

图 8-20 进风伺服电动机的结构与控制电路

(a) 结构；(b) 控制电路

1—车外空气导入位置；2—连杆；3—车外空气导入位置；4—车内空气循环位置；
5—车外空气导入位置；6—接触片；7—滑动触片；8—电位计

进风伺服电动机的电枢轴经连杆与进风口风门连接，当 AC ECU 发出 "车内空气循环"或 "车外空气导入"控制指令时，电动机便带动连杆沿顺时针方向或逆时针方向转动，使进风口风门偏转一定角度，从而改变进风方式，实现 "车内空气循环"或 "车外空气导入"控制功能。

当驾驶人操作模式转换开关并选定 "车外空气导入"模式时，AC ECU 从 5 号端子输出电流，电流路径为：伺服电动机端子④→接触片 B→滑动触片→接触片 A→二极管 D_1→电动机 M→伺服电动机端子⑤→AC ECU 端子⑥→内部电路→AC ECU 端子⑨→搭铁。电动机通电转动，带动进风口风门偏转，同时还带动滑动触片移动 [在图 8-20 (b) 中向右]。当进风口风门偏转至 "车外空气导入"位置时，滑动触片与接触片 A 分离，电动机断电停转，进风口风门停止在车外进风通道开启、车内进风通道关闭位置，从而实现 "车外空气导入"控制功能。

当驾驶人操作模式转换开关并选定 "车内空气循环"模式时，AC ECU 从⑥号端子输出电流，电流路径为：伺服电动机端子⑤→电动机 M→二极管 D_2→接触片 C→滑动触片→接触片 B→伺服电动机端子④→AC ECU 端子⑤→内部电路→AC ECU 端子⑨→搭铁。电动机通电转动，带动进风口风门偏转，同时还带动滑动触片移动 [在图 8-20 (b) 中向左]。当进风口风门偏转至 "车内空气循环"位置时，滑动触片与接触片 C 分离，电动机断电停转，进风口风门停止在车内进风通道开启、车外进风通道关闭位置，从而实现 "车内空气循环"控制功能。

当按下"AUTO"开关时,AC ECU 根据各种传感器信号计算确定所需的进风方式,并根据计算结果自动控制进风伺服电动机的转动方向,实现进风方式自动控制。

【知识链接】

在进风伺服电动机内部设有一只电位计,当电动机带动进风口风门偏转和滑动触片移动时,还带动电位计的滑动触点移动,电位计输出信号随之发生变化。该信号向 AC ECU 提供进风口风门的位置信号,用于 AC ECU 对进风口风门位置实施反馈控制。

2) 空气混合伺服电动机

空气混合伺服电动机又称为冷暖空气混合风门伺服电动机,其功能是控制出风温度,其结构与控制电路如图 8-21 所示。

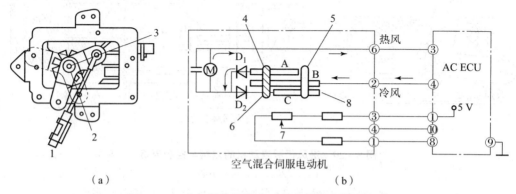

图 8-21 空气混合伺服电动机的结构与控制电路
(a) 结构;(b) 控制电路
1—热水阀拉线;2—热风位置;3—冷风位置;4—热风风量最大位置;
5—冷风风量最大位置;6—滑动触片;7—电位计;8—接触片

空气混合伺服电动机的结构原理与进风伺服电动机相似。当自动空调系统工作时,AC ECU 根据驾驶人设定的温度和各种传感器信号进行数学计算与逻辑判断,当需要改变出风温度时,AC ECU 便输出控制指令,控制空气混合伺服电动机沿顺时针方向或沿逆时针方向偏转,通过改变冷暖空气混合风门的位置,使冷、暖空气的混合比例改变,从而调节车内温度,使其稳定在设定值。

当空调开关接通、车内温度传感器检测的温度高于设定温度值时,AC ECU 在控制压缩机电磁离合器接通、压缩机制冷循环工作的同时,还将控制空气混合伺服电动机使冷风风门开大、使热风风门关小来使车内温度降低,其控制电流的路径为:AC ECU 端子④→伺服电动机端子②→接触片 B→滑动触片→接触片 A→二极管 D_1→电动机 M→伺服电动机端子⑥→AC ECU 端子③→内部电路→AC ECU 端子⑨→搭铁。电动机通电转动,带动冷暖空气混合风门偏转,同时还带动滑动触片移动[图 8-21 (b) 中向右移动]。随着冷暖空气混合风门偏转,冷风风门逐渐开大、热风风门逐渐关小,车内温度逐渐降低。当冷暖空气混合风门偏转至"冷风风量最大"位置时,滑动触片与接触片 A 分离,电动机断电停转,冷暖空气混合风门停止在冷风通道开启、热风通道关闭位置,此时冷风风量最大,车内温度将迅速降低至设定值。

当空调开关接通、车内温度传感器检测的温度低于设定温度值时,AC ECU 将控制空气混合伺服电动机使冷风风门关小、使热风风门开大来使车内温度升高,其控制电流流经路径为:AC ECU 端子③→伺服电动机端子⑥→电动机 M→二极管 D_2→接触片 C→滑动触片→接触片 B→伺服电动机端子②→AC ECU 端子④→内部电路→AC ECU 端子⑨→搭铁。电动机通电转动,带动冷暖空气混合风门偏转和滑动触片移动[图 8-21(b)中向左移动],冷风风门逐渐关小、热风风门逐渐开大,车内温度逐渐升高。当冷暖空气混合风门偏转至"热风风量最大"位置时,滑动触片与接触片 C 分离,电动机断电停转,冷暖空气混合风门停止在冷风通道关闭、热风通道开启位置,此时热风风量最大,车内温度将迅速升高至设定值。

【知识链接】

在空气混合伺服电动机内部设有一只电位计,当电动机带动冷暖空气混合风门偏转和滑动触片移动时,同时还带动电位计的滑动触点移动,电位计输出信号随之发生变化。该信号向 AC ECU 提供冷暖空气混合风门的位置信号,用于 AC ECU 对冷暖空气混合风门的位置实施反馈控制。

3) 送风方式伺服电动机

送风方式伺服电动机又称为送风口风门伺服电动机,其功能是控制各个风门的送风方式,其结构与控制电路如图 8-22 所示。

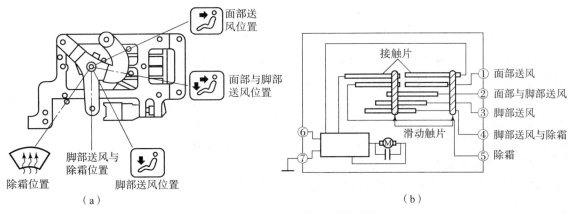

图 8-22 送风方式伺服电动机的结构与控制电路
(a) 结构;(b) 控制电路

当驾驶人操作控制面板上的风向转换开关并选定某种送风方式时,AC ECU 经过逻辑判断发出控制指令,控制连接该送风口风门的接触片经 AC ECU 内部电路后搭铁,使送风方式伺服电动机电路接通,送风方式伺服电动机偏转一定角度,并带动相应的送风口风门偏转到相应位置,使相应的送风通道开启送风。

当按下"AUTO"开关时,AC ECU 根据计算和判断结果,自动控制送风方式伺服电动机偏转,送风方式自动改变。

4) 鼓风机转速控制电路

鼓风机的功能是控制空调送风风量的大小,由电动机和风扇等组成,该电动机又称为风扇电动机。风扇电动机转速越高,其风扇输送的风量越大;反之,风扇电动机转速越低,送风量也就越小。因此,空调送风风量的控制实际上是风扇电动机转速的控制。自动空调系统鼓风机控制电路如图 8-23 所示。

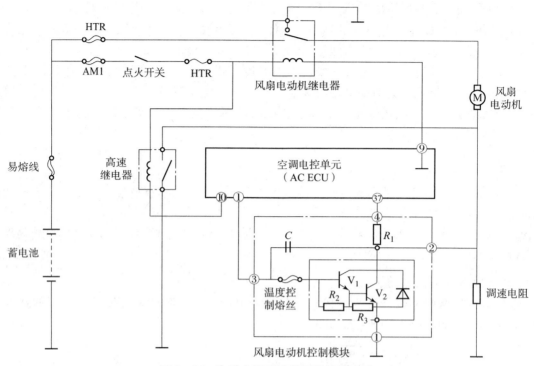

图 8-23 自动空调系统鼓风机控制电路

AC ECU 的端子 9 直接搭铁。当点火开关接通时，风扇电动机继电器线圈通电，产生电磁吸力将其触点吸闭，接通风扇电动机电源。

当按下鼓风机控制开关并选定"高速"挡时，AC ECU 将发出高速控制指令，控制其端子⑩连接的内部功率管导通，接通高速继电器线圈电路，其电流路径为：蓄电池正极→易熔线→易熔线 AM1→点火开关→熔断器 HTR→高速继电器线圈→AC ECU 端子⑩→内部三极管→搭铁→蓄电池负极。高速继电器线圈通电，产生电磁吸力将其触点吸闭，从而接通风扇电动机电路。风扇电动机电路经高速继电器触点直接搭铁，电动机流过电流较大而高速运转，此时送风量最大。

当按下鼓风机控制开关并选定"低速"挡时，AC ECU 将发出低速控制指令，控制其端子①连接的内部三极管截止，风扇电动机控制模块无驱动电压，其大功率三极管 V_2 截止，风扇电动机电路经调速电阻搭铁，电动机流过电流最小而低速运转，此时送风量最小。

当按下"自动 AUTO"开关时，AC ECU 将发出占空比控制指令，其内部电路控制端子①连接的三极管间歇导通与截止，向风扇电动机控制模块间歇提供驱动电压，控制模块的大功率三极管 V_2 间歇性导通与截止，风扇电动机经三极管 V_2 间歇接通电流。当 AC ECU 发出占空比增大指令时，三极管 V_2 导通时间增长，风扇电动机流过的电流增大，转速升高；反之，当 AC ECU 发出占空比减小指令时，风扇电动机转速降低。AC ECU 通过控制占空比，即控制风扇电动机转速，对鼓风机的送风风量进行无级调节。

【知识链接】

在图 8-18 所示雷克萨斯 LS400 型轿车自动空调系统控制电路中，除了设有空调温度、出风温度与送风方式等自动控制电路之外，还设有冷气最足伺服电动机控制电路，用于使车内空气迅速降温。AC ECU 通过控制冷气最足伺服电动机，将冷气最足风门控制在全开、半开和关闭 3 个位置。

8.5.2 自动空调系统的控制过程

自动空调系统是以微型计算机为核心的控制系统，其工作原理如图 8 – 24 所示。

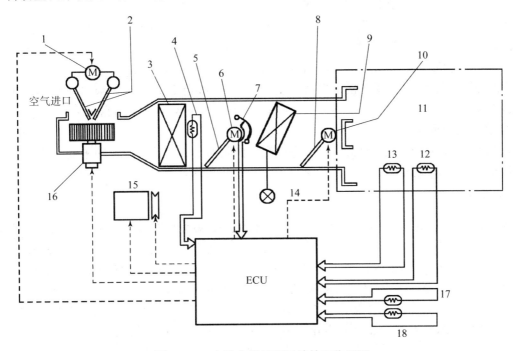

图 8 – 24　自动空调控制系统的工作原理

1—内/外空气选择伺服电动机；2—内/外空气选择风扇；3—蒸发器；4—蒸发器温度传感器；5—空气混合风窗；
6—空气混合伺服电动机；7—电位计；8—空气出口选择风窗；9—加热器；10—空气出口选择伺服电动机；
11—乘员舱；12—太阳传感器；13—车内空气温度传感器；14—热水阀；15—压缩机；16—鼓风机电动机；
17—车外空气温度传感器；18—发动机冷却液温度传感器

输入 AC ECU 的信息包括：各种传感器实时监测的发动机运行参数（如冷却液温度、转速等），车外的环境气候条件（如气温、空气湿度、日照强度等），车内的平均温度、湿度，空调执行器的进出风方式（进风方式、送风方式、送风速度、送风口的选择等），压缩机的运行状况，制冷系统制冷剂的温度、压力等。

当空调开关接通时，AC ECU 首先将上述参数与驾驶人操作控制面板上控制开关设定的参数（如设定的温度、送风方式等）进行比较，经过数学计算和逻辑判断后，输出相应的控制指令信号，控制相应的执行器（如空调电磁离合器、进风伺服电动机、空气混合伺服电动机、送风方式伺服电动机、鼓风机和空调显示屏驱动电路等）动作，对压缩机的运行状况、送风温度、送风方式、鼓风机转速、各风门位置以及热水阀开度等进行实时调节和反馈控制，从而对车内空气的温度、湿度、流速和流向以及通风净化等进行全季节、全方位、多功能的自动调节。自动空调系统的控制过程如下。

1. 自动空气调节

自动空气调节包括车内空气温度自动调节、进风和送风方式自动控制、运行方式和换气量控制等。

当驾驶人操作控制面板上的控制开关并设定好车内空气温度之后，如果选择的是以自动（AUTO）方式运行，那么 AC ECU 将不断监测各种传感器送来的信号并对送风温度、送风速度进行及时调整，根据运算处理结果自动调节进风方式和冷暖空气混合风门位置，将车内空气温度和湿度保持在设定值附近。例如，当车外空气温度上升、日照强度增大或车内热负荷增加时，AC ECU 将自动调整压缩机电磁离合器接通与断开的比例或增大压缩机的排量（对于变容量压缩机）以增大制冷量，同时控制鼓风机电动机转速升高，以便补偿车外温度升高、日照强度加大或车内热负荷增加造成的车内温度回升。

在夏季，当蒸发器温度变化使送风温度变化时，AC ECU 将自动调节送风量的大小，即当蒸发器温度低（送风温度低）时，AC ECU 自动减少送风量，而当送风温度升高时，AC ECU 自动增加送风量。

在冬季，当发动机冷却液温度低而不能充分供暖时，AC ECU 将自动中断送风，待发动机温度正常后再开始送风。

【知识链接】

在空调自动（AUTO）运行方式下，进风方式和送风口的选择也是由 AC ECU 自动切换的。在炎热的夏季，当车内空气温度明显升高时，为使车内空气迅速降温，AC ECU 将自动选择车内空气循环（内循环）方式进风，当车内空气温度下降至一定值后，再打开车外空气进口，按一定比例引入新风，并对进风伺服电动机实施反馈控制。送风口的选择直接影响车内冷空气的分布，AC ECU 将根据气候条件自动切换。例如，在夏季（气温高、日照强），AC ECU 使冷气从较高处吹出；在冬季，AC ECU 使暖风从贴近地板处吹出。

2. 经济运行模式

自动空调系统设置有经济运行模式。在此模式下，AC ECU 在保持车内设定温度的情况下，能使压缩机运行时间尽可能缩短，甚至不起动压缩机运行。例如，在春、秋两季，车外空气温度与设定温度相差不大时，AC ECU 便控制自动空调系统在经济运行模式下运行，从而达到节能的目的。

3. 运行状态显示

当自动空调系统工作时，AC ECU 向空调显示屏驱动电路发出控制指令，安装在仪表盘上的空调显示屏就可实时显示车内空气温度、车外空气温度以及自动空调系统的运行方式、送风速度、进风和送风口的自动切换状况等空调运行参数，驾驶人便可及时了解自动空调系统的工作状况。

4. 故障检测和保护

自动空调系统具有故障自诊断与应急功能。当系统出现故障时，AC ECU 能及时采取相应保护措施，并储存相应的故障码，通过进行故障自诊断测试，调出故障码，以便设计和维修时参考。

【应用案例】

在雷克萨斯 LS400 型轿车自动空调系统的控制电路中，设有空调压缩机锁止传感器，该传感器为磁感应式转速传感器，压缩机每旋转一转，就产生4个脉冲信号。自动空调系统工作时，AC ECU 将空调压缩机锁止传感器信号与发动机转速信号进行比较，如果两个转速信号的偏差率在连续3 s内超过8 096个脉冲信号，则 AC ECU 就会判定压缩机被锁死，并立刻控制压缩机的电磁离合器断电分离，以免压缩机损坏。与此同时，AC ECU 还将故障码存储在随机存储器中并控制空调显示屏上的空调开关指示灯闪烁报警，告知驾驶人压缩机出现锁止故障。

8.6 空调系统的使用与维修

汽车空调系统几乎都为非独立式。在使用空调系统时，不仅要考虑空调系统自身的结构与性能，还要兼顾汽车的行驶状况，这样才能使空调系统保持最佳的工作状态，并延长空调系统的使用寿命。

8.6.1 空调系统的正确使用

使用空调系统时，必须注意以下几点：

(1) 在使用空调系统之前，应当了解控制面板上各种控制开关或操作按钮的功能。

(2) 使用空调系统时，应在发动机稳定运转几分钟后再接通鼓风机开关，使空气流通之后再按下空调开关起动压缩机运转。这样既能保证发动机平稳运转，又能防止蒸发器表面温度过低而结冰或冻坏蒸发器。

(3) 当温度调节处于最大冷气量位置时，鼓风机应当接通高速挡，以免蒸发器过冷而结冰或冻坏蒸发器。

(4) 在通风换气而无须冷气时，只需接通鼓风机开关即可，不必起动压缩机。

(5) 风窗玻璃前的进风口应保持畅通，避免树叶或其他物品遮盖，以便取暖和通风时空调系统能正常工作。空调系统不用时，为了避免有害气体进入车内，地板出风口应当关闭。

(6) 只有在所有车门关闭时，空调系统调节的冷气或暖气效果才会显著。在炎热的夏季或汽车停放在太阳光下、车内空气温度较高时，可开启前、后车窗，起动发动机，接通鼓风机和压缩机，以最大通风量工作30 s左右，将车内热空气放出之后，再关闭车窗行驶。

(7) 在发动机怠速运转状态下使用空调系统时，应适当调高发动机怠速转速（一般调高到1 000 r/min或稍高。设有怠速提高装置的汽车能够自动提高发动机怠速转速，不必调高怠速转速），以免发动机因驱动压缩机的负荷增大而熄火。

(8) 在汽车行驶过程中，如果长距离爬坡或超车，应暂时停止压缩机工作，以免发动机动力不足或发动机超负荷运行而过热。

(9) 汽车夜间行驶时，由于整车耗电量较大，因此空调系统不宜长时间使用，以免充电系统负荷过大而导致蓄电池亏电。

(10) 汽车停驶时，连续使用空调系统的时间不能太长，以免冷凝器和发动机散热不良而影响空调系统的制冷效果和发动机寿命。

(11) 汽车以低速（低于25 km/h）行驶时，变速器应换用低速挡位，以使发动机保持足够的转速运转，防止发电机发电量不足和冷气不足。

（12）非独立式采暖系统的取暖效果取决于发动机冷却液温度，只有在发动机冷却液温度达到正常工作温度后，才能获得最佳取暖效果。

（13）当制冷量突然减少时，应断开空调开关，排除空调系统故障后再继续使用。

（14）当环境温度高、湿度大时，冷凝器表面可能会形成水珠，此乃正常现象，并非制冷剂泄漏。

（15）发动机过热时，应当停止压缩机运转，待发动机正常工作后再继续使用空调系统。

8.6.2 制冷剂与冷冻油的正确使用

制冷剂与冷冻油都是空调系统不可或缺的特殊物质，对其使用也有特殊要求。

1. 制冷剂的正确使用

空调系统使用的制冷剂主要有 R12 和 R134a 两种。在使用制冷剂时，需要注意以下几点：

（1）制冷剂不能混用。为了保护环境，许多汽车都将使用 R12 制冷剂的空调系统改装成使用 R134a 制冷剂的空调系统，这必须由专业人员按照一定的技术要求进行操作。因为使用这两种制冷剂的空调系统是不相容的。例如，在 R12 系统中，很多部位采用铜材料，但 R134a 对铜会产生镀铜现象，因此，在 R134a 系统中各部位都以钢和铝为原料；在 R12 系统中都采用橡胶作密封材料，但 R134a 会使橡胶溶解而膨胀。因此，凡是使用 R12 的空调系统绝对不能直接使用 R134a，否则就会严重损害空调系统部件。

（2）制冷剂必须妥善储存。制冷剂必须在室温下储存，不能靠近暖气或火源，否则制冷剂容器受热就会引起内部压力升高而产生爆炸造成严重事故。制冷剂不能直接接触火焰或高温的金属表面，否则会产生剧毒气体。

（3）避免制冷剂接触皮肤。制冷剂在常温常压下会迅速蒸发，当制冷剂液体滴落到人体皮肤上时，会迅速并大量吸收皮肤上的热量而蒸发，造成局部冻伤。特别危险的是，当制冷剂液体进入人眼时，会冻结眼球中的水分，造成失明的危险。因此，在处理制冷剂时，应戴上眼镜和防护手套。一旦制冷剂触及眼睛，应尽快用冷水冲洗，不要用手或手帕揉搓。当有疼痛感觉时，可用稀硼酸溶液或2%以下的食盐水冲洗。如果制冷剂触及皮肤，应立即用大量清水冲洗，并涂敷凡士林膏防止冻伤。接触皮肤面积较大时，应立即送医妥善治疗。

（4）使用场所注意通风。当制冷剂排入大气中的含量超过一定量时，会使大气中的氧气浓度下降而使人窒息。因此，在打开制冷系统管路进行检查和添加制冷剂时，要在通风良好的环境下进行操作。空调维修必须由具有认定资格的专职技术人员进行，废旧制冷剂属于"特殊垃圾"，不得随地泼洒，应密封保管，否则会严重环境污染，给人类造成重大损失。

2. 冷冻油的正确使用

冷冻油是一种特殊的润滑油，使用中需要注意以下几点：

（1）按压缩机要求使用规定牌号的冷冻油。冷冻油的工作环境与一般润滑油不同，必须严格按照原车压缩机所规定的牌号使用冷冻油，或换用具有同等性能的冷冻油，绝对不能用其他润滑油代替，否则可能损坏压缩机。

（2）充注冷冻油时操作要迅速。冷冻油吸收潮气的能力极强，因此，在充注或更换冷冻油时，操作必须迅速，以免潮气浸入制冷系统而影响制冷效果。充注冷冻油的准备工作尚未就绪时,不得打开油罐的密封盖。冷冻油充注完毕后,剩余冷冻油应立即密封罐盖储存,不得有渗漏现象。

(3) 冷冻油用量要适当。冷冻油是润滑油,既不能制冷,还会妨碍热交换器的换热效果。因此,充注冷冻油时要用油尺进行测量,只允许充注到规定用量,绝不允许过量使用,以免减少制冷量。

(4) 排放制冷剂时要防止冷冻油排出。在排放制冷剂时,排放速度要缓慢,以免冷冻油与制冷剂一起排出。

(5) 禁用变质冷冻油。冷冻油是一种淡黄色、无味、不起泡、不含硫的清澈液体。任何杂质都会使其颜色变深,不纯净的冷冻油不能用于制冷系统。如果制冷系统含有很重的气味,表明冷冻油已不纯净,应予以更换。

【知识链接】

冷冻油变质的原因有很多,主要原因:一是混入水分,冷冻油混入水分后,在氧气的作用下会生成一种酸性物质,腐蚀金属零部件;二是高温氧化,当压缩温度过高时,冷冻油就会被氧化分解而炭化变黑;三是混用冷冻油,不同牌号的冷冻油混合使用时,由于牌号不同的冷冻油添加的氧化剂不同,因此会发生化学反应而导致变质。

8.6.3 空调系统的常规检查

为了保证空调系统能正常运行,在使用过程中应当进行常规检查。检查时,应将汽车停放在通风良好的场地上,使发动机转速维持在 2 000 r/min 左右,将鼓风机风速调至最高挡,使车内空气处于内循环状态,检查项目如下。

1. 检查制冷管路表面温度

当制冷系统工作正常时,低压管路呈低温状态,高压管路呈高温状态。从热力膨胀阀出口经蒸发器至压缩机入口为低压区;从压缩机出口经冷凝器、储液干燥器至热力膨胀阀为高压区。检查低压区时,由热力膨胀阀出口经蒸发器至压缩机入口应当是由凉变冷,但无霜冻。检查高压区时,由压缩机出口经冷凝器、储液干燥器至热力膨胀阀入口应当是由暖变热(注意:检查时手与被检查部位之间应保持一定的距离,以免烫伤)。

如压缩机入口与出口之间无明显的温差,说明制冷剂泄漏或无制冷剂。如储液干燥器特别凉或其入口与出口之间温差明显,说明储液干燥器堵塞。当检查制冷系统压力时,大众车系应当符合表 8-1 或《使用说明书》的规定,否则说明系统有故障。

2. 观察制冷系统有无渗漏

一旦制冷系统的连接部位或冷凝器表面有油渍,就说明该处可能有制冷剂泄漏。可用较浓的肥皂水涂抹在可疑之处,观察有无气泡,如有气泡,则说明有制冷剂泄漏。

3. 检查制冷系统的工作情况

制冷系统的工作状况,可从观察窗(一般设在储液罐顶部)观察制冷剂的状态进行判定:

(1) 制冷剂清晰、无气泡。说明有 3 种可能:一是出风口排出冷风,说明制冷系统工作正常,系统内制冷剂充足,看起来像盛满水的玻璃瓶;二是出风不冷,说明制冷剂严重泄漏,没有制冷剂,看起来像个空玻璃瓶;三是出风口冷气不足,切断压缩机 1 min 后仍有气泡慢慢流动或在压缩机停止工作瞬间就清晰无气泡,说明制冷剂过多。

(2) 制冷剂常有气泡出现。若热力膨胀阀结霜,则说明有水分,需要更换储液干燥器,并补充 20 mL 冷冻油和适量的制冷剂;若热力膨胀阀没有结霜,则可能是制冷剂不足或内部有空气。

(3) 观察窗玻璃上有油痕。若出风口不冷,说明制冷系统完全没有制冷剂。在系统运行时油滴挂在观察窗上,当其离开观察窗时,玻璃上就会留下油痕。

(4) 出现混浊泡沫。可能是制冷系统中加入冷冻油过多。

8.6.4 空调系统检修的常用设备

汽车空调系统的检修与一般电气系统有所不同,在检修过程中会用到各类检修设备。下面介绍几种常用设备及其操作使用方法。

1. 检修阀

检修阀是一种维修空调系统时对制冷系统进行测量、检漏,回收制冷剂,抽真空和充注制冷剂必不可少的控制阀。检修阀通常安装在压缩机两侧,即一个在低压侧,另一个在高压侧,如图 8-25 所示。

1) 手动检修阀

手动检修阀共有 3 个位置,又称为三位检修阀,其工作原理如下:

(1) 阀杆左置时,如图 8-26 所示,系统压力与压缩机和压力表分离,压力表读数表示压缩机压力值。阀杆左置通常用于在系统不排空的情况下,隔离压缩机和测试压缩机的好坏。但这种测试不得超过 20 s,否则将损坏压缩机。

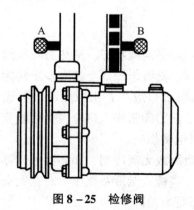

图 8-25 检修阀
A—低压侧检修阀;B—高压侧检修阀

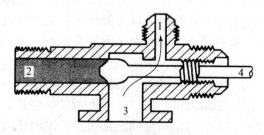

图 8-26 手动检修阀阀杆左置
1—检修接口;2—系统软管接口;3—压缩机接口;4—阀杆

(2) 阀杆中置时,如图 8-27 所示,制冷系统可以正常运行,与此同时,压力表可以监测系统压力。阀杆中置通常用于监测制冷系统的工作情况,压缩机允许长时间工作,但需要注意制冷剂不得流失。

(3) 阀杆右置时,如图 8-28 所示,是正常工作状态。压缩机与制冷系统接通,检测接口被隔离。阀杆右置通常用于检修结束后,撤除维修设备时。

2) 快接式检修阀

快接式检修阀的结构如图 8-29 所示。插入软管接头,阀门自动打开;断开软管接头,阀门自动关闭。

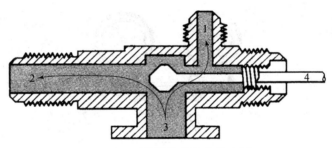

图 8-27 手动检修阀阀杆中置

1—检修接口；2—系统软管接口；3—压缩机接口；4—阀杆

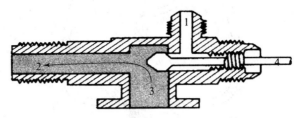

图 8-28 手动检修阀阀杆右置

1—检修接口；2—系统软管接口；3-压缩机接口；4—阀杆

【知识链接】

检修阀在制冷系统的安装位置并非固定不变。制冷系统如有两只检修阀，则低压侧检修阀在蒸发器出口和压缩机入口之间，高压侧检修阀通常在压缩机出口和冷凝器入口之间。

【特别提示】

无论哪一种检修阀，都无须修理，如有破损或泄漏，必须更换新品。

2. 歧管压力表

歧管压力表用于充注制冷剂、添加润滑油、系统抽真空与故障排除等作业，是维修空调系统必不可少的专用设备。

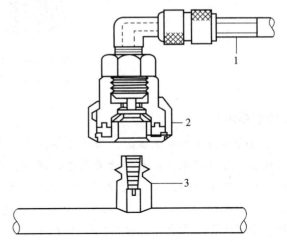

图 8-29 快接式检修阀

1—检修软管；2—软管接头；
3—系统接头

1）歧管压力表的结构

歧管压力表主要由 2 个压力表、2 个手动阀和 3 个软管接头组成，如图 8-30 所示。

使用歧管压力表时，先将高、低压手动阀关闭，再将高压软管和低压软管分别连接到压缩机的高、低压检测接口上，然后利用制冷系统内部的制冷剂将歧管压力表中的空气排净，即可测得压力。低压表测量系统低压侧压力，高压表测量系统高压侧压力，正常压力指示为：低压 118～216 kPa，高压 1 373～1 668 kPa。

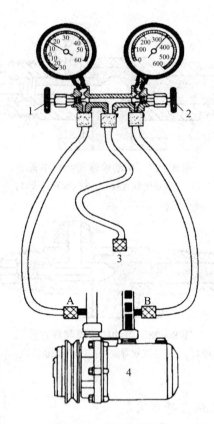

图 8-30 歧管压力表
1—低压手动阀；2—高压手动阀；3—中央软管；4—压缩机

【特别提示】

歧管压力表的中央软管接头用于抽真空、充注和回收制冷剂作业。制冷剂 R12 系统检修软管的标准颜色为：蓝色软管用于低压侧，红色软管用于高压侧，中央软管为黄色（或白色）。这样可以防止或减少歧管压力表与空调系统连接时发生失误。制冷剂 R134a 系统检修软管颜色的标识与 R12 系统基本相似，蓝色带黑镶条或黑色带蓝镶条软管用于低压侧，红色带黑镶条或黑色带红镶条软管用于高压侧，黄色或绿色带黑镶条或黑色带绿或黄镶条为中央软管。

2）歧管压力表的工作状态

当歧管压力表上的高、低压手动阀分别与压缩机上的高、低压维修阀检测接口正确连接后，歧管压力表的工作状态如下：

（1）两只手动阀均关闭，如图 8-31 所示，制冷系统高、低压侧分别与各自的压力表相通，高、低压力表彼此互不相通。当两只手动阀均关闭时，通过高、低压侧压力表可以分别测出制冷系统高、低压侧的压力。

（2）低压阀打开，高压阀关闭，如图 8-32 所示，制冷系统低压侧接口与中央软管接通，中央软管的压力为低压侧压力。因高压阀关闭，所以高压表仍保持制冷系统高压侧压力。

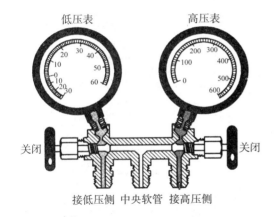

图 8-31 高、低压阀均关闭　　　　图 8-32 低压阀打开，高压阀关闭

(3) 低压阀关闭，高压阀打开，如图 8-33 所示，制冷系统高压侧接口与中央软管接头接通，中央软管压力为高压侧压力，低压侧因关闭仍保持低压侧压力。

(4) 两只手动阀均打开，如图 8-34 所示，高、低压侧接口均与中央软管接通，表上指示的读数无意义，这时中央软管为混合压力。

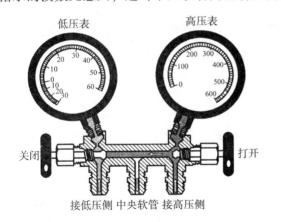
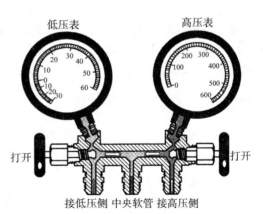

图 8-33 低压阀关闭，高压阀打开　　　　图 8-34 高、低压阀均打开

3. 制冷剂充注阀

制冷剂充注阀的结构示意如图 8-35 所示。当需要向制冷系统充注制冷剂时，将制冷剂充注阀安装在制冷剂罐上，制冷剂充注阀接头与歧管压力表的中央软管连接，然后根据充注方法调节歧管压力表的高、低压阀状态，再旋动制冷剂充注阀的蝶形手柄，阀针刺穿制冷剂罐盖后即可充注制冷剂。使用制冷剂充注阀的操作步骤如下：

(1) 将制冷剂充注阀的蝶形手柄沿逆时针方向旋转，直到阀针完全缩回为止。
(2) 沿逆时针方向转动制冷剂充注阀的板状螺母（圆盘），使其上升到最高位置。
(3) 将制冷剂充注阀的板状螺母与制冷剂罐螺栓结合，使充注阀固定在制冷剂罐上。
(4) 沿顺时针方向拧紧制冷剂充注阀的板状螺母。
(5) 沿顺时针方向转动制冷剂充注阀的蝶形手柄，使阀针在制冷剂罐上扎一小孔。
(6) 将歧管压力表的中央软管连接到制冷剂充注阀接头上。

充注制冷剂的准备工作结束后，沿逆时针方向转动制冷剂充注阀的蝶形手柄，使阀针退出即可充注制冷剂。如暂时不充注制冷剂，则制冷剂充注阀的蝶形手柄不要退出，以免制冷剂泄漏。

4. 真空泵

真空泵用于制冷系统抽真空使用。安装和维修制冷系统之后，在充注制冷剂之前都必须对制冷系统进行抽真空处理，否则制冷系统内部的空气和水分会引起系统内部压力升高和热力膨胀阀产生冰塞，影响制冷系统正常工作。

5. 检漏仪

检漏仪分为卤素检漏仪和电子检漏仪两种类型。既可探测 R12 制冷剂，也可探测 R134a 制冷剂。虽然检漏仪的结构各有不同，但其原理基本相同。

卤素检漏仪是一种乙醇（或丙烷）气燃烧喷灯，故又称为卤素检漏灯，其检测原理是利用气态制冷剂进入卤素检漏仪的检测管内会使喷灯的火焰改变颜色来检测制冷剂的泄漏程度。当泄漏部位的空气中制冷剂浓度达到 0.1% 时，卤素检漏仪就可检测出来。

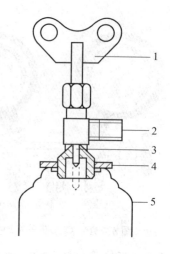

图 8-35　制冷剂充注阀的结构示意
1—制冷剂罐；2—板状螺母；
3—接头；4—蝶形手柄；
5—阀针

电子检漏仪的检测原理是：在电子检漏仪内设有一对电极和加热元件，在电源电压和加热元件的加热作用下，电极之间就会产生电流。当气态制冷剂流过电极时，回路中的电流就会明显增大，经过信号处理和放大后，即可发出制冷剂泄漏的报警信号。

8.6.5　空调装置的检修

空调系统是一个密闭的循环系统，因此其使用与维修都有很多区别于一般电气系统的特殊要求。各型汽车空调系统的检修方法则大同小异。

1. 压缩机的检修

当制冷系统出现低压侧压力高、高压侧压力低和制冷效果不良等常见故障时，与压缩机有关的故障原因及其排除方法如表 8-3 所示。

表 8-3　与压缩机有关的故障原因及其排除方法

故障现象	故障原因	排除方法
低压侧压力高	压缩机内部泄漏磨损	拆下压缩机缸盖检修压缩机，必要时更换阀板
高压侧压力低	缸盖密封垫漏气	更换密封垫
制冷效果不良	压缩机传动带打滑	调整驱动带挠度

2. 电磁离合器的检修

电磁离合器的检修主要是对电磁线圈进行检查。因为电磁线圈工作比较稳定可靠，出现故障的概率很小，所以，当压缩机上的电磁离合器不能接合时，首先应当检查空调继电器以及空调系统的控制部件。在确认电磁线圈的工作电压不正常后，再检查电磁线圈是否故障。检查方法如下：

（1）检测电磁线圈电阻。在空调开关断开的情况下，将指针式万用表的功能转换开关

拨到 $R \times 1 \ \Omega$（数字式万用表拨到 $OHM \times 200 \ \Omega$）挡，测量电磁线圈插座上两个接线端子之间的电阻值，12 V 空调系统电磁线圈的电阻值应为 $3 \sim 5 \ \Omega$，24 V 空调系统电磁线圈的电阻值应为 $4 \sim 6 \ \Omega$。如果电阻值过小，说明电磁线圈短路；如果电阻值为无穷大，说明电磁线圈断路。无论短路还是断路，都需更换电磁离合器。

（2）检测工作电压。接通空调开关，用电压表测量电磁线圈插座上两个接线端子之间的电压值，12 V 空调系统应不低于 11 V，24 V 空调系统应不低于 22 V。如果电压过低或为 0，则应检修空调开关、蓄电池和空调系统线路。

（3）检测工作电流。将电流表串联在电磁线圈电路中，接通空调开关时，电流表读数 12 V 空调系统应为 $3 \sim 3.6$ A，24 V 空调系统应为 $4 \sim 5$ A。如果电流为 0，说明电磁线圈断路；如果电流过大，说明电磁线圈短路。无论短路或断路，都需更换电磁离合器。

（4）检查噪声。压缩机与电磁离合器噪声异常时，故障原因及其排除方法如表 8-4 所示。

表 8-4　压缩机与离合器噪声异常的故障原因及其排除方法

故障原因	排除方法	故障原因	排除方法
驱动带打滑	调整驱动带挠度	压缩机油封泄漏	更换油封
驱动带偏斜	调整平行度	零件匹配不当	更换零部件
离合器打滑	调整间隙或更换离合器轮毂	离合器压盘油污	修理或更换
轴承损坏	更换轴承或离合器	—	—

3. 冷凝器的检修

冷凝器与发动机散热器安装在一起，检查时应先检查冷凝器外部散热片是否破裂或脏污堵塞，接头和管路有无损伤、泄漏等。散热片脏污或被灰尘堵塞，应用清水冲洗干净；散热片弯曲或凹瘪，可用尖嘴钳或其他工具进行矫正；散热片漏气需要焊接修补或更换新品。

需要拆卸冷凝器进行修补或更换时，应按制冷剂排出方法先缓慢排出冷凝器中的制冷剂，再进行拆卸。连接管路拆开时，管口应及时封堵，以防止潮气浸入系统。冷凝器修复后，制冷系统应当补加 50 mL 制冷剂，并对接头进行检漏试验。

4. 蒸发器的检修

蒸发器一般安装在车内隐蔽处，检查时需要拆除外部装饰部件，并拆下蓄电池搭铁线。蒸发器的检修方法与冷凝器相同。除此之外，在更换蒸发器后，还应向压缩机补充 $40 \sim 50$ mL 冷冻油；安装完毕应抽真空、补加制冷剂和进行系统性能试验。

8.6.6　空调装置的安装

1. 压缩机的安装

安装压缩机时，应当注意以下几点：

（1）电磁离合器带轮、发动机带轮的 V 形槽必须处在同一个平面内，并按规定力矩拧紧固定螺栓。

（2）散热器与风扇之间应保持一定的距离。对于塑料风扇，距离至少为 20 mm。

（3）压缩机及压缩机支架与高、低压软管之间应当留出 15 mm 的间隙。

2. 冷凝器的安装

安装冷凝器时应尽可能将其安装得高一些，周围应有足够的空气流动，以使其能充分散热；冷凝器与车罩至少应间隔 5 mm。

3. 蒸发箱的安装

安装蒸发箱时，应当注意以下几点：

（1）蒸发箱安装于副驾驶席一侧杂物箱下方或隐蔽处。蒸发箱上插有感温开关的毛细管，感温开关安装于蒸发箱右侧。

（2）蒸发箱壳体下方设有排水小孔，该小孔不能堵塞或掩盖。

（3）汽车线束与发动机和暖风部分的发热体或传热体至少相隔 50 mm，燃油管与发动机和暖风部分的发热体或传热体至少相隔 100 mm。

4. 储液干燥器的安装

安装储液干燥器时，应当注意以下几点：

（1）储液干燥器必须安装在通风良好的位置，并远离发动机排气管。

（2）储液干燥器必须垂直安装，其入口应与冷凝器出口连接。

（3）只有在抽真空之前才能将导管接至储液干燥器。

（4）高压开关的最大拧紧力矩为 27 N·m，密封力矩大于 10 N·m。

（5）低压开关的最大拧紧力矩为 18 N·m，密封力矩大于 10 N·m。

（6）易熔塞的最大拧紧力矩为 30 N·m，密封力矩大于 23 N·m。

（7）锁紧螺母的最大拧紧力矩为 45 N·m，密封力矩大于 35 N·m。

5. 空调系统管路的安装

安装空调系统管路时，应当注意以下几点：

（1）在连接空调系统的金属管和胶管之前，不要急于拆下管口的密封塞，待连接时再拆也不迟，以免水汽或尘埃进入管内。

（2）连接空调系统管件的螺母可涂抹少量压缩机润滑油（冷冻油）。连接铝质管件时，润滑油应涂抹在铝管端部喇叭口的内侧和外侧。管路连接完毕后，应立即开始抽真空。

（3）空调系统管件与发动机排气管之间的距离应不小于 20 mm。

8.6.7 制冷系统检漏

制冷系统常用检漏方法有检漏仪检漏、压力检漏、抽真空检漏、充注制冷剂检漏和外观检漏等。

1. 检漏仪检漏

检查制冷剂有无泄漏，既可使用电子检漏仪，也可使用卤素检漏仪。使用电子检漏仪检漏时，检漏仪探头必须尽可能接近检漏部位（在 3 mm 之内），探头的移动速度必须低于 3 cm/s。探头脏污或电压偏低都会影响检漏的准确性。使用卤素检漏仪检漏时，应注意燃烧后的生成物有毒，必须在通风良好的环境下操作，以免中毒。

2. 压力检漏

利用氮气瓶提供压力进行检漏的操作方法如下：

（1）正确连接歧管压力表。在制冷系统没有制冷剂的情况下，先把歧管压力表的高压软管连接到制冷系统的高压维修阀上,把歧管压力表的低压软管连接到低压维修阀上,再把中央软管连接到氮气瓶上。需要注意的是,严禁使用压缩空气进行检漏,因为压缩空气中含有水分,水分随空气进入制冷系统会使系统造成冰塞。而氮气无腐蚀性,无水分,且价格低,但瓶装氮气一定要使用减压表才能充注。

(2) 打开氮气瓶开关,然后打开歧管压力表的高、低压手动阀,向制冷系统充注干燥氮气。当压力达到 1.2~1.5 MPa 时,关闭歧管压力表的高、低压手动阀。

(3) 用肥皂液涂抹在容易漏气的管路接头处或焊接处,仔细观察有无气泡。如有泄漏,则漏气处会有气泡涌出,漏气量大的地方有微小声音,并会出现大量气泡;漏气量小的地方,则会间断出现小气泡。

(4) 在漏气处做上记号,再反复检查几次,直到全部漏气处都找到为止,并对漏气处进行维修。

(5) 维修完毕后,还应再次进行检漏。如制冷系统压力保持 24~48 h 不降低,说明泄漏已经排除;如压力稍有降低,还应继续检漏,直到找出泄漏处并消除为止。

8.6.8 制冷系统抽真空

制冷系统检修完毕后,只有抽完真空才能充注制冷剂。因此,抽真空是充注制冷剂之前必须进行的操作步骤。在抽真空的过程中,还要进行检漏操作。

1. 抽真空的专用机具

(1) 真空泵:流量必须大于 18 L/min。

(2) 歧管压力表:应当采用高压表与低压表组合在一起的复合式歧管压力表。

(3) 检漏仪:卤素检漏仪或电子检漏仪。

2. 抽真空的操作步骤

利用真空泵抽真空的操作方法如下:

(1) 连接歧管压力表。先把歧管压力表高压软管接到制冷系统的高压维修阀上,再把低压软管接到低压维修阀上,把中央软管接到真空泵上。

(2) 打开歧管压力表的高压手动阀与低压手动阀。

(3) 起动真空泵开始抽真空。观察低压表上的读数,直到低压表指示的真空度达到负压 100 kPa 为止。抽真空时间为 5~10 min,如真空度达不到负压 100 kPa,应关闭高、低压手动阀,停止抽真空,检查泄漏处。

(4) 当低压表指示的真空度达到负压 100 kPa 后,关闭高、低压手动阀;静置 5 min 后,观察压力表指示情况。如真空度变化,说明有泄漏,可用检漏仪检查排除;如真空度不变,说明系统正常,可继续下述操作。

(5) 继续抽真空 20~25 min。

(6) 关闭歧管压力表上的高、低压手动阀,停止抽真空。从真空泵接口上拆下中央软管,抽真空完毕,准备充注制冷剂。

8.6.9 制冷剂的充注

充注制冷剂需要使用特殊的机具和方法。

1. 充注制冷剂的机具

(1) 歧管压力表：应当采用高压表与低压表组合在一起的复合式歧管压力表。

(2) 制冷剂充注阀：灌注小罐制冷剂。

(3) 制冷剂计量工具：小罐制冷剂用制冷剂充注阀，大罐制冷剂用制冷剂计量器。

2. 充注制冷剂的方法

充注制冷剂的方法有两种：一种为抽完真空后，不起动发动机，不开空调，从高压端直接加入液态制冷剂，这种充注方法的特点是快速、安全，适用于制冷系统第一次充注制冷剂；另一种是从压缩机低压侧充注，充入的是制冷剂气体，这种充注方法的特点是充注速度慢，适用于补充充注制冷剂。

3. 从高压侧加注制冷剂

通过抽真空确认制冷系统没有泄漏之后，即可充注制冷剂。从高压侧充注制冷剂的操作步骤如下：

(1) 在制冷系统抽完真空后，关闭歧管压力表上的高、低压手动阀和真空泵。

(2) 将歧管压力表上的中央软管从真空泵上拆下，然后将其接到制冷剂充注阀上。

(3) 将小型制冷剂罐固定到制冷剂充注阀上，然后沿顺时针方向拧紧制冷剂充注阀的蝶形手柄，使制冷剂充注阀的阀针在制冷剂罐上扎开一个小孔。

(4) 沿逆时针方向拧松制冷剂充注阀的蝶形手柄，使阀针退出，与此同时，制冷剂罐中的制冷剂注入中央软管，此时不能打开高、低压手动阀。

(5) 拧松歧管压力表的中央软管螺母，当看到白色制冷剂气体外溢，听到"嘶嘶"声时（目的在于排出中央软管中的空气），拧紧该螺母。

(6) 拧松高压手动阀，将制冷剂罐倒立，以便从高压侧注入液态制冷剂（注意：从高压侧向系统注入制冷剂时，发动机应停转，不可拧开歧管压力表上的低压手动阀，以防使压缩机产生液击现象），此时从储液干燥器观察窗能看到制冷剂流动。

【知识链接】

使用小罐制冷剂加注时，在第一罐加注完毕，用第二、三罐加注时，仍应先关闭高压手动阀，再更换另一个制冷剂罐，此时中央软管还要放出空气。直到加入规定量的液态制冷剂后，再关闭高压手动阀。

(7) 起动发动机，接通空调开关使空调系统运行，并使鼓风机以高速运转，观察压力表压力是否正常。

4. 从低压侧充注制冷剂

从低压侧充注制冷剂的操作步骤如下：

(1) 当抽真空完毕后，关闭歧管压力表上的高、低压手动阀，把中央软管从真空泵上拆下，并将中央软管接到制冷剂充注阀上。

(2) 将小型制冷剂罐固定到制冷剂充注阀上，然后沿顺时针方向拧紧制冷剂充注阀的蝶形手柄，使阀针在制冷剂罐上扎开一个小孔。

(3) 沿逆时针方向拧松制冷剂充注阀的蝶形手柄，使阀针退出，与此同时，制冷剂罐中的制冷剂注入中央软管（此时不能打开高、低压手动阀）。

(4) 拧松歧管压力表的中央软管螺母放出中央管内的空气，当看到白色制冷剂气体外溢，听到"嘶嘶"声时拧紧该螺母。

（5）拧松低压手动阀，将制冷剂以气体形式从低压侧注入制冷系统，当高压表压力达到 400 kPa 时，关闭低压手动阀（注意：在从低压侧充注制冷剂时，一定要以气态形式注入制冷剂。如以液体形式注入，会使压缩机产生液击现象而损坏压缩机）。

（6）起动发动机，接通空调开关使空调系统运行，并使鼓风机以高速运转，观察压力表压力是否正常。此时再打开低压手动阀让制冷剂继续注入制冷系统，直到充注压力达到规定压力值。充注完毕后，关闭低压手动阀。

（7）断开空调开关使发动机停转，静置 1～3 min 后，拆下歧管压力表与压缩机连接的高、低压管路接头。卸下接头时动作要快，以免制冷剂泄出过多。压缩机停止运转后，高、低压管路内的压力会持平，以利于压缩机下次起动。压差过大会使压缩机起动困难。

5. 补充制冷剂

在汽车行驶过程中，由于振动或其他原因，空调系统某些管路接头难免松动而导致制冷剂泄漏，造成制冷效果变差。遇此情况时，需要从低压侧向制冷系统补充制冷剂，方法如下：

（1）连接歧管压力表。先把歧管压力表的高压软管接到高压维修阀上，再把低压软管接到低压维修阀上，并关闭高、低压手动阀。

（2）拧松低压软管与歧管压力表接头，放出管内空气并拧紧；再拧松高压软管与歧管压力表接头，放出管内空气并拧紧。

（3）起动发动机，接通空调开关使空调系统运行，从储液干燥器观察窗处查看制冷剂流动情况。若气泡连续出现，则表明缺少制冷剂。

（4）先将歧管压力表的中央软管连接制冷剂充注阀，再将制冷剂罐接到制冷剂充注阀上并拧紧，然后沿顺时针方向拧紧制冷剂充注阀的蝶形手柄，使阀针在制冷剂罐上扎开一个小孔。

（5）沿逆时针方向拧松制冷剂充注阀的蝶形手柄，使阀针退出，与此同时，制冷剂罐中的制冷剂注入中央软管，再拧松中央软管与歧管压力表接头处螺母，放出管内空气后拧紧。

（6）起动发动机并接通鼓风机以高速运转，接通压缩机运行。打开低压手动阀让制冷剂以气体形式进入低压管路，直到系统压力达到规定值、出风口温度达到 4 ℃～7 ℃为止。

（7）关闭低压手动阀，断开空调开关，使发动机停止运转。等待 1～3 min 后，快速拆下歧管压力表，以免制冷剂泄出过多，补充制冷剂结束。

8.7 空调系统故障的诊断与排除

汽车空调系统故障应由经过专业技术培训的人员使用专用仪器和机具设备进行检测与诊断。在缺乏仪器设备的情况下，只能进行外部检查与处理。

汽车空调系统的常见故障有：压缩机不转、制冷系统不制冷、制冷系统冷气不足，制冷系统间歇性制冷和制冷系统噪声过大等。故障原因可归纳为：制冷系统故障、控制系统故障、调控系统故障和机械系统故障。

8.7.1 压缩机不转

接通空调开关,压缩机不转的故障原因及其排除方法如下:

(1) 空调开关接触不良,控制电路熔断器断路,空调继电器触点接触不良。检修空调开关,更换熔断器,检修空调继电器。

(2) 线束插接器接触不良、松脱或导线断路。检修空调线路和插接器。

(3) 驱动带过松、断裂或电磁离合器间隙过大。检查驱动带挠度和电磁离合器间隙是否符合规定,离合器间隙是指压盘与压缩机带轮之间的间隙,一般为 0.4~1.0 mm。

(4) 离合器电磁线圈断路导致压缩机不转。可用万用表检测其电阻值进行判断,12 V 空调系统电磁线圈的电阻值应为 3~5 Ω,24 V 空调系统电磁线圈的电阻值应为 4~6 Ω。电阻值过小,说明线圈短路;电阻值为无穷大,说明线圈断路。无论短路还是断路,都需更换电磁离合器。

(5) 压缩机机械故障导致运转不正常。可拆下压缩机通过做转动试验进行检查,转动时如有卡滞现象,应当更换压缩机。

8.7.2 制冷系统不制冷

制冷系统不制冷是空调系统的常见故障之一,其原因有:制冷系统故障、控制系统故障、调控系统故障和机械系统故障等。

1. 制冷系统故障

(1) 制冷系统无制冷剂(即制冷剂完全泄漏)。查找泄漏原因并排除泄漏故障后,再充注制冷剂。

(2) 储液干燥器脏污堵塞。更换储液干燥器。

(3) 热力膨胀阀进口滤网完全脏堵。清洗或更换进口滤网。

(4) 热力膨胀阀阀门不能打开、低压侧压力过高、蒸发器流液。更换热力膨胀阀。

(5) 发动机以不同的转速运行时,高、低压侧压力仅有微小变化。说明压缩机进、排气阀片损坏,失去吸气和排气能力。检修压缩机进、排气阀片组件或更换相同型号规格的压缩机。

(6) 制冷管路破裂或有裂纹,高、低压侧压力为零。利用检漏仪检漏,检修制冷管路。

2. 控制系统故障

(1) 电磁离合器电磁线圈搭铁不良或脱焊断路。检查电磁离合器电磁线圈及有关电路,拧紧搭铁端子或重新焊接脱焊端头。

(2) 电路熔断器烧断。检查、更换熔断器。

(3) 控制开关失效。检修各控制开关。

(4) 鼓风机不转。检修鼓风机开关、熔断器、电动机及其调速电阻。

3. 调控系统故障

(1) 热水阀不能关闭。检修或更换热水阀控制器件。

(2) 空气混合风门位置不当(处于取暖位置)。调整空气混合风门使其处于制冷位置。

4. 机械系统故障

(1) 压缩机驱动带松弛或折断。检查调整驱动带挠度或更换新品。

(2) 压缩机机件损坏卡死不能转动。检修或更换压缩机。
(3) 鼓风机机件损坏卡死不能转动。检修或更换鼓风机。

8.7.3 制冷系统冷气不足

制冷系统冷气不足是空调系统的常见故障之一。

1. 故障原因

制冷系统冷气不足的原因主要有：
(1) 制冷剂不足；
(2) 制冷系统内部有空气、水汽或异物；
(3) 制冷剂过多；
(4) 冷凝器散热不良；
(5) 鼓风机电动机不转或转速过低；
(6) 压缩机驱动带挠度过大而丢转；
(7) 压缩机故障，电磁离合器打滑；
(8) 空调系统冷冻油过多。

2. 故障排除

当发现制冷系统冷气不足时，应当使用歧管压力表（高、低压力表组）检查系统压力（高压应为 1 100～1 400 kPa，低压应为 150 kPa 左右），并查看储液干燥器上观察玻璃窗处制冷剂的状态进行诊断。诊断、排除方法如下：

(1) 如从观察玻璃窗处观察制冷剂状态有气泡或泡沫，用歧管压力表检测高、低压侧压力均偏低，说明制冷剂不足。应当使用检漏仪检查制冷剂有无泄漏，以便查明是泄漏所致还是充注制冷剂不足。制冷剂如有泄漏，应先修理后再补充充注制冷剂。

(2) 如从观察玻璃窗处观察制冷剂状态有气泡或泡沫，用歧管压力表检测高、低压侧压力均偏高且压力表有抖动现象，说明充注制冷剂时抽真空不彻底，制冷剂中有空气。此时需要放出制冷剂，然后按正常充注程序重新充注制冷剂。

(3) 如从观察玻璃窗处观察没有气泡，但停机 1 min 后有气泡慢慢流动，用歧管压力表检测高、低压侧压力均偏高，说明制冷剂过多，应当从低压侧慢慢放出多余的制冷剂。

(4) 如制冷系统工作一段时间后热力膨胀阀结霜，停机一定时间后再接通制冷系统又能正常工作，但是不久又重复上述现象，说明制冷系统中有水汽，产生了冰塞现象，应更换储液干燥器。

(5) 如冷凝器过热，高、低压侧压力均偏高，且不存在制冷剂过多和有空气问题，说明冷凝器散热不良。应检查散热风扇电动机有无故障，特别要注意检查主动风扇与被动风扇间的驱动带是否过松以及控制风扇电动机转速的高压开关是否失效。

(6) 如高、低压侧压力过低，热力膨胀阀前、后管路有霜或结露，说明制冷系统内部有异物，应当检修或更换热力膨胀阀与压缩机。

(7) 如低压管路大量结霜或结露，说明制冷剂过多，流过蒸发箱时来不及完全蒸发而在低压管路中蒸发吸热。应当检查热力膨胀阀和感温包。如热力膨胀阀开度过大，则应调整其过热度（热力膨胀阀的过热度一般为 5 ℃），热力膨胀阀和感温包有泄漏时应予以更换新品。

(8) 如压缩机转动时有异常敲击声、低压侧压力过高、高压侧压力过低、压缩机入口与出口温差不大,说明压缩机阀片、轴承或O形密封圈损坏,应予以检修或更换压缩机。

(9) 如压缩机转速比正常运转时的转速明显偏低,说明驱动带挠度过大,应当重新调整挠度或更换驱动带。调整驱动带挠度时,在驱动带的中央部位施加100 N的压力,驱动带的挠度应为8~12 mm。注意:有的压缩机(如SD-508型压缩机)没有设置张紧轮,调整挠度是通过改变带轮之间的中心距来进行的。

(10) 当从观察玻璃窗处观察到有气泡或泡沫且很浑浊,说明冷冻油(润滑油)过多,应尽快放出制冷剂和冷冻油,重新充注冷冻油,再充注制冷剂。

8.7.4 制冷系统间歇性制冷

制冷系统间歇性制冷的故障可分为压缩机运转正常和压缩机运转失常(时转时不转)两种情况进行排除。

1. 压缩机运转正常时制冷系统间歇性制冷故障的排除
(1) 制冷系统有冰塞:放出制冷剂,抽真空后重新充注制冷剂。
(2) 温控开关的热敏电阻或感温包失灵,用歧管压力表检测高、低压侧压力均偏低或均偏高:检修或更换温控开关。
(3) 鼓风机损坏:检修或更换鼓风机。
(4) 控制开关损坏:检修或更换控制开关。

2. 压缩机运转不正常时制冷系统间歇性制冷故障的排除
(1) 电磁离合器打滑:检查调整电磁离合器与压盘(吸盘)之间的空气间隙(一般为0.4~1.0 mm)。
(2) 电磁离合器线圈松脱或搭铁不良:检查电磁离合器线圈及有关电路,拧紧搭铁端子或重新焊接脱焊端头。
(3) 空调继电器开、闭失控:检查、调整或更换空调继电器。
(4) 压缩机驱动带打滑:调整驱动带挠度或更换驱动带。

8.7.5 制冷系统噪声过大

制冷系统噪声分为外部噪声和内部噪声两种。制冷系统噪声过大的原因有很多,排除故障时可根据噪声发出的部位进行。

1. 制冷系统外部噪声过大的排除
(1) 压缩机驱动带过松或过度磨损:调整驱动带挠度或更换驱动带。
(2) 压缩机安装支架或固定螺钉松动:拧紧固定螺钉。
(3) 压缩机进、排气阀片破损或轴承损坏:检修或更换相同型号规格的压缩机。
(4) 鼓风机风扇叶片振动或固定螺钉松动:拧紧固定螺钉。
(5) 电磁离合器间隙调整不当:检查调整电磁离合器与压盘(吸盘)之间的空气间隙。
(6) 电磁离合器轴承缺油或损坏:检修或更换轴承。

2. 制冷系统内部噪声过大的排除
(1) 制冷系统制冷剂过多产生噪声:释放适量的制冷剂。
(2) 制冷系统制冷剂过少导致热力膨胀阀产生噪声:充注适量的制冷剂。

（3）制冷系统内有水分导致热力膨胀阀产生噪声：先放出制冷剂，抽真空后再重新充注制冷剂。

（4）制冷系统高压管路压力过高导致压缩机振动而产生噪声：检修或更换高压限压阀。

【应用案例】

案例 8-1："冰塞"故障案例

（1）故障现象。一辆丰田轿车空调系统在空调开关刚刚接通时，制冷系统工作基本正常。但是，工作不到 1 min 压缩机就自动停转。经过一段时间（3~5 min）后，压缩机又自动运转。如此往复，车厢内部温度不能降低，乘员很不舒服。

（2）故障原因。故障原因可能是出现了"冰塞"。当热力膨胀阀的针阀处结冰，使制冷剂通道被堵时，高压液态制冷剂无法经过针阀而蒸发成低压低温气态制冷剂。这样，蒸发器内没有制冷剂蒸发，当然就无冷气；而低压侧压力继续降低，低压开关动作，切断电源，压缩机停转。过一段时间后，热力膨胀阀处结成的冰被解冻，通道被打开，又能恢复制冷。

（3）故障诊断与排除。为了尽快确认热力膨胀阀处是否发生"冰塞"故障，可将歧管压力表的高、低压软管分别与制冷系统的高、低压维修接口连接，并用热毛巾或布包住热力膨胀阀，如果低压侧压力在几分钟后回升，压缩机立即工作，说明热力膨胀阀处确实有"冰塞"故障。

"冰塞"现象是制冷系统混入水分所致。维修操作不当、抽真空不彻底、制冷剂或冷冻油中的含水量偏高等，都会使水分进入制冷系统。因此，要排除"冰塞"故障，首先要排除制冷系统内部的水分。"冰塞"故障的排除方法是：将制冷系统全部分解，对各部件分别进行清洗，然后吹干或烘干，并更换储液干燥器。

案例 8-2："堵塞"故障案例

（1）故障现象。一辆天津一汽轿车制冷系统制冷效果逐渐变差，最终完全不能制冷，且热力膨胀阀入口处滤网附近有一小团白霜。

（2）故障原因。故障原因可能是出现了"堵塞"。在制冷系统正常的情况下，热力膨胀阀入口滤网处不会结霜。如果出现结霜，说明该处有"堵塞"故障（注意滤网结霜"堵塞"与"冰塞"的区别）。

（3）故障诊断与排除。首先察听热力膨胀阀处有无断断续续的气流声，再用小扳手或螺丝刀头等轻击热力膨胀阀入口处滤网。如果气流声明显变大，且热力膨胀阀球阀处所结的白霜慢慢融化，但过一会儿又出现结霜现象，说明热力膨胀阀入口滤网处确实"堵塞"。

排除"堵塞"故障的方法如下：

①彻底清洗制冷系统零部件。
②用汽油（或四氯化碳）清洗滤网部件。
③用干燥空气（或氮气）将零部件上残留的清洗剂吹干并进行烘干处理。
④更换储液干燥器，并严格按照操作规程装复制冷系统的零部件。

案例 8-3：电磁线圈经常烧坏案例

（1）故障现象。一辆大众轿车在炎热的夏季行驶途中，压缩机的电磁离合器电磁线圈突然烧毁，更换电磁离合器电磁线圈后，仅行驶 1 500 km 左右，电磁线圈又烧毁。

（2）故障原因。压缩机电磁离合器电磁线圈烧毁除质量问题外，主要是制冷系统压力过高所致。

当制冷系统压力升高时，压缩机运转的阻力力矩随之增大，需要电磁线圈产生的电磁吸力力矩随之增大，电磁线圈电流也随之增大。由于电磁线圈电流增大受电源电压的限制，因此，电磁线圈产生的吸力力矩有限。当阻力力矩超过吸力力矩时，电磁离合器压盘与带轮之间就会出现滑动摩擦而产生热量，导致电磁线圈过热烧毁。

制冷系统压力过高的原因有：

①停车时发动机怠速运转，且长时间在太阳暴晒下使用空调系统。

②当散热风扇出现故障时，还长时间、高强度使用空调系统。

③制冷系统充注制冷剂过量。

(3) 故障诊断与排除。接通空调开关使压缩机运转，查看储液干燥器观察窗内没有气泡，再连接歧管压力表测量高、低压侧压力，发现高压侧和低压侧压力均偏高，说明制冷剂充注过量。故障排除方法：从低压侧排放适量制冷剂后故障被排除，制冷系统工作转为正常。

案例 8-4：排水不畅案例

(1) 故障现象。一辆大众轿车副驾驶席地板上积水。

(2) 故障原因。除人为因素和车门漏水之外，副驾驶席地板上积水的主要来源有两个：一是暖风机水箱漏出的水；二是蒸发器热交换时产生的水。如果积水温度很低，则说明是制冷系统排出的水。

(3) 故障诊断与排除。大众轿车空调系统的蒸发器位于副驾驶席仪表台前方，蒸发器周围热空气中的水分降温后凝结成水滴，经蒸发器壳收集可排出车外。经检查汽车底部空调排水量很小，因此，故障原因是排水口排水不畅，导致大量的水在蒸发器壳体内存积，然后溢出蒸发器壳体进入车内。

故障排除方法：清理空调排水管中的污物，检查空调排水管的安放位置是否正确。

案例 8-5：空调系统疑难杂症案例

(1) 故障现象。一辆奥迪轿车空调系统运行时，压缩机工作 2~3 min 后电磁离合器就分离，再过 3~4 min 后电磁离合器又接合，制冷效果极差，但出风口风量正常。

(2) 故障原因。压缩机断续工作通常认为故障原因可能是：制冷系统制冷剂泄漏，导致低压保护开关不通，压缩机不工作；制冷系统制冷剂充注过多，导致高压保护开关停止压缩机工作；恒温器开关失灵，压缩机电磁离合器故障等。

(3) 故障诊断与排除。先进行常规检测，用万用表检查电磁离合器线圈电阻值为 3.2~3.5 Ω，说明正常。用外接 12 V 电源强行使压缩机工作，同时测量高、低压侧的压力，若低压保护开关工作，说明低压侧压力过低；若高压保护开关工作，说明高压侧压力过高，经检查，高、低压侧压力基本正常。检查恒温器，也正常。

上述被检项目均正常，即制冷系统中的直接控制元件均无故障。在这种情况下就要检查与制冷系统有关的项目：发动机冷却液温度及其传感器。具体方法是：在压缩机运行过程中，测量电磁离合器刚刚分离时发动机冷却液的温度，若冷却液温度超过 120 ℃，则循环系统有故障，应予以修理；若冷却液温度低于 120 ℃，则应检查冷却液温度传感器是否失灵。若换上新的传感器后故障现象消失，则说明冷却液温度传感器有故障。

查找该例故障原因的难点在于，许多维修人员在分析制冷系统故障时，常常局限在制冷系统的零部件上，而忽视了发动机冷却液温度及其传感器对制冷系统的影响。奥迪 100 型轿车发动机冷却液温度超过 120 ℃ 或冷却液温度传感器失灵报警时，除了组合仪表中冷却液温度报警灯会闪亮报警外，AC ECU 会使空调系统自动停止工作，待冷却液温度信号相当于 115 ℃ 的信号时，压缩机会重新恢复工作。该车制冷系统制冷效果差，是因发动机冷却液温度传感器失效造成的，更换冷却液温度传感器后，故障随即排除。

本章小结

本章主要介绍了汽车空调系统的功能与组成，制冷系统的制冷原理与制冷过程，制冷装置的功能、类型与结构原理，空调控制系统的控制过程，自动空调系统的组成与控制过程，空调系统的正确使用与常规检查，空调系统检修的常用设备，制冷装置的检修与安装，制冷系统抽真空与充注制冷剂，空调系统典型故障的诊断与排除方法等内容。

下列问题覆盖了本章的主要学习内容，利用以下线索可对所学内容作一次简要的回顾：

（1）汽车空调系统的功能与组成。空调系统由制冷系统、采暖系统、通风系统和控制系统等 4 个子系统组成。

（2）物质状态的转化过程。当物质从固态变为液态、气态，或从液态变为气态时，需要吸收热量；当物质从气态变为固态、液态，或从液态变为固态时，会释放热量。

（3）制冷系统的组成与制冷循环过程。制冷循环就是利用有限的制冷剂在封闭的制冷系统中，使制冷剂反复地压缩、冷凝、膨胀、蒸发，不断在蒸发器中吸热而汽化，使蒸发器始终保持很低的温度，从而使车内空气降温、除湿，提供冷气。在制冷循环系统中压缩机是动力源。

（4）制冷系统的压缩机、冷凝器与蒸发器、储液干燥器、热力膨胀阀、安全保护装置等制冷装置的结构组成与工作原理。

（5）空调系统的温控器与控制电路、自动空调系统的组成与控制过程。自动空调系统工作时，AC ECU 将各种温度传感器输入的信号与驾驶人操作控制面板设定的参数进行比较，经过数学计算和逻辑判断后，再向各种执行器发出调节和控制指令，通过相应的执行机构对压缩机运转与停止、送风温度、送风模式及风量、热水阀开度等进行调整，从而对车内空气进行全季节、全方位、多功能的最佳调节。

（6）汽车空调系统的使用与维修、空调系统的常规检查。检查低压区时，由热力膨胀阀出口经蒸发器至压缩机入口应当是由凉变冷，但无霜冻。检查高压区时，由压缩机出口经冷凝器、储液干燥器至热力膨胀阀入口应当是由暖变热。

（7）压缩机不转、制冷系统不制冷、制冷系统冷气不足、制冷系统间歇性制冷和制冷系统噪声过大等空调系统常见故障的诊断与排除。

 复习题

一、单选题

1. 汽车空调系统制冷剂从液态变为气态时，需要（　　）。
A. 放热　　　　　　B. 吸热　　　　　　C. 冷却　　　　　　D. 加热

2. 汽车空调系统制冷剂从气态变为液态时，需要（　　）。
   A. 放热　　　　　　　B. 吸热　　　　　　　C. 冷却　　　　　　　D. 加热
3. 汽车空调系统降低车内空气温度属于（　　）过程。
   A. 液化　　　　　　　B. 冷凝　　　　　　　C. 汽化　　　　　　　D. 加热
4. 汽车空调系统降低车内空气温度是在（　　）中实现的。
   A. 压缩机　　　　　　B. 冷凝器　　　　　　C. 储液干燥器　　　　D. 蒸发器
5. 当今汽车空调系统普遍使用的无氟环保型制冷剂主要是（　　）。
   A. 氟利昂　　　　　　B. R12　　　　　　　　C. R13A　　　　　　　D. R134A
6. 压缩机从蒸发器吸入低温低压气态制冷剂，压缩后送往冷凝器的制冷剂状态是（　　）。
   A. 高温高压液态　　　　　　　　　　　　　　B. 低温低压液态
   C. 高温高压气态　　　　　　　　　　　　　　D. 高温低压气态
7. 热力膨胀阀将高温高压液态制冷剂转变成（　　）制冷剂送入蒸发器。
   A. 高温高压液态　　　　　　　　　　　　　　B. 低温低压液态
   C. 高温高压气态　　　　　　　　　　　　　　D. 高温低压气态
8. 在蒸发过程中，低温低压液态制冷剂流经蒸发器时吸热而汽化成为（　　）制冷剂。
   A. 低温低压气态　　　　　　　　　　　　　　B. 低温低压液态
   C. 高温高压气态　　　　　　　　　　　　　　D. 高温高压液态
9. 当制冷系统正常工作时，其低压管路呈现的状态是（　　）。
   A. 低温状态　　　　　　　　　　　　　　　　B. 高温状态
   C. 常温状态　　　　　　　　　　　　　　　　D. 恒温状态
10. 当制冷系统正常工作时，其高压管路呈现的状态是（　　）。
    A. 低温状态　　　　　　　　　　　　　　　 B. 高温状态
    C. 常温状态　　　　　　　　　　　　　　　 D. 恒温状态
11. 当压缩机空转时，其压盘与驱动带轮外端面之间应当保持的间隙值为（　　）。
    A. 0.1~0.4 mm　　　　　　　　　　　　　　 B. 0.1~4.0 m
    C. 0.4~1.0 mm　　　　　　　　　　　　　　 D. 0.4~1.0 m
12. 检修时，用万用表测量12 V空调系统压缩机电磁离合器电磁线圈的电阻值应为（　　）。
    A. 1~2 Ω　　　　　　B. 10~20 Ω　　　　　　C. 3~5 Ω　　　　　　D. 4~6 Ω
13. 检修时，用万用表测量24 V空调系统压缩机电磁离合器电磁线圈的电阻值应为（　　）。
    A. 1~2 Ω　　　　　　B. 10~20 Ω　　　　　　C. 3~5 Ω　　　　　　D. 4~6 Ω
14. 接通空调开关测量12 V空调系统电磁离合器线圈插座上两个端子间的电压应不低于（　　）。
    A. 9 V　　　　　　　B. 11 V　　　　　　　 C. 12.6 V　　　　　　D. 22 V
15. 在检修汽车空调系统的过程中，当更换蒸发器之后，应向压缩机补充（　　）冷冻油。
    A. 10~20 mL　　　　 B. 40~50 mL　　　　　 C. 100~200 mL　　　　D. 400~500 mL

二、多选题

1. 汽车空调系统能为车内乘员提供清新舒适的环境，具有（　　　）功能。
   A. 提供冷气　　　　　　　　　　　B. 提供暖气
   C. 通风　　　　　　　　　　　　　D. 净化空气

2. 汽车空调系统是由（　　　）组成的。
   A. 制冷系统　　　　　　　　　　　B. 采暖系统
   C. 通风系统　　　　　　　　　　　D. 控制系统

3. 制冷系统使用的制冷装置主要包括（　　　）。
   A. 压缩机　　　　　　　　　　　　B. 冷凝器
   C. 热力膨胀阀　　　　　　　　　　D. 蒸发器

4. 制冷循环是在封闭的制冷系统中，使制冷剂反复地进行（　　　）的过程。
   A. 压缩　　　　B. 冷凝　　　　C. 膨胀　　　　D. 蒸发

5. 斜盘式压缩机的主要部件包括（　　　）。
   A. 电磁离合器　　　　　　　　　　B. 传动斜盘
   C. 气缸与活塞　　　　　　　　　　D. 定子

6. 电磁离合器是汽车空调系统的重要部件之一，主要由（　　　）组成。
   A. 继电器　　　B. 电磁线圈　　　C. 驱动带轮　　　D. 压盘

7. 汽车空调系统的安全保护装置有（　　　）。
   A. 高低压力开关　　　　　　　　　B. 易熔塞
   C. 电磁阀　　　　　　　　　　　　D. 冷却液过热开关

8. 在汽车空调系统中，热力膨胀阀具有（　　　）功能。
   A. 节流降压　　　　　　　　　　　B. 膨胀做功
   C. 调节流量　　　　　　　　　　　D. 加热空气

9. 空调控制系统主要包括（　　　）。
   A. 温度控制器　　　　　　　　　　B. 鼓风机
   C. 电磁离合器　　　　　　　　　　D. 各种控制开关

10. 汽车自动空调系统与其他电子控制系统一样，也是由（　　　）组成的。
    A. 各种传感器　　　　　　　　　　B. 各种控制开关
    C. AC ECU　　　　　　　　　　　　D. 各种执行器

三、判断题

1. 汽车空调系统除了可以降低车内空气温度之外，还有一定的除湿作用。（　　）
2. 汽车空调控制系统一方面要对制冷系统和采暖系统的温度、压力进行控制，另一方面要对车内空气的温度、风量、流向进行控制，从而实现制冷、采暖和通风等功能。（　　）
3. 汽车空调系统是利用液态制冷剂在蒸发器内汽化变成气态制冷剂，同时吸收大量热量而使车内空气温度降低的。（　　）
4. 在制冷系统过程中，动力电源是制冷循环动力源。（　　）
5. 为了防止蒸发器表面的冷凝水结冰，其表面温度应当控制在 5 ℃以上。（　　）

6. 空调系统电磁离合器的功能是接通或切断发动机与压缩机之间的动力传递。（ ）
7. 空调系统电磁离合器既受空调开关和温度控制器控制，也受压力开关控制。（ ）
8. 储液干燥器的功能之一是吸收空气中的水分，防止制冷系统发生"冰塞"故障。
（ ）
9. 汽车空调系统是靠低温低压液态制冷剂在蒸发器内汽化吸热而产生冷气的。（ ）
10. 汽车自动空调系统的"经济运行模式"适合冬季行车时使用。（ ）

四、简答题

1. 汽车空调系统的功能有哪些？
2. 何谓汽化？何谓蒸发？何谓沸腾？
3. 制冷循环分为哪4个过程？每个过程的功能是什么？
4. 制冷系统的功能是什么？制冷装置有哪些？分析说明其制冷循环过程。
5. 汽车空调系统常用的压缩机有哪几种？
6. 空调系统电磁离合器的功能是什么？主要由哪些部件组成？主要受哪些部件控制？
7. 冷凝器与蒸发器的功能各是什么？冷凝器与蒸发器的结构有何特点？
8. 储液干燥器的功能是什么？主要由哪些部件组成？
9. 储液干燥器顶部设置的观察窗有何用途？
10. 汽车空调系统常用的安全保护装置有哪些？其工作原理分别是什么？
11. 热力膨胀阀的功能是什么？制冷系统常用的热力膨胀阀有哪些？
12. 汽车空调系统使用的润滑油有何功能？冷冻油变质的原因有哪些？
13. 使用汽车空调系统时必须注意哪些问题？
14. 汽车自动空调系统由哪些部件组成？自动空调系统的控制原理是什么？
15. 汽车自动空调系统采用的传感器和执行器分别有哪些？各有什么功用？
16. 为了保证空调系统正常运行，在使用过程中进行常规检查的项目有哪些？
17. 空调系统常用检修设备有哪些？歧管压力表的功能是什么？主要由哪些部件组成？
18. 空调系统常用检漏方法有几种？怎样对制冷系统进行抽真空？
19. 怎样排除制冷系统不制冷故障？
20. 导致制冷系统产生"冰塞"故障的原因何在？怎样排除？

复习题参考答案

一、单选题：1. B；2. A；3. C；4. D；5. D；6. C；7. B；8. A；9. A；10. B；
11. C；12. C；13. D；14. B；15. B

二、多选题：1. ABCD；2. ABCD；3. ABCD；4. ABCD；5. ABC；6. BCD；7. ABD；
8. AC；9. ABCD；10. ABCD

三、判断题：1. √；2. √；3. √；4. ×；5. ×；6. √；7 √；8. ×；9. √；10. ×

第 9 章

汽车辅助电气技术

1. 认知目标
(1) 了解各种辅助电气系统的功能与组成。
(2) 熟悉辅助电气系统的工作原理与控制过程。
(3) 掌握风窗玻璃电动刮水与洗涤系统的变速与间歇刮水原理。

2. 技能目标
(1) 能够说明各种辅助电气系统的功能与组成。
(2) 能够熟练说明风窗玻璃电动刮水与洗涤系统的变速原理。

为了提高汽车的安全性、舒适性和操作方便性,汽车装备有多种辅助电气系统。本章主要内容包括风窗玻璃刮水与洗涤系统、风窗玻璃除霜系统、车窗玻璃升降系统、座椅位置调节系统。要求学生掌握辅助电气系统的相关知识,为使用和维修奠定坚实的基础。

9.1 风窗玻璃刮水与洗涤系统

【知识链接】

在下雨或下雪天气条件下行车时,雨水或积雪会飘落到风窗玻璃上。在停放或行驶过程中,空气中的尘土或污物会集聚在风窗玻璃上。这些雨水、积雪、尘土或污物会妨碍驾驶人观察路面和道路交通状况,给行车安全带来隐患。

风窗玻璃刮水与洗涤系统的功能是:刮除风窗玻璃上的雨水、积雪、尘土和污物,为驾驶人提供良好的视野,确保行车安全。

风窗玻璃刮水与洗涤系统分为电动式和气动式两种。气动式风窗玻璃刮水与洗涤系统主要用于载货汽车和大型客车;小轿车普遍采用电动式风窗玻璃刮水与洗涤系统。鉴于篇幅所限,本书仅介绍电动式风窗玻璃刮水与洗涤系统。

电动式风窗玻璃刮水系统简称电动刮水系统,俗称电动刮水器;电动式风窗玻璃洗涤系统简称电动洗涤系统。

9.1.1 电动刮水系统的结构组成

电动刮水系统由刮水器和控制机构两部分组成。刮水器由刮水电动机、传动机构和刮水片组件组成,如图 9-1 所示。控制机构主要包括间歇刮水控制器和刮水器开关。

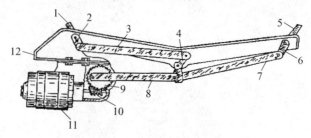

图 9-1 刮水器的组成

1,5—刮水片支架(刷架);2,4,6—摆杆;3,7,8—连杆;9—蜗轮;10—蜗杆;11—刮水电动机;12—支架

刮水电动机 11 普遍采用结构简单的永磁式直流电动机。传动机构由蜗轮蜗杆机构和杠杆联动机构组成,蜗轮蜗杆机构由蜗轮 9 和蜗杆 10 组成,杠杆联动机构由连杆 3、7、8 和摆杆 2、4、6 组成。控制机构由刮水器开关、间歇刮水控制器和停车复位机构组成。刮水片组件由刮水片支架(刷架)1、5 和橡胶刮水片(又称为橡皮刷,图中未画出)组成。

刮水电动机用支架固装在汽车前围板上,刮水片支架(刷架)连接在摆杆 2、6 上,刮水片支架的上端连接橡胶刮水片。刮水电动机的旋转运动由轴端的蜗杆 10 传给蜗轮 9 并转换为往复运动,蜗轮上的偏心销与连杆 8 铰接。蜗轮 9 转动时,通过连杆 8、7、3 带动摆杆 4、6、2 摆动,风窗玻璃上的刮水片便在刮水片支架 1、5 的带动下摆动刮水。

9.1.2 刮水电动机的变速原理

刮水电动机普遍采用永磁式三刷电动机,其电动机设有 3 只电刷,如图 9-2 所示。图中,B_1 为低速电刷,B_2 为高速电刷,B_3 为共用电刷。高速电刷 B_2 是偏置的,其相对于低速电刷 B_1 的偏离几何角度为 60°,相对于共用电刷 B_3 的偏离几何角度为 120°。

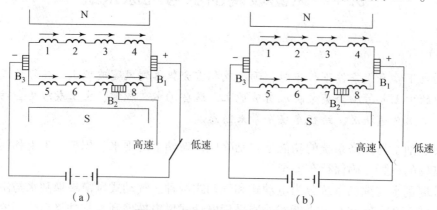

图 9-2 刮水电动机的变速原理

(a) 低速时的刮水电动机电路;(b) 高速时的刮水电动机电路

刮水片的摆动速度由刮水电动机转速决定,刮水电动机转速的高低可通过永磁式三刷电动机进行变换,变速原理如下:

当开关拨向"低速"位置时,电源电压加在相隔180°的低速电刷 B_1 和共用电刷 B_3 之间,如图9-2(a)所示。在低速电刷 B_1 和共用电刷 B_3 之间有两条并联支路,一条是由绕组1、2、3、4串联起来的支路,另一条是由绕组5、6、7、8串联起来的支路,每条支路各有4个绕组。两条支路上绕组产生的全部反电动势与电源电压平衡后,刮水电动机便稳定在某一转速旋转,此时转速较低。

当开关拨向"高速"位置时,电源电压加在相隔120°的高速电刷 B_2 和共用电刷 B_3 之间,如图9-2(b)所示。在高速电刷 B_2 和共用电刷 B_3 之间也有两条支路,一条由绕组5、6、7共3个绕组串联而成,另一条由绕组8、1、2、3、4共5个绕组串联而成,其中绕组8的反电动势与绕组1、2、3、4的反电动势方向相反,因此,高速电刷 B_2 和共用电刷 B_3 之间的反电动势降低。由并励电动机电枢电流与反电动势之间的关系式可知,当反电动势降低时,电枢电流增大,驱动转矩增大,电动机转速升高,从而使刮水片快速摆动。

【特别提示】

由此可见,永磁式三刷电动机的变速原理是当电刷偏置时,两只电刷之间的反电动势降低,电枢电流增大,驱动转矩增大,刮水电动机转速升高使刮水片快速摆动。

9.1.3 电动刮水系统的控制过程

电动刮水系统通过变换刮水电动机的工作电路,实现慢速刮水、快速刮水、间歇刮水和停机复位等功能。其变速控制电路如图9-3所示,控制过程如下:

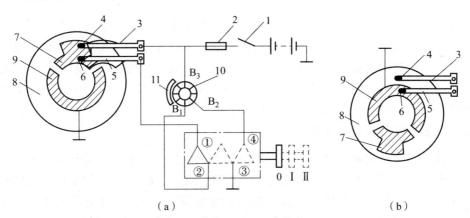

图9-3 电动刮水系统的变速控制电路
(a)控制电路;(b)自动复位机构
1—电源开关;2—熔断丝;3、5—自动回位触片;4、6—触点;7、9—自动回位滑环(铜环);
8—蜗轮;10—电枢;11—永久磁铁

(1)慢速刮水。当电源开关接通,刮水器开关接通"Ⅰ"挡时,电流由蓄电池正极→电源开关→熔断丝→共用电刷 B_3→电枢→低速电刷 B_1→刮水器开关"Ⅰ"挡搭铁→蓄电池负极。这时电枢反电动势较大,电流较小,转速较低,从而使刮水片慢速摆动(35~55次/min)。

(2) 快速刮水。当刮水器开关接通"Ⅱ"挡时，电流由蓄电池正极→电源开关→熔断丝→共用电刷 B_3→电枢→高速电刷 B_2→刮水器开关"Ⅱ"挡搭铁→蓄电池负极。由于高速电刷 B_2 偏置一个角度，因此刮水电动机高速转动，从而使刮水片快速摆动（50~70次/min，在同一电动刮水系统中，刮水片快速摆动次数与慢速摆动次数之差应当大于10次/min）。

(3) 停机复位。自动复位机构如图 9-3（b）所示。在用尼龙制成的蜗轮 8 上嵌有铜环 7、9。铜环分成两部分，面积较大的铜环 9 与刮水电动机外壳连接而搭铁。自动回位触片 3、5 用磷铜片或其他弹性材料制成，一端铆有触点 4 和 6。由于自动回位触片 3、5 具有弹性，因此在蜗轮 8 转动时，触点 4、6 与蜗轮 8 的端面（包括铜环 7、9）保持接触。

当刮水器开关推到"0（停止）"挡时，如果刮水器的橡皮刷没有停在风窗玻璃下沿，那么蜗轮转动的位置将使触点 6 与铜环 9 接通，电流继续流入电枢。此时电流从蓄电池正极→电源开关→熔断丝→共用电刷 B_3→电枢→低速电刷 B_1→刮水器开关→触片 5→触点 6→铜环 9→搭铁→蓄电池负极形成回路，刮水电动机以低速运转，直到蜗轮旋转到图 9-3（a）所示位置时，触点 4、6 与铜环 7 接通为止。

当触点 4、6 与铜环 7 接通时，在电枢转动惯性力的作用下，刮水电动机不能立即停转，而是以发电机运行形式发电。因为电枢绕组产生的电动势的方向与外加电源电压的方向相反，所以电流从共用电刷 B_3→触片 3→触点 4→铜环 7→触点 6→触片 5→刮水器开关→低速电刷 B_1 形成回路，并产生转矩（称为制动转矩）使刮水电动机立即停转，此时橡皮刷恰好复位到风窗玻璃下沿位置。

9.1.4 电动刮水系统间歇刮水原理

【知识链接】

汽车在蒙蒙细雨或雾天气候条件下行驶时，如果刮水器按正常速度进行刮水，风窗玻璃表面的微量水分与灰尘混合就会形成发黏的泥水膜，不仅不能将风窗玻璃刮拭干净，而且还会留下污迹或斑点使风窗玻璃模糊不清，影响驾驶人的视线。为此，电动刮水系统还设有间歇刮水控制器，当遇到上述天气时，利用"间歇刮水"功能使刮水片摆动 1~2 次之后，按一定周期停止一定时间（4~6 s），以便风窗玻璃上积聚更多水分而将灰尘刮除干净。与此同时，驾驶人也能获得良好的视野。

间歇刮水控制器是由电子元件与小型继电器组合而成的，故又称为间歇刮水继电器。各型汽车间歇刮水控制系统的结构原理大同小异，现以图 9-4 所示奥迪轿车间歇刮水控制系统电路为例说明。该系统由间歇刮水控制器 1、刮水器开关 2、洗涤电动机 3、刮水电动机与停机复位机构 4 等组成。主要技术参数：工作电压为 12 V，刮洗时间为 2~4 s，间歇时间为 4~6 s。间歇刮水控制系统的工作情况如下。

1. 电容器 C_1 充电，刮水器慢速刮水（刮洗时间为 2~4 s）

当刮水器开关置于间歇刮水挡"Ⅰ"位置时，电流经熔断器、刮水器开关"53a"端子、刮水器开关内部"Ⅰ"挡导电片进入间歇刮水控制器"Ⅰ"端子。此时，电容器 C_1 被充电，充电电路为：电源正极→熔断器→刮水器开关"53a"端子→开关内"Ⅰ"挡导电片→间歇控制器"Ⅰ"端子→电阻 R_9→R_2→电容器 C_1→二极管 VD_2→三极管 VT 的基极、发射极→搭铁→蓄电池负极。此时电路中 C 点电位为 1.6 V，B 点电位为 5.6 V，电容器 C_1

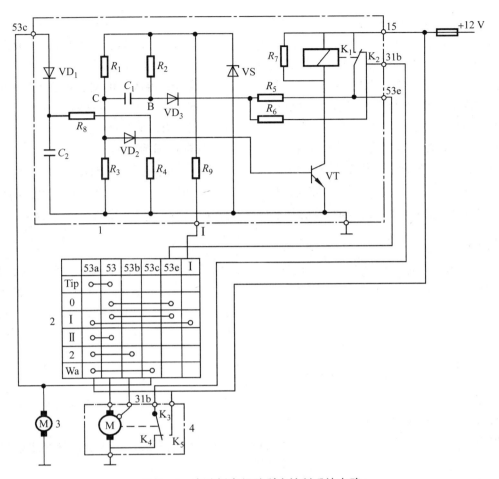

图 9-4 奥迪轿车间歇刮水控制系统电路

1—间歇刮水控制器；2—刮水器开关；3—洗涤电动机；4—刮水电动机与停机复位机构；Tip—点动刮水挡位；
0—停机挡位；Ⅰ—间歇刮水挡位；Ⅱ—慢速刮水挡位；2—快速刮水挡位；Wa—洗涤玻璃挡位

两端的电位差为 4 V。

电容器 C_1 充电时，其充电电流为三极管 VT 的基极电流，从而使三极管 VT 导通，接通了继电器线圈电路。继电器线圈通电产生电磁吸力使其常闭触点 K_2 断开、常开触点 K_1 闭合，接通刮水电动机电路，其电路为：电源正极→熔断器→间隙刮水控制器"15"端子→常开触点 K_1→间歇刮水控制器"53e"端子→刮水器开关"53e"端子→开关内"Ⅰ"挡导电片→刮水器开关"53"端子→刮水电动机电枢→搭铁→电源负极。刮水电动机电路接通并慢速旋转，刮水器的刮水片慢速摆动刮水，刮洗时间为 2~4 s。

2. 电容器 C_1 放电，刮水器停止刮水（间歇时间为 4~6 s）

当刮水片往返一次后回到风窗玻璃的最下沿位置时，刮水电动机也旋转至自动复位位置，此时停机复位机构的触点 K_3 与 K_4 接通，使"31b"端子搭铁，为电容器 C_1 提供放电回路。电容器 C_1 的放电回路主要有两条：一路经电阻 R_2、R_1 构成放电回路，另一条是电容器 C_1 正极→二极管 VD_3→电阻 R_6→间歇刮水控制器"31b"端子→停机复位机构"31b"端子→自动复位触点 K_3、K_4→搭铁→稳压二极管 VS→电阻 R_1→电容器 C_1 负极。

在电容器 C_1 放电瞬间，电路中 B 点电位迅速降低到 2.8 V。因为 C_1 两端放电前的电位差为4 V，所以放电瞬间将使C点电位降低为-1.2 V。因此，三极管VT基极电位降低而截止，切断继电器线圈电路，其常开触点K_1再次断开，常闭触点K_2再次闭合，恢复到间歇刮水控制器"31b"端子与"53e"端子接通时的初始状态，并使电阻R_5、R_6并联，加速C_1放电，为C_1再次充电做好准备。从电容器C_1开始放电到再次充电使三极管VT再次导通所经历的时间，即刮水器的刮水片间歇（停止摆动）时间。因此，间歇时间的长短取决于电容器C_1的放电时间常数，其值为$\tau_d = C_1(R_1 + R_5 // R_6 // R_2) = 4 \sim 6$ s。

3. 电容器C_1再次充电，刮水器再次慢速刮水（刮洗时间为2~4 s）

电容器C_1放电到一定程度时将被再次充电。随着C_1充电时间的增长，电路中C点电位将逐渐升高。当C点电位升高到接近2 V时，三极管VT再次导通，C_1将再次充电，刮水电动机电路再次接通并慢速旋转，刮水器的刮水片再次慢速摆动刮水（刮洗时间为2~4 s）。

【特别提示】

由此可见，只要刮水器开关置于间歇刮水挡"Ⅰ"位置，在间歇刮水控制器的控制下，电容器C_1就会不间断地充电与放电，使三极管VT循环导通与截止，继电器线圈循环通电与断电，刮水电动机电路循环接通与断开，从而控制刮水片处于间歇刮水状态，直到刮水器开关离开间歇刮水挡"Ⅰ"位置为止。刮水片的刮洗时间为2~4 s，间歇时间为4~6 s。

9.1.5 电动洗涤系统的结构与工作原理

在风窗玻璃刮水系统刮除尘土或污物时，如果风窗玻璃上没有水分或洗涤液，尘土或污物就难以刮净，甚至还会刮伤玻璃。

风窗玻璃洗涤系统的功能是：将洗涤液喷洒到风窗玻璃表面，与风窗玻璃刮水系统配合工作，以便将风窗玻璃上的尘土或污物刮洗干净。

1. 电动洗涤系统的结构组成

电动洗涤系统由洗涤器和控制开关组成。洗涤器主要由洗涤电动机、储液罐、洗涤水泵、喷嘴和水管等组成，结构如图9-5所示。

洗涤电动机普遍采用微型永磁式高速电动机，空载转速可达20 000 r/min。洗涤电动机是全封闭的，其工作制度为短时额定工作制。

洗涤水泵为离心式叶片泵，叶片转子固定在水泵轴上，水泵轴用联轴节与电动机轴连接。出水软管用胶管分别与喷嘴连接。喷嘴有2个或4个，喷水直径一般为0.8~1.0 mm，安装在风窗玻璃下沿附近的适当位置，其功能是将洗涤液分别喷射到左、右风窗玻璃的表面（喷射压力可达70~90 kPa），以便电动刮水系统刮洗尘土或污物。

储液罐用塑料制成，内装洗涤液。洗涤液一般由水或水与适量的添加剂组成，添加剂有助于清洁或降低冰点。如在水中加入5%的氯化钠（食盐），则可提高洗涤液的清洁能力。在寒冷地区，为了防止洗涤液冰冻，可在水中加入50%的乙二醇等。

2. 电动洗涤系统的工作原理

当按下洗涤开关接通洗涤电动机电路时，电枢绕组便在永久磁铁产生的磁场中受力旋转。电枢轴转动时，通过联轴节驱动水泵轴和泵转子一同旋转，泵转子便将储液罐内的洗涤液泵入出水软管，并经风窗玻璃前方的喷嘴喷洒到风窗玻璃表面。与此同时，刮水器同步工作，刮水片同时摆动，从而将风窗玻璃上的尘土或污物刮洗干净。

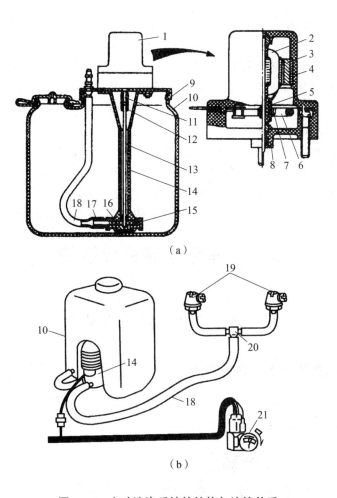

图 9-5 电动洗涤系统的结构与连接关系
(a) 洗涤电动机总成；(b) 电动洗涤系统的连接关系
1—电动机；2—电枢；3—永久磁铁；4—电动机壳体；5—集电环；6—电刷架；7—电刷；8—法兰盘；
9—水泵固定盘；10—储液罐；11—电动机轴；12—联轴节；13—水泵轴；14—水泵壳；15—水泵转子；
16—滤清器；17—接头；18—出水软管；19—喷嘴；
20—三通管接头；21—刮水器开关

刮洗风窗玻璃上的尘土或污物时，首先应当接通洗涤开关使洗涤水泵旋转，并将洗涤液喷洒到风窗玻璃上，然后再接通刮水器开关使刮水片摆动进行刮洗。洗涤水泵连续工作的时间不得大于 5 s，使用间歇时间不得少于 10 s。当储液罐内无洗涤液时，不得接通洗涤水泵空转，以免损坏洗涤电动机。

9.2 风窗玻璃除霜系统

在寒冷的冬季，风窗玻璃表面容易结一层冰霜，这些冰霜仅用刮水器是难以清除的。为此，轿车上普遍配装有风窗玻璃除霜系统。

风窗玻璃除霜系统主要由除霜器、控制开关和指示灯等组成，如图 9-6 所示。

风窗玻璃除霜系统的功能是：清除风窗玻璃表面的冰霜，保证驾驶人和车内乘员具有良好的视野。清除结冰结霜的有效方法是对玻璃进行加热。

在装有空调或暖风装置的汽车上，接通空调暖风可以清除前风窗玻璃和侧车窗玻璃上的冰霜，后风窗玻璃通常都利用电热丝加热玻璃进行除霜。

除霜器是在后风窗玻璃的内表面镀上数条相互并联的导电膜，形成电热丝一样的加热电阻。当导电膜通电时，便可对玻璃进行加热，从而除霜或防止风窗玻璃表面结霜。这种装置的耗电量为 30~50 W，小轿车和大客车广泛采用。

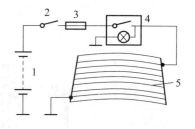

图 9-6　后风窗玻璃除霜系统
1—蓄电池；2—点火开关；3—熔断丝；
4—除霜器开关及指示灯；5—导电膜

9.3　车窗玻璃升降系统

车窗玻璃升降系统俗称电动车窗，小轿车普遍采用。其功能是利用驾驶席车门上的控制开关或遥控开关，使全部车门玻璃自动升降。其操作简便且有利于安全行车，能够提高使用方便性和行车安全性。

9.3.1　车窗玻璃升降系统的结构

车窗玻璃升降系统主要由各车窗玻璃升降电动机总成、各种控制组件与控制开关等组成，如图 9-7 所示，控制电路如图 9-8 所示。

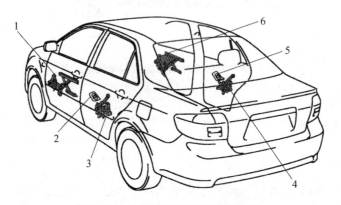

图 9-7　车窗玻璃升降系统的结构
1—驾驶员侧车窗玻璃升降电动机；2—左后侧车窗升降开关；3—左后侧车窗玻璃升降电动机；
4—右后侧车窗玻璃升降电动机；5—右后侧车窗升降开关；
6—副驾驶员侧车窗玻璃升降电动机

车窗玻璃升降电动机总成包括驱动电动机、蜗轮蜗杆机构和车窗玻璃升降机构；控制组件包括综合控制组件和电动机控制组件；控制开关包括总开关（一般设在驾驶席侧车门上）和各车窗升降开关。此外，还有继电器和回转检测传感器等。其中，综合控制组件和电动机控制组件均为电子控制组件，驾驶席侧面的总开关可以控制全部车窗玻璃的升降，各车窗升降开关可单独控制各自车窗玻璃的升降。

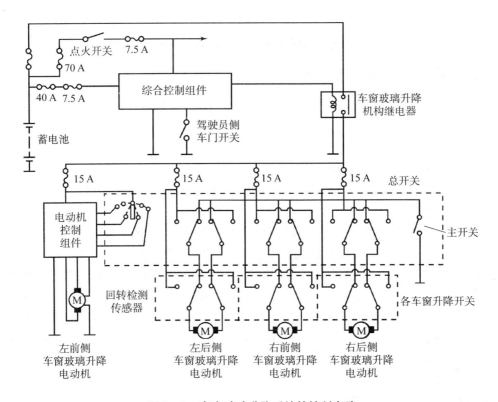

图 9-8 车窗玻璃升降系统的控制电路

9.3.2 玻璃升降系统的工作过程

当点火开关置于"ON"位置时,综合控制组件的电源接通,其内部电子电路工作,并接通车窗玻璃升降机构继电器的线圈电路,继电器线圈通电产生电磁吸力将继电器触点吸闭,从而使电动机控制组件和各车窗升降开关的电源接通。此时根据各车窗玻璃升降需要,分别操纵总开关处的各个开关或操纵各车门上的车窗升降开关,均可使相应的升降电动机两端分别输入正向或反向电压,从而使电动机正向或反向旋转。升降电动机旋转时,通过联动机构即可使车窗玻璃升高或降低。

当点火开关置于"OFF"位置时,在综合控制组件内部电子电路的控制下,只有在驾驶席一侧的车门开关接通 30 s 后,车窗玻璃升降机构才能投入工作,车窗玻璃才能实现升降。

回转检测传感器用于监测升降电动机旋转的角度,相当于检测车窗玻璃升高或降低的位置。当检测到升降电动机旋转使车窗玻璃升高或降低到极限位置时,电动机控制组件将立即控制升降电动机电路断开,以防止升降电动机过载而损坏。

9.4 座椅位置调节系统

为了便于驾驶操作和满足乘坐舒适性的要求,中、高档轿车大都采用了座椅位置(座位)调节系统(Seat Position Control System,SPCS 或 SPC)。

座椅位置调节系统俗称电动座椅,其功能是通过操纵控制开关,既可调整座椅的前后和高低位置，也可调整座椅头枕和座椅靠背的倾斜角度，还可调整座椅腰垫的位置。

按控制方式不同，座位调节分为电脑调节与非电脑调节两种类型。

9.4.1 座位非电脑调节系统

座位非电脑调节系统又称为不带存储功能的座位调节系统，通过操纵座位控制开关，可以调整座位的前后滑移、前垂直、后垂直位置，靠背和头枕的倾斜位置以及腰垫的位置。由于系统没有存储功能，因此座椅位置不能存储和复位。

1. 座位非电脑调节系统的结构组成

座位非电脑调节系统由控制电动机、控制机构和传动机构3部分组成。

1）控制电动机

控制电动机大都采用微型永磁式直流电动机，安装在座椅的相应位置。其内部设有断路器，当电动机负荷过重、通过电流过大时，断路器自动跳开切断电流，防止电动机过热而烧坏；当负荷减轻、热量散失时，断路器触点在双金属片的作用下复位，电动机又可恢复运转。驾驶席座椅一般设有前后滑移（滑动或前后位置调整）电动机、前沿高低（前垂直位置）调整电动机、后沿高低（后垂直位置）调整电动机和靠背倾斜角度调整电动机等4~5只电动机，前排和后排乘员席座椅一般设有前后滑移和靠背倾斜角度调整电动机，一般为2~3只。

2）控制机构

控制机构由控制开关和继电器组成，如图9-9所示。控制开关有操纵开关和限位开关。前排座位操纵开关一般设在座椅左、右两侧，后排座位操纵开关设在后排座椅左、右两侧或后排车门上，为便于驾驶人控制，在仪表盘左下方专门设有一个后排座位操纵开关。限位开关用来限制传动部件移动的极限位置，安装在传动机构终端。

继电器的功能是防止开关触点烧蚀，延长开关的使用寿命。虽然控制电动机工作时间很短，但工作电流较大（10~20 A），开关触点容易烧蚀。配装继电器后，控制电动机电流流经继电器触点，流过开关的电流仅是流过继电器线圈的较小电流。

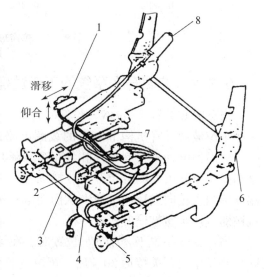

图9-9 控制机构与传动机构
1—操纵开关；2—继电器；3—传动杆；
4—滑移电动机；5，6—齿轮盒；
7—限位开关；8—仰合电动机

3）传动机构

传动机构由齿轮盒与传动杆组成，安装位置如图9-9所示。传动杆相当于连杆，其功能是传递动力。齿轮盒由齿轮、蜗轮蜗杆机构组成。其功能是传递电动机动力，并将电动机的旋转运动转变为传动杆的往复运动，从而实现对座椅不同位置的调整。

2. 座位非电脑调节系统的工作原理

座椅前、后滑移和座椅靠背仰合控制电路如图9-10所示。

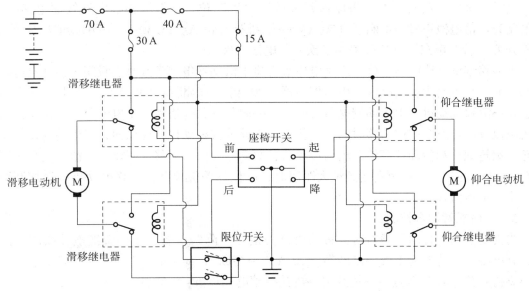

图9-10 座椅前、后滑移和座椅靠背仰合控制电路

1）座椅前、后滑移控制

当需要座椅向前滑移时，将座椅开关接通"前"位置，使上滑移继电器线圈电路接通，其电路为：蓄电池正极→熔断器（70 A）→熔断器（40 A、15 A）→上滑移继电器线圈→座椅开关"前"触点→座椅开关→搭铁→蓄电池负极。

上滑移继电器线圈通电后，产生电磁吸力将上滑移继电器常开触点吸闭，使滑移电动机电路接通，其电路为：蓄电池正极→熔断器（70 A）→熔断器（30 A）→上滑移继电器常开触点→滑移电动机→下滑移继电器常闭触点→限位开关→搭铁→蓄电池负极。滑移电动机电流接通时，其电枢便开始转动并输出电磁转矩，经驱动齿轮、蜗轮蜗杆和传动杆等传动机构传动，如图9-11所示，从而驱动座椅向前滑移。

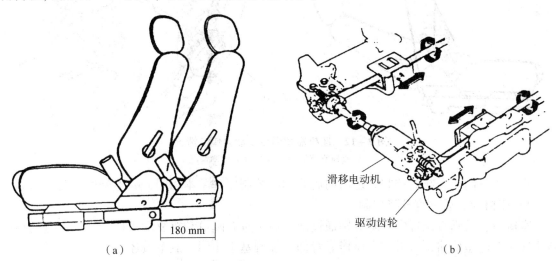

图9-11 座椅前后滑移及动力传递情况
（a）座椅前后滑移；（b）动力传递情况

当需要座椅向后滑移时，将座椅开关接通"后"位置，下滑移继电器线圈电路接通，其电路为：蓄电池正极→熔断器（70 A）→熔断器（40 A、15 A）→下滑动继电器线圈→座椅开关"后"触点→座椅开关→搭铁→蓄电池负极。

下滑移继电器线圈通电后，产生电磁吸力将下滑动继电器常开触点吸闭，使滑移电动机电路接通，其电路为：蓄电池正极→熔断器（70 A）→熔断器（30 A）→下滑移继电器常开触点→滑移电动机→上滑动继电器常闭触点→限位开关→搭铁→蓄电池负极。由于滑移电动机电流方向与座椅向前滑移时的方向相反，因此滑移电动机转向反向，产生的力矩经驱动齿轮、蜗轮蜗杆和传动杆等传动机构传动后，驱动座椅向后滑移。座椅向后滑移的最大距离一般为180 mm。当滑移距离达到最大距离时，限位开关被顶开，滑移电动机电流切断而停动，座椅不再滑移。

2）座椅靠背仰合控制

当需要座椅靠背向后倾斜时，将座椅开关接通"降"位置，下仰合继电器线圈电路接通，其电路为：蓄电池正极→熔断器（70 A）→熔断器（40 A、15 A）→下仰合继电器线圈→座椅开关"降"触点→座椅开关→搭铁→蓄电池负极。

下仰合继电器线圈通电后，产生电磁吸力将下仰合继电器常开触点吸闭，使仰合电动机电路接通，其电路为：蓄电池正极→熔断器（70 A）→熔断器（30 A）→下仰合继电器常开触点→仰合电动机→上仰合继电器常闭触点→搭铁→蓄电池负极。仰合电动机电流接通，产生驱动力矩，经齿轮和传动杆传动，如图9-12所示，驱动座椅靠背向后倾倒，最大倾斜角度约为50°。

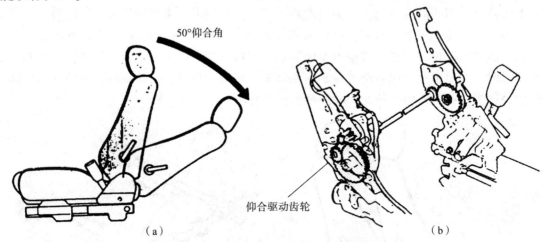

图9-12 座椅靠背仰合及动力传递情况
(a) 座椅靠背仰合；(b) 动力传递情况

座椅靠背向前合起的控制原理与向后倾倒的控制原理基本相同，故不赘述。

3）座椅前、后垂直升降控制

座椅前、后垂直位置的升降分别通过前、后垂直升降电动机驱动实现。其控制电路和控制原理与上述座椅前、后滑移和座椅靠背仰合控制基本相同，故不赘述。

9.4.2 座位电脑调节系统

座位电脑调节系统又称为带存储功能的座位调节系统，其显著特点是：通过操纵座位控制开关，可将座位的前、后滑移和前、后垂直位置参数，座椅靠背和头枕的倾斜参数，以及座椅腰垫的位置参数等存储在存储器中；当存储与复位开关输入控制信号时，在 ECU 的控制下，座椅位置将自动存储和复位。

在多数高档轿车上配装有座位电脑调节系统，其座椅位置的调整由 ECU 进行控制。下面以雷克萨斯 LS400 型轿车座位电脑调节系统为例说明。

1. 座位电脑调节系统的结构组成

雷克萨斯 LS400 型轿车座位电脑调节系统也是由控制电动机、控制机构和传动机构 3 部分组成的，如图 9-13 所示。控制电动机和传动机构等执行器与座位非电脑调节系统基本相同，其不同之处在于控制机构。

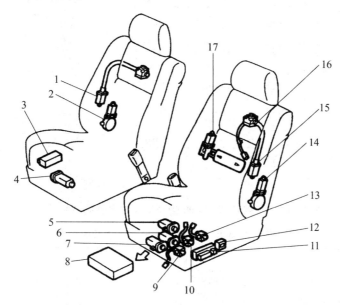

图 9-13 雷克萨斯 LS400 型轿车座位电脑调节系统控制部件的安装位置

1，15—头枕电动机；2—倾斜电动机；3，11—座椅开关；4，7—滑移电动机；5—后垂直电动机；6—前垂直电动机；
8—座椅 ECU；9—滑移位置传感器；10—前垂直位置传感器；12—腰垫开关；13—后垂直位置传感器；
14—倾斜电动机与位置传感器；16—头枕位置传感器；17—腰垫电动机

座位电脑调节系统的控制机构由控制开关、座椅位置传感器和座椅 ECU 组成。控制开关有操纵（存储）开关和限位开关两种。操纵（存储）开关采用触摸式导电橡胶开关，操作同一个开关，可向座椅 ECU 顺序输入多个控制参数。限位开关用于限制传动部件移动的位置。位置传感器的功能是监测并向座椅 ECU 输入座椅的位置信号。

雷克萨斯 LS400 型轿车座位电脑调节系统电路如图 9-14 所示，系统设有电动机插接器 A、传感器插接器 B 和控制开关插接器 C 三个插接器，插接器端子名称如表 9-1 所示。

2. 控制部件的功能

座椅开关的功能是：当接通该开关时，向座椅 ECU 输入座椅前后滑移、前垂直、后垂直、靠背倾斜和头枕高低位置等信号。存储和复位开关的功能是：通过倾斜和伸缩 ECU 将记忆和复位信号输送到座椅 ECU 的存储器中。

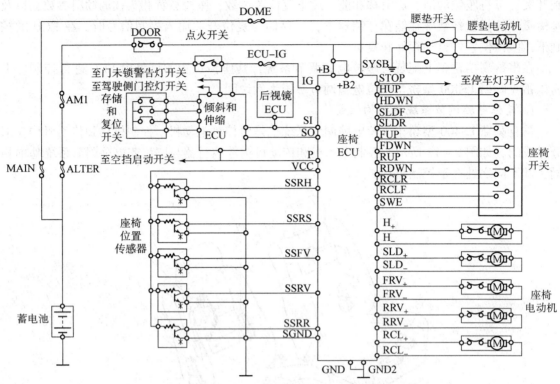

图 9-14 雷克萨斯 LS400 型轿车座位电脑调节系统电路

表 9-1 雷克萨斯 LS400 型轿车座位电脑调节系统插接器端子名称

编号	代号	端子名称	编号	代号	端子名称	编号	代号	端子名称
A1	GND	搭铁	B2	SYSB	电源	B17	SO	串行通信
A2	H+	头枕电动机（向上）	B3	—	备用端子	B18	SGND	传感器搭铁
A3	SLD+	滑移电动机（向前）	B4	SSRH	头枕传感器	C1	HUP	头枕开关（向上）
A4	FRV+	前垂直电动机（向上）	B5	—	备用端子	C2	SLDF	滑移开关（向前）
A5	RRV+	后垂直电动机（向上）	B6	—	备用端子	C3	RCLR	倾斜开关（向后）
A6	+B	电源	B7	—	备用端子	C4	FUP	前垂直开关（向上）
A7	GND2	搭铁	B8	SI	串行通信	C5	RUP	后垂直开关（向上）
A8	H-	头枕电动机（向下）	B9	P	空挡起动开关	C6	SWE	手动开关搭铁
A9	SLD-	滑移电动机（向后）	B10	VCC	位置传感器电源	C7	HDWN	头枕开关（向下）
A10	RCL-	倾斜电动机（向下）	B11	IG	点火开关	C8	SLDR	滑移开关（向后）
A11	RCL+	倾斜电动机（向上）	B12	SSRR	倾斜传感器	C9	RCLF	倾斜开关（向前）
A12	FRV-	前垂直电动机（向下）	B13	SSRV	后垂直传感器	C10	—	备用端子
A13	RRV-	后垂直电动机（向下）	B14	SSFV	前垂直传感器	C11	FDWN	前垂直开关（向下）
A14	+B2	电源	B15	SSRS	滑移传感器	C12	RDWN	后垂直开关（向下）
B1	STOP	停车灯	B16	—	备用端子			

座椅 ECU 的功能是：控制各电动机电流的接通与切断，控制执行存储和复位动作。当座椅 ECU 接收到座椅开关的输入信号后，座椅 ECU 立即控制内部的继电器动作，接通或切断相应的控制电动机电路，并通过动力传动机构驱动座椅动作。座椅位置的存储和复位，由倾斜和伸缩 ECU 与座椅 ECU 之间相互通信联系进行控制。

腰垫开关的功能是：控制腰垫电动机电路的接通、切断和腰垫电动机电流的流向（即控制腰垫电动机的旋转方向）。当座椅 ECU 接收到来自门控熔断器 DOOR 和 "+B" 端子的电源电压时，说明腰垫开关接通，腰垫电动机电流接通；开关断开则腰垫电动机电流切断。腰垫开关与座椅 ECU 并不连接，因此，腰垫调整参数不能存储在存储器中。

位置传感器的功能是：将每只电动机（包括滑移、前垂直、后垂直、倾斜和头枕电动机）的位置信号输送到座椅 ECU，再由座椅 ECU 与倾斜和伸缩 ECU 控制座椅位置的存储和复位。

驱动电动机的功能是：提供动力。每只电动机内部都设有电路断路器。座椅前、后滑移，前垂直，后垂直，倾斜和头枕电动机由座椅 ECU 控制；腰垫电动机由腰垫开关控制。

3. 座位电脑调节系统的工作原理

座位电脑调节系统的工作原理是：座椅 ECU 根据座椅开关输入的座椅前、后滑移，前垂直，后垂直，靠背倾斜和头枕高低位置等信号，通过内部的继电器分别控制各个驱动电动机动作，使座椅位置达到使用人员设定的要求。位置传感器将每台电动机（包括滑移、前垂直、后垂直、倾斜和头枕电动机）的位置信号输送到座椅 ECU，再由座椅 ECU 与倾斜和伸缩 ECU 根据存储和复位开关信号控制座椅位置的存储和复位。

本章小结

本章主要介绍了电动刮水系统的结构组成、变速原理、控制过程和间歇刮水原理，电动洗涤系统的结构原理，风窗玻璃除霜系统的结构原理，车窗玻璃升降系统的结构原理，座位非电脑调节和电脑调节系统的结构组成与工作原理等内容。

下列问题覆盖了本章的主要学习内容，利用以下线索可对所学内容作一次简要的回顾：

（1）电动刮水系统的组成与变速原理。当电刷偏置时，两电刷间的反电动势降低，电枢电流增大，驱动转矩增大，所以刮水电动机转速升高，从而使刮水片快速摆动。

（2）电动刮水系统的控制过程。通过控制刮水电动机工作电路的变换来实现变速刮水。

（3）汽车间歇刮水控制系统的组成与间歇刮水控制过程。刮洗时间为 2~4 s，刮水片摆动 1~2 次，间歇时间为 4~6 s，驾驶人能获得良好的视野。

（4）电动洗涤系统的结构组成与控制原理。与电动刮水系统配合工作，能将风窗玻璃上的尘土或污物刮洗干净。

（5）座椅位置调节系统的结构组成与控制原理。座位电脑调节系统的显著特点是：通过操纵座位控制开关，可将座位的前、后滑移位置的参数，前、后垂直位置的参数，座椅靠背和头枕倾斜的参数，以及座椅腰垫的位置参数等存储在存储器中；当存储与复位开关输入控制信号时，在 ECU 的控制下，座椅位置将自动存储和复位。

复习题

一、单选题

1. 当电动刮水片低速摆动时,刮水电动机通电电刷之间的最小几何角度为(   )。
   A. 360°　　　　B. 180°　　　　C. 120°　　　　D. 60°
2. 当电动刮水片高速摆动时,刮水电动机通电电刷之间的最小几何角度为(   )。
   A. 360°　　　　B. 180°　　　　C. 120°　　　　D. 60°
3. 刮水电动机的低速电刷与高速电刷之间的最小几何角度为(   )。
   A. 360°　　　　B. 180°　　　　C. 120°　　　　D. 60°
4. 电动刮水系统是由(   )实现间歇刮水功能的。
   A. 继电器　　　　　　　　　　　B. 变速电动机
   C. 间歇刮水控制器　　　　　　　D. 刮水器
5. 电动刮水系统普遍采用永磁式三刷电动机的目的是(   )。
   A. 便于控制　　B. 实现变速　　C. 便于加热　　D. 便于洗涤

二、多选题

1. 风窗玻璃刮水与洗涤系统的功能是刮除风窗玻璃上的(   )。
   A. 雨水　　　　B. 轻微积雪　　C. 尘土　　　　D. 污物
2. 电动刮水器主要包括(   )。
   A. 刮水电动机　B. 传动机构　　C. 洗涤水泵　　D. 刮水片组件
3. 电动刮水系统通过变换刮水电动机的工作电路,就能实现(   )。
   A. 慢速刮水　　B. 快速刮水　　C. 停机复位　　D. 间歇刮水
4. 车窗玻璃升降电动机总成包括(   )。
   A. 储液罐　　　B. 驱动电动机　C. 蜗轮蜗杆机构　D. 玻璃升降机构
5. 通过操纵座位控制开关,汽车座椅位置调节系统就可调节座椅的(   )。
   A. 前后位置　　B. 高低位置　　C. 头枕倾斜角度　D. 倾斜角度

三、判断题

1. 电动刮水系统能够刮除风窗玻璃上凝结的冰和霜。　　　　　　　　　　　(   )
2. 刮洗风窗玻璃上的尘土或污物时,应先接通刮水器开关,后接通洗涤开关。(   )
3. 使用车窗玻璃洗涤器时,连续接通洗涤开关的时间应不超过 5 s。　　　　(   )
4. 接通空调暖风可以清除前风窗玻璃和侧车窗玻璃上的冰霜。　　　　　　　(   )
5. 后风窗玻璃结冰、结霜通常利用电热丝加热去除。　　　　　　　　　　　(   )

四、简答题

1. 汽车电动刮水系统的永磁式三刷电动机怎样实现变速运转?
2. 汽车电动刮水系统的功能是什么?主要由哪些部件组成?
3. 为什么在储液罐内无洗涤液时,不能接通洗涤水泵空转?
4. 车窗玻璃升降系统由哪些部件组成?
5. 汽车座位电脑调节系统具有哪些特点?

复习题参考答案

一、单选题：1. B；2. C；3. D；4. C；5. B

二、多选题：1. ABCD；2. ABD；3. ABCD；4. BCD；5. ABCD

三、判断题：1. ×；2. ×；3. √；4. √；5. √

第 10 章

全车线路

1. 认知目标

（1）了解全车线路的表达方式。

（2）熟悉全车线路的连接原则与图形符号。

（3）掌握全车线路的识读方法与分析方法。

2. 技能目标

（1）能够说明全车线路的表达方式。

（2）能够熟练地识读和分析全车线路。

全车线路是汽车电气设备总线路的简称，又称为全车电路。本章主要内容包括全车线路的表达方式、连接原则、识读方法和分析方法，全车线路配电装置与器材等。要求学生掌握全车线路的相关知识，为使用和维修奠定坚实的基础。

10.1　全车线路的表达方式

【知识链接】

全车线路是将电源系统、起动系统、信息显示系统、照明与信号系统、电子控制系统、空调系统和辅助电气系统等，按照它们各自的工作特性以及相互的内在联系，利用熔断器、继电器、开关和导线连接起来构成的一个整体线路。了解各种电器之间的内在联系，熟悉汽车全车电气线路的连接情况，是正确使用电气设备和快速分析与排除电气故障的必要条件。

随着工业技术的发展和汽车性能的提高，汽车装备的电气设备日益增多，全车线路也日趋复杂。与此相适应的汽车线路的表达方式也在发生变革,电气线路简化、规范是当今世界各国表达汽车线路的总要求。目前汽车线路的表达方式主要有线路图和原理图两种。

10.1.1 线路图

线路图是表达汽车电路的一种传统方法,是将汽车电气设备在汽车上的实际安装位置用线条从电源到开关至搭铁一一连接起来所构成的一种图。图 10-1 所示为北京 BJ2020 系列汽车全车线路图。这种全车线路图的优点是:电气设备的外形、安装位置与实际位置基本一致,因此可以沿线路跟踪排查电气故障,导线中间的分支接点容易找到,便于制作线束,故仍有不少厂家沿用。其缺点是:线束密集,纵横交错,读图分析不便。随着汽车电气与电子设备的增多,这种线路图的缺点更加突出,查寻和排除电气线路故障更加困难。为了克服这些不足,德国、法国和日本等国的汽车厂商设计了分层次、分系统表达形式的全车线路图,从而使全车线路,特别是电气与电子设备较多的轿车全车线路图大大简化,且容易识读。图 10-2 所示为大众系列轿车的部分全车线路图。

【特别提示】

全车线路图适合汽车维修人员检查排除电气故障时阅读使用。

10.1.2 原理图

全车线路原理图是用简明的图形符号按线路原理将电气系统由上到下合理地连接起来,并将各个子系统分别并联排列的线路图。图 10-3 所示为斯太尔系列汽车全车线路原理图。

全车线路原理图的优点是各电气线路的连接关系简单明了、图面清晰、通俗易懂。其缺点是只适合熟悉电气系统结构特点和工作原理的人员阅读使用。

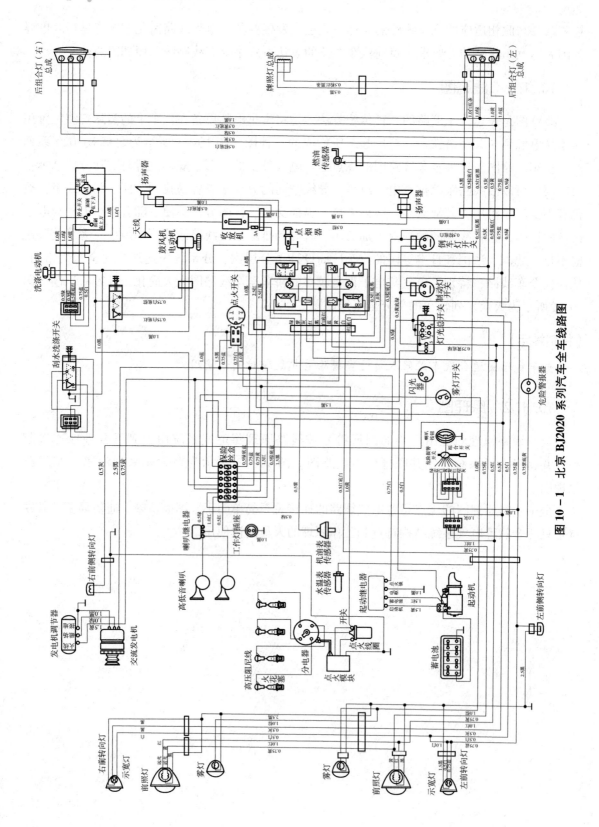

图10-1 北京BJ2020系列汽车全车线路图

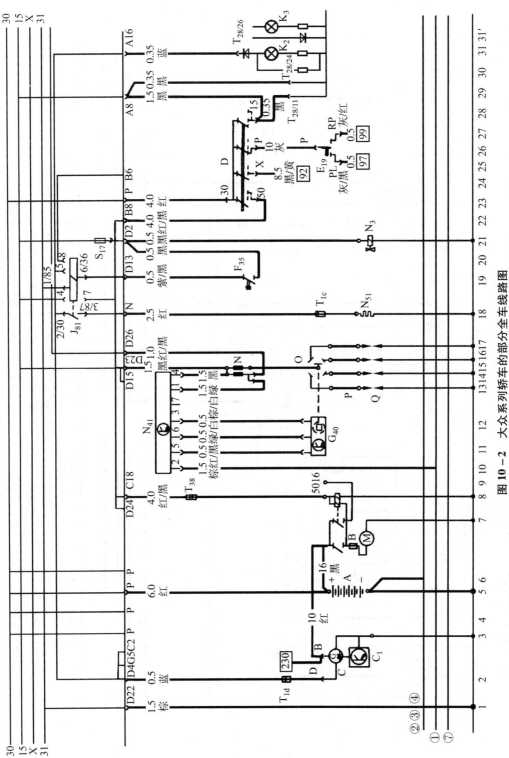

图 10-2 大众系列轿车的部分全车线路图

A—蓄电池；B—起动机；C_1—整体式交流发电机；C—整体式交流发电机内部调节器；D—点火开关；D_1—油压指示灯；K_2—充电指示灯；K_3—进气预热器加热电阻；J_{81}—进气预热继电器；K_2—充电指示灯；K_3—进气预热器加热电阻；N—点火线圈；N_3—怠速截止电磁阀；N_{41}—电子点火控制器；N_{51}—进气预热器加热电阻；O—配电器；P—火花塞；P_1—火花塞抗干扰插头；Q—火花塞抗干扰插接器（位于蓄电池旁）；T_{1c}—单端子插接器（位于蓄电池旁）；T_{1d}—单端子插接器（位于仪表盘右后方）

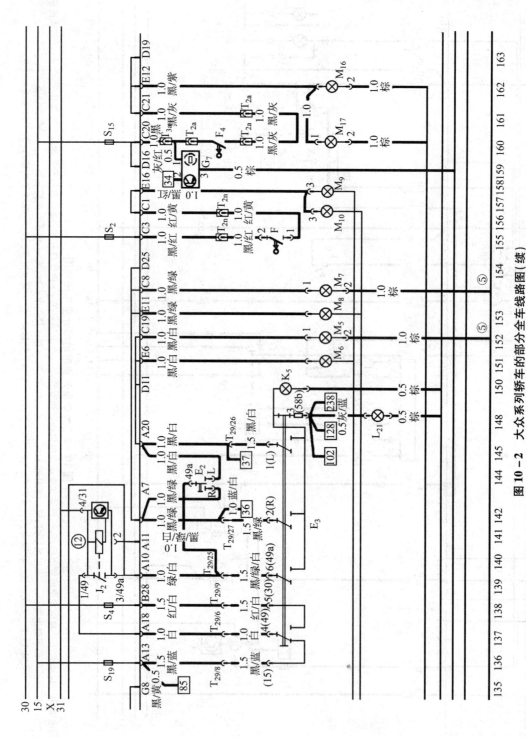

图 10-2 大众系列轿车的部分全车线路图(续)

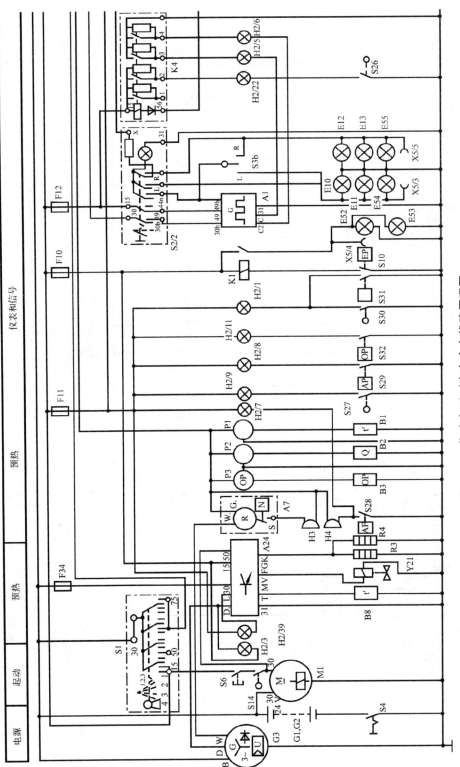

图 10-3 斯太尔系列汽车全车线路原理图

G1,G2—蓄电池;G3—交流发电机;S4—电源总开关;M1—起动机;S1—起动开关;S6—起动按钮;S14—空挡开关;A24—火焰预热控制器;
B8—温度传感器;H2/39—火焰预热指示灯;R3,R4—预热器;F34—电磁阀;Y21—电磁阀;H3—超速报警蜂鸣器;H4—一超速报警蜂鸣器;A7—发动机转速器;B2—燃油表传感器;
H2/1—手制动器警告灯;H2/7—气压过低警告灯;S29—空气滤清器阻塞警告灯;H2/8—空气滤清器阻塞警告灯;S30—辅助用气系统气压过低警告灯;S31—驻车制动(手制动)气压过低警告灯;S27—驾驶室锁止指示灯开关;
S29—空气滤清器阻塞警告灯开关;P1—油压表;P2—燃油表;P3—水温表;S28—气压过低报警开关(在气压表P4内);
F11—熔断器 5 A;A1—晶体管闪光继电器;E10—左前转向信号灯;E11—左侧转向信号灯;E12—右前转向信号灯;E13—右侧转向信号灯;K1—制动灯继电器;K4—弱光继电器;S2/2—危险报警灯按钮开关
E54—左组合后灯内的转向信号灯;E55—右组合后灯内的转向信号灯

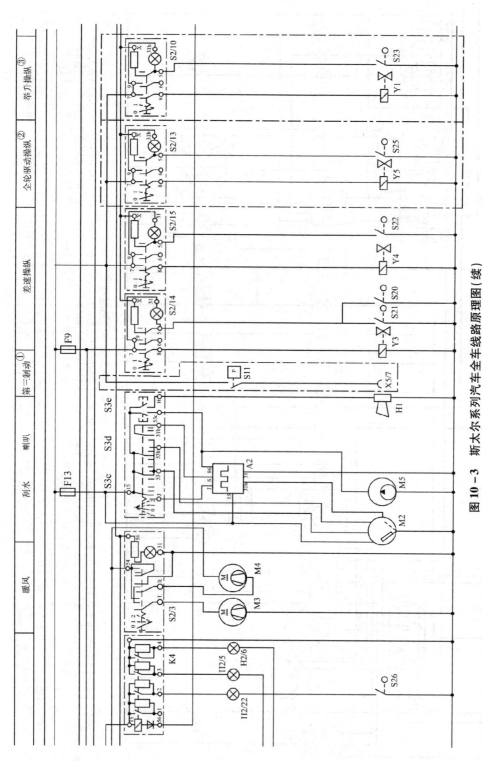

图 10-3 斯太尔系列汽车全车线路原理图（续）

S3b—转向组合开关；S10—制动开关；S26—低速挡指示灯开关；X5/4—挂车制动灯插接器插座；X5/5—挂车转向灯插接器插座（右转向信号灯）；F10—熔断器 5A；F12—熔断器 5A（X5/3,X5/4,X5/5 仅用于牵引车和挂车，如 S34 牵引车）；M3—左暖风电动机；M4—右暖风电动机；S2/3—暖风电动机；A2—刮水电动机；M5—洗涤泵电动机；H1—喇叭；M2—刮水电动机；S3c—组合开关的刮水部分；S3d—组合开关的洗涤部分；S3e—组合开关的喇叭部分；F13—熔断器 8A；S11—第三制动系统的气压开关；X5/7—挂车制动灯插接器；S2/14—轮间差速锁按钮开关；S2/15—轴间差速锁按钮开关；S20—中桥轮间差速锁指示灯开关；S21—后桥轮间差速锁指示灯开关；S22—轴间差速锁指示灯开关；Y3—轮间差速锁电磁阀；Y4—轴间差速锁电磁阀；F9—熔断器 5 A；S2/13—全轮驱动开关；S25—全轮驱动指示灯开关；S23—取力器开关；S2/10—取力指示灯开关；Y5—全轮驱动电磁阀；Y1—取力电磁阀；A4—收放机；B8—左扬声器；B9—右扬声器；

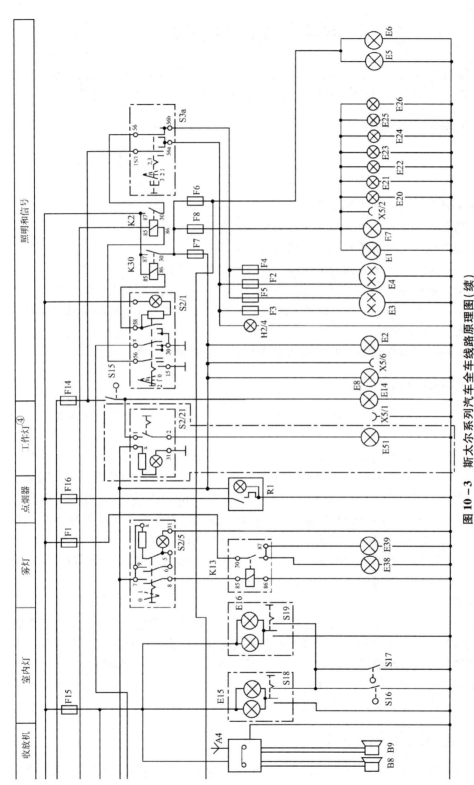

图10-3 斯太尔系列汽车全车线路原理图(续)

E15—左室内灯;E16—右室内灯;S16—左门控开关;S17—右门控开关;S18—左室内灯开关(在左室内灯 E15 内);S19—右室内灯开关(在右室内灯 E16 内);F15—熔断器 8A;E38—左雾灯;E39—右雾灯;K13—雾灯继电器;S2/5—雾灯开关;F1—熔断器 25 A;R1—点烟器;F16—熔断器 8 A;E51—工作灯;S2/21—工作灯开关;E1—左后组合灯内的尾灯;E2—右后组合灯内的尾灯;F3—左前组合灯内的前照灯;E4—右前组合灯内的前照灯;E5—左前组合灯内的示宽灯;E6—右前组合灯内的示宽灯;E7—左示高灯;E8—右示高灯;E14—倒车灯;E20—车速里程表照明灯;E21—转速表照明灯;E22—气压表照明灯;E23—油压表照明灯;E24—燃油表照明灯;E25—温度表照明灯;E26—车速里程表照明灯;H2/4—远光指示灯;K2—前照灯继电器;K30—位置灯继电器;S2/1—灯总开关;S3a—组合开关的变光与超车灯开关部分;S15—倒车灯开关;X5/1—挂车插座(搭铁);X5/2—挂车插座(左尾灯);X5/6—挂车插座(右尾灯);F2~P8—熔断器 5 A(X5/1,X5/2,X5/6 仅用于牵引车和挂车,如 S34 牵引车);

10.2　全车线路图的识读

识读全车线路图是检修和排除电气故障的前提。了解全车线路的连接原则，熟悉各种电路图形符号及其含义，掌握全车线路图的识读方法，是快速准确地排除电气故障的必要条件。

10.2.1　全车线路连接原则

【特别提示】

全车线路按车辆结构形式，电气设备的数量、安装位置、接线方法不同而各有不同，但全车线路的连接都必须遵循以下几条原则：

(1) 汽车上的各种电气设备大都采用单线制连接，其负极必须可靠搭铁。
(2) 汽车上的交流发电机与蓄电池两个电源必须并联连接。
(3) 各种用电设备的连接关系为并联连接，并由各自的开关控制。
(4) 电流表必须能够监测蓄电池充、放电电流的大小。因此，在蓄电池供电时，电流都要经过电流表并与蓄电池构成回路。但是，用电量较大且工作时间较短的起动机电流则例外，即起动机电流不经过电流表。
(5) 各型汽车均配装有保险器，用以防止发生短路而烧坏用电设备和线束。

10.2.2　全车线路图形符号

汽车线路中常用的图形符号有电路图形符号和仪表、开关、指示灯标志图形符号。

1. 电路图形符号

在不同国家和汽车厂商推出的汽车电路中，采用的电路图形符号各有不同。我国汽车电气行业工程技术人员与专家教授在综合分析国内外汽车电路图表达方法的基础上，以国家标准 GB/T 4728—2008《电气简图用图形符号》和德国博世（Bosch）公司推出的《汽车电路图及其图形符号》(Automotive Symbols and Circuit Diagrams) 为蓝本，参照国际标准化组织 ISO 制定的电气图用图形符号标准草案，结合国内的具体情况，提出了表 10-1 所示的汽车电路图形符号，对汽车线路原理图的画法进行了统一规范。因为这些电路图形符号简明扼要、含义准确，所以国内汽车行业目前已经普遍采用。

2. 标志图形符号

国内汽车电气行业工程技术人员与专家教授提出的汽车仪表、开关与指示灯标志图形符号及含义如表 10-2 所示。这些标志图形符号制作在仪表盘或仪表台的面膜上，面膜带有不同的颜色，在面膜下面设有相应的照明灯。因此，当相应的照明灯电路接通时，面膜上的标志图形符号和颜色清晰可见。除暖风用红色、冷气和行驶灯光用蓝色之外，其余标志图形符号红色表示危险或警告，黄色表示注意，绿色表示安全。

10.2.3　全车线路图识读方法

全车线路图在画法上注重各电气设备在汽车上的实际位置，图的左边一般代表汽车的前部，图的右边一般代表汽车的尾部，图中的电气设备大多以实物轮廓的示意形状来表示，给读者以真实的感觉。

表 10-1 汽车电路图形符号

名称	电路图形符号	名称	电路图形符号
插座的一个极		动断（常闭）触点	
插头的一个极		先断后合的触点	
插头和插座		先断后合的触点	
多极插头和插座（示出的为三极）		电压表	Ⓥ
接通的连接片		电流表	Ⓐ
断开的连接片		电压电流表	Ⓐ/Ⓥ
边界线		温度表传感器	
屏蔽（护罩）（可画成任何方便的形状）		空气温度传感器	
		冷却液温度传感器	
屏蔽导线		燃油表传感器	
端子		油压表传感器	
可拆卸的端子		空气质量传感器	
导线的连接		空气流量传感器	
导线的分支连接		氧传感器	
导线的交叉连接		爆燃传感器	
一般情况下手动控制		中间断开的双向触点	或
拉拔操作			
旋转操作			
动合（常开）触点		双向动合触点	

续表

名称	电路图形符号	名称	电路图形符号
双动断触点		尾灯传感器	
单动断双动合触点		制动器摩擦片传感器	
双动断单动合触点		燃油滤清器积水传感器	
		三丝灯泡	
天线电动机		电路集电环与电刷	
直流伺服电动机		自记车速里程表	
直流发电机		带电钟的自记车速里程表	
定子绕组为星形连接的交流发电机		带电钟的车速里程表	
定子绕组为三角形连接的交流发电机		门窗电动机（垂直驱动）	
外接电压调节器与交流发电机		座椅安全带装置	
整体式交流发电机		电子门锁（中央集控门锁）	
蓄电池		不同方向绕组电磁铁	
蓄电池传感器		转速传感器	
两个绕组电磁铁		电喇叭	
制动灯传感器			

续表

名称	电路图形符号	名称	电路图形符号
扬声器		并励直流电动机	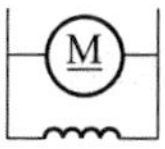
蜂鸣器		永磁式直流电动机	
报警器、电警笛		起动机（带电磁开关）	
元件、装置、功能（填上适当符号或代号，表示元件、装置或功能）	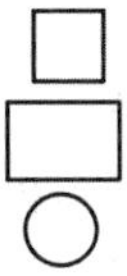	燃油泵电动机、洗涤电动机	
		晶体管电动燃油泵	
信号发生器	 G	加热定时器	
脉冲发生器		点火电子组件	
闪光器		空调鼓风机电动机（室内用、可调风量与风向）	
霍尔信号发生器			
磁感应信号发生器	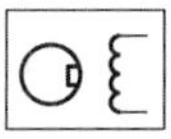	刮水电动机	
		易熔线	
分电器（图示为4缸）		电路断电器	
火花塞		钥匙开关（全部定位）	
电压调节器	U		
转换调节器	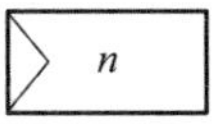 n	多挡开关：点火起动开关，瞬时位置为2能自动返回到1（即2挡不能定位）	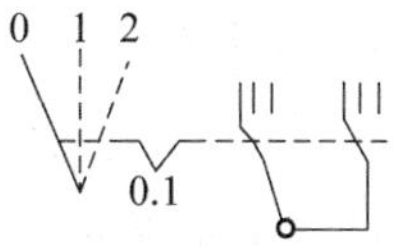
温度调节器	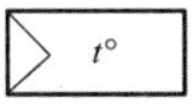 $t°$		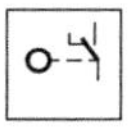
直流电动机	M	节流阀开关	
串励直流电动机	 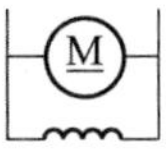 M	压敏电阻器	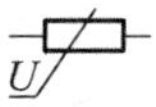 U

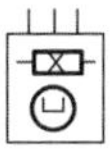

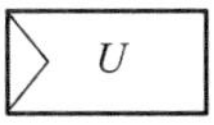

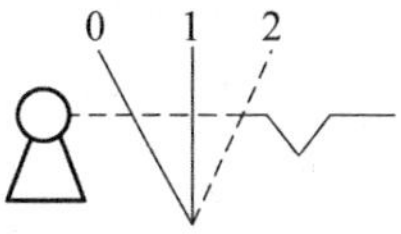

续表

名称	电路图形符号	名称	电路图形符号
热敏电阻器		间歇刮水继电器	
仪表照明调光电阻		防盗刮水继电器	
触点常开的继电器		收音机	
触点常闭的继电器		光敏电阻	
温度补偿器	t° comp	加热元件、电热塞	
电磁阀一般符号		内部通信联络及音响系统	
常开电磁阀		速度传感器	v
常闭电磁阀		空气压力传感器	AP
空调压缩机的电磁离合器		制动压力传感器	BP
用电动机操纵的怠速调整装置	M	传感器的一般符号（星号按规定字母或符号写入）	*
过电压保护装置	U>	照明灯、信号灯、仪表灯、指示灯	
过电流保护装置	I>	双丝灯	
加热器（除霜器）		荧光灯	
空气调节器		组合灯	
汽车仪表稳压器	U const	预热指示器	
点烟器		电钟	
热继电器			

续表

名称	电路图形符号	名称	电路图形符号
数字式电钟	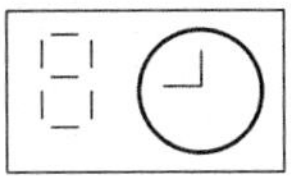	温度表	$t°$
收放机		燃油表	Q
点火线圈	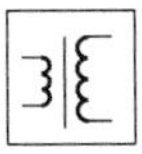	车速里程表	v
油压表	OP	指示仪表（星号按规定字母或符号代入）	$*$
转速表	n'		

表 10-2 汽车仪表、开关与指示灯标志图形符号

名称	标志图形符号	名称	标志图形符号	名称	标志图形符号	名称	标志图形符号
喇叭		顶灯		机油温度		后窗刮水	
电源总开关		停车灯		机油压力		后窗洗涤	
灯总开关		转向灯		安全带		后窗洗涤刮水	
远光		危险信号		点烟器		前照灯清洗器	
近光		驻车制动		门开警报		阻风门	
前照灯水平操纵		制动器故障		驾驶锁止		手油门	
远照灯		空滤器堵塞		发动机罩		百叶窗	
前雾灯		机滤器堵塞		行李箱罩		起动预热	
后雾灯		电池充电		前窗刮水		熄火	
后照灯		无铅汽油		间歇刮水		高低挡选择	

续表

名称	标志图形符号	名称	标志图形符号	名称	标志图形符号	名称	标志图形符号
示廓灯		汽（柴）油		前窗洗涤器		下坡缓行器	
车厢灯	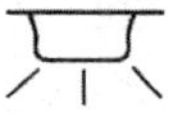	冷却液温度		前窗洗涤刮水器		轮间差速器	
轴间差速器		冷气		右出风口		全部出风口	
起动	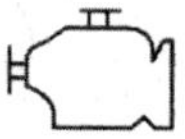	风扇		左出风口		坐垫暖风	
暖风		腿部出风口		左右出风口		前后除霜	

【特别提示】

全车线路原理图的识读比较容易，但需要一定的基础。全车线路图的线条多、节点多、符号多，结构紧凑，看起来像蜘蛛网一样复杂。因此，全车线路图的识读比较困难，其识读过程大致可分为浏览、展绘和整理3个阶段。

1. 浏览

汽车各种电器在线路图上均以阿拉伯数字或英文字母代号标注，在图注中也用相应的数字或英文字母代号表示该电气设备的名称。在识读线路图时，首先要仔细阅读图注，并对照图注代号和图形代号找出各主要电气设备（包括电源系统、起动系统、点火系统、发动机燃油喷射系统、防抱死制动系统等）在线路图中的位置，了解整车装备有哪些电气设备或系统。

在识读某一系统的线路图时，可根据图中数字或字母代号在图注中查找该电气设备的名称。如有不熟悉的电子控制系统（如无人驾驶系统、车身动态综合管理系统）时，则应查阅有关图书、资料和原理图，了解系统和部件的功能与原理。

2. 展绘

展绘线路图的目的是把线路图展开，即"化整为零、找出通路"。浏览线路图之后，虽然可以基本了解各电气系统的组成，但是由于整车电气系统支路数较多，浏览不一定能完全了解电路原理及其连接特点。因此，需要把图中的每条导线准确地展绘出来。

展绘线路图时，为了避免出现差错，可用直尺或三角板把每一条电流通路找出，并将其详细地描绘下来。为了防止遗漏，展绘时应找出一条记录一条，直到绘出最后一条导线为止。在展绘每一条支路时，一般按电源正极→火线→熔断器→继电器或开关等→电气设备→搭铁→电源负极的顺序找出电流通路。

【特别提示】

当今汽车配装的熔断器、插接器、继电器、报警灯和指示灯等数量较多，这些部件必须仔细标注清楚。由于灯总开关、刮水器开关、点火开关、组合仪表盘的接线端子较多，且导线密集，因此在展绘时要仔细观察、反复核实，以免出现差错。

展绘的目的仅仅是把线路图展开。因此在展绘过程中，不仅要求绘出简洁规范的原理图，同时应尽可能用幅面较大的纸张，以便展绘画线并提高展绘进度。

3. 整理

展绘得到的线路图杂乱无章、不便识读，需要经过反复修改才能整理出简洁、完整、准确的线路图。整理后的线路图布局应有统一的格式，零部件符号应采用标准符号标注，图中接线端子标号和导线标号等必须与原图标号一致。对特殊部件，应在图注中用文字说明。

识读一定数量的汽车线路图之后，就会发现不同车型的全车线路都有许多共同点。如外搭铁型交流发电机的磁场线路均为：交流发电机"输出（B）"端子→点火开关→发电机磁场绕组→调节器"磁场（F）"端子→调节器内部大功率三极管→调节器"搭铁（E）"端子→交流发电机"搭铁（E）"端子。内搭铁型交流发电机的磁场线路均为：交流发电机"输出（B）"端子→点火开关→电子调节器"电源（B）"端子→调节器内部大功率三极管→调节器"磁场（F）"端子→发电机磁场绕组→调节器"搭铁（E）"端子→交流发电机"搭铁（E）"端子。

对初学者而言，虽然识读汽车线路图比较困难，但是只要掌握识读方法，就能逐步进行识读。此外，随时归纳总结共性与差异，对快速识读汽车线路图也有很大帮助。

10.2.4 全车线路图识读要领

全车线路图是一种电路原理图，主要表明汽车电气设备的工作原理，如电流走向、流过电气装置的顺序等，图中符号和线路仅仅表示各电气设备之间的相互联系，并不代表实际安装位置。因此，识读全车线路图需要掌握下述要领。

1. 熟悉全车线路图的特点

在全车线路图中，电气装置采用从左到右（供电电源在左，用电设备在右，在局部电路的原理图中，信号输入端在左，信号输出端在右）、从上到下（火线在上，搭铁线在下）的顺序进行布置，且各电气系统的电路尽可能绘制在一起。在全车线路图的上方，绘制有一个说明条框，用来说明条框下面电路的组成与功能。

2. 熟悉局部线路图的分析方法

在全车线路中，大多数汽车的局部线路大同小异。因此，只要熟悉几种典型车型的线路之后，即可举一反三进行识读。识读全车线路图时，首先根据线路图上的电器图形符号和文字符号，了解全车电气设备的组成。然后根据线路图上方的说明条框，了解局部线路的组成与功能。在局部线路中，各电气设备之间的联系紧密，根据所学电气系统的相关知识，即可分析其工作原理和判断故障。分析局部线路要特别注意以下几点：

（1）必须遵循回路原则。在分析局部线路时，一定要遵循回路原则，即各局部线路只有电源和电源开关是公用的，任何一种用电设备都要构成回路。因此，需要先查找其电源正极，然后从电源火线到熔断器、控制开关，再继续查找用电设备，最后经搭铁回到电源负极。

（2）明确开关和继电器的初始状态。在分析局部线路的工作原理时，要特别注意控制开关和继电器触点的工作状态。大多数电气设备都是通过开关、继电器触点状态的变化来改变其回路，从而实现不同的线路功能。例如，转向信号灯线路就是通过转向灯开关位置转换来接通不同的转向信号灯线路,从而发出不同的转向信号。

【特别提示】

在线路图中,控制开关和继电器的状态是其初始状态。控制开关总是处于零位,即开关处于断开状态;只有一对触点的继电器,其线圈则处于断电状态,其触点处于断开状态;对于电子开关,当接通电源时,若初始状态时导通,其初始状态则是线路达到稳定工作时的状态;若初始状态时截止,其初始状态则是静止时的状态,即相当于触点断开。

(3) 还原电气部件的原理线路。在全车线路图中,电气部件的图形符号都已大大简化,大多数图形符号都难以表达出电气部件的原理线路。因此,在分析局部线路的工作原理时,可将某些电气部件的图形符号(如发电机、起动机、刮水器等)还原成较为详细的原理线路,这样便可比较清楚地表达出局部线路的相互联系,分析和查找线路走向十分方便。

【知识链接】

由汽车线路的特点可知,在全车线路图中,各系统的局部线路之间以及局部线路与电源线路之间的连接关系都是并联关系。掌握局部线路的分析方法和工作原理之后,再分析各部分线路之间的联系,对整车线路的分析研究便比较容易。

3. 熟悉典型全车线路的分析方法

汽车电气设备的标准化、通用化和专业化生产水平很高,同一国家全车线路的表达形式逐步趋于一致,世界各国汽车线路的形式也可划分为几种类型。例如,了解解放牌汽车线路的特点,国产汽车线路图的识读就可迎刃而解;了解丰田、日产等汽车线路的特点,就可基本了解日本各汽车公司生产汽车的线路特点;了解大众轿车线路的特点,就可了解西欧汽车公司生产汽车的线路特点。因此,熟悉不同国家和地区生产的几种典型汽车的线路特点和接线原则,并掌握其线路分析方法,是认读各种汽车的全车线路和排除汽车电气故障的必由之路。

10.3 大众系列轿车全车线路分析

大众系列轿车全车线路主要由电源系统、起动系统、点火系统、照明系统、仪表系统、转向与报警信号系统、进气预热系统、风窗玻璃刮水与洗涤系统、空调系统、音响系统和辅助电气系统、发动机燃油喷射系统、防抱死制动系统、安全气囊系统和自动变速系统等组成。

10.3.1 线路图的特点

大众系列轿车的电气线路图采用了德国设计风格,主要由配装继电器与熔断器的中央线路板线路、导线连通的负载线路、导线颜色、线路号码、搭铁部位以及连接上页或下页线路图的箭头6部分构成。其中,转向与报警信号系统线路图如图10-4所示。

原版大众系列轿车电气线路图为彩色线路图,各种导线的颜色用缩写英文字母标注在导线上,各英文字母表示的颜色为:ge—黄色、ws—白色、ro—红色、li—紫色、bl—蓝色、gr—灰色、gn—绿色、br—棕色、sw—黑色。

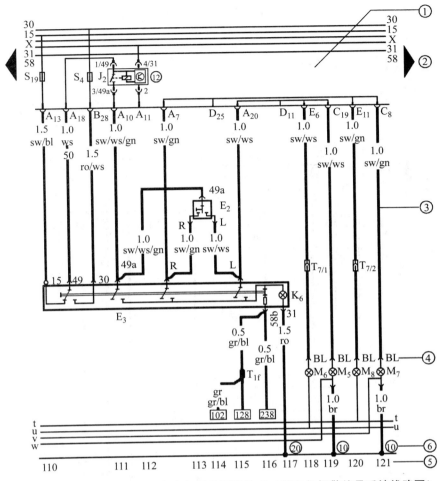

图 10-4 原版大众系列轿车电气线路图的构成（转向与报警信号系统线路图）

①—该区域表示配装有继电器与熔断器的中央线路板；②—箭头方向表示与上页或下页线路图连接；③—以导线连通的负载线路（所有开关和触点都处于断开状态）；④—导线颜色；⑤—线路号码（以便查找与其相接处）；⑥—圆圈内数字表示搭铁部位（"10"表示搭铁点在中央线路板旁边；"20"表示搭铁接线柱；"31"表示搭铁点在仪表盘束内）；E_2—转向灯开关；E_3—危险报警灯开关；J_2—复合式闪光继电器；K_6—转向信号与报警信号指示灯；M_5—左前转向信号灯；M_6—左后转向信号灯；M_7—右前转向信号灯；M_8—右后转向信号灯；T_{1f}—单端子插接器（位于仪表盘左后方）；T_7—7 孔插座连接端子

电源正极分成"30""15""X"3 路火线，标有"31"字样的导线为搭铁线。

(1) 标有"30"（或"30~A"）字样的电源线为常火线。它直接与蓄电池连接，中间不经过任何开关，无论汽车处于行驶状态还是停止状态，其电压都等于电源电压（12~14V）。"30"号电源线的电源专门供给停车灯、制动灯、报警灯、顶灯、冷却风扇电动机等在发动机熄火时需要用电的电气设备使用。

(2) 标有"15"（或"15~B"）字样的电源线为小容量用电设备的电源正极。"15"号电源线的电源受点火开关控制，只有在点火开关处于"Ⅱ"或"Ⅲ"挡位置时，才能与"30"电源线接通，用电设备才能通电使用。

(3) 标有"X"（或"X~C"）字样的电源线为大容量用电设备的电源正极。只有在汽车发动机运转、点火开关处于"Ⅱ"或"Ⅲ"挡位置、开关第二掷将减荷继电器（中间继电器）线圈电路接通，减荷继电器触点闭合时，由其供电的用电设备才能接通使用。如风窗玻璃刮水器与洗涤器、风窗玻璃除霜器、空调系统的鼓风机电动机等。

10.3.2 字母代号的含义

原版大众系列轿车电气线路图中各种符号如图10-5所示，各个符号代表的含义如下：

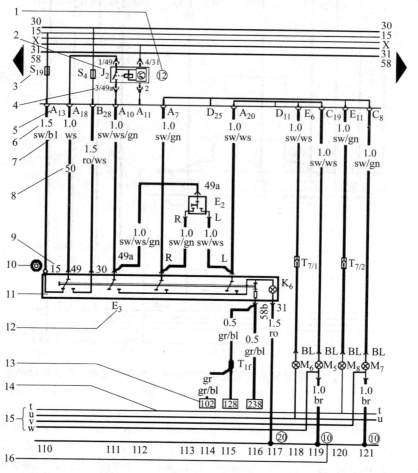

图10-5 原版大众系列轿车电气线路图中符号的含义（转向与报警信号系统线路图）

1—继电器位置号；2—中央线路板上的继电器或控制器符号；3—熔断器代号；4—中央线路板上的插接器端子代号；5—中央线路板上的插接器端子位置代号；6—导线截面积符号；7—导线颜色符号；8—白色导线上印刷的标记号；9—接线端子代号；10—故障诊断测试用的检测点代号；11—线路标记符号（布纹框）；12—零部件符号；13—导线连接端连接导线的线路号码；14—内部连接导线（细线）；15—内部连接导线符号（字母）；16—搭铁点标记符号；E_2—转向灯开关；E_3—危险报警灯开关；J_2—复合式闪光继电器；K_6—转向信号与报警信号指示灯；M_5—左前转向信号灯；M_6—左后转向信号灯；M_7—右前转向信号灯；M_8—右后转向信号灯；T_{1f}—单端子插接器（位于仪表盘左后方）；T_7—7孔插座连接端子

（1）继电器位置号"12"表明继电器在中央线路板（又称为继电器盒）上的12号位置。

（2）根据中央线路板上的继电器或控制器符号，在电气线路图的图注中可以查到其名称。如"J_2"表示复合式闪光继电器。

(3) 熔断器代号表示熔断器在熔断器座上的位置代号。如"S_{19}"表示 19 号熔断器（转向与报警信号系统，红色，10 A）。熔断器容量可据熔断器颜色判定：紫色为 3 A，红色为 10 A，蓝色为 15 A，黄色为 20 A，绿色为 30 A。

(4) 中央线路板上的插接器端子代号表示多孔插头的一个端子。如"3/49a"中的"3"表示该继电器（此处为 12 号继电器）位置上的 3 号插孔，"49a"表示继电器或控制器的 49a 号端子（插头）。

(5) 中央线路板上的插接器端子位置代号表示带线束的多孔或单孔插头的位置。如"A_{13}"表示多孔插接器插头 A 的 13 号端子。

(6) 导线截面积符号用数字标示在导线上，单位为 mm^2。

(7) 导线颜色符号用英文字母缩写表示，其含义如前所述。

(8) 白色导线上印刷的标记号，用于区分同一线束中不同的白色导线。

(9) 接线端子代号，在零部件上可以查到。

(10) 故障诊断测试用的检测点代号，在插图或线路图中可以找到同样的黑色圈内的数字代号，用于故障诊断测试。

(11) 线路标记符号（布纹框），表示一个整体部件。为了便于印刷，全车线路图中已改为黑白线路图。

(12) 零部件符号，在图注中可以查到零件名称。如"E_3"表示危险报警灯开关。

(13) 导线连接端头方框内的数字代码，表明线路图中与其连接的导线的线路号码。如 238 表示该导线端头与线路号码为 238 处的导线端头连接。

(14) 内部连接导线（细线），仅为内部电路连接，没有连接导线，可以根据内部电路连接追踪电气部件和内部电流走向。

(15) 内部连接导线符号（字母），表示下一线路图的连接线。

(16) 搭铁点标记符号，可在图注中查到搭铁点在汽车上的位置，圆圈内数字"10"表示搭铁点在中央线路板旁边；"20"表示搭铁接线柱 31，在中央线路板上的仪表盘线束内。

10.3.3 大众系列轿车线路分析

大众系列轿车全车有多条线路，下面仅分析起动系统、转向与报警信号系统线路。

【应用案例】

1. 大众系列轿车起动系统线路分析

大众系列轿车起动系统线路如图 10-2 所示。起动发动机时，点火开关 D 拨到第二挡，其"30"端子与"50"端子接通。其线路如下：

(1) 电磁开关线圈线路。起动机电磁开关吸引线圈的线路为：蓄电池 A 正极端子→中央线路板单端子插座 P 端子→中央线路板内部线路→中央线路板单端子插座 P 端子→点火开关"30"端子→点火开关 D→点火开关"50"端子→中央线路板"B_8"端子→中央线路板内部线路→中央线路板"C_{18}"端子→起动机"50"端子→吸引线圈→电动机磁场绕组 B→电动机电枢→搭铁→电路代号 7→电路代号 5→蓄电池 A 负极。

电磁开关保持线圈线路为：蓄电池 A 正极端子→中央线路板单端子插座 P 端子→中央线路板内部线路→中央线路板单端子插座 P 端子→点火开关"30"端子→点火开关 D→点

火开关"50"端子→中央线路板"B_8"端子→中央线路板内部线路→中央线路板"C_{18}"端子→起动机"50"端子→保持线圈→电路代号8→搭铁→电路代号5→蓄电池A负极。

（2）电动机线路。蓄电池A正极→起动机"30"端子→起动机内电动机开关→电动机磁场绕组B→电动机电枢→搭铁→电路代号7→电路代号5→蓄电池A负极。

2. 大众系列轿车转向与报警信号系统线路分析

大众系列轿车转向与报警信号系统线路既受点火开关D控制，也受转向灯开关E_2控制，还受危险报警灯开关E_3控制，如图10-2所示。

1）左转向信号灯线路

汽车行驶过程中需要指示左转向时，向后拨动组合手柄开关，其转向灯开关E_2的"49a"端子与"L"端子接通，左转向信号灯线路为：

蓄电池A正极端子→中央线路板单端子插座"P"端子→中央线路板内部线路→中央线路板单端子插座"P"端子→点火开关"30"端子→点火开关D→点火开关"15"端子→中央线路板"A_8"端子→中央线路板内部线路→熔断器S_{19}→中央线路板"A_{13}"端子→仪表盘下方29端子插接器"8"端子→危险报警灯开关E_3的"15"端子→危险报警灯开关"49"端子→仪表盘下方29端子插接器"6"端子→中央线路板"A_{18}"端子→复合式闪光器J_2触点→中央线路板"A_{10}"端子→仪表盘下方29端子插接器"25"端子→转向灯开关E_2的"49a"端子→转向灯开关E_2→转向灯开关E_2的"L"端子→中央线路板"A_{20}"端子→中央线路板内部线路→中央线路板"C_{19}"端子（左后转向信号灯线路经"E_6"端子）→左前转向信号灯M_5（左后转向信号灯M_6）→搭铁→蓄电池负极。

左转向信号灯线路受闪光继电器J_2控制，在闪光继电器内部线路的作用下，左转向信号灯将以90~100次/min的频率闪烁，指示汽车向左转向。

2）右转向信号灯线路

当汽车行驶过程中需要指示右转向时，向前拨动组合手柄开关，其转向灯开关E_2的"49a"端子与"R"端子接通，右转向信号灯线路为：

蓄电池A正极端子→中央线路板单端子插座"P"端子→中央线路板内部线路→中央线路板单端子插座"P"端子→点火开关"30"端子→点火开关D→点火开关"15"端子→中央线路板"A_8"端子→中央线路板内部线路→熔断器S_{19}→中央线路板"A_{13}"端子→仪表盘下方29端子插接器"8"端子→危险报警灯开关E_3的"15"端子→危险报警灯开关E_3→危险报警灯开关E_3的"49"端子→仪表盘下方29端子插接器"6"端子→中央线路板"A_{18}"端子→复合式闪光器J_2触点→中央线路板"A_{10}"端子→仪表盘下方29端子插接器"25"端子→转向灯开关E_2的"49a"端子→转向灯开关E_2→转向灯开关E_2的"R"端子→中央线路板"A_7"端子→中央线路板内部线路→中央线路板"C_8"端子（右后转向信号灯经"E_{11}"端子）→右前转向信号灯M_7（右后转向信号灯M_8）→搭铁→蓄电池负极。

在闪光继电器J_2内部线路的控制下，右转向信号灯将以90~100次/min的频率闪烁，指示汽车向右转向。

3）危险报警灯线路

当汽车发生故障停车或有紧急情况需要发出报警信号时，按下危险报警灯开关E_3，将其内部的"R"和"L"端子都接通电源。危险报警灯线路为：

蓄电池 A 正极端子→中央线路板单端子插座"P"端子→中央线路板内部线路→中央线路板"30"号电源线→熔断器 S_4→中央线路板"B_{28}"端子→仪表盘下方"29"端子插接器"9"端子→危险报警灯开关 E_3 的"30"端子→危险报警灯开关 E_3→危险报警灯开关 E_3 的"49"端子→仪表盘下方"29"端子插接器"6"端子→中央线路板"A_{18}"端子→复合式闪光器 J_2 触点→中央线路板"A_{10}"端子→仪表盘下方"29"端子插接器"25"端子→危险报警灯开关 E_3 的"49a"端子→危险报警灯开关 E_3→危险报警灯开关 E_3 的"R"端子（左转向信号灯经"L"端子）→中央线路板"A_7"端子（左转向信号灯经"A_{20}"端子）→中央线路板内部线路→中央线路板"C_8""E_{11}"端子（左转向信号灯经"C_{19}""E_6"端子）→右前转向信号灯 M_7 和右后转向信号灯 M_8（左前转向信号灯 M_5 和左后转向信号灯 M_6）→搭铁→蓄电池负极。

在闪光继电器 J_2 内部线路的控制下，4 只转向信号灯以 90～100 次/min 的频率同时闪烁，发出报警信号。

10.4 斯太尔系列汽车全车线路分析

【知识链接】

斯太尔系列汽车是陕西重型汽车有限公司引进并在消化吸收奥地利斯太尔（STEYR）、德国博世（Bosch）、德国 F&S（Fichtel/Sachs）、德国 GWB、德国瓦布克（WABCO）、美国伊顿（Eaton）、美国洛克韦尔（Rockwell）等公司产品和技术的基础上，全部实现国产化生产的系列汽车，其具有动力性和经济性好、零部件通用化程度高、生产工艺简单等优点。该系列汽车全车线路具有欧美汽车线路的显著特点，下面结合图 10-3 所示全车线路图对其特点进行简要分析。

1. 电源系统线路

斯太尔系列汽车 24 V 电源系统包括蓄电池 G1 和 G2、交流发电机 G3 和电源总开关 S4。电源总开关 S4 接通之后，即可向交流发电机 G3、起动开关 S1、火焰预热控制器 A24、危险报警灯按钮开关 S2/2、收放机 A4、室内灯 E15 和 E16、雾灯 E38 和 E39、点烟器 R1、前照灯继电器 K2 和位置灯继电器 K30 提供电源。这些电器除雾灯 E38、E29 需将灯总开关 S2/1 拨至小灯或前照灯位置时才能接通发亮之外，其余电气设备只要电源总开关 S4 闭合就可投入工作。

2. 起动系统线路

斯太尔系列汽车起动系统包括起动机 M1、起动开关 S1、起动按钮 S6 和空挡开关 S14。起动机引进德国博世公司技术生产，型号规格为 QD2545 型 24 V5.4 kW 同轴齿轮移动式电动机。

3. 火焰预热系统线路

火焰预热系统又称为火焰预热装置，是一种选装装置，由火焰预热控制器 A24、温度传感器 B8、电磁阀 Y21、预热器 R3 和 R4、火焰预热指示灯 H2/39 组成。在发动机水温低于 23 ℃ 的情况下将起动开关旋转到"预热"位置时，控制装置将进气管中的预热器 R3、R4 接通，火焰预热指示灯 H2/39 发亮并在 50 s 后闪烁，提醒驾驶员可以接通起动机使发动机起动，此刻按下起动按钮，电磁阀 Y21 打开将燃油喷向加热器并点燃达到预热空气的目的。

发动机起动后，预热器预热持续 1~2 min 便会自动停止工作。当发动机水温高于 23 ℃ 时，火焰预热系统将不会投入工作。

4. 仪表与警告信号系统线路

仪表与警告信号系统主要包括油压表，水温表，燃油表，发动机转速表和超速报警蜂鸣器，各种警告灯、指示灯，转向与紧急闪光指示系统。

（1）发动机转速表 A7 是一个电子频率表，通过检测交流发电机单相输出电压的频率来反映发动机转速。因此在使用过程中，必须正确调节发电机与发动机之间驱动带的挠度。如果驱动带松弛或更换发电机时驱动带轮的直径与原装发电机驱动带轮的直径不同，都会影响发动机转速表的指示精度。

（2）在发动机转速表内装有一个超速开关，当发动机转速超过规定转速值时，超速开关将接通超速报警蜂鸣器 H3 电路使蜂鸣器鸣叫警告。

（3）在指示主制动储气筒气压的双针气压表内，安装有一只气压过低报警开关 S28。当气压低于 650 kPa 时，该报警开关接通，气压过低警告灯 H2/7 电路接通而发亮报警。与此同时，气压过低报警蜂鸣器 H4 电路接通而鸣叫，提醒驾驶人主制动储气筒气压过低，汽车不能行驶，否则就有可能因制动失效而发生危险。

（4）在驾驶室后支撑架上，安装有一只驾驶室锁止指示灯开关 S27，用来指示驾驶室倾翻后落座时是否到位。当驾驶室落座到位时，驾驶室锁止指示灯开关断开，驾驶室锁止指示灯 H2/9 熄灭。如驾驶室锁止指示灯 H2/9 发亮，说明驾驶室落座没有到位，需要继续调整。

（5）在空气滤清器上安装有一个空气滤清器阻塞警告开关 S29，用来检查空气滤芯透气程度和空气滤芯是否失效。当空气滤芯透气阻力达到规定程度时，空气滤清器阻塞警告开关 S29 的触点闭合，空气滤清器阻塞警告灯 H2/8 电路接通而发亮，提醒驾驶人及时更换空气滤清器。

（6）斯太尔系列汽车为了避免机油压力过低而造成事故，除设置有油压表之外，还在油压表传感器 B3 内安装有一只油压过低报警开关 S32。当机油压力过低时，油压过低报警开关 S32 接通，油压过低警告灯 H2/11 电路接通而发亮，警告驾驶人油压过低并及时检查和排除故障。

（7）驻车制动（手制动）警告灯 H2/1 连接两只开关。一只是驻车制动气压过低警告灯开关 S31，另一只是辅助用气系统气压过低警告灯开关 S30。在准备行车、将驻车制动手柄置于"放松"位置，而驻车制动分室回路气压不足 650 kPa 时，驻车制动气压过低警告灯开关 S31 将接通驻车制动警告灯 H2/1 电路，驻车制动警告灯 H2/1 将发亮，提醒驾驶人汽车不能起步。同理，当辅助用气系统气压低于 650 kPa 时，辅助用气系统气压过低警告灯开关 S30 将接通，驻车制动警告灯 H2/1 电路也将接通而发亮，警告驾驶人辅助用气系统气压过低，需要及时检查和排除故障。

5. 制动信号系统线路

制动信号系统由制动灯开关 S10，制动灯继电器 K1 和制动灯 E52、E53 以及挂车制动灯插接器插座 X5/4 等组成。当驾驶员踩下制动踏板时，制动灯开关 S10 接通，制动灯继电器 K1 线圈电路接通，其触点 K1 闭合，接通制动灯 E52、E53 电路使制动灯 E52、E53 发亮。

6. 转向信号系统线路

转向信号系统由危险报警灯按钮开关 S2/2，晶体闪光器 A1，转向组合开关 S3b，主车转向指示灯 H2/5、挂车转向指示灯 H2/6、弱光继电器 K4、转向信号灯 E10、E11、E12、E13、E54、E55 以及挂车转向信号灯插接器插座 X5/3、X5/5 等组成。晶体闪光器 A1 为晶体管式继电器。

（1）当汽车行驶过程中需要转向时，拨动转向组合开关 S3b 手柄，转向组合开关 S3b 可分别接通左（L）转向或右（R）转向信号灯电路。此时，电源由交流发电机提供，经起动开关 S1、熔断器 F12、危险报警灯按钮开关 S2/2、晶体闪光器 A1 将左（L）转向或右（R）转向信号灯电路接通。在晶体闪光器 A1 的控制下，某一侧的转向信号灯就会闪亮指示转向方向。与此同时，组合仪表盘上的主车转向指示灯 H2/5 电路也将接通闪亮。对于牵引车而言，只要插座 X5/3、X5/5 将挂车转向信号灯和指示灯 H2/6 电路连接，挂车转向信号灯和指示灯将同步闪亮。

（2）在汽车行驶过程中遇到紧急情况或发生故障停车需要警告行人和其他行驶车辆时，按下危险报警灯按钮开关 S2/2，左、右转向信号灯和晶体闪光器电路都将接通，所有转向信号灯闪亮报警。与此同时，安装在危险报警灯按钮开关 S2/2 内的指示灯也将同步闪亮。

（3）指示灯 H2/5 和 H2/6 不仅具有转向指示作用，而且还能起到故障监测作用。当转向信号系统发生故障或信号灯功率不匹配时，指示灯闪亮的频率就会发生变化，根据指示灯 H2/5 和 H2/6 闪亮的频率高低即可判断转向信号系统工作是否正常。

（4）H2/22 是低速挡指示灯。当变速箱的换挡杆处于低速挡位置时，低速挡指示灯开关 S26 接通，低速挡指示灯 H2/22 电路接通发亮。

（5）弱光继电器 K4 的作用是使组合仪表盘上的指示灯白天指示清晰、夜间不至于耀眼而炫目。在白天行车时，继电器线圈电路经示宽灯 E5、E6 搭铁而构成回路，线圈通电使其常开触点闭合。此时，经熔断器 F12 提供的电源电压直接加到组合仪表盘上的低速挡指示灯 H2/22、主车转向指示灯 H2/5 和挂车转向指示灯 H2/6 两端，从而使各指示灯指示清晰。

在夜间行车时，无论灯总开关 S2/1 接通小灯电路还是接通前照灯电路，位置灯继电器 K30 线圈的电路都将接通并使其触点闭合，熔断器 F6 通电，从而使弱光继电器 K4 线圈两端的电位相等，弱光继电器 K4 线圈断电，其常开触点断开恢复到常开状态，组合仪表盘上的指示灯 H2/22、H2/5 和 H2/6 经过弱光继电器 K4 内的电阻而构成回路。由于指示灯上的电压降低，因此其亮度变暗，从而使夜间显示不至于耀眼而炫目。

7. 暖风系统线路

暖风系统由暖风开关 S2/3、暖风电动机 M3 和 M4 组成。暖风开关 S2/3 共有"停机""弱风""强风"3 个挡位。当暖风开关拨至"弱风"挡位时，开关内部电路使两只暖风电动机 M3 和 M4 处于串联连接状态。由于 M3 和 M4 对电源电压进行分压，每只暖风电动机上的电压降较低，因此暖风电动机将以较低转速运转。当暖风开关拨至"强风"挡位时，开关内部电路使两只暖风电动机 M3 和 M4 处于并联连接状态，电源电压分别加到两只暖风电动机两端，因此，暖风电动机将以较高的转速运转。暖风开关 S2/3 内安装有一只照明灯。当灯总开关拨至"小灯"或"前照灯"位置时，暖风开关内的照明灯电路接通，从而照明开关的位置。

8. 风窗玻璃刮水与洗涤系统线路

风窗玻璃刮水与洗涤系统由刮水器开关 S3c、洗涤器开关 S3d、刮水电动机 M2、洗涤泵电动机 M5、刮水间歇继电器 A2 等组成。刮水器开关 S3c 为组合开关的一部分，设有"慢速刮水""快速刮水""间歇刮水""停机复位"4个挡位。

当刮水器开关S3c拨至"慢速刮水"或"快速刮水"挡位时,刮水电动机M2电枢电流和电磁转矩将发生改变,从而改变刮水片的摆动速度。

当刮水器开关S3c拨至"间歇刮水"挡位时,刮水间歇继电器A2将接通电源。在刮水间歇继电器A2的控制下,刮水电动机M2电路将间歇接通,从而实现间歇刮水。

当按下洗涤器开关S3d时,一方面将接通洗涤泵电动机M5转动使洗涤器向风窗玻璃喷射清洗液,另一方面还将接通刮水间歇继电器A2电路使刮水电动机M2电路间歇接通,风窗玻璃上的刮水片将动作一次。开关S3c、S3d、S3e均安装在转向柱管上,并与转向开关一起构成一套组合开关。

9. 第三制动系统线路

第三制动系统是指排气制动系统。第三制动系统的气压开关S11安装在主车排气制动开关阀上,是一个信号开关。X5/7是挂车制动灯插接器插座。

10. 差速操纵系统线路

差速操纵系统主要由轮间差速锁按钮开关S2/14,轮间差速锁电磁阀Y3,指示灯开关S20、S21,轴间差速锁按钮开关S2/15,轴间差速锁电磁阀Y4和指示灯开关S22组成。

当按下按钮开关S2/14或S2/15时,电磁阀Y3或Y4通电使气路开关打开,压缩空气进入差速锁工作缸使差速锁结合。当差速锁结合到位时,行程开关S20、S21或S22接通,按钮开关S2/14或S2/15内的指示灯电路接通而发亮,指示差速锁结合工作。

按钮开关S2/14或S2/15内的指示灯具有两个作用:一是在夜间行车将灯总开关拨至"小灯"或"前照灯"位置时,指示灯经电阻和灯总开关S2/1搭铁,因此亮度较暗,既可照明开关的位置,又不致耀眼而影响驾驶。二是当差速锁结合之后,指示灯直接经开关S20、S21或S22搭铁,亮度较强,以示差速锁结合到位。

对于全轮驱动的汽车(如038、034型),前驱动的挂挡电路与上述差速锁电路完全相同。对于自卸车(如K29型),液压举升动力输出(取力器)的操纵电路由取力器开关S2/10、取力电磁阀Y1和取力指示灯开关S23组成,其工作原理与上述差速锁电路完全相同。

11. 室内照明系统线路

室内照明系统由室内灯E15、E16,室内灯开关S18、S19,门控开关S16、S17和熔断器F15组成。当室内灯开关S18、S19拨至"室内灯"位置时,电源经熔断器F15直接加到室内灯E15、E16两端,E15、E16电路接通而发亮。

当室内灯开关S18、S19拨至"门控位置"时,如有车门开启,则门控开关S16或S17接通,室内灯E15、E16电路接通而发亮,提醒驾驶员车门尚未关闭。

12. 雾灯系统线路

雾灯系统由雾灯开关S2/5,雾灯继电器K13,雾灯E38、E39和熔断器F1组成。需要注意的是,虽然雾灯继电器K13的常开触点直接与熔断器F1连接,但是雾灯继电器K13线圈的电源线是经雾灯开关S2/5、熔断器F7与位置灯(即小灯)继电器K30的常开触点连接。因此,雾灯E38、E39既受雾灯继电器K13和雾灯开关S2/5控制,又受灯总开关S2/1控制。只有当灯总开关S2/1拨至"小灯"或"前照灯"位置使位置灯继电器K30触点接通时,雾灯开关S2/5才能通电。换句话说,只有当小灯或前照灯电路接通时,雾灯才能接通。

雾灯开关S2/5内的照明灯用来照明雾灯开关的位置。

13. 照明与信号系统线路

照明与信号系统主要由灯总开关 S2/1、位置灯继电器 K30、前照灯继电器 K2、安装在组合开关内的变光与超车灯开关 S3a、前照灯以及各种小灯组成。灯总开关 S2/1 共有 "0（空挡）" "1（小灯）" 和 "2（前照灯）" 3 个挡位。

(1) 空挡：当灯总开关 S2/1 置于 "0" 挡位时，灯光照明系统电源切断。

(2) "1（小灯）" 挡位：当灯总开关 S2/1 置于 "1（小灯）" 挡位时，将位置灯继电器 K30 线圈电路接通，使位置灯继电器 K30 触点闭合，熔继器 F6、F7、F8 接通电源，从而将各开关的照明灯，点烟器照明灯，右尾灯 E2，右示高灯 E8，右尾灯挂车插座 X5/6，左尾灯 E1，左示高灯 E7，左尾灯挂车插座 X5/2，车速里程表照明灯 E20，转速表照明灯 E21，气压表照明灯 E22，油压表照明灯 E23，燃油表照明灯 E24，温度表照明灯 E25，车速里程表照明灯 E26 以及左、右示宽灯 E5、E6 等各种照明灯电路接通而发亮。

(3) "2（前照灯）" 挡位：当灯总开关 S2/1 置于 "2（前照灯）" 挡位时，不仅位置灯继电器 K30 线圈电路接通，而且还将前照灯继电器 K2 线圈电路同时通电，前照灯继电器 K2 触点闭合，变光与超车灯开关 S3a 的 "56" 端子接通电源，前照灯近光灯丝电路接通，处于近光照明状态。

变光与超车灯开关 S3a 为组合手柄开关，并设有 "1（超车信号）" "2（近光）" 和 "3（远光）" 3 个挡位。

(1) "2（近光）" 挡位：当变光与超车灯开关 S3a 置于 "2（近光）" 挡位（即手柄置中间位置）时，前照灯 E3、E4 的近光灯丝电路接通，前照灯处于近光照明状态。

(2) "3（远光）" 挡位：当变光与超车灯开关 S3a 置于 "3（远光）" 挡位（即手柄置下方位置）时，前照灯 E3、E4 的远光灯丝电路接通，前照灯处于远光照明状态。与此同时，组合仪表盘上的远光指示灯 H2/4 电路接通而发亮，指示此时为远光照明。

(3) "1（超车信号）" 挡位：当变光与超车灯开关 S3a 向上抬起置于 "1（超车信号）" 挡位时，将接通前照灯 E3、E4 的远光灯丝电路，远光灯发光起到示意超车作用。变光与超车灯开关 S3a 在 "1（超车信号）" 挡位时不能锁定，向上抬起后一旦放松，就会自动回落到原位置。

当变光与超车灯开关 S3a 向上抬起置于 "1（超车信号）" 挡位时，如果在白天行车，因为灯总开关 S2/1 处于 "空挡" 位置，灯光照明系统电源切断，所以变光与超车灯开关 S3a 向上抬起只接通前照灯 E3、E4 的远光灯发亮来示意超车。如果在夜间行车，因为此时灯总开关 S2/1 已经置于 "前照灯" 位置，变光与超车灯开关 S3a 的 "56" 端子已经接通电源，前照灯近光灯丝电路已经接通，所以前照灯 E3、E4 的远、近光灯丝电路都将接通，远、近光灯将同时发亮示意超车。

倒车灯开关 S15 安装在变速箱上，当变速杆置于倒挡位置时，倒车开关 S15 接通，安装在汽车尾部的倒车灯 E14 电路接通而发亮，以便照明车后路面和物体进行倒车。

14. 斯太尔系列汽车全车线路的区别

上述分析是针对普通型斯太尔大型运输车辆进行的。近年来生产的斯太尔系列新型车辆与普通车型的主要区别有以下几点：

(1) 位置灯有所不同。普通型斯太尔汽车的组合尾灯内只有转向信号灯、尾灯、制动灯 3 只灯泡，倒车灯单独设置。制动灯为双丝灯泡，其中灯丝较细者为位置灯。新型斯太尔汽车的组合尾灯包括转向信号灯、后雾灯、位置灯、制动灯和倒车灯，尾灯一侧还增设有示宽灯，并设有侧转向信号灯。

（2）空气干燥器电路不同。新型斯太尔汽车安装有空气干燥器，用以取代普通型车辆的油水分离器和自动排污阀。为了防止冬季空气干燥器的排污口结冰，在空气干燥器电路中设置有干燥加热器。

（3）开关控制线路有所改动。新型斯太尔汽车的电源开关接通后，蓄电池电压将直接加到起动开关S1，前雾灯继电器K8的触点，辅助远光灯继电器K7的触点，后雾灯开关S6/5、起动保护继电器A8的起动继电器常开触点、车速里程表P8、电源开关S6/29、位置灯继电器K30的线圈、危险报警灯按钮开关S2/2，室内灯E15和E16、收放机A4、点烟器R1和R2，火焰预热控制器A24等电气设备的电源端子上。因此，除位置灯、前雾灯、辅助远光灯等受继电器控制并需要接通相应的开关后才能工作之外，起动开关、后雾灯、危险报警系统、室内灯、收放机、点烟器和火焰预热控制器等接通其控制开关即可投入工作。其中，只要电源开关接通，时钟P11就可投入工作。

（4）交流发电机G3的"D"端控制的电路。交流发电机G3采用9管或11管交流发电机，其"D"（输出）端控制的电路有空调器、暖风机、发动机起动保护继电器、火焰预热装置、电源总开关继电器和充电指示灯的电路。交流发电机如果不能正常发电，就将失去对上述电路的控制。

（5）选装部件。在斯太尔大型运输车辆的电气设备中，火焰预热装置、排气制动装置、气喇叭以及空调器均为选装部件。

（6）起动开关S1具有"1""2""3""4"四个挡位。这四个挡位分别是：钥匙插入时的位置为"2"挡位，该挡位为"空挡"，并不接通任何电路；钥匙插入后沿顺时针方向旋转约45°为"3"挡位，该挡位可接通前照灯、仪表、指示灯、各种踏板开关、制动灯、刮水器、电喇叭、风窗玻璃洗涤电动机、蜂鸣器、第三制动装置、电子式车速里程表、工作灯和转向信号灯等电路的电源；将钥匙沿顺时针方向再旋转约45°为"4"挡位，此时可接通起动机的控制电路和部分电气装置电路。将钥匙旋转到"4"挡位放松后，钥匙将自动回到"3"挡位；钥匙插入后沿逆时针方向旋转约35°为"1"挡位，该挡位可接通风窗玻璃除霜器、后视镜调整电动机以及音响装置等选装部件电路。

10.5　全车线路配电装置与器材

全车线路配电装置与器材包括各种控制开关、导线与线束、保险器（熔断器、易熔线、断路器）、电气开关、继电器和中央接线盒等。

10.5.1　导线

汽车线路用导线分为低压导线和高压导线两种。低压导线又分为普通导线、起动电缆和搭铁电缆（即蓄电池搭铁线）3种；高压导线又分为铜芯线和阻尼线两种。

汽车线路用导线主要根据导线的绝缘、通过电流的大小和机械强度3个方面的要求进行选择。例如，点火系统的次级电压一般为10~20 kV，对导线的绝缘性能要求较高。因此，必须采用耐高压的导线（即高压导线）。其他线路均采用低压导线。

1. 低压导线

低压导线为带绝缘包层的铜质多丝软线。根据绝缘包层的材料不同,低压导线又分为 QVR 型(即聚氯乙烯绝缘包层)和 QFR 型(即聚氯乙烯 – 丁腈复合绝缘包层)两种。

汽车线路用低压导线的结构与规格如表 10 – 3 所示,其标称横截面允许负载电流值如表 10 – 4 所示。汽车 12 V 电气系统主要电路导线截面的推荐值如表 10 – 5 所示。

表 10 – 3 汽车线路用低压导线的结构与规格

标称横截面面积 /mm²	线芯结构		绝缘包层标称厚度 /mm	最大外径 /mm
	根数	单根直径/mm		
0.5	—	—	0.6	2.2
0.6	—	—	0.6	2.3
0.8	7	0.39	0.6	2.5
1.0	7	0.43	0.6	2.6
1.5	17	0.52	0.6	2.9
2.5	19	0.41	0.8	3.8
4	19	0.52	0.8	4.4
6	19	0.64	0.9	5.2
8	19	0.74	0.9	5.7
10	49	0.52	1.0	6.9
16	49	0.64	1.0	8.0
25	98	0.58	1.2	10.3
35	133	0.58	1.2	11.3
50	133	0.68	1.4	13.3

表 10 – 4 低压导线标称横截面允许负载电流值

标称截面面积/mm²	0.5	0.8	1.0	1.5	2.5	3.0	4.0	6.0	10	13
允许负载电流值/A	—	—	11	14	20	22	25	35	50	60

导线截面还受通过线路的电压降的制约。整车线路的总电压降(不计接触电阻)最大允许值为 0.8 V。当发电机以额定负载工作时,电源线的电压降最大允许值为 0.3 V。当起动机通过制动电流时,电压降的最大允许值为 0.5 V。这是因为导线横截面面积小时,导线电阻将增大,温度将升高。电阻增大会使电压降增大,可能导致用电设备供电电压不足而无法正常工作。温度升高不仅会加速导线老化,缩短其使用寿命,而且还有可能导致火灾。

随着汽车电器的增多,导线数量也不断增加。为了便于维修,低压导线常以不同的颜色来区分。其中,横截面面积在 4 mm² 以上的采用单色,而横截面面积在 4 mm² 以下的均采用双色,搭铁线均用黑色。汽车线路用低压导线的颜色与代号如表 10 – 6 所示,各系统导线的主色如表 10 – 7 所示。

表10-5 汽车12 V电气系统主要电路导线截面的推荐值

汽车种类	额定电压/V	标称横截面面积/mm²	用于连接电气设备或电路名称
轿车、载重车、挂车	12	0.5	尾灯、顶灯、指示灯、仪表灯、牌照灯、燃油表、刮水电动机
		0.8	转向灯、制动灯、停车灯、分电器
		1.0	前照灯近光灯丝、电喇叭（3 A以下）
		1.5	前照灯远光灯丝、电喇叭（3 A以上）
		1.5~4.0	5A以上线路（除本表所列电气线路之外）的连接导线
		4~6	电热塞
		4~25	电源线
		16~95	起动线路

表10-6 汽车用低压导线的颜色与代号

导线颜色	黑	白	红	绿	黄	棕	蓝	灰	紫	橙	粉
代号	B	W	R	G	Y	Br	Bl、L	Gr	V	O	P

表10-7 汽车各系统导线的主色

序号	系统或部件名称	主色	颜色代号
1	电源系统	红	R
2	起动系统、点火系统	白	W
3	雾灯	蓝	Bl
4	灯光、信号系统	绿	G
5	车身内部照明系统	黄	Y
6	仪表、报警系统、喇叭系统	棕	Br
7	收音机、石英钟、点烟器等辅助电气设备	紫	V
8	各种辅助电动机及电气操纵系统	灰	Gr
9	搭铁线	黑	B

在全车线路图中，导线上一般标注有数字和字母符号，用来表示导线的横截面面积和颜色，如2.5 RY、1.0 RW等。其中，数字"2.5""1.0"表示导线的横截面面积，单位为mm²；第一个字母"R"表示导线的主色，第二个字母"Y"或"W"表示导线的辅助颜色，即轴向条纹状或螺旋状的颜色。

（1）普通导线。普通导线的横截面面积主要根据用电设备的工作电流进行选择。然而，对功率很小的电气设备而言，如果仅根据工作电流的大小来选择导线，那么由于其横截面面积小、机械强度低，导线很容易折断。因此，汽车电气系统中所用导线的横截面面积最小不得小于0.5 mm²。

（2）起动电缆。起动电缆为带绝缘包层且横截面面积较大的铜质或铝质多丝软线电缆。

起动电缆是一种专用电缆,接在蓄电池正极与起动机电源端子"30"之间,其横截面面积有 25 mm²、35 mm²、50 mm²、70 mm² 等多种规格,允许电流高达 500 A 乃至 1 000 A 以上。为了保证起动机正常工作并产生足够的驱动力矩,要求起动电缆线路上每 100 A 电流产生的电压降不得超过 0.15 V。

(3) 搭铁电缆。搭铁电缆为由铜丝编织而成的扁形软铜线电缆或带绝缘包层且横截面面积较大的铜质多丝软线电缆。搭铁电缆也是一种专用电缆,连接在蓄电池负极与车身金属或发动机机体之间,故又称为搭铁线。常用搭铁电缆的长度有 300 mm、450 mm、600 mm、760 mm 4 种。

2. 高压导线

高压导线是一种输送高电压的专用导线。汽车线路用高压导线有铜芯线和阻尼线两种,型号规格如表 10 - 8 所示。由于高压导线的工作电压很高(一般在 10 kV 以上)、电流强度较小,因此,高压导线的绝缘包层很厚、线芯横截面面积很小,但耐压性能很好。

表 10 - 8 高压导线的型号规格

型号	名称	线芯结构		标称外径 /mm
		根数	单线直径/mm	
QGV	铜芯聚氯乙烯绝缘高压导线	7	0.39	7.0 ± 0.3
QGXV	铜芯橡胶绝缘聚氯乙烯护套高压导线			
QGX	铜芯橡胶绝缘氯丁橡胶护套高压导线			
QG	全塑料高压阻尼导线	1	2.3	

注:QG 全塑料高压阻尼导线由聚氯乙烯塑料加炭黑以及其他辅助原料的混炼塑料经注塑而成型。

汽车广泛使用阻尼线,用以衰减火花塞产生的电磁波干扰。阻尼线的制造方法和结构亦有多种,常用的有金属电阻丝式和塑料芯式两种阻尼线。金属电阻丝式阻尼线又有金属电阻丝线芯式和金属电阻丝线绕电阻式两种。

金属电阻丝线芯式是由金属电阻丝梳绕在绝缘线束上,外包绝缘体制成阻尼线;金属电阻丝线绕电阻式是由金属电阻丝绕在耐高温的绝缘体上制成电阻,再与不同形式的绝缘套组合构成;塑料芯式是用塑料和橡胶制成直径为 2 mm 的电阻线芯,然后在其外面紧紧地编织玻璃纤维,外面再包上高压 PVC 塑料或橡胶等绝缘体,标准电阻值为 25 kΩ/m,这种结构形式制造加工易于自动化,成本低且可制成高阻值线芯。

10.5.2 线束

将汽车上的电气设备连接在一起需要若干条导线。目前,一辆高级轿车全车线束的质量已达 120 kg。为使汽车线路不致零乱、折断和安装方便,除高压导线、收放机天线、蓄电池搭铁电缆和起动机火线电缆外,一般将同一区域不同规格的导线用棉纱编织成线束或用聚氯乙烯塑料薄带半叠缠绕包扎成线束。汽车线束由导线、导线端子、插接器和护套等组成。

1. 导线端子

导线端子普遍采用导电性能良好的黄铜或纯铜材料制成。为了保证工作可靠性,汽车电子控制系统电控单元的插接器大都采用镀金端子。端子与导线之间的连接一般采用冷铆压制方法压接，如图10-6所示。在安装汽车线束时，应当注意以下几点：

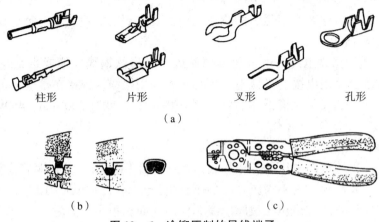

图10-6 冷铆压制的导线端子
(a) 端子；(b) 压接制作；(c) 压接钳

(1) 线束应用扎带、卡箍、带箍或保持架固定，以免松动磨破。

(2) 线束不可拉得过紧，特别在拐弯处更不能拉得过紧。在绕过锐角或穿过金属孔时，应用橡胶套管或波纹管加以保护，以免线束磨坏而发生短路、断路或搭铁故障。

(3) 线束连接必须正确。在连接时，可据插接器的规格、形状、颜色，导线的颜色以及粗细套管的颜色进行接线。当线束中导线的头尾难以辨别时，可用试灯或万用表进行测量，不得使用刮火方法进行辨别，以防烧毁线束或引起火灾。

2. 插接器

插接器是一种连接线束或电气设备的装置，又称为连接器。一辆汽车的线束由发动机、车身和仪表等分线束组成。分线束与分线束之间、线束与终端电气设备之间的连接采用插接器。因为插接器连接可靠、检修方便，所以在汽车上广泛采用。

插接器由导线端子与塑料壳体或橡胶壳体组成，如图10-7所示。根据线束连接的需要，插接器有单路、双路或多路式几种。当今汽车线束中设有很多插接器。为了避免装配和安装中出现差错，插接器还制成不同型号规格、不同形状和颜色等加以区分。

插接器端子上设有倒刺片，装入护套内以防脱出。插接器端子由表面镀锡、镀银或镀金（安全气囊系统用）的黄铜片制成，端子有柱状（针状）和片状两类。插接器护套由塑料或橡胶制成。

拔开插接器时，不能直接拉拔导线，应当先将插接器的锁止扣解除，再向两边拉动壳体使插头与插座分离，如图10-8所示。有些插接器采用弹性钢丝扣进行锁止，压下弹性钢丝扣后，才能将插头与插座分离。

为了保证插接器能可靠连接，有的插接器上设有双重锁定机构，如图10-9所示，其作用是：锁定插接器插头与插座，防止插接器脱开。

双重锁定机构在插接器插头上设有主锁和两个凸台，在插座上设有锁柄能够转动的副锁。当主锁未锁定时，插头上的两个凸台就会阻止副锁锁定，如图10-9(a) 所示；当主锁完全锁定时，副锁锁柄方能转动并锁定，如图10-9(b) 所示；当主锁与副锁双重锁定后，插头与插座可靠连接，如图10-9(c) 所示，从而防止插接器脱开。当插接器出现端子接触不良或导线断路故障时,先将插接器插头与插座拔开,然后用小螺钉旋具或专用工具从壳体中取出导线与端子,进行修理或更换后再装复使用。

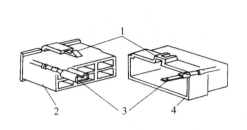

图 10-7 插接器的结构

1—锁止扣;2—插头;3—连接器端子;4—插座

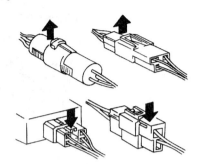

图 10-8 拔开插接器的方法

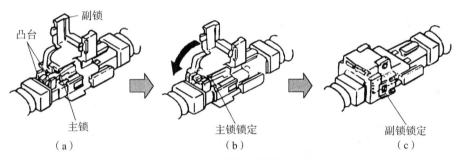

图 10-9 插接器双重锁定机构

(a) 主锁打开,副锁被挡住;(b) 主锁锁定,副锁可以合上;(c) 双重锁定

10.5.3 保险器

保险器是一种线路保护装置,又称为保险装置。保险器串联在电源与用电设备之间的线路中使用,其功能是在电气装置发生过载或短路故障时,自动切断电路,防止烧坏用电设备、导线和引发火灾。汽车广泛使用的保险器有熔断器、易熔线和断路器 3 种。

1. 熔断器

熔断器由熔断丝(或熔断片)与壳体组成。熔断丝(或熔断片)由铅锡铜锌合金制成,壳体由玻璃管、塑料片或胶木片等绝缘材料制成。根据壳体的结构不同,汽车常用熔断器可分为玻璃管式和插片(塑料片或胶木片)式两种。玻璃管式熔断器的结构如图 10-10 所示,主要由熔断片、玻璃管壳和金属帽组成;塑料片式熔断器的结构如图 10-11 所示,主要由熔断丝、塑料壳体和导电片组成。熔断器串联在工作电流较小的电路中使用。当电路中流过的电流值超过熔断器的额定电流值时,熔断丝(或熔断片)首先熔断将

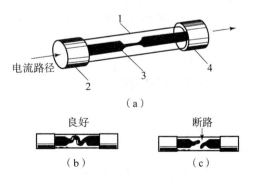

图 10-10 玻璃管式熔断器的结构

(a) 结构;(b) 良好;(c) 断路

1—玻璃管壳;2,4—金属帽;3—熔断片

电路切断，从而防止电气设备或线路过热烧坏。各种熔断器的特性如表10-9所示。

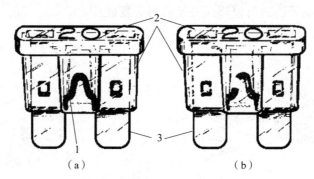

图 10-11 塑料片式熔断器的结构
(a) 良好；(b) 断路
1—熔断丝；2—塑料壳体；3—导电片

表 10-9 各种熔断器的特性

项目名称 \ 熔断器形式	玻璃管式熔断器	插片式熔断器	金属丝式熔断器	备注
110%额定电流时熔断时间	4 h	100 h	4 h	指持续通电时间
135%额定电流时熔断时间	<1 h	0.75~180 s	—	指持续通电时间
200%额定电流时熔断时间	<10 s	0.15~5 s	<30 s	指持续通电时间
350%额定电流时熔断时间	—	<0.08 s	—	指持续通电时间

玻璃管式和插片式熔断器的额定电流值分别有 2 A、3 A、5 A、7.5 A、10 A、15 A、20 A、25 A、30 A 几种，并标示在熔断器壳体上。目前，汽车普遍使用便于插拔的塑料片式熔断器，常用的有 3 A、10 A、15 A、20 A、30 A 五种，其塑料片颜色分别为紫色、红色、蓝色、黄色和绿色。在汽车上，为了便于检查排除电气系统故障和更换熔断器，一般将熔断器集中安装在一起，形成熔断器盒。如解放 CA1091 型载货汽车设有 14 挡熔断器盒。在设有中央接线盒的汽车上，则将熔断器安装在中央接线盒的线路板上。

熔断器的缺点是只能使用一次，每当熔断丝（或熔断片）烧断后必须更换熔断器新品。更换熔断器时，必须更换相同规格的熔断器，否则就起不到保护作用。

2. 易熔线

易熔线是一种能够长时间通过较大电流的合金（或铜芯）导线，主要用于保护总电源线路和电流较大的线路。易熔线比正常电缆线柔软，长度为 50~200 mm，其多股绞合线外包有聚乙烯护套，护套有棕、绿、红、黑 4 种颜色，分别表示其不同规格，如表 10-10 所示。

易熔线用插接器或接线端子连接在被保护线路的起始端，图 10-12 所示为易熔线在总电源线路中的安装部位，即连接在蓄电池正极附近。易熔线的横截面面积小于被保护线路的横截面面积。当电流超过易熔线额定电流数倍时，易熔线首先熔断，确保线路或电气设备免遭损坏。

表 10-10 易熔线的规格

颜色	横截面面积 /mm²	连续通电电流/A	5 s 内熔断时的电流/A	线径 /(mm×根数)	1 m 长的电阻值/Ω
棕	0.3	13	150	φ0.32×5	0.047 5
绿	0.5	20	200	φ0.32×7	0.032 5
红	0.85	25	250	φ0.32×11	0.020 5
黑	1.25	33	300	φ0.32×16	0.014 1

3. 断路器

断路器又称为双金属片式保险器，主要用于保护门锁电动机、刮水电动机等电流较大、容易过载的电气设备。断路器由双金属片和一对触点组成，如图 10-13 所示。当电动机卡死造成电流过大或发生短路故障时，超过额定值数倍的电流就会使双金属片受热变形，触点自动断开切断电路，以使电气设备和线路得到保护。断路器与易熔线和熔断器相比，具有可重复使用的优点。断路器按作用后的恢复形式不同，可分为一次作用式和多次作用式两种。

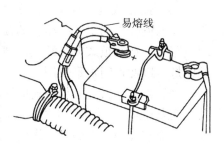

图 10-12 易熔线在总电源线路中的安装部位

一次作用式断路器在电气设备过载或电路发生短路故障时，双金属片受热变形使触点自动断开将电路切断。待故障排除后，按压一下双金属片复位按钮，如图 10-13（a）所示，电路即可恢复正常。

多次作用式断路器又称为自动恢复式断路器，在电气设备过载或电路发生短路故障时，双金属片受热变形使触点自动断开将电路切断，如图 10-13（b）所示。当触点断开后，双金属片逐渐冷却就会恢复变形，使触点重新闭合将电路接通。多次作用式断路器常用于控制前照灯、刮水电动机、车窗玻璃升降电动机等容易过载的电气线路。

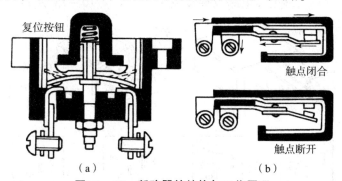

图 10-13 断路器的结构与工作原理
(a) 一次作用式；(b) 多次作用式

10.5.4 电气开关

电气开关是一种控制电气线路通断的装置，其功能是接通或切断电气线路。按操纵方式不同，汽车用电气开关分为旋转式、推拉式、压力控制式、按钮式、跷板式和组合式等几种。

（1）旋转式电气开关。汽车常用旋转式电气开关有点火开关、鼓风机电动机开关和车灯开关等。点火开关用于控制常用电气的电源电路和起动电路，安装在仪表台或转向柱管上。其中，安装在转向柱管上的具有锁止转向柱管的功能。

（2）推拉式电气开关。推拉式电气开关通常用于控制照明灯和刮水器，主要由拉钮、中心拉杆、绝缘滑块、接触片、接线柱和壳体组成。拉钮上标有开关用途的图形符号，按拉钮的控制挡位分为单挡式、两挡式和三挡式 3 种。当拉动拉钮时，滑块移动使动触点与静触点位置按规定的排列组合移动，从而使外接线路接通或切断来达到控制目的。

（3）压力控制式电气开关。按控制方式不同，压力控制式电气开关分为液压控制式、气压控制式和脚踏式 3 种。压力控制式电气开关通常用作油压开关、气压开关和压力报警开关等。

（4）跷板式电气开关。跷板式电气开关又称为跷片式或马鞍形电气开关，主要用于控制工作电流较小的电气线路，如控制仪表灯、顶灯、停车灯、雾灯、危急报警灯或继电器线圈电路等。在跷板式电气开关的跷板上印制有表示开关用途的图形符号。在开关内部安装有照明灯，以便夜间观察使用。

（5）组合式开关。组合式电气开关是将车灯开关（示高灯开关、示宽灯开关、前照灯开关、变光开关）、转向灯开关、危急报警灯开关、刮水器与洗涤器开关等组合成一体的多功能开关。安装在便于驾驶人操纵的转向柱管上，在其操纵手柄上制作有表示用途的图形符号。

电气开关常见故障是触点烧蚀。检修时，先拔下电气开关线束插头，然后将指针式万用表拨到 $R \times 1\ \Omega$（数字式拨到 OHM $\times 200\ \Omega$）挡，再测量电气开关触点连接端子之间的电阻值进行判断。当电气开关拨到某一挡位时，被接通线路端子之间的电阻值应小于 $0.5\ \Omega$，如电阻值过大，就说明触点接触不良，应当拆开电气开关进行检修或更换电气开关。当电气开关断开时，未接通线路端子之间的电阻值应为无穷大，如电阻值不是无穷大，说明触点烧结，应予更换电气开关新品。

10.5.5　继电器

继电器是一种利用较小电流来控制较大电流的装置。国产 JD 系列小型通用继电器如图 10-14 所示，丰田汽车用继电器电路及插接端子位置如图 10-15 所示。

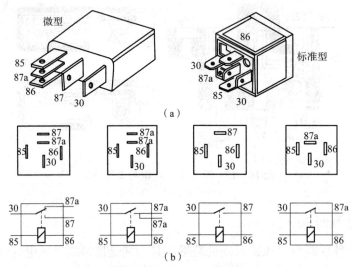

图 10-14　国产 JD 系列小型通用继电器

(a) 继电器外形；(b) 继电器电路及插接端子排列位置

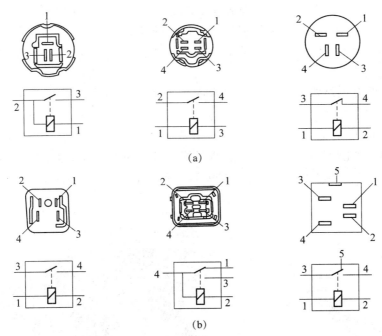

图 10-15　丰田汽车用继电器电路及插接端子位置
(a) 圆形继电器；(b) 方形继电器

按用途不同，继电器可分为功能型继电器和电路控制型继电器两种类型。按外形不同，继电器可分为圆形继电器和方形继电器两种。按插接端子数量不同，继电器可分为三端子继电器、四端子继电器、五端子继电器、六端子继电器 4 种。根据触点的状态不同，继电器又可分为常开型继电器、常闭型继电器和开闭混合型继电器 3 类。

功能型继电器用于实现某种控制功能，如闪光继电器、刮水间歇继电器等。

电路控制型继电器用于实现电路接通与切断状态的转换，其作用主要是减小控制开关的电流负荷，保护开关触点不被烧蚀，即用流经开关的小电流来控制用电装置的大电流，如电源继电器、起动继电器、减荷继电器、灯光继电器、雾灯继电器、喇叭继电器、鼓风机继电器、压缩机电磁离合器继电器等。通常所说的继电器指的都是电路控制型继电器。

常开型继电器的触点在静态时处于断开状态，继电器动作后触点闭合再接通控制电路；常闭型继电器的触点在静态时处于闭合状态，继电器动作后触点断开再切断控制电路。混合型继电器在静态时常闭触点处于接通状态，常开触点处于断开状态，当继电器线圈通电时，触点则处于相反的状态，即常闭触点断开，常开触点接通。

继电器由电磁铁机构、触点总成和壳体 3 部分组成。电磁铁机构由线圈（磁化线圈）和铁芯组成。继电器的工作原理十分简单，当线圈通过电流时，铁芯中就会产生磁场，其电磁吸力使触点闭合或断开，从而控制电路接通或切断。为了防止继电器线圈电流切断时产生的自感电动势击穿损坏电子设备，有的继电器在其线圈两端并联有泄流电阻或续流二极管。

10.5.6　接线盒

接线盒又称为中央接线盒、中央继电器盒或中央配电盒，其由接线板、各种继电器、熔断器和塑料壳体组成。各型汽车都配装有蓄电池、发电机、起动机、控制器、继电器、熔断器以及将这些电气设备按照一定的要求连接起来的电气线束。当电气系统发生故障时，为了便于查找和检修，当今汽车普遍采用接线盒，将各种继电器和熔断器集中设装在一块印刷线路板上，并用插接器和线束将印刷线路板与各种电气设备连接起来。该印刷线路板又称为中央线路板或中央接线板。

各型汽车接线盒的结构不尽相同，图 10-16 所示为大众某型轿车中央线路板正面的结构以及各种继电器和熔断器的安装位置（注：车型不同或出厂年份不同，继电器或熔断器的安装位置可能有所不同）。大众 2000GSi 型轿车设有 30 只熔断器，安装在中央线路板正面上，并标注有熔断器的编号与容量，各熔断器的编号、功能、颜色及容量如表 10-11 所示（注：车型不同或出厂年份不同，熔断器的安装位置可能有所不同）。

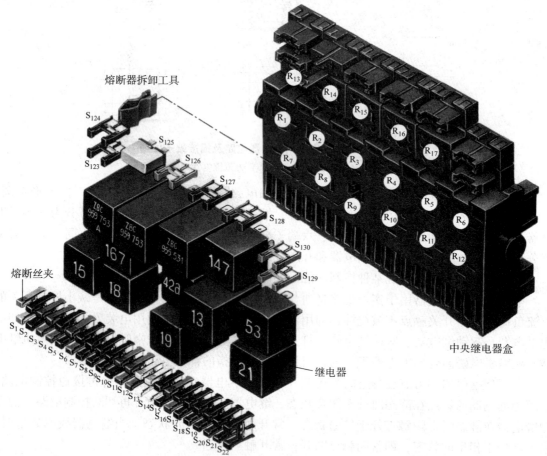

图 10-16　大众某型轿车中央线路板正面的结构以及各种继电器与熔断器的安装位置
R_1—空位（备用）；R_2—燃油泵继电器（壳体顶端识别号为 167）；R_3—空位；R_4—冷却液液面继电器（壳体顶端识别号为 42a）；R_5—空调继电器（壳体顶端识别号为 13）；R_6—高、低音喇叭继电器（壳体顶端识别号为 53）；R_7—雾灯继电器（壳体顶端识别号为 15）；R_8—减荷继电器（X 电源线电源继电器，壳体顶端识别号为 18）；R_9—拆卸熔断器专用工具安放孔；R_{10}—前风窗玻璃刮水与洗涤器继电器（壳体顶端识别号为 19）；R_{11}—空位；R_{12}—转向与报警灯闪光继电器（壳体顶端识别号为 21）；R_{13}—故障诊断插座；R_{14}—车门玻璃升降电动机继电器（壳体顶端识别号为 ZBC959 753A）；R_{15}—车门玻璃升降延时继电器（壳体顶端识别号为 ZBC959 753）；R_{16}—内顶灯延时继电器（壳体顶端识别号为 ZBC955 531）；R_{17}—压缩机继电器（壳体顶端识别号为 147）

表 10-11 大众 2000GSi 型轿车熔断器的编号、功能、颜色及容量

编号	保护对象	颜色	容量/A	编号	保护对象	颜色	容量/A
S_1	散热器冷却风扇电动机	绿色	30	S_{16}	电喇叭	蓝色	15
S_2	制动灯	红色	10	S_{17}	发动机电控单元	红色	10
S_3	中控门锁、点烟器、收放机、数字时钟、室内灯、后阅读灯、行李箱照明灯、遮阳板灯	蓝色	15	S_{18}	防抱死制动系统指示灯、喇叭继电器、车灯开关	红色	10
S_4	危急报警闪光灯	蓝色	15	S_{19}	防盗器电控单元、收放机、转向灯	红色	10
S_5	燃油泵	红色	10	S_{20}	牌照灯、杂物箱照明灯	红色	10
S_6	前雾灯	蓝色	15	S_{21}	左前照灯近光灯	红色	10
S_7	左尾灯、左前停车灯	红色	10	S_{22}	右前照灯近光灯	红色	10
S_8	右尾灯、右前停车灯、发动机舱照明灯	红色	10	S_{123}	喷油器、空气流量传感器、活性炭罐电磁阀、氧传感器加热器	红色	10
S_9	右前照灯远光灯	红色	10	S_{124}	后防雾灯	红色	10
S_{10}	左前照灯远光灯	红色	10	S_{125}	车窗玻璃电动机热保护器		
S_{11}	前风窗玻璃刮水器与洗涤器	蓝色	15	S_{126}	鼓风机电动机	绿色	30
S_{12}	防抱死制动系统电控单元、车窗玻璃升降电动机	蓝色	15	S_{127}	天线自动升降电动机	红色	10
S_{13}	后风窗除霜器（加热器）	黄色	20	S_{128}	电动后视镜	紫色	3
S_{14}	空调继电器	黄色	20	S_{129}	防抱死制动液压泵	绿色	30
S_{15}	倒车灯、车速传感器	红色	10	S_{130}	防抱死制动电磁阀	绿色	30

中央线路板正面上继电器和熔断器的电路分别与中央线路板背面的插接器插座连接，插接器的插头再通过线束从中央线路板背面连接到各只电气部件，从而控制电气部件工作。大众 2000GSi 型轿车中央线路板背面插接器插座的排列如图 10-17 所示，每个插座的位置代号均用英文字母标注在中央线路板上，各插接器插座的代号及其连接的线束名称如表 10-12 所示。插接线束插头时，线束插头字母代号必须与相同字母代号的插座连接。

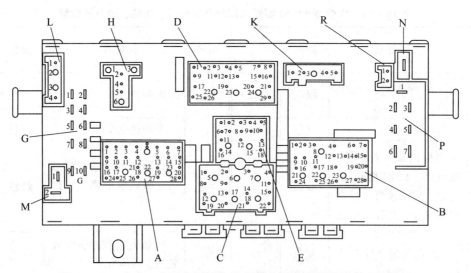

图 10-17 大众 2000GSi 型轿车中央线路板背面插接器插座的排列

表 10-12 大众 2000GSi 型轿车中央线路板插接器插座代号及其连接的线束名称

插座代号	连接对象	插座代号	连接对象
A	仪表盘线束	K	备用插接器插座
B	仪表盘线束	L	喇叭继电器线束
C	前照灯线束	M	备用插接器插座
D	发动机舱线束	N	单端子插座（连接进气预热器电阻丝电源线）
E	车身后部线束	R	备用插接器插座
G	单端子插座（连冷却液不足指示控制器电源线）	P	单端子插座（连接蓄电池与中央线路板"30"号电源线和点火开关"30"端子电源线）
H	空调系统线束		

在继电器端子上标有诸如"3/49a"等字样，其中分子"3"表示继电器位置上的"3"号插孔，"49a"表示继电器的"49a"号端子（插头），分子与分母一一对应，设计继电器插座与插头时保证不会插错。

10.5.7 配件的选用

整车电气系统是用线路将配件（设备、部件或器材）连接成的一个有机整体，各种配件都是根据预期的功能，通过精确计算和匹配设计而选择确定的。如果各种配件的结构参数或性能参数不匹配，电气系统的工作就会受到影响，甚至不能发挥作用。例如，当熔断器容量过大时，就会失去保护作用；当交流发电机调节器的调节电压过高时，就会损坏用电设备。因此，在检修电气系统的过程中，特别是在电气部件或设备损坏需要选用新品进行更换时，必须根据《车型配件目录》中的零件编号和汽车配件型号选择配件。

1. 根据《车型配件目录》选用

为了便于配件管理，汽车制造厂均编印有专用的《车型配件目录》（图册或手册）。目录图册一般编印有各部件和总成的零配件装配关系图、零配件标准编号、零配件名称和用量。汽车都已实现流水线、大规模、批量化生产，车型变化快，即使同一厂商制造的产品，生产日期不同，其配件也不尽相同，即不能通用。因此，唯一正确的办法是确认汽车零配件标准编号，这样才能准确无误地选用配件。根据《汽车配件目录》选用配件的方法如下：

（1）确认汽车17位识别码、发动机号码和底盘号码，以确定车辆的型号及生产日期。

（2）根据车辆型号和生产日期查找其《车型配件目录》（图册或手册）。

（3）从配件图上确认所需零配件的标准编号。

（4）根据零配件标准编号确认零配件名称。

（5）依据零配件标准编号选用配件。

2. 根据汽车配件型号选用

汽车电气系统有许多配件属于通用件，但在不同的《车配件目录》中，通用件的零配件标准编号却不相同。因此，在使用与维修过程中，可据配件型号选择符合要求的配件。

汽车电气产品型号由产品代号、分类代号、分组代号、设计序号、变型代号和特殊环境代号等组成。目前仍在使用的汽车行业标准 QC/T 73 — 1993《汽车电气设备产品型号编制方法》对汽车电气产品型号的编制作了统一规定。获取配件型号有以下几种途径：

（1）从旧配件的商标上查寻。

（2）从《车型配件目录》上查寻。

（3）从《汽车配件互换性手册》上查寻。

（4）根据配件的额定电压、额定功率（或容量）、安装尺寸、线路连接方式等确定配件型号。

本章小结

本章主要介绍了全车线路图和原理图的表达方式，全车线路的连接原则、电路图形符号及含义，汽车仪表、开关与指示灯标志图形符号及其含义，全车线路图的识读方法和识读要领，并以大众轿车部分线路和斯太尔汽车全车线路为例，对其进行了比较详细的分析。本章还介绍了导线、线束、保险器、电气开关、继电器等全车线路常用器材的功能、分类及结构原理等内容。

下列问题覆盖了本章的主要学习内容，利用以下线索可对所学内容作一次简要的回顾：

（1）全车线路的表达方式。全车线路图适合汽车维修人员检查排除电气故障时阅读使用。全车线路图的优点是各电气线路的连接关系简单明了、图面清晰、通俗易懂。其缺点是只适合熟悉电气系统结构特点和工作原理的人员阅读使用。

（2）全车线路的连接原则。

（3）汽车电路图形符号，汽车仪表、开关与指示灯标志图形符号。

（4）全车线路图识读过程，包括浏览、展绘、整理3个阶段。

（5）全车线路图识读要领。

（6）全车线路常用器材的功能、结构与种类。

（7）专用电缆。起动电缆线路上每 100 A 电流产生的电压降不得超过 0.15 V。搭铁电缆长度有 300 mm、450 mm、600 mm、760 mm 4 种。

（8）保险器的结构与种类、继电器的结构与种类、配件的选用。

复习题

一、单选题

1. 在汽车仪表盘的面膜上，除暖风用红色之外，其余标志图形符号红色表示（　　）。
   A. 危险或警告　　　B. 注意　　　C. 安全　　　D. 冷气和行驶灯光
2. 在汽车仪表盘的面膜上，黄色标志图形符号表示（　　）。
   A. 危险或警告　　　B. 注意　　　C. 安全　　　D. 冷气和行驶灯光
3. 在汽车仪表盘的面膜上，绿色标志图形符号表示（　　）。
   A. 危险或警告　　　B. 注意　　　C. 安全　　　D. 冷气和行驶灯光
4. 在汽车仪表盘的面膜上，蓝色标志图形符号表示（　　）。
   A. 危险或警告　　　B. 注意　　　C. 安全　　　D. 冷气和行驶灯光
5. 在大众系列轿车的全车线路中，标有"31"字样的导线为（　　）。
   A. 电源正极导线　　B. 电源负极导线　　C. 火线　　　D. 搭铁线
6. 在大众系列轿车的全车线路中，直接与蓄电池连接，中间不经过任何开关，其电压都等于电源电压 12～14 V 的导线标有（　　）字样。
   A. "31"　　　B. "30"　　　C. "15"　　　D. "X"
7. 在大众系列轿车的全车线路中，小容量用电设备的电源受点火开关控制，其电源线标有（　　）字样。
   A. "31"　　　B. "30"　　　C. "15"　　　D. "X"
8. 在大众系列轿车的全车线路中，风窗玻璃刮水器与洗涤器、后窗除霜器、空调系统的鼓风机电动机等大容量用电设备的电源正极导线标有（　　）字样。
   A. "31"　　　B. "30"　　　C. "15"　　　D. "X"
9. 汽车用塑料片式熔断器的规格可根据其颜色进行识别。其中，10 A 熔断器为（　　）。
   A. 红色　　　B. 蓝色　　　C. 黄色　　　D. 绿色
10. 在汽车电气系统中，所用导线的横截面面积最小不得小于（　　）。
   A. 0.5 mm^2　　　B. 1.5 mm^2　　　C. 5 mm^2　　　D. 25 mm^2

二、多选题

1. 汽车线路中常用的图形符号包括（　　）。
   A. 电路图形　　　B. 仪表　　　C. 开关　　　D. 指示灯标志
2. 全车线路图像蜘蛛网一样复杂，其识读过程大致可分为（　　）阶段。
   A. 浏览　　　B. 展绘　　　C. 整理　　　D. 照排
3. 在大众系列轿车的全车线路中，标有（　　）字样的导线均为电源正极导线。
   A. "31"　　　B. "30"　　　C. "15"　　　D. "X"

4. 搭铁电缆是一种专用电缆，常用搭铁电缆的长度有（　　　）等规格。
   A. 300 mm   B. 450 mm   C. 600 mm   D. 760 mm
5. 在汽车用塑料片式熔断器中，容量与塑料片颜色对应关系正确的有（　　　）。
   A. 3 A - 紫色   B. 15 A - 蓝色   C. 20 A - 黄色   D. 30 A - 绿色
6. 起动电缆是一种专用电缆，连接在蓄电池正极与起动机电源端子"30"之间，其横截面面积有（　　　）等规格。
   A. 25 mm²   B. 35 mm²   C. 50 mm²   D. 70 mm²
7. 汽车线路用导线分为低压导线和高压导线两种。其中，低压导线分为（　　　）。
   A. 普通导线   B. 通用导线   C. 起动电缆   D. 搭铁电缆
8. 易熔线主要用于保护总电源线路和电流较大的线路，其多股绞合线外包有聚乙烯护套，护套的颜色有（　　　）。
   A. 棕色   B. 绿色   C. 红色   D. 黑色
9. 大众系列轿车全车线路图的组成，除了配装继电器与熔断器的中央线路板线路、导线连通的负载线路，以及连接上页或下页线路图的箭头之外，还包括（　　　）。
   A. 导线颜色   B. 电路号码   C. 搭铁部位   D. 设计序号
10. 汽车广泛使用的保险器有（　　　）。
    A. 空气开关   B. 熔断器   C. 易熔线   D. 断路器

三、判断题

1. 全车线路图适合汽车维修人员检查排除电气故障时阅读使用。（　　）
2. 在全车线路图中，各电气电路的连接关系简单明了、图面清晰、通俗易懂。因此，它适合熟悉电气系统结构特点和工作原理的人员阅读使用。（　　）
3. 在线路图中，控制开关的状态是其初始状态。因此，控制开关总是处于零位，即开关处于断开状态。（　　）
4. 在线路图中，继电器的状态是其初始状态。对只有一对触点的继电器而言，其线圈应处于断电状态，其触点则处于闭合状态。（　　）
5. 在汽车用塑料片式熔断器中，30 A 熔断器的塑料片的颜色为紫色。（　　）
6. 汽车点火系统用高压导线是一种输送高电压的通用导线。（　　）
7. 汽车搭铁电缆均为黑色电缆线。（　　）
8. 在汽车线路中，整车线路的总电压降（不计接触电阻）不得超过 0.8 V。（　　）
9. 当起动机通过制动电流时，电压降的最大允许值为 0.5 V。（　　）
10. 易熔线比正常电缆线柔软，其长度为 50～200 mm。（　　）

四、简答题

1. 全车线路的连接原则有哪些？
2. 识读全车线路图的要领有哪些？
3. 什么是保险器？保险器的功能是什么？
4. 什么是易熔线？其绝缘护套分为哪 4 种颜色？它们表示的熔断电流各是多少？
5. 全车线路常用器材有哪些？其各有什么功能？
6. 汽车普遍使用插片式熔断器。常用插片式熔断器的规格有哪些？其塑料片的颜色分别是什么？

复习题参考答案

一、单选题：1. A；2. B；3. C；4. D；5. D；6. B；7. C；8. D；9. A；10. A

二、多选题：1. ABCD；2. ABC；3. BCD；4. ABCD；5. ABCD；6. ABCD；7. ACD；8. ABCD；9. ABC；10. BCD

三、判断题：1. √；2. √；3. √；4. ×；5. ×；6. ×；7 √；8. √；9. √；10. √

参 考 文 献

[1] 蹇小平,麻友良. 汽车电器与电子技术[M]. 北京:人民交通出版社,2015.
[2] 王慧君,于明进. 汽车电气设备[M]. 北京:人民交通出版社,2015.
[3] 周建平. 汽车电气设备构造与维修(第三版)[M]. 北京:人民交通出版社,2016.
[4] 吴刚. 汽车电气设备[M]. 北京:人民交通出版社,2016.
[5] 周云山. 汽车电器与电子控制技术[M]. 北京:人民交通出版社,2014.
[6] 陈焕江. 汽车检测与诊断技术(第二版)[M]. 北京:人民交通出版社,2015.
[7] 史文库. 汽车新技术[M]. 北京:人民交通出版社,2016.
[8] 舒华,赵劲松. 汽车电器与电控技术(第2版)[M]. 北京:机械工业出版社,2019.
[9] 舒华,郑召才. 汽车电器与电子控制技术[M]. 北京:国家开放大学出版社,人民交通出版社,2019.
[10] 舒华,郑召才. 汽车电器设备构造与检修[M]. 北京:国家开放大学出版社,人民交通出版社,2018.
[11] 舒华,郑召才. 汽车电子控制技术[M]. 北京:国家开放大学出版社,人民交通出版社,2018.
[12] 舒华,姚国平. 汽车电器设备与维修(第3版)[M]. 北京:北京理工大学出版社,2019.
[13] 舒华,姚国平. 汽车电控系统结构与维修(第3版)[M]. 北京:北京理工大学出版社,2017.
[14] [德]Robert Bosch GmbH. 汽车工程手册(中文第2版)[M]. 顾柏良,等,译. 北京:北京理工大学出版社,2004.